Fontes Christiani

SOZOMENOS KIRCHENGESCHICHTE

I

Fontes Christiani

Zweisprachige Neuausgabe christlicher Quellentexte
aus Altertum und Mittelalter

Im Auftrag der Görres-Gesellschaft
herausgegeben von
Siegmar Döpp, Franz Dünzl, Wilhelm Geerlings,
Gisbert Greshake, Rainer Ilgner, Rudolf Schieffer

Band 73/1

SOZOMENOS
KIRCHENGESCHICHTE
I

GRIECHISCH
DEUTSCH

BREPOLS PUBLISHERS
TURNHOUT

SOZOMENOS

HISTORIA ECCLESIASTICA

KIRCHENGESCHICHTE

ERSTER TEILBAND

ÜBERSETZT UND EINGELEITET
VON
GÜNTHER CHRISTIAN HANSEN

BREPOLS PUBLISHERS
TURNHOUT

Abdruck des von G.C. Hansen revidierten griechischen Textes
von J. Bidez (GCS N.F. 4)

Fontes-Redaktion:
Silke Floryszczak, Melanie Kurek, Horst Schneider

Die Deutsche Bibliothek – CIP Einheitsaufnahme

Sozomenos:
Historia Ecclesiastica; griechisch-deutsch =
Kirchengeschichte / Sozomenos. Übers.:
G.C. Hansen – Turnhout: Brepols Publishers
(Fontes Christiani: Bd. 73/1)
2004
ISBN 2-503-52125-8 gebunden
ISBN 2-503-52126-6 kartoniert

Umschlagbild: Marmorplatte eines Lesepults,
Ravenna, S. Apollinare Nuovo, 6. Jh.

Satz: Arbeitstelle Fontes Christiani, Bochum
Herstellung: Grafikon – Ter Roye, Oostkamp, 2004
D/2004/0095/37
ISBN 2-503-52125-8 gebunden
ISBN 2-503-52126-6 kartoniert

INHALTSVERZEICHNIS

ERSTER TEILBAND

Einleitung

Text und Übersetzung

ZWEITER TEILBAND

DRITTER TEILBAND

VIERTER TEILBAND

ANHANG

EINLEITUNG

I. Leben und Werk des Salamanes Hermeias Sozomenos

1. Heimat, Familie, Bildung

Der altrömische Dichter Ennius, in Messapien (im Absatz des „Stiefels" Italien) gebürtig, konnte sich rühmen, drei Seelen zu haben, da er neben der griechischen Umgangs- und Bildungssprache und dem oskischen Dialekt seiner Heimat auch das Lateinische beherrschte.[1] In vergleichbarer Weise partizipierte mehr als sechs Jahrhunderte später der Kirchenhistoriker Sozomenos an der zur Einheit in Vielfalt zusammengewachsenen Kultur des römischen Weltreichs. Seine drei Seelen, drei unterschiedlichen Horizonten zugewandt, lebten in drei Sprachen: der griechischen Weltsprache, die im östlichen Teil des Reiches seit langem dominierte und von Epirus bis Mesopotamien, von Thrakien bis Ägypten auch vielen Nichtgriechen die gegenseitige Verständigung ermöglichte, in weiten Gebieten gar die einzige Ausdrucksform geworden war; der aramäischen *Lingua franca* der semitischen Völker, die auch die Brücke zum Sasanidenreich schlug; der lateinischen Amts- und Literatursprache des Weltreichs, die ihm nicht nur als stu-

---

[1] Gellius 17,17,1 (526 Marshall): Q. *Ennius tria corda se habere dicebat, quod loqui Graece et Osce et Latine sciret.*

diertem Juristen unerläßlich war.[2] Wir werden auf die drei Seelen, die Sozomenos in sich vereinigte, zurückkommen und fragen ihn zunächst nach altem griechischen Brauch: „Was für ein Landsmann bist du? Wo hast du Heimat und Eltern?“[3]

Die Antworten, die wir bekommen, sind allerdings eher karg. Das liegt daran, daß Sozomenos sich einer Tradition antiker Geschichtschreibung verpflichtet fühlt, nach der der Autor hinter dem Werk zurücktreten soll. Wie er, anders als sein unmittelbarer Vorgänger Socrates[4], auf allzu eigenständige theologische Bewertungen verzichtet[5], so bleibt seine Person ganz im Hintergrund, mit Ausnahme einiger um so breiter ausgemalter eigener Erlebnisse. Die erste Antwort ist der Name des Verfassers, der mit seiner fast barock anmutenden Fülle im griechischen Sprachbereich[6] ungewöhnlich ist: Salamanes Hermeias Sozomenos, Rechtsanwalt. Hermeias dürfte der eigentliche Name sein, schon deswegen, weil er, als epische Form des Götternamens Hermes seit dem 4. Jahrhundert v. Chr. überaus beliebt, seinem Träger noch als Eierschale des alten Hellenen-

---

[2] Eine instruktive Einführung bieten NEUMANN/UNTERMANN, *Sprachen* (darin besonders: ZGUSTA, *Die Rolle des Griechischen;* GEROV, *Sprachgrenze;* NEUMANN, *Kleinasien;* SCHMITT, *Ostgrenze;* ROSÉN, *Sprachsituation*).

[3] HOMER, *Od.* 1,170 (7 VON DER MÜHLL): τίς, πόθεν εἰς ἀνδρῶν; πόθι τοι πόλις ἠδὲ τοκῆες; (Übersetzung: 12 EBENER).

[4] Zu ihm vgl. WALLRAFF, *Sokrates* (etwa 80–83 und 223 über NESTORIUS; 83–99 über „pagane Kultur, Religion und Bildung“; 227–230 über seine Bewunderung für ORIGENES).

[5] Vgl. *h. e.* 3,15,10, unten 400f; 6,27,7, unten 770f; 7,17,8, unten 894f.

[6] Dreigliedrige Personennamen sind in der lateinischen Spätantike dagegen sehr beliebt, etwa AURELIUS PRUDENTIUS CLEMENS, MEROPIUS PONTIUS PAULINUS, RENATUS PROFUTURUS FRIGERIDUS, wohl in Nachahmung des alten römischen Systems, aber ohne jeden Zusammenhang mit ihm.

glaubens anhaftet. Vielleicht war es nach alter Sitte der Name des Großvaters, der dem ältesten Enkel zukam. Just von seinem Großvater, den er aber nicht mit Namen nennt, berichtet Sozomenos ausführlich.[7] Als Sohn eines „hellenischen", also altgläubigen Vaters war er unter dem Einfluß des berühmten und wundertätigen Mönchs Hilarion als erster Bewohner des großen, zum Bezirk von Gaza gehörenden Dorfes Bethele(h)a zum Christentum bekehrt worden, zusammen mit seiner Familie und der Sippe des durch Hilarion von einer (als Besessenheit verstandenen) seelischen Krankheit geheilten Alaphion[8]. Zur Zeit des Kaisers Julian (361–363) mußte er aus dem wie die Stadt Gaza noch ganz überwiegend am alten Glauben festhaltenden Dorf vor dem Haß seiner Nachbarn fliehen, überhaupt „viele meiner Vorfahren", wie Sozomenos sagt[9], also jedenfalls auch sein Vater, den er sonst nie erwähnt. Vielleicht fand die Familie Zuflucht in der christianisierten Hafenstadt Majuma, die von Julian wieder in die Polis Gaza eingemeindet wurde.[10] Daß sie dann nach Bethelea zurückkehrte, können wir allenfalls zwischen den Zeilen lesen, denn Sozomenos erwähnt das segensreiche Wirken seines bibelkundigen und im Quadrivium bis zur untersten Stufe, der wissenschaftlichen Arithmetik, ausgebildeten Großvaters im Interesse der Christen der ganzen Region bis nach Ascalon. Vor allem aber gedenkt er voller Bewunderung und Dankbarkeit der aus der „anderen Familie" hervorgegangenen Mönche, die „dort", und das kann nur Bethelea meinen, als erste Kirchen und Klöster errichtet und soziale Arbeit geleistet haben. Als junger Mann war er mit ihnen zusammen, als sie

---

[7] *H. e.* 5,15,14–16, unten 624–627.

[8] Der Name ist aramäisch (zu *'alef* ‚lehren') mit griechischer Endung. — Ein Mönch gleichen Namens lebte in Palästina zur Zeit des Kaisers CONSTANTIUS (*h. e.* 3,14,28, unten 388f).

[9] *H. e.* 5,15,14, unten 624f.

[10] Vgl. *h. e.* 2,5,7f, unten 220f; 5,3,6–9, unten 576–579.

alt waren[11], offenbar als ihr Schüler. Er kommt noch zweimal[12] auf sie zurück und nennt die Brüder Salamanes, Fuscon, Malachion und Crispion[13], die vor 366 „bei dem Dorf Bethelea im Bezirk von Gaza“[14] als frühere Schüler Hilarions ihre mönchische Meditation betrieben und aus einer dortigen Honoratiorenfamilie stammten.

Aus diesen persönlichen Bemerkungen könnte man den Schluß ziehen, daß Bethelea der Geburts- und Heimatort unseres Hermeias gewesen ist, ein stattliches Gemeinwesen, das er in 5,15,14 nicht ohne Stolz vorstellt, mit besonderem Hinweis auf das Pantheon, das auf einem künstlich angelegten Hügel das Dorf überragte; dieses trug daher „im Syrischen“ einen Namen, der ‚Wohnsitz der Götter‘ bedeutet.[15] Die Heimat der Familie blieb Bethelea, aber es ist doch nicht ganz sicher, daß sie sich nach der Flucht wieder hier ansiedelte. Man kann sich vorstellen, daß der Großvater in der christlichen Enklave Majuma sich und die Seinen geborgen wußte und seine Talente hier in den

[11] Die Zeit läßt sich nicht genau feststellen. Nach *h. e.* 5,15,17, unten 526f, „waren aus dieser Familie noch tüchtige Männer am Leben“, gewiß nicht alle vier in *h. e.* 6,32,5, unten 800f, aufgezählten, denn MALACHION war früh gestorben (*h.e.* 6,32,6, unten 800f), CRISPION wurde Archidiakon bei EPIPHANIUS in Salamis (und starb um 402). Es bleiben also SALAMANES und FUSCON, die Sozomenos in den 390er Jahren kennengelernt haben kann. — Das Verbum, aus dem wir (*h. e.* 5,15,17, unten 526f) eine Schülerschaft erschließen können, ist mehrdeutig, kommt aber *h. e.* 3,14,22, unten 386f; 5,2,15.18, unten 568–571, und 7,10,1, unten 860–863, zur Bezeichnung des Lehrer-Schüler-Verhältnisses wieder vor.

[12] *H. e.* 6,32,5f, unten 800f; 8,15,2, unten 1002–1005.

[13] Zwei Namen haben wie ALAPHION die griechische Endung *-ion*, zwei stammen aus semitischer Wurzel, zwei aus lateinischer, und diese wohl nicht zufällig nach körperlichen Merkmalen (*fuscus* ‚braun‘, *crispus* ‚kraus‘), es ist genau die Mischung, die wir erwarten konnten. — Ein anderer Eremit namens SALAMANES wird von THEODORET VON CYRRHUS, *h. rel.* 19 (SCh 257,58–62), gepriesen. Der Name Salamanes war überhaupt weit verbreitet.

[14] *H. e.* 6,32,5, unten 800f.

[15] *H. e.* 5,15,14, unten 624f.

Dienst seines Glaubens und seiner Mitchristen stellte. Es fällt auf, mit welcher Wärme unser Autor von Majuma und seiner in der kirchlichen Organisation erhalten gebliebenen Unabhängigkeit von Gaza spricht.[16] Für sie ergreift er entschieden Partei, wenn er den Versuch eines zu seiner Zeit amtierenden Bischofs von Gaza kritisiert, das Ableben seines Amtsbruders auszunutzen, um das Bistum Majuma aufzuheben und entsprechend der staatlichen Regelung an Gaza anzuschließen.[17] Der Versuch scheiterte an dem Votum der Provinzialsynode. Sehr wahrscheinlich war der von Sozomenos nicht mit Namen genannte machthungrige Bischof von Gaza der berühmte Porphyrius, und die Synode der Provinz Palaestina I tagte 415 in Diospolis.[18] Sollte dieser aus dem historischen Kontext herausfallende Exkurs in 5,3,9 persönliche Erinnerung und kirchliches Engagement eines Christen aus Majuma reflektieren? Ferner bezeugt Sozomenos aus eigenem Erleben[19], der nahezu hundertjährige Bischof Zenon von Majuma, der wohl nach 400 gestorben ist, habe kaum einen der täglichen Gottesdienste versäumt. Sein Kontakt mit Majuma muß sehr eng gewesen sein. Auch die erwähnte Begegnung mit den frommen Brüdern aus Alaphions Familie[20], Salamanes und Fuscon, setzt nicht unbedingt die Ortsansässigkeit des jungen Hermeias in Bethelea voraus. Wie dem auch sei, die ersten Jahrzehnte erlebte er zwischen den eng benachbarten Polen Bethelea und Majuma, im Kreis der vom Großvater geprägten Familie und in Verbundenheit mit den Respekt heischenden und auch schon über die Grenzen der engeren Heimat hinaus wirkenden Mönchen.

---

16 *H. e.* 2,5,7f, unten 220f; 5,3,6–8, unten 576f; 7,28,4–8, unten 942–948.

17 *H. e.* 5,3,9, unten 576–579.

18 Vgl. TROMBLEY, *Christianization* 1, 246–282.

19 *H. e.* 7,28,6, unten 942–945.

20 *H. e.* 5,15,17, unten 626f.

Nicht ohne Grund sieht unser Kirchenhistoriker die Einfügung von Abschnitten über die Begründer und die namhaftesten Vertreter des Mönchtums auch als Abtragung einer Dankesschuld an.[21] Dieser nur mit einem Wort angedeutete Aspekt bestätigt, was wir bisher vermuten konnten, daß Salamanes und Fuscon seine Lehrer gewesen sind, Vorbilder und Trainer nicht nur in der asketischen Lebensweise, Katecheten für die Grundlagen und Mystagogen zum tieferen Verständnis des christlichen Glaubens, sondern auch in einem schlichteren Sinne Lehrer der Kulturtechniken und wohl auch auf einer höheren Stufe[22] Vermittler des ethisch Wertvollen aus der profanen Tradition, etwa in dem Geist, den Basilius in seiner Programmschrift *Vom Nutzen griechischer Literatur für die jungen Leute* mit praktischen Beispielen eingeschärft hatte.[23] Innerhalb der Kirche erwuchs punktuell eine sehr individuell gestaltete Alternative zum Curriculum des staatlichen Bildungswesens, das, neben dem Militär, die Tür zur Karriere im öffentlichen Dienst öffnete, aber entschieden christlichen Eltern mit seinen durch und durch nichtchristlichen und religiös wie ethisch bedenklichen Inhalten als Skandalon erscheinen mochte. Bezeichnend ist für Salamanes Hermeias, wie er sich jetzt dankbar als Schüler seines verehrten Meisters

---

[21] *H. e.* 1,12–14, unten 142–161; 3,14, unten 376–397; 6,28–34, unten 770–809; immerhin etwa 8–9 Prozent des ganzen Stoffes. Zur Dankesschuld vgl. *h. e.* 1,1,19, unten 108f.

[22] GRILLET, *Sozomène* 1, 17, setzt dagegen voraus, daß Sozomenos seinen Literaturunterrricht nicht bei den Mönchen, sondern „in einer öffentlichen Schule“ erhalten habe.

[23] Vgl. GRILLET, *Sozomène* 1, 13–18; LAMBERZ, *Basilius*.

nennen mochte, daß er Leben und Lehre der Mönche durchweg als Philosophie bezeichnet[24], als vollkommenste Form meditativen Denkens und ethischen Handelns. Das ist überhaupt nicht neu, denn seit den Apologeten wurde das Christentum schlechthin der hellenischen als die wahre Philosophie gegenübergestellt, Askese und alle Formen des Mönchtums bekamen diesen Ehrentitel verliehen. Unserem Hermeias aber glaubt man seit seinem Lobpreis des Mönchtums, dem schönsten Kapitel, das er geschrieben hat[25], daß für ihn an die Stelle der hellenischen höheren Bildung die monastische Philosophie getreten ist.

Es bleibt die Frage, woher gerade Sozomenos seine oft sehr genaue Kenntnis der griechischen Geschichte und Kultur erworben hat, etwa gleich in der Widmung[26] die Zusammenstellung von fürstlichen Honoraren für literarische Leistungen. Solche Spezialitäten waren ohnehin nicht Gegenstand des normalen höheren Schulunterrichts. Man kann wohl annehmen, daß er sich neben Homer Teile der griechischen Literatur im Selbststudium angeeignet hat, so wie er auch die *lucubratio,* das nächtliche Bücherstudium seines Kaisers, besonders von historischer Literatur, rühmt[27], wie er die antike Bildung Eusebs oder des ägypti-

---

[24] Zum Vergleich: Den Dutzenden, manchmal fast stereotyp wirkenden Belegen, die in der Übersetzung vielleicht befremden, stehen bei SOCRATES, der in Konstantinopel den normalen grammatischen Bildungsgang durchlaufen hat und die Unentbehrlichkeit der klassischen Bildung wortreich verteidigt (SOCRATES, *h. e.* 3,16,8–27 [GCS 210–212]), nur zwei Stellen gegenüber, an denen er die asketische Lebensführung als ‚philosophieren' bezeichnet (SOCRATES, *h. e.* 1,20,2 [GCS 63]; 6,7,14 [GCS 323]); zweimal (*h. e.* 4,23,34 [GCS 252]; 7,22,8 [GCS 369]) ist ἡ δι' ἔργων φιλοσοφία als praktische Ethik der übrigen Philosophie entgegengesetzt, ohne speziellen Bezug auf mönchische Praxis; in *h. e.* 4,27,4 (GCS 263) wird die Lehre des ORIGENES als „die wahre Philosophie" bezeichnet.

[25] *H. e.* 1,12, unten 142–149.

[26] *H. e.*, Widmung 5f, unten 88f.

[27] *H. e.*, Widmung 7f, unten 90f.

schen Mönchs Theonas bewundert[28] und dem Bischof Atticus Beschäftigung mit Mustern antiker Prosa bezeugt[29]. Gerade eine mythographische und geographische Absonderlichkeit wie die Rückfahrt der Argonauten[30], die durch den historischen Kontext nicht motiviert ist, dürfte den dilettantischen Übereifer des Autodidakten verraten.

Wir waren von dem dreiteiligen Namen unseres Autors ausgegangen und haben versucht, spärliche weitere Auskünfte für seine Herkunft und seinen Werdegang zu verwerten. Es steht noch der dritte Name aus, der heute gewöhnlich allein verwendet wird, Sozomenós. Auch er ist in der Kaiserzeit nicht ganz selten[31], wie übrigens auch das weibliche Pendant Sozomené vorkommt. „Der gerettet wird" ist wegen der präsentischen Form kaum auf „un épisode de la petite enfance"[32], also etwa die Bewahrung in einer frühkindlichen lebensgefährlichen Situation (Krankheit, Brand, Erdbeben, Schiffbruch) zu deuten, sondern dürfte als „Wunschname" im Sinne des zentralen Anliegens des frommen Juden und Christen[33] verstanden worden sein, mag ihm Hermeias schon von seinen Eltern oder von seinen Mönchslehrern als Beiname gegeben sein. So spiegeln sich in den drei Namen, die unser Autor über sein Werk setzt, in anderer Weise drei Seelen: die kulturell und religiös helle-

---

[28] *H. e.* 1,1,12, unten 104f; 6,28,3, unten 942f

[29] *H. e.* 8,27,6, unten 1048f.

[30] *H. e.* 1,6,4f, unten 120f.

[31] Im archäologischen Museum von Constanţa (dem antiken Tomis) etwa befindet sich ein kaiserzeitlicher Grabstein eines Fernkaufmanns SOZOMENOS, der mit seinem Gespann dargestellt ist, in diesem risikoreichen Beruf wohl ein „Wunschname". ROBERT, *Bulletin épigraphique* 315, weist darauf hin, daß der Name keineswegs ausschließlich christlich ist.

[32] GRILLET, *Sozomène* 1, 10 Anm.

[33] Das Passiv des Verbums wird im Neuen Testament meist futurisch oder im Aorist gebraucht, viermal aber präsentisch οἱ σῳζόμενοι (so an der bekannten Stelle 1 Kor 1,18) zuversichtlich vom künftigen Heil, und so ist auch der Wunschname zu verstehen.

nisch bestimmte Welt seiner orientalischen Vorfahren, die aramäisch-gräzisierten asketischen Vorbilder, die Gewißheit künftigen Heils.

Nun steht bei dem Verfassernamen, wie schon erwähnt, noch eine Berufsbezeichnung, sei es, daß er selbst sie hinzugefügt hat oder der Vertraute, der das unfertige Manuskript veröffentlicht hat. Bedenkt man, daß der Verfasser sein Werk dem regierenden Kaiser widmet, wird man die formell in einer bürokratischen Hierarchie ganz korrekte Angabe wohl auf den Autor selbst zurückführen. Nun ist allerdings die Berufsbezeichnung „Rechtsanwalt" zwar dem Tatbestand, aber nicht dem Wortsinne nach richtig übersetzt.[34] Der Verfasser bezeichnet sich als *scholastikos,* womit jeder Gelehrte oder, modern gesprochen, Akademiker gemeint sein kann. Es ist also eher ein Titel wie etwa Bakkalaureus oder Magister.[35] Rechtsanwalt war unser Kirchenhistoriker in der Tat, wie er in einem seiner raren Selbstzeugnisse mitteilt[36], aus dem hervorgeht, daß er an Gerichten in Konstantinopel Prozeßreden hält, demnach noch etwa im Jahre 440[37] tätig war, als er bereits in seiner Freizeit sein literarisches Talent erprobte.

Aus diesem endlich wieder handfesten Faktum ergibt sich eine Reihe von Schlußfolgerungen. (1) Wenn Sozomenos um 440 aktiver Rechtsanwalt war, kann er kaum allzu lange vor 380 geboren sein, seine Erziehung durch die

---

[34] Der Übersetzer entschuldigt sich für diese Freiheit auch damit, daß ihm keine bessere Wiedergabe eingefallen ist.

[35] Vgl. CLAUS, *Scholastikos* 164; WALLRAFF, *Sokrates* 215–217. Ins Lächerliche gezogen ist der Titel des „Gelehrten" in einer spätantiken Witzsammlung, wo es von weltfremden und begriffsstutzigen ‚Scholastikern' nur so wimmelt.

[36] *H. e.* 2,3,10, unten 210f.

[37] Eher etwas später, denn nach der Veröffentlichung der *Kirchengeschichte* durch SOCRATES (439, vgl. WALLRAFF, *Sokrates* 210f, gegen LEPPIN, *Constantin* 274–279 [um 455]), hatte Sozomenos zunächst noch eine Epitome des EUSEBschen Werkes in zwei Büchern verfertigt (*h. e.* 1,1,12, unten 104f).

Brüder wird etwa in die 90er Jahre fallen. (2) Seine Bildung durch die Mönche mündete, nicht nur bei ihm übrigens, nicht in ein monastisches Leben, sondern er entschloß sich — aus welchem Grunde auch immer — zu einem bürgerlichen, ein Spezialstudium erfordernden Beruf. Naheliegend war der zukunftsichere, durch ein festes, wenn auch variables System gut überschaubare und zudem einträgliche Beruf des Juristen. Bedenken, wie sie Socrates dem Johannes von Antiochien vor seiner Berufsentscheidung zuschreibt[38], er habe das unlautere und ungerechte Gerichtswesen durchschaut und daher seine durch die Ausbildung bei Libanius vorbestimmte Berufswahl revidiert, sind Sozomenos wohl nicht gekommen, jedenfalls schneidet er sie bei seiner Wiedergabe der Passage aus Socrates sorgsam weg.[39] (3) Er hat ein juristisches und als (offenbar nicht obligatorische[40]) Voraussetzung dafür ein rhetorisches Studium absolviert, aller Wahrscheinlichkeit nach in der Nähe seiner ihm vertrauten Heimat, in Berytus in Phönikien, wo die angesehenste juristische Hochschule des Ostreichs, ausgestattet auch mit Lehrstühlen für lateinische und griechische Rhetorik, ihren Alumni in vier Jahren das erforderliche Wissen für die Praxis vermittelte.[41] Der Unterricht fand auf lateinisch statt, wie auch die Lehrbücher und Gesetzessammlungen nach Gehalt und Gestalt dem römischen Recht entsprachen.

---

38 SOCRATES, *h. e.* 6,3,2 (GCS 313f).

39 *H. e.* 8,2,5, unten 954f. Übrigens gebraucht er zur Bezeichnung der juristischen Tätigkeit mit δίκας ἀγορεύειν / ‚Prozeßreden halten' den gleichen Ausdruck wie für seine eigene Arbeit (genauer die seines Kollegen AQUILINUS) in *h. e.* 2,3,10, unten 210f.

40 LIBANIUS, der berühmte Redner und Professor der Rhetorik in Antiochien, fühlte sich durch die mehr auf die Praxis ausgerichtete Konkurrenz in Berytus in seiner Existenz bedroht, weil die Studenten in einseitiger Ausrichtung auf den künftigen Beruf ihm scharenweise davonliefen.

41 Vgl. COLLINET, *École de droit*. Sozomenos erwähnt Berytus nur beiläufig als juristischen Studienort eines späteren Bischofs (*h. e.* 1,11,8, unten 140f).

Sozomenos verdankt seinem Studium über die praktische Tätigkeit hinaus auch für sein literarisches Alterswerk manches Hilfreiche: theoretische und praktische Beherrschung der Grundsätze und Mittel der Rhetorik[42], Verständnis und Interesse für rechtliche Fragen, Kenntnis der Gesetze[43], die er bei der Aufzählung seiner Originalquellen[44] an erster Stelle noch vor den Synodalakten und den Briefurkunden aufführt, nicht zuletzt – seine „dritte Seele" – eine Vervollkommnung seiner Lateinkenntnisse, die ihm nicht nur lateinische Briefe[45], sondern auch lateinische Sekundärquellen erschlossen, besonders den schon von Socrates benutzten Rufin von Aquileia[46], den er freilich, antikem Brauch folgend, so wenig erwähnt wie seinen unmittelbaren Vorgänger Socrates.

Wo und in welcher Weise er nach Abschluß seiner Studien beruflich tätig wurde, erfahren wir nicht. Wir dürfen

---

[42] Theoretisch zum Beispiel die Liste rhetorischer und stilkundlicher Begriffe (*h. e.*, Widmung 4, unten 86–89) oder der Konflikt zwischen Wortlaut und Absicht eines Textes (*h. e.* 2,32,8, unten 324–327; 3,5,8, unten 344–347; 4,6,7, unten 442 f), praktisch das Enkomion des Mönchtums (*h. e.* 1,12, unten 142–149) oder die Ekphrasis von Daphne (*h. e.* 5,19,5–11, unten 644–649), ferner eine zurückhaltende Anwendung von Reim und Gleichklängen.

[43] Vgl. *h. e.* 1,5,2, unten 116 f; 1,8,11 – 1,9,7, unten 130–135; 3,17, unten 410–413; 4,10,7, unten 458–461; 6,3,5 f, unten 682–685; 7,6,7, unten 850 f; 7,9,5 f, unten 860 f; 7,13,7, unten 872 f; 7,16,11, unten 890 f; 7,20,2, unten 910 f; 7,25,7, unten 928–931; 8,8,5, unten 982 f; 8,24,12, unten 1036–1039; 9,8,10, unten 1082 f.

[44] *H. e.* 1,1,13, unten 104f.

[45] Die beiden Briefe des INNOCENTIUS (*h. e.* 8,26, unten 1040–1047) hat er offenbar selbst übersetzt, und zwar in ein klar verständliches Griechisch, während er für den Brief KONSTANTINS II. (*h. e.* 3,2,3–6, unten 334–337) und das Schreiben der Synode von Ariminum (*h. e.* 4,18, unten 497–505) auf vorliegende griechische Fassungen zurückgreifen muß, sicher auch für den Brief des DAMASUS (*h. e.* 6,23,7–15, unten 747–751), der ohne das uns erhaltene Original teilweise unverständlich bleiben müßte.

[46] Kleine Mißverständnisse des lateinischen Textes, wie sie dem weniger sattelfesten SOCRATES bei der Benutzung RUFINS unterlaufen sind (vgl. HANSEN, *Sokrates* XLIV), finden wir bei Sozomenos nicht.

wohl annehmen, daß er in seine Heimat zurückkehrte. Hier wird er die Auseinandersetzung um die kirchliche Selbständigkeit von Majuma im Jahre 415 erlebt haben. Wie gut er sich hier auskannte, zeigen anschaulich seine Berichte aus Palästina (und Syrien): Jerusalem[47], Mamre[48], Feste für Lokalheilige[49], die Christusstatue im phönikischen Caesarea Philippi/Paneas[50], Nicopolis/Emmaus[51], Mönche[52], Kämpfe mit Sarazenen und deren Eigenarten[53], Acacius von Beroea (Aleppo) und die Brüder Zenon und Aias[54], Auffindung von Prophetengräbern[55], das Grab Sacharjas[56]. Aber auch die ägyptische Grenzstadt Rhinocorura, nicht sehr weit entfernt, hat er besucht[57], wobei die nachdrückliche Versicherung, die dort so segensreichen kirchlichen Zustände dauerten „auch bis in unsere Zeit und noch heute", ein Hinweis auf Autopsie[58] sein dürfte. Ohne eine solche Versicherung können wir vermuten, daß er auch nach Alexandrien gereist ist, denn aus eigenem Erleben stammen die Beobachtungen über Gepflogenheiten bei der

---

47 *H. e.* 2,1,3, unten 194–197: „wie es (*sc.* das Gelände um Golgatha) sich noch heute darbietet"; 2,26,3, unten 108–111.

48 *H. e.* 2,4, unten 212–217.

49 *H. e.* 3,14,27f, unten 388f.

50 *H. e.* 5,21,1–3, unten 654–657.

51 *H. e.* 5,21,5–7, unten 656–659.

52 *H. e.* 6,32, unten 798–803.

53 *H. e.* 6,38,1–4, unten 822–825; 6,38,10–16, unten 826–831.

54 *H. e.* 7,28, unten 940–945.

55 *H. e.* 7,29,1f, unten 944f.

56 *H. e.* 9,17, unten 1098–1103 (und des STEPHANUS in *h. e.* 9,16,4, unten 1098f), hier bricht das unvollendete Werk ab.

57 *H. e.* 6,31,6–11, unten 796–799; die Episode *h. e.* 8,19,3–7, unten1016–1021, aus der Kleinstadt Gera bei Pelusium (im Jahre 404) verdankt er sicher der regionalen mündlichen Überlieferung.

58 Die „noch jetzt sichtbaren verbrannten Felder" am Ätna dagegen (*h. e.* 2,24,2, unten 284f) müssen nicht auf Autopsie hindeuten; hier dürfte es sich um eine Lesefrucht oder mündliche Überlieferung handeln.

Lesung des Evangeliums, von denen er eine als „befremdend“ bezeichnet.[59]

Irgendwann jedoch zog es ihn in die Reichshauptstadt, in der er nach 425 ansässig wurde, also mit etwa 45–50 Jahren. Das Jahr 425 ergibt sich daraus, daß Sozomenos den am 10. Oktober 425 verstorbenen Konstantinopler Bischof Atticus nicht mehr kennengelernt hat.[60] Auch dessen bereits am 24. Dezember 427 gestorbenen Nachfolger Sisinnius erwähnt er nur beiläufig[61], zumal seine unvollendete Darstellung am Anfang der 20er Jahre abbricht; dann wird nur noch der Bischof Proclus (434–446) zur Datierung eines Reliquienfundes angeführt.[62] Die namhaftesten Philosophen unter den alten Griechen, so weiß er zu berichten[63], legten größten Wert darauf, fremde Städte und Länder kennenzulernen. Dies hat er sich vielleicht zum Vorbild genommen, wenn er, wie man vermuten könnte, nicht die einfache Schiffspassage von Majuma nach Konstantinopel benutzte, sondern den beschwerlichen und langwierigen Landweg vorzog. Auf diesem Wege jedenfalls mußte er die Gegenden durchqueren, über die er aus eigener Anschauung oder nach Auskunft von Einheimischen berichtet. Spätestens jetzt kam er nach Antiochien mit dem berühmten Park von Daphne.[64] Im kilikischen Tarsus erkundigt er sich

---

[59] *H. e.* 7,19,6, unten 906f. Es geht darum, daß der Bischof sich während der Lesung nicht erhebt. Man wüßte gern, ob das auf alter Tradition beruht oder von den selbstbewußten Hierarchen THEOPHILUS oder CYRILL (Bischof seit 412) eingeführt ist.

[60] *H. e.* 8,27,7, unten 1048f; zum Todesdatum des ATTICUS vgl. SOCRATES, *h. e.* 7,25,21 (GCS 375).

[61] *H. e.* 4,3,2, unten 436f; zum Todesdatum des SISINNIUS vgl. SOCRATES, *h. e.* 7,28,4 (GCS 377).

[62] *H. e.* 9,2,18, unten 1066f.

[63] *H. e.* 2,24,2, unten 284f.

[64] *H. e.* 5,19,5–11, unten 644–649.

nach einer angeblich dort aufgefundenen Paulus-Apokalypse[65], in Phrygien könnte er novatianische und montanistische Dorfbischöfe kennengelernt haben[66] wie zuvor schon bei Arabern und auf Zypern[67], am bithynischen Olymp begegnete er vielleicht zum ersten Mal Germanen, nämlich Skiren, die seit 409 als Kolonen dort angesiedelt waren[68].

Einmal hat Sozomenos auch Rom besucht. Den Ablauf der öffentlichen Buße schildert er so lebendig[69], daß man gern glaubt, er habe ihn persönlich erlebt, zudem versichert er ausdrücklich, es sei dort „noch bis zu unserer Zeit" so der Brauch; andere Besonderheiten der römischen Kirche[70] mußten jedem Besucher auffallen. Die Zusammenstellung unterschiedlichen kirchlichen Brauchtums[71] enthält Übernahmen aus Socrates[72], die fast ausschließlich durch eigene Beobachtungen des Sozomenos ergänzt sind. Über die Zeit und den Anlaß der Reise nach Rom läßt sich nichts sagen. Es wird nicht einmal klar, ob sie vor oder nach der Einnahme und Plünderung der Stadt durch Alarichs Goten im Jahre 410 unternommen wurde. Sozomenos beklagt sich[73] über das hochfahrende Wesen der Einwohner Roms und die menschlichem und göttlichem Gebot spottende Behandlung von Bürgern wie Fremden, wofür die Eroberung die Strafe war. Das stammt wohl aus dem allgemeinen Arsenal

---

[65] *H. e.* 7,19,11, unten 908–911.

[66] Das Verbum ἔγνων / ‚ich erfuhr' ist leider nicht eindeutig. Die kurz danach begegnende Verbindung ‚das habe ich bei anderen weder erfahren noch davon gehört' (*h. e.* 7,19,6, unten 906 f) könnte dafür sprechen, daß Augenzeugenschaft gemeint ist.

[67] *H. e.* 7,19,2, unten 904–907.

[68] *H. e.* 9,5,7, unten 1074 f.

[69] *H. e.* 7,16,5–7, unten 886–889.

[70] *H. e.* 7,19,3–5, unten 906 f (auch hier zu Anfang ein „bis heute"); 7,19,8, unten 908 f.

[71] *H. e.* 7,19, unten 904–911.

[72] SOCRATES, *h. e.* 5,22,32–63 (GCS 300–303).

[73] *H. e.* 9,6,5, unten 1076 f.

der den historischen Schock verdrängenden Diskussion von 410. Wenn Sozomenos Rom von Konstantinopel aus besuchte, muß er eine nach zwei oder mehr Jahrzehnten weitgehend restaurierte Stadt[74] angetroffen haben. Von den drei Schreckenstagen berichtet er kaum mehr als eine moralisch erbauliche Episode[75], die er allerdings mündlicher Überlieferung verdanken kann.

Will man über das Kirchliche und das Historische hinausgehende Interessen als eine Form der Allgemeinbildung akzeptieren, so sei am Schluß dieses Abschnitts auf Medizinisches hingewiesen, das in den eigenen Berichten des Sozomenos eine gewisse Aufmerksamkeit findet[76]: die rätselhafte Krankheit des Aquilinus[77], die Todesursache des Arius[78], ein Amokläufer[79], die Sepsis Julians des Älteren[80], eine unbekannte Heilpflanze[81], eine Heilquelle[82], die Heilkraft des Persea-Baums[83], Seuchen zur Zeit Julians[84], die Todesursache Jovians[85], Valentinians Infarkttod[86], Wunderheilungen in der Anastasiakirche [87], Askesefolgen bei Johannes[88], Nicaretes Medikamente für Arme[89].

---

74 Vgl. *h. e.* 9,9,5, unten 1084f; MATTHEWS, *Western Aristocracies* 355–357.

75 *H. e.* 9,10, unten 1086f.

76 Medizinisches ist in dem Werk des PHILOSTORGIUS mit noch präziserem Detail vertreten (BIDEZ, *Philostorgius* CX).

77 *H. e.* 2,3,10f, unten 210f.

78 Zusatz in *h. e.* 2,29,5, unten 314–317.

79 *H. e.* 4,16,12, unten 484f.

80 *H. e.* 5,8,2f, unten 594f.

81 *H. e.* 5,21,3, unten 656f.

81 *H. e.* 5,21,6f, unten 656–659.

83 *H. e.* 5,21,8, unten 658f.

84 *H. e.* 6,2,16, unten 680–683.

85 *H. e.* 6,6,1, unten 692f.

86 *H. e.* 6,36,4, unten 812–815.

87 *H. e.* 7,5,2, unten 844f.

88 *H. e.* 8,9,6, unten 988f.

89 *H. e.* 8,23,6, unten 1030–1033.

2. *Vom Rechtsanwalt zum Kirchenhistoriker*

Wir haben einen orthodox christlich erzogenen, juristisch gebildeten, kirchlich engagierten und mit wachem Interesse begabten, drei Sprachen beherrschenden, theologischen Feinheiten gegenüber eher reservierten Mann vor uns. Wie kommt er dazu, sich auf dem durch Euseb[90] bereiteten Feld der ‚Kirchengeschichte'[91] zu tummeln? Die Antwort gibt er selbst in rhetorisch zugespitzter Form: Die religiöse Umwälzung vom Hellenentum zum Christentum verlangt nach einer literarischen Gestaltung, weit mehr als die mythologischen Themen, die von berühmten und talentierten griechischen Autoren immer wieder bearbeitet worden sind; wie sollte ich mich nicht überwinden und diese Darstellung liefern? Gott, der Herr des Geschehens, wird mich schon wider Erwarten zum Darsteller des Geschehens zu machen wissen.[92] Der eigentliche Gegenstand der Kirchengeschichte ist also, wenigstens in dieser programmatischen Erklärung, nicht die innere Entwicklung der Kirche, etwa der Triumph der Rechtgläubigkeit in der Auseinandersetzung mit den Häresien, sondern der von Gott selbst bewirkte und als Wunder aufgefaßte Übergang der Reichsbevölkerung zum christlichen Glauben. Dieser aber macht an den Reichsgrenzen nicht halt und erfaßt auch die hereinströmenden Barbaren, wobei es nichts ausmacht, daß dies eher durch einen tückischen Zufall meist in der Form des arianischen Bekenntnisses geschieht. Die beiden mythologischen Themen sind nicht ohne Bedacht ausgewählt, es geht um zwei Tod und Verderben bringende Landplagen, den wilden Eber von Kalydon und den wilden Stier von Marathon, die nur durch den mutigen Einsatz von Helden

---

[90] *H. e.* 1,1,12, unten 104 f.

[91] Vgl. z. B. CHESNUT, *Histories;* WINKELMANN, *Rolle und Problematik;* TIMPE, *Was ist Kirchengeschichte?;* WALLRAFF, *Sokrates* und die dort 321–326 angeführte weitere Sekundärliteratur.

[92] Vgl. *h. e.* 1,1,11 f, unten 102–105.

beseitigt werden konnten. So bedurfte es auch eines heroischen Kampfes[93] der Gläubigen gegen die eingewurzelten Übel der alten Religion, um den Sieg zu erringen.

Hermeias hat seit seiner Kindheit die Macht des alten und des neuen Glaubens über Menschen in unmittelbarer Nachbarschaft erlebt, die Beharrlichkeit des Alten, dessen Feindschaft immer wieder ausbrechen konnte, und die Wunder, deren es bedurfte, um Herzen für das Neue aufzuschließen. Es verstand sich für ihn von selbst, daß er diesen wunderbaren Wandel in den Mittelpunkt der Geschichte stellen mußte, von der Bekehrung Konstantins[94] bis zu der durch eine Wunderheilung und eine Vision erreichten Überzeugung des skeptischen Arztes Probianus von der Allmacht des Kreuzes[95]. Es ist üblich, der Wundergläubigkeit des Sozomenos ein paar verständnisvoll verzeihende Worte zu widmen. Unrecht tut man ihm, wenn man ihn damit entschuldigt, zahlreiche Zeitgenossen, Christen wie Nichtchristen, hätten auch an Wunder geglaubt. Vielmehr hat ihm die Tradition seiner Familie, in der die Bekehrung des Ahnen mit der Heilung eines psychisch Kranken in Verbindung gebracht war, früh die Augen für eine Dimension menschlicher Entscheidungen und menschlichen Handelns geöffnet, die nicht allein rational zu erklären, dafür aber um so mächtiger ist. Gewiß mag es uns naiv anmuten, wenn er die lokale Legende von einem bischöflichen Drachentöter im kulturfernen Epirus dörflichen Gewährsleuten nacherzählt.[96] Abgesehen davon, daß der moderne Historiker für jeden Beleg des Volksglaubens dankbar ist, für Sozomenos ist die Tat des Bischofs Donat nichts anderes als die christ-

[93] *H. e.* 1,1,9f, unten 102f.
[94] *H. e.* 1,3, unten 110–113.
[95] *H. e.* 2,3,12f, unten 210f.
[96] *H. e.* 7,26,1–5, unten 932–935. – Anscheinend deswegen hat der Übersetzer, allerdings gestützt auf eine Bemerkung im Text über indische Reptilien, von einer Riesenschlange statt eines Drachen gesprochen – Riesenschlangen im nordwestgriechischen Bergland?

liche Überbietung der Erlegung des kalydonischen Ebers durch Meleager[97], wobei der fromme Gottesmann auf jede Hieb- und Stichwaffe verzichten kann.

Auf ein Wunder Gottes hofft auch der Rechtsanwalt, um nunmehr Schriftsteller werden zu können. Das heißt freilich, einen Bescheidenheitstopos etwas überstrapazieren. Denn zum einen ist er als Prozeßredner im Umgang mit dem rhetorischen Wort hinlänglich geübt, zum andern hat er sich wenigstens durch eine Epitomierung von Eusebs Kirchengeschichte literarisch erprobt und dabei die Vorlage gründlicher kennengelernt. Überhaupt aber hat er soviel gesundes Selbstbewußtsein, daß er sich zutraut, die selbstgewählte Aufgabe besser erfüllen zu können als die beiden Vorgänger Rufin und Socrates, deren Werke vor ihm liegen, die er aber nie mit Namen nennt, ja im Proömium geradezu verleugnet oder wenigstens als unzulänglich verschweigt. Nimmt man seine Erklärung[98] wörtlich, so wollte er die Geschichte der Kirche von Anfang an darstellen, reduzierte das Programm aber, als er feststellte, daß schon Clemens, Hegesipp und Africanus bis in ihre jeweilige Zeit ganze Arbeit geleistet hatten, vor allem aber Euseb (denn die drei zuvor Genannten kennt er aller Wahrscheinlichkeit nach nur aus Eusebs Kirchengeschichte), der in seiner letzten Ausgabe bis zum Sturz des Licinius gekommen war. So beschränkte er seine Arbeit, was die Zeit von der Himmelfahrt Christi bis zum Sturz des Licinius angeht, auf die schon erwähnte Epitome (Eusebs) in zwei Büchern. Eusebs Kirchengeschichte hatte offenbar schon kanonische Geltung erlangt und schien einer Verbesserung nicht mehr fähig zu sein.[99] „Jetzt aber“, so fährt So-

---

[97] *H. e.* 1,1,11, unten 102–105.

[98] *H. e.* 1,1,12, unten 104f.

[99] SOCRATES, *h. e.* 1,22 (GCS 66–68), hat dagegen keine Bedenken, EUSEBS knappe Darstellung (*h. e.* 7,31 [GCS 716]) des Manichäismus aus dem (fiktionalen) Bericht des HEGEMONIUS, *Acta Archelai*, zu ergänzen.

zomenos fort, „werde ich mit Gottes Hilfe die darauf folgenden Ereignisse zu erzählen versuchen.“[100]

War das also vorher noch nicht geschehen? Wir wissen es besser, Sozomenos wußte es natürlich besser, und seine Leser wohl auch. Daß er Vorgänger hatte, beweist er unendlich oft mit namenlos bleibenden Verweisen wie „es wird berichtet“, „die einen behaupten“, „die gängige Überlieferung besagt“, die sich in der Regel auf die Kirchengeschichte des Socrates beziehen. Umso befremdlicher wirkt es auf uns, daß er im Proömium[101] nur Primärquellen anführt, aus denen er geschöpft habe, Gesetze, Synodalakten, Briefe von Kaisern und Bischöfen. Kein Zweifel, daß er sie wirklich als originäre Informationen herangezogen hat, aber ebenso unzweifelhaft dienten sie ihm jeweils nur zur Verifizierung, Erweiterung, Korrektur des von Socrates schon bereitgestellten und verarbeiteten Materials. Im deutlichen Unterschied zu Socrates, der alle seine Vorlagen namhaft macht, schließt sich Sozomenos jener Spielart der antiken Historiographie an, die ihre Hauptquellen gründlich ausschöpft, sie aber nicht benennt, allenfalls solche Gewährsmänner zitiert, die nur gelegentlich benutzt sind. Bei den sehr seltenen wörtlichen Zitaten[102] versteht sich das von selbst. Berühmtheiten wie Athanasius werden auch sonst angeführt[103], Basilius einmal[104], Euseb dreimal[105]. Der Bischof Timotheus von Alexandrien gilt (zu Unrecht) als Verfasser der *Historia monachorum in Aegypto*.[106]

---

[100] *H. e.* 1,1,13, unten 104f.

[101] *H. e.* 1,1,13, unten 104f.

[102] APOLLINARIS: *h. e.* 2,17,2f, unten 258f; ATHANASIUS: 2,30,1–5, unten 216–219; JULIAN: 5,16, unten 626–635; LIBANIUS: 6,1,15f, unten 674f; GREGOR VON NAZIANZ: 6,27,2–6 unten 766–771.

[103] *H. e.* 4,17,10, unten 494–497; 5,12,5, unten 614f.

[104] *H. e.* 3,16,3, unten 402f.

[105] *H. e.* 1,3,2, unten 110f; 5,21,3, unten 656f; 7,18,7, unten 900f.

[106] *H. e.* 6,29,2, unten 776f.

Festzuhalten ist, daß Sozomenos durch die Veröffentlichung des Socrates den letzten Anstoß erhielt, neben seiner Anwaltstätigkeit ein historisches Werk zu erarbeiten, um den radikalen Wandel der Welt in den zurückliegenden mehr als hundert Jahren zu dokumentieren. Beobachtungen und Studien dazu aber hat er seit langer Zeit unternommen. In gewisser Weise kann man ihn mit dem ersten Nichttheologen vergleichen, der sich in der Nachfolge Eusebs an eine ‚Kirchengeschichte' gewagt hat, dem etwa zehn Jahre älteren Philostorgius.[107] Auch er stammte aus der ländlichen Provinz (aus Kappadokien), ging nach Konstantinopel, machte Reisen[108], auf denen er dank seinen vielfältigen Interessen sein Weltbild erweiterte; auch er vereinte rationales Denken und Wunderglauben. Von einem Auftrag zu einer kirchengeschichtlichen Arbeit, wie er dem Bischof Gelasius von Caesarea durch den letzten Willen Cyrills von Jerusalem erteilt war, Rufin durch den Bischof Chromatius von Aquileia, Socrates durch den Kleriker Theodorus, ist bei Sozomenos keine Rede. Persönlicher Initiative verdankt, sollte das Ergebnis doch nicht bloß in der persönlichen Verantwortung des Autors bleiben. So sucht er sein Werk durch die enkomiastische Widmung an den Kaiser Theodosius II. unter dessen Schirmherrschaft zu stellen, indem er es in vorauseilendem Gehorsam dem umfassenden Wissen und der Frömmigkeit des Kaisers als einziger Prüf- und Zensurinstanz unterwirft, in der unverhohlenen Hoffnung, mit dem Placet des Herrschers die Weihe einer von höchster Stelle autorisierten und damit aller Kritik entzogenen Darstellung zu erhalten.[109] Socrates berichtet von den zahlreichen nach dem Sieg im Perserkrieg

---

[107] Vgl. BIDEZ, *Philostorgius* CVI–CXIII.
[108] Es lohnt sich, seine Beschreibung von Daphne (PHILOSTORGIUS, *h. e.* 7,8a [GCS 86–88]) mit der des Sozomenos (*h. e.* 5,19,5–11, unten 644–649) zu vergleichen.
[109] *H. e.*, Widmung 18, unten 94f.

422 gehaltenen panegyrischen „Kaiserreden“ [110], deren Verfasser entweder dem Kaiser bekannt werden oder ihr literarisches Talent erstrahlen lassen wollten. Beide Motive weist er weit von sich, bevor er zu seiner Lobrede auf Theodosius II. übergeht. Er war wohl wirklich mit seinem halboffiziellen Arbeitsauftrag in einer anderen Lage als der Privatmann Sozomenos, der sich an höchster Stelle absichern wollte.

3. Ziel und Durchführung des Werkes

Von dem selbstgesteckten Ziel ist schon die Rede gewesen. Dabei hat Hermeias im Einklang mit seinem Grundthema, der Bekehrung vom hellenischen Glauben zum Christentum, sowohl christliche wie nichtchristliche Leser im Blick, bei denen er ein bestimmtes Maß an klassischer antiker Bildung voraussetzt. Im Proömium definiert er sein Ziel näherhin.[111] Die Geschichtschreibung *(historia)* muß unverfälscht bleiben, die historische Wahrheit steht über allem [112] — eine Maxime, die nicht etwa als unentbehrlicher, aber unverbindlicher Proömientopos abgetan werden darf. Mit dem Vorrang der Wahrheit begründet er die objektive Wiedergabe auch häretischer Urkunden, die er in vorhandenen Sammlungen vorfand, wo sie keineswegs unparteiisch ausgewählt und zusammengestellt waren.[113] Die Priorität der historischen Wahrheit steht auch über dem Gezänk und dem Ehrgeiz der Kirchenführer [114], zumal deren Ergeb-

---

[110] SOCRATES, *h. e.* 7,21,7 (GCS 368); 7,21,10 – 22,1 (GCS 368).

[111] *H. e.* 1,1,16f, unten 106–109.

[112] *H. e.*, Widmung 16f, unten 94f.

[113] *H. e.* 1,1,15, unten 106f.

[114] Vgl. *h. e.* 1,1,16, unten 106–109. Das Thema ist schon für EUSEBIUS VON CAESAREA, *h. e.* 8,1,7f (GCS 738), aktuell.

nis der Triumph der Glaubenswahrheit sein wird. Ähnliche Grundsatzerklärungen gibt auch Socrates mehrfach.[115]

Es ist nur natürlich, daß Sozomenos deutlich hervorhebt, wodurch er sich von Socrates methodisch unterscheidet. Er schließt sich implizit dem von Livius in seiner Vorrede formulierten Axiom der klassischen Historiographie an, wonach „die jeweils neu auftretenden Geschichtschreiber entweder sachlich etwas Gewisseres beizubringen oder durch ihre stilistische Kunst die frühere Formlosigkeit zu übertreffen sich zutrauen“[116]. Wie Livius meint er statt „entweder ... oder“ ein „sowohl ... als auch“. Zunächst also das Inhaltliche. Als seine Quellen für die ältere Zeit gibt Sozomenos Gesetze, Synodalakten und Briefe an.[117] Für die erste Quellengruppe ist die Differenz in der Tat augenfällig: Socrates gibt ein Gesetz Gratians in vier Worten wieder, wohl nicht aus erster Hand[118], und bei der in Konstantinopel 381 fixierten Patriarchatsverfassung kontaminiert er die Bestimmungen des Kanons 2 der Synode mit der Fassung des entsprechenden kaiserlichen Edikts vom 30. Juli 381[119], das ist alles. Dem stehen bei Sozomenos 26 Bezugnahmen auf Gesetze gegenüber, die wir im *Codex Theodosianus* finden, außerdem mehrere dort nicht aufgenommene. Dem

---

[115] Vgl. WALLRAFF, *Sokrates* 172–179, mit weiteren Nachweisen aus spätantiken Autoren.

[116] LIVIUS 1, praef. 2 (1 OGILVIE): *dum novi semper scriptores aut in rebus certius aliquid allaturos se aut scribendi arte rudem vetustatem superaturos credunt.*

[117] *H. e.* 1,1,13, unten 104f.

[118] SOCRATES, *h. e.* 5,4,2 (GCS 276).

[119] SOCRATES, *h. e.* 5,8,15–19 (GCS 281).

Juristen erschloß sich hier eine reichlich sprudelnde Quelle, und zugleich griff er damit auf Euseb zurück, der im achten und neunten Buch seiner Kirchengeschichte die kaiserlichen Edikte im vollen Wortlaut wiedergegeben hatte. Für die Synodalakten nutzt Sozomenos wie Socrates[120] die von Sabinus publizierte Sammlung fleißig aus[121], indem er das von Socrates Ausgelassene aus der gemeinsamen Vorlage nachträgt. Im Proömium[122] folgt in der Aufzählung der Quellen auf die Synoden noch ein leicht zu übersehender Hinweis auf die „(häretischen) Neuerungen". In der Tat widmet Sozomenos zum Beispiel den Anfängen des arianischen Streites ein eigenständiges Kapitel[123], gleichfalls der Lehre des Eunomius[124], für die Häresie des Apollinaris zitiert er die Polemik Gregors von Nazianz[125]. Auch hiermit geht er auf Euseb zurück, der die Wirkungen der Neuerungssucht als integralen Bestandteil seines Werks reklamiert.[126] Was die „Briefe von Kaisern und Bischöfen" betrifft, so bevorzugt er zur Umfangsbeschränkung Referate gegenüber der Wiedergabe des vollen Wortlauts[127], auch dies in Abgrenzung vom Verfahren des Socrates und in Anlehnung an die Methode eines Thucydides. Den 40 wörtlich zitierten Urkunden dieser Art bei Socrates stehen bei Sozomenos nur 17 gegenüber.

---

120 In seiner zweiten Bearbeitung; vgl. SOCRATES, *h. e.* 2,1,5 f (GCS 92).

121 Vgl. unten 58 (Einleitung Kap. 5.h).

122 *H. e.* 1,1,13, unten 104 f.

123 *H. e.* 1,15, unten 162–169.

124 *H. e.* 6,26, unten 760–767.

125 *H. e.* 6,27, unten 766–771.

126 EUSEBIUS VON CAESAREA, *h. e.* 1,1,1 (GCS 6).

127 *H. e.* 1,1,14, unten 106f.

Dies hat allerdings noch einen anderen Grund. Wie schon bemerkt, rechnet Sozomenos durchaus auch mit nichtchristlichen Lesern.[128] Mag es noch mit der literarischen Stilrichtung zusammenhängen, daß einem nichtklassischen Wort wie ‚Mönch', das doch längst im allgemeinen Sprachgebrauch verwurzelt war, beim ersten Vorkommen[129] ein entschuldigendes ‚sogenannt' angehängt wird, so wird die den Mysterienreligionen entstammende Scheu, geheiligte Glaubensinhalte Nichtgläubigen preiszugeben, bei dem geradezu im Mittelpunkt der weiteren Auseinandersetzungen stehenden Symbol von Nicaea[130] wirksam, wenn Sozomenos auf Anraten theologischer Freunde aus Rücksicht auf nichtgetaufte Leser dessen Mitteilung unterläßt. Natürlich läßt er dann auch alle Synodalschreiben beiseite, die einen Text aus dem „Labyrinth der Glaubensbekenntnisse"[131] enthalten, über deren Kerngedanken oder Schlagworte er jedoch informiert.[132]

Zwei weitere große Themenbereiche hebt er im Proömium hervor, die ihm am Herzen liegen: das Mönchtum, von dem schon oben die Rede war, und die Geschicke der christlichen Religion „bei Persern und Barbaren".[133] Zu den Barbaren zählen Georgier und Aksumiten, deren Bekeh-

---

128 Bei SOCRATES ist nur ein einziges Mal (*h. e.* 7,34,15 [GCS 384]) ein spezifisch christlicher Sprachgebrauch als solcher erläutert, seltsamerweise am Ende des Werks, nachdem der betreffende Ausdruck (ἀναθεματίζω, bei Sozomenos nur einmal [*h. e.* 8,22,7, unten 1028f] vorkommend) nicht weniger als 13mal wie selbstverständlich verwendet worden war.

129 *H. e.* 1,1,18, unten 108f.

130 *H. e.* 1,20,3, unten 182–185.

131 So die Formulierung des SOCRATES, *h. e.* 2,41,17 (GCS 178).

132 Zur Geltung der Arkandisziplin auch im liturgischen Bereich vgl. *h. e.* 8,21,2, unten 1022f.

133 *H. e.* 1,1,18, unten 108f.

rung er Socrates und Rufin/Gelasius nacherzählt[134], aber auch die Goten, über die er besser unterrichtet ist als Socrates, und die Sarazenen[135]. Über die Verfolgungen im Sasanidenreich berichtet er nach literarischen Quellen (Märtyrerakten)[136], zu denen er durch seine aramäischen Sprachkenntnisse leicht Zugang fand. Von besonderem Interesse ist — um das hier anzuschließen —, was er über einen der genialen Denker und Dichter der alten Christenheit, Ephraem den Syrer, zu berichten weiß.[137] Wohl aus eigener Kenntnis, wozu ihn die eine seiner drei Seelen befähigen mochte, charakterisiert er treffend die gedankliche Tiefe und sprachliche Kunst Ephraems[138], spricht über das Verhältnis des Originals zu den griechischen Übersetzungen, die von Ephraem den Melodien des Harmonius unterlegten Texte, und gibt einige Anekdoten von allerdings zweifelhaftem Wert wieder, schließlich noch einen Nachtrag aus der *Historia Lausiaca*.

Heben die Bemerkungen im Proömium die Unterschiede zu Socrates hervor, so betreffen sie zugleich auch das Verhältnis zu dem von Euseb geschaffenen Muster des historiographischen Genos. Das Mönchtum wird als neuer

---

134 *H. e.* 2,7, unten 224–231; 2,24, unten 282–289. In den Vorlagen folgen die Iberer (Georgier) direkt auf die Inder (Äthiopier), ohne daß relative oder absolute chronologische Angaben gemacht werden. Sozomenos kehrt die Reihenfolge um, schließt an die Georgier die Armenier und den langen Exkurs über die Christenverfolgung im Sasanidenreich (*h. e.* 2,9–15, unten 232–255) an und schaltet der Christianisierung Äthiopiens recht geschickt die Geschichte des ATHANASIUS vor, der den ersten Bischof von Aksum ordinierte.

135 Goten: *h. e.* 2,6,1, unten 222 f; 6,37,7–14, unten 818–821; Sarazenen: *h. e.* 6,34,7, unten 806–809; 6,38,9–16, unten 826–831.

136 *H. e.* 2,9–15, unten 232–255.

137 *H. e.* 3,14,29, unten 388 f; 3,16, unten 402–411. Obwohl er 363 das persische Banner über seiner Heimatstadt Nisibis flattern sah, lebte EPHRAEM stets im syrisch-römischen Bereich, das letzte Jahrzehnt von 363 bis 373 in Edessa.

138 *H. e.* 3,16,1, unten 402 f.

Gegenstand der Kirchengeschichte hervorgehoben, weil es bei Euseb noch fehlte, wie auch bei Philostorgius; Socrates hatte es ja durchaus gebührend gewürdigt. Auch das Christentum jenseits der Reichsgrenzen ergibt einen neuen Aspekt gegenüber Euseb, nicht gegenüber Socrates. Im übrigen liegt in der Bevorzugung des inhaltlichen Referats gegenüber der wörtlichen Wiedergabe von Urkunden auch eine Abkehr vom Muster Eusebs und damit eine Rückkehr zur traditionellen antiken Historiographie. In weiterem Umfang als Socrates berücksichtigt Sozomenos anderseits die christliche Literatur, der Euseb so viel Aufmerksamkeit gewidmet hatte. Als er in Tarsus der Paulus-Apokalypse nachforschte[139], wird er sein kirchengeschichtliches Projekt schon im Auge gehabt haben.

Die Gattung der Kirchengeschichte suchte nach einer ihr gemäßen Gestalt. Bei Gelasius war sie, trotz der Urkunden und Zitate, zu oft ins Romanhafte abgeglitten, von dessen Inhalten sich auch Socrates und Sozomenos nicht vollständig freimachen konnten. Philostorgius bereits nahm sich nach Inhalt und Form die klassische Geschichtschreibung zum Vorbild, Socrates suchte an die Annalistik anzuknüpfen. Sozomenos dagegen wehrt sich heftig gegen die Tendenz zur Chronik, die nach der von ihm befolgten Theorie etwas Pedantisches zu haben schien. Er streicht die meisten der genauen Datierungen seines Vorgängers, und wenn er die amtliche Chronik der Kirche von Alexandrien benutzt, die wir als *Historia acephala* kennen, ersetzt er die exakten Zeitangaben durch vage Ausdrücke wie „bald danach“[140].

---

[139] *H. e.* 7,19,10f, unten 908–911.

[140] *H. e.* 4,9,6–9, unten 452–457; 4,10,8–12, unten 460–463; 5,7,2f, unten 590f; 6,5,1–4, unten 688–691; 6,12,5–11, unten 712–715.

Seine pragmatische Darstellung bereichert er gern durch allgemeine Reflexionen.[141] Auch die Theorie des Socrates von der gegenseitigen Verflechtung der kirchlichen und politischen Wirren greift er einmal kurz auf[142], bezeichnenderweise in einer Situation, an der Socrates wenig Interesse zeigt – nämlich der Bedrängnis der Johanniten in Konstantinopel nach der Verbannung des Bischofs –, während Sozomenos drei politische Katastrophen damit verknüpft.

Überhaupt läßt sich oft beobachten, daß Sozomenos seinen Vorgänger sozusagen komplementär zu überbieten sucht: Was Socrates breit darstellt, verkürzt er, um dann Zusätzliches aus anderen Quellen nachzutragen. Vergleichen wir etwas näher die beiden Berichte über den volkstümlichen Heiligen Spyridon, der auch als Bischof von Trimithus auf Zypern seinen Beruf als Schäfer weiter ausübte. Socrates widmet ihm (nachden Maßstäben heutiger GCS-Ausgaben) 27 Zeilen, deren Inhalt er Rufin entnimmt, Sozomenos weiß 67 Zeilen zu füllen.[143] Socrates erzählt die erbaulichen Geschichten von den Viehräubern, die auf wunderbare Weise gefesselt, von Spyridon aber befreit und nach Mahnung zu ehrlicher Arbeit sogar noch beschenkt werden, sowie von seiner Tochter Irene, die über das Versteck eines wertvollen Depositum noch nach ihrem Tode Bescheid zu geben vermag. Das Mirakulöse der zweiten Geschichte, in der nach Rufin (und Gelasius) Irene aus ihrem Grabe dem besorgten Vater in einem kurzen Dialog[144] die benötigte

[141] Zum Beispiel *h. e.* 3,13,5, unten 398f; 5,6,2f, unten 588f; 5,18,5, unten 642f; 5,22,10, unten 662f; 6,4,2, unten 684f; 6,25,14, unten 760f; 6,26,7–9, unten 762–769; 6,35,10f, unten 810–813.

[142] *H. e.* 8,25,1, unten 1038f, nach SOCRATES, *h. e.* 5, pr. 3f (GCS 274).

[143] *H. e.* 1,11, unten 136–143; bei SOCRATES, *h. e.* 1,12 (GCS 43f), nach RUFIN VON AQUILEIA, *hist.* 10,5 (963f MOMMSEN). SOCRATES behauptet, es seien viele Geschichten über SPYRIDON im Umlauf (*h. e.* 1,12,2 [GCS 43]), von denen er sich auf „eine oder zwei" beschränken wolle; es sind just die zwei von RUFIN dargestellten.

[144] Die wörtlichen Reden in beiden Geschichten sind wie sehr oft ein äußerliches Kriterium für die Herkunft aus GELASIUS.

Auskunft erteilt, steigert Socrates, warum auch immer[145], zu einer von Spyridon erflehten kurzfristigen leiblichen Auferstehung, die zum gleichen Ergebnis führt. Sozomenos will auf die beiden Wundergeschichten nicht verzichten, zögert aber, der Version des Socrates von der auferstandenen Irene zu folgen, und greift dafür auf Rufin zurück – allerdings in auffällig aufs äußerste verknappter Form.[146] Als Kompensation gibt er noch drei zusätzliche Geschichten in behaglicher Breite (44 Zeilen) zum besten[147], die erste mit mirakulösem Einschlag, in der Tendenz mit dem Erlebnis der Viehräuber vergleichbar, die beiden anderen zur Charakterisierung des bescheidenen und originellen Bischofs. – Etwas anders verhält es sich in der bekannten Kindheitsgeschichte des Athanasius: Hier ist Socrates karg gegenüber Rufin, vor allem verschweigt er die im Spiel vollzogene Taufe und die Anerkennung ihrer Gültigkeit durch den Bischof Alexander, was Sozomenos aus Rufin ergänzen muß.[148]

Mit sehr viel Liebe zum Detail und wohl auch Liebe zum eigenen Bericht breitet Sozomenos sein ‚Sondergut' aus, besonders Selbsterlebtes oder von Augenzeugen Überliefertes. Die Auffindung von Reliquien der vierzig Märtyrer und die anschließende Festprozession mag ihm noch so viel Eindruck gemacht haben – bei einer Endredaktion, zu der er nicht mehr kam, sollte er die Disproportionen des nur als *commentarius* angängigen Reports[149] bemerkt haben. Hoffentlich wissen ihm Kunsthistoriker die Detailtreue zu danken. Ähnliche dem Historiker willkommene Schilderungen

---

145 Aber wohl kaum, weil „Sokrates insgesamt dazu neigt, direkte Rede zu vermeiden" (WALLRAFF, *Sokrates* 189 Anm. 198).

146 *H. e.* 1,11,5, unten 138 f.

147 In ihnen sind die wörtlichen Reden natürlich kein Indiz für GELASIUS.

148 *H. e.* 2,17,6–10, unten 260–263, nach SOCRATES, *h. e.* 1,15 (GCS 53 f), und RUFIN VON AQUILEIA, *hist.* 10,15 (980 f MOMMSEN).

149 *H. e.* 9,2, unten 1060–1067.

gibt er uns vom Michaelion am Bosporos[150], vom multikulturellen Volksfest in Mamre[151], von der Anastasiakirche in Konstantinopel[152], von den Verdiensten der vornehmen Dame Nicarete[153].

Wie er es bei den klassischen Historikern gelernt hat, übt Sozomenos gelegentlich Quellenkritik, besonders gegenüber ihm vorliegenden Varianten. Sein Kriterium dafür ist die logische oder psychologische Wahrscheinlichkeit.[154] Er legt aber auch Wert darauf, dem Leser selbst Kritikvermögen zuzutrauen und ihm das Urteil zu überlassen, und läßt Fragen offen, die sich ohnehin nicht mehr entscheiden lassen. Hatte Socrates „einige Anhänger des Johannes“ als Urheber des verheerenden Feuers in der Hagia Sophia am 20. Juni 404 ausgemacht, das auch auf das Senatsgebäude übergriff[155], so spricht Sozomenos von gegenseitigen Schuldzuweisungen der Anhänger und Gegner des in die Verbannung deportierten Bischofs[156]. Indem er jede ausdrückliche Stellungnahme vermeidet, übernimmt er überzeugend die Rolle des objektiven und unparteiischen Berichterstatters.

Sozomenos entfaltet seine schriftstellerische Kunst vor allem in der kompositorisch wirkungsvollen Gliederung des Stoffes, den er bei Socrates und dessen Vorlagen vorfand. Seine acht vollendeten Bücher enden nicht mehr grundsätzlich mit dem Tod eines Kaisers, sondern nur dann, wenn es sich um höchst bedeutende Ereignisse handelt wie den Tod Konstantins (Buch 2), den des Valens und des Theodosius (Buch 6 und 7). Sonst wählt er kirchengeschichtliche Wendepunkte als Bucheinschnitte, die Synode

---

150 *H. e.* 2,3,8–13, unten 207–213.
151 *H. e.* 2,4, unten 212–217.
152 *H. e.* 7,5,2–4, unten 844–847.
153 *H. e.* 8,23,4–7, unten 1030–1033.
154 Zum Beispiel *h. e.* 5,2,22 f, unten 572 f.
155 SOCRATES, *h. e.* 6,18,17 (GCS 342 f).
156 *H. e.* 8,22,5, unten 1028 f.

von Nicaea (Buch 1), den Triumph des Athanasius nach der Synode von Serdica und vor der Kehrtwendung des Constantius (Buch 3), die Regierung Julians (Beginn des 5. Buches), das bedeutungsvolle Scheitern des versuchten Tempelneubaus in Jerusalem und den Anfang vom Ende Julians (Buch 5/6)[157], den Tod des Bischofs Johannes im Exil und den Beginn der Regierung des noch unmündigen Theodosius II. (Buch 8/9).

Eindrucksvoll ist der Aufbau des ersten Buches, den man mit Socrates und Rufin vergleichen muß. Socrates referiert kompendienartig den Aufstieg Konstantins zur Alleinherrschaft, seine Bekehrung zum Christenglauben einschiebend (im Anschluß an Eusebs Darstellung in der *Vita Constantini*), und läßt unmittelbar den arianischen Streit folgen, der bis zum Ende der Synode von Nicaea anhand von Zitaten aus Euseb und aus einer Flut von Urkunden, kombiniert mit den Berichten des Gelasius und Rufin und durch eigene Zutaten bereichert, verfolgt wird.[158] Sozomenos gibt nach seinem ausführlichen und gewichtigen Proömium zunächst einen Überblick über die Lage der Kirche im Jahre 324, genauer am Vorabend von Nicaea[159], um sodann zurückgreifend die Bekehrung Konstantins und ihre Folgen[160] sowie die letzte Auseinandersetzung mit Licinius[161] und Konstantins Maßnahmen zur Christianisierung des Reiches[162] zu schildern. Hier hält er inne, um daran zu erinnern, daß die Kirche nicht nur „von oben", durch kaiserliche Förderung, Ansehen gewann, sondern auch aus

---

[157] Gegen SOCRATES und Sozomenos wendet sich THEODORET VON CYRRHUS, *h. e.* 3,28,3 (GCS 206), wenn er ein Buch mit JULIANS Tod enden läßt.

[158] SOCRATES, *h. e.* 1,1–13 (GCS 1–52).

[159] *H. e.* 1,2, unten 108–111.

[160] *H. e.* 1,3–6, unten 110–123.

[161] *H. e.* 1,7, unten 122–125.

[162] *H. e.* 1,8f, unten 124–135.

eigener Kraft, dank dem Wirken der Bekenner und anderer bedeutender Christen, vor allem der Mönche.[163] Beide Teile (1,2–9 und 1,10–14) haben wohl nicht zufällig fast den gleichen Umfang (284 und 292 GCS-Zeilen). Nur etwas mehr Raum nimmt der Bericht über die Anfänge des arianischen Streits und die Synode von Nicaea ein.[164] Nicht nur kompositorisch hat Sozomenos ein ausgewogenes Ganzes geschaffen, sondern auch inhaltlich eine wesentliche Ausweitung und ein klareres Bild erreicht, ganz im Sinne des oben[165] aus Livius zitierten Grundsatzes.

Ähnlich geschickt geht Sozomenos in seinem zweiten Buch die ihm vorliegende Stoffmasse an. Während Socrates nach Nicaea in der Behandlung der Querelen fortfährt[166], setzt Sozomenos nach dem harmonischen Ende des ersten Buches ganz neu ein mit Aktivitäten des Kaisers und seiner Mutter[167], dann der Bekehrung der Iberer[168] und Armenier und dem langen Exkurs über Verfolgung im Sasanidenreich.[169] Den Bericht über die Verfolgungen schließt Konstantins Brief an Šabor ab[170], historisch falsch, aber die Per-

---

[163] *H. e.* 1,10–14, unten 136–161. Anknüpfen konnte Sozomenos daran, daß bei SOCRATES, *h. e.* 1,11 f (GCS 41–44), und RUFIN VON AQUILEIA, *hist.* 10,5 (963 f MOMMSEN), im Bericht über die Synode die Bischöfe PAPHNUTIUS und SPYRIDON gewürdigt waren, abgeschlossen durch den eher nüchternen Satz *tales igitur in illis adhuc temporibus permulti viri in ecclesiis domini refulgebant* (RUFIN VON AQUILEIA, *hist.* 10,5 [963 f MOMMSEN]; SOCRATES, *h. e.* 1,12,7 [GCS 44]), dem SOCRATES, *h. e.* 1,13,1–11 (GCS 44–46), noch den novatianischen Asketen EUTYCHIANUS anfügte.

[164] *H. e.* 1,15 f, unten 162–171, und 1,17–25, unten 170–193.

[165] Siehe oben 30.

[166] SOCRATES, *h. e.* 1,14 (GCS 52 f).

[167] *H. e.* 2,1–5, unten 194–223 (Christianisierung „von oben").

[168] Die in den Vorlagen vorhergehende Missionierung im Reich von Aksum hat Sozomenos erst an viel späterer Stelle (*h. e.* 2,24, unten 282–289) referiert.

[169] *H. e.* 2,6–14, unten 222–251 (Christianisierung „von unten"). Wieder nehmen die beiden Teile ungefähr den gleichen Raum ein (298 und 318 Zeilen).

[170] *H. e.* 2,15, unten 250–255.

spektive „von unten“ beendend. Im Folgenden hält Sozomenos sich an die historische Abfolge seiner Vorlagen, ohne große Blöcke zusammenfasssen zu können. Aber er scheint nicht selten die Berichte in der Weise umzuordnen und neue Nachrichten so einzuordnen, daß ein Schritt nach vorn zur Einheit der Kirche durch einen Rückschlag abgelöst wird und umgekehrt. Die von Athanasius durch Einsetzung eines Bischofs institutionalisierte Mission im aksumitischen Reich steht jetzt, ganz losgelöst von der Bekehrung der Iberer, zwischen Verleumdungen, denen sich Athanasius ausgesetzt sieht, und der Synode von Tyrus, auf der er verurteilt wurde.

Ähnliches wird sich auch sonst beobachten lassen. Zur ersten Orientierung verweise ich auf die unten folgende ganz summarische Inhaltsübersicht der Kirchengeschichte.[171] Daß Sozomenos einen weiteren Bericht über glaubensstarke Mönche und christliche (darunter auch häretische) Gelehrte, über den großen Ephraem[172] und schließlich noch über die christenfreundliche Gesetzgebung („von oben“) der Söhne Konstantins einschiebt[173], dürfte als Kompensation für die nach Serdica eingetretene Kirchenspaltung zwischen Ost und West gemeint sein. Julians plötzliches Ende, dessen wunderbaren Hergang Sozomenos nicht müde wird zu betonen, scheint sich durch Wunder am Ende des vorhergehenden Buches schon anzukündigen.[174]

Auch wenn auf die Komposition des Ganzen nicht so viel Sorgfalt verwendet wäre, müßte der desolate Zustand des letzten Buches sofort ins Auge fallen. Allein ein Blick auf das letzte Kapitel zeigt, daß das Werk nicht abgeschlossen ist. Statt bis zum Jahre 439, wie in der Widmung angekündigt[175],

---

[171] Siehe unten 42–51.

[172] Diesmal 350 Zeilen. Fast könte man versucht sein, eine gewisse Norm von etwa 10–15 Seiten im GCS-Format als psychologischen Standard für solche aufbauenden Textblöcke zu vermuten.

[173] *H. e.* 3,14–17, unten 376–413.

geht die Darstellung nur bis etwa 422[176]; an der zuletzt angeführten Stelle ist von den beiden „zuvor genannten“ Usurpatoren Jovian und Maximus die Rede, von denen Maximus wirklich erwähnt war, ein Jovian nicht.[177] Neben wörtlichen Textwiederholungen[178] fallen auch Inkonsequenzen der Konzeption auf. Dank Gottes Gnade und der Frömmigkeit des Herrscherhauses brechen Usurpationen und feindliche Angriffe auf den Ostteil des Reiches alsbald zusammen[179], dagegen herrschen im Westen Wirren und Usurpationen, wie am Beispiel Alarichs gezeigt wird[180]. Dieser Gegensatz wird jedoch durch die neue These aufgehoben, daß die zahlreichen Usurpationen im Westreich dank der Frömmigkeit des Honorius (gleichfalls) scheitern.[181] Abgeschlossen wird der Bericht darüber[182] durch die aus 9,6,1 wiederholte Versicherung, daß zur gleichen Zeit im Ostreich alles friedlich und, angesichts des noch kindlichen Herrschers, unerwartet ordentlich zuging.[183] Der unfertige und unausgeglichene Zustand dieses zudem recht kurzen Buches läßt sich am ungezwungensten damit erklären, daß der Tod oder eine

---

174 *H. e.* 5,21f, unten 654–665.
175 *H. e.*, Widmung 19, unten 96f.
176 *H. e.* 9,4,1, unten 1068f; 9,15,3, unten 1096f.
177 Gemeint ist der gallorömische Usurpator JOVINUS (411–413), vgl. OLYMPIODOR, *Frg.* 18 (BLOCKLEY). MAXIMUS ist erwähnt in *h. e.* 9,13,1, unten 1092f.
178 *H. e.* 8,25,2–4, unten 1038f = 9,4,2–4, unten 1068–1071; 9,6,1, unten 1074f = 9,16,3, unten 1098; 9,12,3, unten 1090f = 9,12,7, unten 1090–1093.
179 *H. e.* 9,3,3 – 9,6,1, unten 1068–1075.
180 *H. e.* 9,6,1 – 9,9,5, unten 1074–1085.
181 *H. e.* 9,11,1, unten 1086f.
182 *H. e.* 9,11–16, unten 1086–1099.
183 *H. e.* 9,16,3, unten 1098f.

schwere Krankheit den Autor am Abschluß seiner Arbeit gehindert hat. Mit dem individuellen Charakter des Vorhabens mag es zusammenhängen, daß sich kein Redaktor fand, der die auffälligsten Ungleichmäßigkeiten des nachgelassenen Manuskripts beseitigte.

4. Inhaltsübersicht

1,1 Proöm.	Der Übergang vom Judentum und Hellenentum zum Christentum und die Methodik seiner Darstellung.
1,2	Situation der Kirche im Jahre 324.
1,3–6	Die Bekehrung Konstantins und ihre Folgen.
1,7	Letzte Auseinandersetzung mit Licinius.
1,8–9	Konstantins Maßnahmen zur Christianisierung des Reiches.
1,10	Bekenner und andere bedeutende Christen.
1,11	Spyridon.
1,12–14	Enkomion des Mönchtums. Antonius und seine Schüler. Amun. Eutychianus.
1,15–16	Beginn und Fortgang des Konflikts um die Lehre des Arius.
1,17–25	Synode in Nicaea: Bedeutung und Anzahl der Teilnehmer, Verbrennung der *libelli*, Bekehrung eines hellenischen Philosophen durch einen schlichten Bekenner (18,5–7: ähnlich Alexander in Konstantinopel), Eröffnung, Verlauf und Ergebnis der Synode, der novatianische Bischof Acesius, Beschluß über Kanones, Regelung des melitianischen Schismas, Feier der Vicennalien, Kurzreferat der Briefe Konstantins.

2,1	Konstantin plant den Bau der Grabeskirche in Jerusalem. Helena findet das Kreuz Jesu.
2,2	Helenas Verdienste.
2,3	Gründung Konstantinopels.
2,4	Volksfest in Mamre von Konstantin verboten.
2,5	Auch durch Unterbindung anstößiger polytheistischer Kultgebräuche fördert Konstantin die Christianisierung.
2,6–14	Ausbreitung des Christentums außerhalb der Reichsgrenzen, insbesondere bei den Iberern, Armeniern, im Sasanidenreich; dort Wellen von Verfolgungen durch Šabor.
2,15	Konstantins Brief an Šabor.
2,16	Arius aus dem Exil zurückberufen, Eusebius und Theognius rehabilitiert.
2,17	Athanasius zum Bischof in Alexandrien geweiht.
2,18–19	Eusebius von Nicomedia setzt sich für Arius ein. Fehde zwischen Eusebius von Caesarea und Eustathius, der als Bischof von Antiochien abgesetzt wird.
2,20	Maximus Bischof in Jerusalem.
2,21–23	Bündnis zwischen Arianern und Melitianern, Erstarken des Arianismus, Verleumdungen gegen Athanasius, der aber Konstantins Unterstützung genießt.
2,24	Mission im Reich von Aksum.
2,25	Synode von Tyrus.
2,26	Einweihung der Grabeskirche in Jerusalem.
2,27	Arius rehabilitiert.
2,28	Athanasius in Konstantinopel (Zitat aus Konstantins Brief an die Synode von Tyrus), nach Trier verbannt.
2,29–30	Ende des Arius.

2,31	Weitere Streitigkeiten in Ägypten.
2,32	Häresien.
2,33	Marcell.
2,34	Konstantins Tod.
3,1	Aktivitäten der Arianer.
3,2	Rückkehr des Athanasius (Brief Konstantins II.). Ende Konstantins II.
3,3–4	Streit zwischen Paulus und Macedonius in Konstantinopel.
3,5–6	Kirchweihsynode in Antiochien.
3,7–10	Athanasius in Rom; Macedonius in Konstantinopel inthronisiert; Rückkehr und erneute Vertreibung des Athanasius und Paulus; Unterstützung durch Julius und Constans.
3,11–12	Makrostichos-Symbol. Synode von Serdica und Philippopel.
3,13	Kirchenspaltung nach der Synode.
3,14–15	Mönche in Ägypten, Palästina, Syrien; Eustathius; Martinus. Bedeutende Gelehrte, darunter Didymus, Aëtius.
3,16	Ephraem.
3,17	Christenfreundliche Gesetzgebung der Kaiser.
3,18–19	Auseinandersetzung über das Homousios.
3,20–24	Nach der Synode von Serdica kehrt Athanasius zurück. Briefe der Synode zu Jerusalem und der Bischöfe Ursacius und Valens. Auch Paulus, Marcell und andere restituiert.
4,1	Usurpationen.
4,2–3	Constantius revidiert die Wende in der Kirchenpolitik. Paulus kommt in der Verbannung um, Macedonius errichtet eine Willkürherrschaft in Konstantinopel.

4,4	Ende des Usurpators Vetranio.
4,5	Kreuzeserscheinung am Himmel über Jerusalem.
4,6	Synode in Sirmium.
4,7	Ende der Usurpatoren Magnentius, Silvanus und Gallus.
4,8	Constantius in Rom, Liberius Nachfolger des Julius, Intrigen gegen Athanasius.
4,9–11	Synode in Mailand. Athanasius, mit prophetischen Gaben, hält sich verborgen. Georg ist in Alexandrien verhaßt. Liberius wird wegen Widerstands gegen Constantius verbannt.
4,12–14	Häresie des Aëtius; sein Anhänger Eudoxius wird illegal Bischof von Antiochien. Brief des Georg von Laodicea. Brief des Constantius.
4,15	Constantius erlaubt Liberius nach einem dogmatischen Kompromiß die Rückkehr nach Rom.
4,16	Vorbereitungen für eine Synode in Nicomedia durch ein Erdbeben gestört. Der Einsiedler Arsacius. Einberufung einer Doppelsynode nach Seleucia und Ariminum.
4,17–19	Synode in Ariminum. Brief an Constantius. Glaubensbekenntnis von Nice.
4,20–21	Macedonius geht gegen Novatianer und andere Gegner selbstherrlich vor und läßt den Sarkophag Konstantins überführen.
4,22	Synode in Seleucia.
4,23–25	Verhandlungen des Acacius in Konstantinopel mit den Delegationen beider Synoden und mit Bischöfen aus Bithynien; Absetzung des Aëtius und vieler Bischöfe.
4,26	Kirchenregiment des Eudoxius und Acacius.

4,27 Theologische Neuerungen der Macedonianer.

4,28 Meletius wird Bischof in Antiochien, verbannt und durch Euzoïus ersetzt.

4,29 Anhomöisches Glaubensbekenntnis der in Antiochien versammelten Acacianer.

4,30 Georg macht sich in Alexandrien bei Christen und Hellenen verhaßt. Bischofssukzession in Jerusalem.

5,1 Julian wird nach militärischen Erfolgen in Gallien von den Soldaten zum Augustus ausgerufen und wechselt die Religion. Er zieht gegen Constantius und wird nach dessen Tod Alleinherrscher.

5,2 Furcht vor Christenverfolgung nährt sich aus den religiösen Praktiken Julians und aus seiner christlichen Vergangenheit; seine Kindheit und Jugend, als Cäsar in Gallien.

5,3–5 Religionspolitische Maßnahmen, Bestrafung christlich engagierter Städte wie Majuma und Mazaca. Scheinbare Toleranz und wirtschaftlicher Druck wirken schlimmer als blutige Verfolgung.

5,6–7 Athanasius verläßt sein bisheriges Versteck, Georg wird ermordet.

5,8 Ausplünderung und Entweihung der Kirchen in Antiochien.

5,9–11 Märtyrer in Gaza. Weitere Geschicke des Mönchs Hilarion. Ausschreitungen des Pöbels in Heliopolis und Arethusa. Märtyrer und Bekenner an anderen Orten.

5,12 Lucifer und Eusebius von Vercellae. Synode in Alexandrien.

5,13 Eusebius in Antiochien und Hilarius.

5,14 Synoden der Macedonianer.

5,15	Vorgehen gegen einzelne Bischöfe und Kleriker. (Der Großvater des Sozomenos muß sein Heimatdorf verlassen.)
5,16	Julian versucht christliche Nächstenliebe zu kopieren (Brief an den Oberpriester von Galatien).
5,17	Durchdringung des öffentlichen Lebens mit paganen Zügen: Münzwesen und beim Militär obligatorisches Räucheropfer.
5,18	Schulgesetz, Bibeldichtungen des Apollinaris.
5,19–20	Konflikt in Antiochien, Misopogon, erzwungene Überführung des Märtyrers Babylas aus Daphne nach Antiochien, Brand des Apollontempels.
5,21	Wunder: Christusstatue in Paneas, Heilquelle in Nicopolis/Emmaus, heiliger Baum in Heliopolis.
5,22	Gescheiterter Versuch, den Tempel in Jerusalem wiederaufzubauen.
6,1–2	Feldzug gegen die Sasaniden und gewaltsamer Tod Julians (mit Zitat aus Libanius), durch Vorahnungen angekündigt und durch sein Verhalten als bedeutungsschwer zu deuten; Naturkatastrophen während seiner Herrschaft.
6,3	Jovian, zu seinem Nachfolger gewählt, stellt den früheren Rechtszustand wieder her.
6,4	Neue dogmatische Debatten. Schreiben der Synode von Antiochien.
6,5	Athanasius und das Glaubensbekenntnis von Nicaea setzen sich durch.
6,6	Tod Jovians, Valentinian und Valens werden seine Nachfolger.
6,7	Synode von Lampsacus. Einfluß des Eudoxius.

6,8	Usurpation des Procopius. Eleusius und Eunomius in Cyzicus.
6,9	Novatianer in Konstantinopel.
6,10–12	Verfolgung der Orthodoxen durch Valens und Eudoxius; die Macedonianer schicken eine Abordnung nach Rom; deren Bekenntnis gegenüber Liberius. Synoden in Tyana und im karischen Antiochien. Athanasius vertrieben und zurückgerufen.
6,13–14	Auseinandersetzungen in Antiochien, 80 Abgesandte ermordet.
6,15–17	Basilius und Gregor.
6,18	Valens in Edessa.
6,19–20	Tod des Athanasius, Verfolgung seines Nachfolgers Petrus, Tyrannei des Lucius.
6,21	Widerstand der Orthodoxen in Antiochien und in Scythia minor.
6,22	Homousie des Heiligen Geistes.
6,23–24	Schisma in Rom. Auxentius. Brief der römischen Synode unter Damasus. Ambrosius Bischof in Mailand. Abspaltung der phrygischen Novatianer.
6,25	Häresie des Apollinaris.
6,26	Häresie des Eunomius.
6,27	Gregors Polemik gegen Apollinaris (Zitat). Die Gefahr der beiden Häresien auch durch den Einfluß der Mönche gebannt.
6,28–34	Mönche in Ägypten, Palästina, Syrien, Galatien.
6,35	Hellenische Philosophen suchen den Nachfolger des Valens zu ermitteln.
6,36–37	Tod Valentinians. Valens durch Themistius zur Toleranz ermahnt. Goten treten auf das Reichsgebiet über.

6,38	Sarazenen.
6,39	Petrus kehrt nach Alexandrien zurück. Valens kommt bei Adrianopel ums Leben.
7,1–2	Die Goten werden zurückgeschlagen. Gratians Religionspolitik. Theodosius Mitkaiser.
7,3	Einigung in Antiochien über die Nachfolge auf dem Bischofsstuhl.
7,4	Theodosius, in Thessalonice getauft, erläßt sein Religionsedikt.
7,5–6	Gregor und Demophilus in Konstantinopel. Aktivität des Eunomius.
7,7–9	Synode in Konstantinopel; Nectarius zum Bischof geweiht; Beschlüsse der Synode.
7,10	Berater des Nectarius. Überführung des Paulus nach Konstantinopel und des Meletius nach Antiochien.
7,11	Flavian Bischof in Antiochien.
7,12	Religionsgespräch in Konstantinopel.
7,13	Usurpation des Maximus. Justinas Intrigen gegen Ambrosius. Ermordung Gratians.
7,14	Krieg gegen Maximus. Bischofssukzessionen. Ende des Maximus.
7,15	Situation in Antiochien. Theophilus läßt in Alexandrien den Dionysostempel, danach das umkämpfte Serapeum zu Kirchen umbauen; andere Tempel werden verteidigt. Bischof Marcellus von Apamea ermordet.
7,16	Institution des Bußpriesters aufgehoben.
7,17	Eunomius in der Verbannung gestorben; seine Nachfolger. Spaltung der Arianer in Konstantinopel.
7,18	Osterstreit der Novatianer; Osterberechnung der Montanisten.
7,19	Verschiedenheit der kirchlichen Bräuche.

7,20	Bekehrung Altgläubiger zum Christentum, besonders in Ägypten.
7,21	Das Haupt Johannes des Täufers wird nach Konstantinopel überführt.
7,22–24	Tod Valentinians II. Usurpation des Eugenius. Aufruhr in Antiochien. Sieg über Eugenius.
7,25	Buße des Theodosius in Mailand wegen des Massakers von Thessalonice. Haltung des Ambrosius zu Theodosius.
7,26–28	Vorbildliche Bischöfe: Donatus, Theotimus, Epiphanius, Acacius, Zenon und Aias.
7,29	Auffindung von Prophetengräbern. Tod des Theodosius.
8,1	Arcadius und Honorius. Besetzung der wichtigsten Bischofssitze. Hunneneinfall. Rufinus wird hingerichtet, ein Erfolg für die weitere Christianisierung. Situation der Häresien. Der novatianische Bischof Sisinnius.
8,2–3	Johannes wird als Bischof von Konstantinopel gewählt, ist energisch tätig und beendet das antiochenische Schisma.
8,4	Krieg gegen Gainas.
8,5	Johannes wird immer populärer. Bekehrung einer macedonianischen Frau.
8,6	Tätigkeit in Ephesus und Nicomedia.
8,7	Konflikt mit Eutropius.
8,8	Organisation nächtlicher Prozessionen.
8,9	Kritik an Klerikern und Angehörigen der Oberschicht, reservierte Haltung zu den Mönchen.
8,10	Streit zwischen Severian und Sarapion.
8,11–22	Debatte in Ägypten um die anthropomorphe Gottesauffassung, Theophilus laviert; sein Zwist mit den Langen Brüdern, die sich an

	Johannes wenden. Streit um die Lehre des Origenes unter Beteiligung des Epiphanius. Synode in Drys verurteilt Johannes, der verbannt, aber sofort zurückberufen wird. Straßenschlachten in Konstantinopel. Theophilus kehrt nach Ägypten zurück. Neuer Konflikt des Johannes mit Eudoxia führt zur Absetzung, Attentaten und Verbannung; Kirchenbrand.
8,23–24	Sein Nachfolger Arsacius. Treue Anhänger des Johannes.
8,25	Politische Wirren: Hunneninvasion, Stilicho, Alarich.
8,26–28	Innocentius von Rom setzt sich für Johannes ein (zwei Briefe). Nachfolger des Arsacius wird Atticus. Tod des Johannes.
9,1	Tod des Arcadius. Pulcheria übernimmt das Herrscheramt für ihren Bruder Theodosius.
9,2	Auffindung der Reliquien der Vierzig Märtyrer.
9,3–5	Dank der Frömmigkeit des Herrscherhauses scheitern Usurpationen und feindliche Angriffe: Stilicho, Alarich, die Hunnen des Uldis.
9,6–10	Usurpationen im Westreich: Alarich erobert Rom.
9,11–16	Scheiternde Usurpationen im Westreich bezeugen die Frömmigkeit des Honorius. Frieden im Ostreich.
9,17	Auffindung der Reliquien Sacharjas.

5. *Historische Quellen*

a) Socrates

Selten ist das gegenseitige Verhältnis zwischen zwei Quellenschriften so eindeutig und unumstrittten wie die Abhängigkeit des Sozomenos von dem Konstantinopler Socrates, von der wir bisher ausgegangen sind. Sozomenos nennt seinen Gewährsmann nicht, deutet allenfalls durch eine unbestimmte Angabe wie „manche sagen" auf seine Vorlage hin. Beweiskräftig für diese Abhängigkeit ist der Umstand, daß Sozomenos auch Berichte aus Socrates übernimmt, die dieser der mündlichen Tradition entnommen hat, so die Erzählungen des steinalten Novatianers Auxanon[184] oder eines paphlagonischen Bauern[185]. So finden wir das Werk seines Vorgängers in der Hauptsache bei Sozomenos wieder, mit einigen Ausnahmen: Das siebte Buch des Socrates ist wegen der abgebrochenen Arbeit von Sozomenos so gut wie überhaupt nicht benutzt[186]; die intelligenten, wenn auch laienhaften theologischen Einlassungen hat der vorsichtige Rechtsanwalt ebenso wie geschichtsphilosophische Erörterungen (bis auf Rudimente) und die Apologie der klassischen Bildung[187] beiseite gelassen; die bei Socrates überdeutliche Kritik am Bischof Johannes[188] tritt ganz in den Hintergrund. Wenn man sagen kann, das Gerüst seiner Darstellung habe Sozomenos aus Socrates übernommen, muß man sich auch bewußt sein, daß dieses Gerüst nur etwa

---

[184] SOCRATES, *h. e.* 1,10 (GCS 41); 1,13 (GCS 44–46); 2,38,14–26 (GCS 165f) = Sozomenos, *h. e.* 1,22,1f, unten 186–189; 1,14,9–11, unten 160f; 4,20,4–8, unten 512–515.

[185] SOCRATES, *h. e.* 2,38,29–32 (GCS 167) = Sozomenos, *h. e.* 4,21,1f, unten 514f.

[186] Wenn es so aussieht, als sei im 9. Buch OLYMPIODOR als Hauptquelle an die Stelle des SOCRATES getreten, so trügt der Schein, da eben das 9. Buch kaum über das Stadium der Materialsammlung, des Entwurfs oder des *commentarius* hinausgekommen ist.

[187] SOCRATES, *h. e.* 3,16,8–27 (GCS 210–212).

[188] Dazu vgl. WALLRAFF, *Sokrates* 55–75.

35% seines Textes[189] ausmacht, fast zwei Drittel dagegen aus gemeinsamen Vorlagen oder aus neuerschlossenen Quellen stammen. Dabei galt wieder die von Livius[190] formulierte Maxime der inhaltlichen Erweiterung und der stilistischen Umformung. Hatte Socrates keine Bedenken gehabt, aus seiner Vorlage Gelasius wörtlich abzuschreiben, so scheut Sozomenos keine Mühe, den bei Socrates vorgefundenen Text sprachlich zu modifizieren und je nach Bedarf Weitschweifigkeit auf das Wesentliche zu verknappen beziehungsweise Fehlendes oder Unklares zu ergänzen[191]. Er zieht dafür in der Regel die schon von Socrates benutzten Werke und Urkunden heran, kontrolliert und korrigiert so in sorgfältiger und verdienstvoller Manier die Arbeit seines unmittelbaren Vorgängers.

b) Rufin und Gelasius

Sozomenos hat die von Socrates mit Vorliebe, aber wegen ihrer chronologischen Unzuverlässigkeit auch mit einer gewissen Zurückhaltung[192] als Hauptquelle benutzte Kirchengeschichte des Presbyters Rufinus von Aquileia (in den Jahren 402–403 verfaßt) in großem Umfang herangezogen, ohne den Verfasser je zu nennen. Dies ist gleichfalls mit Händen zu greifen und bedarf keines eigenen Beweises. Daß er ihn für die Kindheitsgeschichte des Athanasius zur Ergänzung des Socrates benutzt, war schon oben[193] erwähnt; übrigens berichtigt er dabei gleich ein kleines

189 Ohne Widmung und Proömium und ohne das neunte Buch, die fast überhaupt nichts aus SOCRATES enthalten.
190 Siehe oben 30.
191 Vgl. oben 35.
192 SOCRATES, *h. e.* 2,1 (GCS 92); dazu HANSEN, *Sokrates* XLIII–IXLV; WALLRAFF, *Sokrates* 185–190.
193 Siehe oben 36.

Mißverständnis des lateinischen Textes, das Socrates unterlaufen war.[194] – Eine andere Frage ist, ob er auch das von Rufin lediglich übersetzte griechische Originalwerk, die von dem Bischof Gelasius von Caesarea vor 400 als Fortsetzer seines indirekten Amtsvorgängers Euseb abgefaßte Kirchengeschichte, benutzt hat. Dieses besonders bei byzantinischen Hagiographen sehr beliebte Werk, das erst im 15. Jahrhundert verschollen ist, läßt sich aus den vielen Spuren, die es bei späteren Autoren und eben in der lateinischen Version Rufins hinterlassen hat, dem Inhalt und teilweise auch dem Wortlaut nach rekonstruieren.[195] Socrates hat ohne Zweifel beide Fassungen vor sich gehabt und nebeneinander benutzt.[196] Bei Sozomenos ist das nicht so offensichtlich, aber bei näherem Zusehen kann man auch bei ihm Belege seiner Kenntnis des Gelasius entdecken. Er zitiert nach dem Bericht über die Kreuzauffindung eine vermeintliche Prophezeiung der Sibyllinischen Orakel über den „ans selige Holz gestreckten Gott"[197], die er bei seiner Vertrautheit mit dieser Literatur[198] durchaus selbst beigetragen haben könnte. Merkwürdig ist nur, daß der Wortlaut des zitierten Hexameters auch bei Socrates[199] in die Prosadarstellung aufgenommen ist, noch merkwürdiger wäre es, sollte er ohne jeden Anhaltspunkt bei Gelasius auf den metrischen Wortlaut verfallen sein. Aber der Vers

---

[194] RUFIN VON AQUILEIA, *hist.* 10,15 (981MOMMSEN). *Athanasium ... convocatis parentibus ... tradit ecclesiae nutriendos* gibt SOCRATES, *h. e.* 1,15,3 (GCS 54), mit „er ließ die Jungen in der Kirche aufziehen und Schulbildung erfahren" wieder, wobei er *tradit ecclesiae* als zusammengehörig versteht; Sozomenos, *h. e.* 2,17,10, unten 262f, übersetzt richtig und wörtlich „Athanasius [und die anderen] übergab er den Familien, um sie für die Kirche aufzuziehen".

[195] WINKELMANN, *Untersuchungen;* ders., *Charakter;* NAUTIN, *Continuation.*

[196] HANSEN, *Sokrates* XLV–XLVIII; WALLRAFF, *Sokrates* 185–190.

[197] *H. e.* 2,1,10, unten 200f.

[198] Vgl. *h. e.* 1,1,7, unten 100f.

[199] SOCRATES, *h. e.* 1,17,3 (GCS 56,4).

fand sich tatsächlich bei Gelasius, wie Rufin zeigt.[200] Auch Sozomenos wird also den Orakelvers bei Gelasius gelesen haben, wenn man nicht annehmen will, daß Rufins lateinische Fassung ihn an den ihm schon vorher bekannten griechischen Vers erinnert hat. Wie dem auch sei, Rufin spielt bei Sozomenos eine weit größere Rolle als Gelasius, während Socrates wohl „mit einer gewissen Präferenz für Gelasius“ operiert und ausdrückliche Skepsis nur Rufin gegenüber an den Tag legt.[201] Ich möchte vermuten, daß Sozomenos auch hier seinen Vorgänger komplementär zu überbieten sucht[202], nicht zuletzt auch dank seiner größeren sprachlichen Kompetenz im Lateinischen.

c) Euseb

Sowohl die Kirchengeschichte wie die *Vita Constantini* sind, unter Verzicht auf wörtliche Zitate, erschöpfend benutzt. Der Verfasser beider Schriften wird namentlich angeführt, eine Ehre, die er nur mit Athanasius teilt, und mit höchstem Respekt behandelt[203]. Das Enkomion auf den Kaiser hat Sozomenos gründlich durchgearbeitet und sich gehütet, seine literarische Form zu beanstanden, obwohl der Unterschied zwischen historischer Darstellung und Enkomion ihm selbstverständlich bewußt war[204].

---

200 RUFIN VON AQUILEIA, *hist.* 10,8 (970 MOMMSEN): *lignum beatum, in quo salus nostra pependit.* Aus dogmatischen Bedenken hat RUFIN ‚Gott‘ durch ‚unser Heil‘ ersetzt, wie manche Hss des SOCRATES durch ‚Christus‘, die altarmenische Übersetzung durch ‚Christus unser Heiland‘. — Nebenbei bemerkt, ist dieses Detail ein weiterer Beweis dafür, daß RUFIN den GELASIUS übersetzt hat. Schließlich hat auch noch der anonyme Kompilator von Cyzicus ([GELASIUS], *h. e.* 3,7,5 [GCS 119]) eine dogmatisch einwandfreie Prosaparaphrase des Verses fabriziert.

201 WALLRAFF, *Sokrates* 186–190 (Zitat Seite 190).

202 Vgl. oben 35.

203 *H. e.* 1,1,12, unten 104f.

204 Vgl. *h. e.* 9,1,13, unten 1058f.

d) Athanasius

Socrates entschuldigt sich[205] ausdrücklich dafür, in einer ersten Redaktion der beiden ersten Bücher sich zu blind auf Rufin verlassen und erst später mit der Publizistik des Hauptakteurs Athanasius bekannt geworden zu sein. Es ist auffällig, daß diese Schriften in Konstantinopel wenig verbreitet waren, falls man das Manko nicht seiner Unerfahrenheit und unzureichenden Recherchen zuschreiben will. Sozomenos jedenfalls hat das nach dem Prinzip des „komplementären Überbietens" auszugleichen gesucht. Ein Beispiel dafür mag genügen: Socrates hat seitenweise wörtlich Urkunden aus der *Apologia secunda* zitiert, die Sozomenos kurz referiert.[206] Die drei bei Athanasius folgenden Ergebenheitsadressen der Synode von Jerusalem und des Ursacius und Valens an Julius und an Athanasius, von Socrates im Regest mitgeteilt, bringt Sozomenos im vollen Wortlaut, und zudem stellt er sie wirkungsvoll an den Schluß seines dritten Buches.[207] – Um den Tod des Arius möglichst authentisch zu dokumentieren, zitiert er eine Seite aus der dogmatischen Schrift des Athanasius *Epistula ad episcopos Aegypti et Libyae*.[208]

e) Mönchsgeschichten

Hatte Socrates, neben seinen Zitaten aus Evagrius, uns unbekannte Sammlungen von Mönchsgeschichten und Zusammenstellungen von Apophthegmen benutzt, so bewegt sich Sozomenos großenteils auf uns wohlbekanntem Ge-

---

205 SOCRATES, *h. e.* 2,1,3 (GCS 92).

206 *H. e.* 3,20,1–3, unten 418–421; 3,21,1 f, unten 421–425, nach SOCRATES, *h. e.* 2,23,5–32.45–58 (GCS 124–128.130–132); dieser nach ATHANASIUS VON ALEXANDRIEN, *apol. sec.* 51–56 (132–136 OPITZ).

207 *H. e.* 3,22–24, unten 424–431, nach SOCRATES, *h. e.* 2,24 (GCS 132 f), und ATHANASIUS VON ALEXANDRIEN, *apol. sec.* 57 f (136–139 OPITZ).

208 ATHANASIUS VON ALEXANDRIEN, *ep. Aeg. Lib.* 18,6 – 19,5 (59 f METZLER/HANSEN/SAVVIDIS), in *h. e.* 2,30,1–5, unten 316–319.

biet. Er beginnt (1) mit einem Abriß der *Vita Antonii*[209] und exzerpiert weiterhin (2) die 419/420 verfaßte *Historia Lausiaca* des Palladius, (3) die anonyme[210] *Historia monachorum in Aegypto* aus dem Jahre 394, (4) Rufins 403/404 entstandene lateinische Übersetzung dieser Schrift, (5) den Beginn der *Institutiones* (zwischen 419 und 426) des Johannes Cassian[211], (6) die *Vita Hilarionis* des Hieronymus (vor 393) mit eigenen Zusätzen[212], (7) die *Vita Martini* (396) des Sulpicius Severus[213]. Weitere Nachrichten über Mönche in Palästina, Syrien, Kappadokien und vielen anderen Gebieten[214] verdankt er eigener Kenntnis oder bisher nicht identifizierten Quellen. Das trifft auch für die enkratitische Haltung des Eustathius zu und für die macedonianischen Mönchssiedlungen in Konstantinopel.[215] Die Rolle der ägyptischen Mönche in den theologischen und kirchenpolitischen Auseinandersetzungen gehört nicht mehr in diesen Zusammenhang. — Daß er die *Historia monachorum in Aegypto* sowohl in der griechischen Fassung wie in Rufins Übersetzung benutzt hat, ist offensichtlich, wie schon die Dublette Apollonius/Apollos zeigt.[216]

---

209 *H. e.* 1,13,1–11, unten 148–155.

210 Wie er dazu kommt, den alexandrinischen Bischof TIMOTHEUS für den Verfasser zu halten (*h. e.* 6,29,2, unten 776), ist noch nicht geklärt.

211 *H. e.* 3,14,6–8, unten 378–381.

212 *H. e.* 3,14,24–27, unten 386–389.

213 *H. e.* 3,14,38–41, unten 394–397.

214 *H. e.* 3,14,28–30, unten 388–391; 6,32–34, unten 798–809.

215 EUSTATHIUS: *h. e.* 3,14,31–37, unten 390–395; Mönchssiedlungen: *h. e.* 4,2,3, unten 434 f; 4,27,4, unten 546–549.

216 APOLLONIUS: *h. e.* 3,14,18 f, unten 384 f (nach RUFIN); APOLLOS: 6,29,1, unten 776 f (nach dem Griechen). Weitere Beweise bei HANSEN, *Sozomenus* XLIX f.528. Endgültig wird sich die Textgeschichte der *Historia monachorum* nur mit Hilfe der syrischen Übersetzung(en) aufklären lassen.

f) Märtyrerakten

Die Christenverfolgung unter Šabor II. ist bei Sozomenos, bei laxer Behandlung der Chronologie, nur nach syrisch verfaßten Märtyrerakten ausführlich dargestellt.[217] Damit nimmt er einen von Euseb in die Kirchengeschichte eingeführten Bestandteil wieder auf.

g) Gesetze

Über diese Sozomenos so wichtige Quelle ist schon oben[218] gesprochen worden.

h) Urkundensammlungen

Aus Socrates[219] wissen wir von der Sammlung der Synodalakten (um 370) des macedonianischen Bischofs Sabinus von Heraclea, die dieser trotz vieler Vorbehalte eifrig benutzt hat. Auch Sozomenos weiß sie als brauchbare Materialaufbereitung zu schätzen und ergänzt seine Berichte über viele Synodalverhandlungen und -beschlüsse aus ihr. Es läßt sich nicht mit vollständiger Sicherheit angeben, welche Referate und Urkunden aus Sabinus stammen[220], da Sozomenos sich über diese Quelle ausschweigt.[221] Neben Athanasius und Sabinus sind zahlreiche weitere Urkunden und Sammelwerke herangezogen.[222] Interessant ist es, die *Historia acephala* mit den Nachrichten zu vergleichen, die Sozomenos[223] aus ihrer

---

[217] *H. e.* 2,9–14, unten 232–251. Vgl. DEVOS, *Notes;* ders., *Sozomène;* WIESSNER, *Märtyrerüberlieferung;* BURGESS, *Dates;* RIST, *Verfolgung.*

[218] Siehe oben 18.27.30.

[219] Polemik: *h. e.* 1,8,24–26 (GCS 21); 9,28 (GCS 33); 2,15,8–11 (GCS 106f); 17,10f (GCS 110); 4,22,1 (GCS 248); Zitate: *h. e.* 2,20,5 (GCS 118); 2,39,8 (GCS 169); 3,10,11 (GCS 205); 3,25,19 (GCS 227); 4,12,41 (GCS 243).

[220] Zum Beispiel *h. e.* 3,5,9f, unten 346f; 3,8,4–8, unten 358–361; 3,11,4 – 3,12,7, unten 366–375; 4,22,6.8.12, unten 518–521.

[221] HAUSCHILD, *Sabinus;* BARNES, *Athanasius* 205–208.

[222] Zusammenstellungen bei HANSEN, *Sozomenus* LVI–LXIV.

[223] *H. e.* 4,9,6–9, unten 452–457; 4,10,8–12, unten 460–463; 5,7,2f, unten 590f; 6,5,1–4, unten 688–691; 6,12,5–11, unten 712–715.

griechischen Fassung entnommen hat. Auch den für uns verlorenen Anfang dieses Dossiers scheint er benutzt zu haben.[224]

i) Olympiodor

Als Materialsammlung für das unvollendet gebliebene neunte Buch hebt sich das sehr detailreiche, Theodosius II. gewidmete und 22 Bücher umfassende Werk Olympiodors zur politischen Geschichte des Westens in den Jahren 407–425 heraus[225], das uns jedoch leider nur fragmentarisch erhalten ist.

j) Nicht erhaltene Vorlagen

Die in dieser Kategorie zusammenzufassenden Werke, zu denen außer Olympiodor, Gelasius und Sabinus auch einige weitere, bereits unter e) bis h) genannte zu rechnen sind, gehören zu den für uns interessantesten Quellen. Abgesehen von dem wörtlichen Zitat aus Apollinaris[226], konnte Sozomenos aus vielen historischen Werken des 4. und 5. Jahrhunderts schöpfen, christlichen wie nichtchristlichen. Diese werden anonym als „Hellenen“ bezeichnet.[227] Mehrere wirkliche oder vermeintliche Übereinstimmungen mit der *Nea Historia* des Zosimus[228] haben immer wieder zu der Vermutung beigetragen, Sozomenos habe die direkte Quelle des Zosimus, das Geschichtswerk Eunaps, vor Augen

---

224 Vgl. VAN NUFFELEN, *La tête* 135f.

225 MATTHEWS, *Olympiodorus;* ders., *Western Aristocracies* 377–388; bei Sozomenus in *h. e.* 9,4–16, unten 1068–1099.

226 *H. e.* 2,17,2f, unten 258f.

227 *H. e.* 1,5,1, unten 116f, zur Bekehrung KONSTANTINS; 1,7,3, unten 122f: LICINIUS befragt das Orakel in Milet; 2,1,10, unten 200f: angebliche Weissagung der SIBYLLE; 5,1,8, unten 560–563: JULIANS mantische Praxis in Gallien.

228 Am deutlichsten die Route der Argonauten (*h. e.* 1,6,5, unten 120–123) und die hochverräterischen Umtriebe um THEODORUS (*h. e.* 6,35, unten 808–813).

gehabt. Dies ist weder zu beweisen[229] noch endgültig widerlegt[230]. Mit Sicherheit lassen sich allerdings einige Passagen bei Zosimus und Sozomenos auf eine gemeinsame Vorlage zurückführen, zumal wenn noch ein dritter Gewährsmann hinzutritt. Ich verweise hierzu auf die sehr ähnliche Vorstellung des römischen Kommandanten im Krieg gegen Gainas, Eunaps Lieblingsgoten Fravitta, bei Sozomenos, Zosimus und Philostorgius.[231]

k) Mündliche Tradition und eigene Erlebnisse

Im Proömium[232] erklärt Sozomenos, eigene Erlebnisse und mündliche Berichte von Augenzeugen seiner und der vorangehenden Generation auswerten zu wollen.[233] Auch an die eigene Familientradition und die (mehr zu erschließenden als wirklich berichteten) Jugenderlebnisse des Sozomenos sei erinnert. Durch seine Erlebnisberichte gewinnt seine Darstellung an Farbe, wenn auch nicht unbedingt an historischem Tiefgang.

---

229 Vorsichtige Formulierungen bei HANSEN, *Sozomenus* LI.

230 Die letzte Behandlung (durch BUCK, *Eunapius*) vermag nicht ganz zu überzeugen, da sie zu sehr von allgemeinen Erwägungen ausgeht und sich auf die nicht haltbaren Aufstellungen von SCHOO, *Quellen* 80–83, konzentriert. Die Frage müßte noch einmal gründlich untersucht werden.

231 Sozomenos: *h. e.* 8,4,19, unten 970f; ZOSIMUS: *historia nova* 5,20,1 (3/1,30 PASCHOUD); PHILOSTORGIUS: *h. e.* 11,8 (GCS 139). — Vgl. HANSEN, *Sozomenus* LV; bei BUCK, *Eunapius,* nicht erwähnt.

232 *H. e.* 1,1,13, unten 104f.

233 Derartiges findet sich *h. e.* 2,3,10, unten 210f; 4,3,3, unten 436f; 5,21,10, unten 658f; 8,2,16, unten 958–961; 8,9,6, unten 986f; 8,12,6, unten 992f; 8,15,7, unten 1006f; 9,2,17f, unten 1066f, und auch für Vorgänge aus den fünfziger und sechziger Jahren des 4. Jahrhunderts (*h. e.* 4,16,13, unten 484f; 6,21,6, unten 740f; 6,38,4, unten 624f; 7,19,11, unten 908–911) und noch ältere mündliche Traditionen (*h. e.* 2,1,11, unten 200f; 5,2,12, unten 566–569). Auch wenn bereits schriftliche Berichte vorlagen, war die Bestätigung durch Augenzeugen oder mündliche Überlieferung willkommen.

6. *Sprache und Stil*

Die Sprache des Sozomenos kann man als das bezeichnen, was man um die Mitte des 5. Jahrhunderts n. Chr. als (gemäßigten) Attizismus verstand. Der in der Umgangssprache seit langem ausgestorbene Dual, bei Socrates nur einmal vertreten, kommt in der Verbform ‚(die beiden) waren' 15mal vor und wird auch bei Substantiven gewagt, jedoch nicht überstrapaziert. Ein anderes Kennzeichen gepflegter attischer Literatursprache, die Wunsch- oder Möglichkeitsform (Optativ), begegnet häufig, aber in Konkurrenz und Koexistenz mit Indikativ und Konjunktiv. Die Ausdrucksformen der Vergangenheit haben ihre klare funktionale Trennung längst eingebüßt, so daß das Perfekt schlicht erzählende Bedeutung hat, das Plusquamperfekt (vergleichbar ungepflegter deutscher Umgangssprache) für den Aorist eintritt, während das Perfekt auch Vorzeitigkeit bedeuten kann, ebenso das präsentische Partizip. An die Stelle der strengeren Normen des klassischen Griechisch scheint eine für Autor und Leser bequeme Beliebigkeit getreten zu sein, die das Textverständnis wohl eher gefördert als gefährdet hat. Es ist aber wohl gelegentlich auch zu neuer Differenzierung gekommen, auch im Dienste der Verständlichkeit. So ist es bei Sozomenos fast unverbrüchliche Regel, daß ὡς mit dem Infinitiv rein konsekutive Bedeutung hat (‚so daß'), dagegen ὥστε mit dem Infinitiv ganz überwiegend im (konsekutiv-)finalen Sinne (‚damit') gebraucht wird (52mal; rein konsekutiv 7mal). Was die Wortwahl angeht, so ist Sozomenos, wie die Anekdote 1,11,9[234] zeigt, attizistischem Purismus abgeneigt. Doch liebt er erlesene Wörter und Wendungen wie etwa poetisches

---

234 Siehe unten 140–143.

ἀμφαγαπάζω ‚bewillkommnen', ἀμφήριστος ‚unentschieden', ἀντιβολέω ‚dringlich bitten', ἐκτὸς πάτου ἀνθρώπων[235], die Socrates seinen Lesern nicht zumuten würde. Christliche Begriffe bezeichnet er gern mit Ausdrücken, die hellenischen Mysterienkulten entlehnt sind, so μυέω ‚taufen' und Verwandtes, μυστήρια dagegen in der Regel, wie auch bei Socrates, für ‚Eucharistie', gewiß nicht um das Christentum zu „hellenisieren", vielmehr um auch den Wortschatz zu christianisieren. Er steht damit in einer alten Tradition, die mindestens bei Clemens beginnt. Lateinische Wörter der Fachsprachen werden gebraucht, aber wohl doch lieber durch die bei der Zweisprachigkeit gleichberechtigten griechischen Äquivalente ersetzt. Semitismen begegnen nicht, denn selbst die Verwendung der Präposition ἐν zur Bezeichnung des Mittels oder der Art und Weise[236] war im Griechischen der Zeit längst eingebürgert und wurde nicht mehr als fremd empfunden.

Hatte Socrates das Sprach- und Stilideal der Schlichtheit und Klarheit proklamiert und in anerkennenswerter Weise verwirklicht[237], so strebt Sozomenos eine gehobene Stillage an, die sich aber gleichfalls um Verständlichkeit bemüht und pathetische Verstiegenheit meidet. Daß er auch rhetorische Ansprüche, wo sie angebracht erscheinen, zu bedienen weiß, zeigt er etwa im höheren Stil der Widmung, im Lobpreis des Mönchtums oder in der Ekphrasis der sinnlichen Atmosphäre von Daphne[238]. Die eingestreuten philosophi-

---

[235] Ἀμφαγαπάζω: *h.e.* 2,24,8, unten 286; ἀμφήριστος: *h. e.* 1,15,5, unten 164; 7,24,4, unten 924; ἀντιβολέω: 17mal; ἐκτὸς πάτου ἀνθρώπων: 6,33,4, unten 804.

[236] *H. e.*, Widmung 6, unten 88f; 1,17,4, unten 172–175; 5,11,3, unten 608f; 6,26,2, unten 760f; 6,33,3, unten 802f; 6,34,2, unten 804f.

[237] Vgl. WALLRAFF, *Sokrates* 194–207, mit Augenmerk auch auf Sozomenos.

[238] Mönchtum: *h. e.* 1,12, unten 142–149; Daphne: *h. e.* 5,19,5–11, unten 644–649.

schen Reflexionen[239] liefern geschliffene Sentenzen aus der Rüstkammer der Dialektik. Sehr viel zurückhaltender als Socrates ist er in der Anwendung rhythmisierter Satzschlüsse.[240]

Wenn der Patriarch Photius[241] Sozomenos gegenüber Socrates in stilistischer Hinsicht als ‚besser' bewertet, so beruht dieses Urteil sicher auf der etwas größeren Nähe zum Attizismus, aber auch in dem eher literarischen Anstrich, den das Werk zur Schau trägt. Socrates hat ein breiteres, aber nicht ungebildetes Publikum als Zielgruppe, Sozomenos ein anspruchsvolleres. Beide stehen aber in einer Linie gegenüber Theodorets routiniertem Kanzelton, der alternativlos ein Schwarz-Weiß-Bild vorführt, und den rhetorischen Erzeugnissen des Kanzleistils, der manche der auch von ihnen überlieferten Urkunden so schwer verständlich macht. Sozomenos versteht lebendig und klar zu erzählen, erliegt aber auch Mißverständnissen. Damit sind wir aber schon beim nächsten Thema.

7. Historischer Wert

Ein Drittel seines Stoffes verdankt Sozomenos seinem unmittelbaren Vorgänger, weitere umfangreiche Teile Vorlagen wie Rufin, Euseb, Athanasius, ein Zehntel Sammlungen von Mönchsgeschichten und Märtyrerakten. Hier gilt, daß der historische Wert seiner Darstellung sich grundsätzlich nicht von dem seiner Quellen unterscheidet. Die chronologischen Irrtümer des Socrates hat er nicht korrigiert, sicher auch nicht bemerkt. Inhaltlich hat er ihn aus Rufin ergänzt und gelegentlich berichtigt, aber die von Socrates aus Rufin/Gelasius übernommenen Geschichtsklitterungen nicht

---

239 *H. e.* 5,6,3, unten 588 f; 5,18,5, unten 642 f; 5,22,10, unten 662 f; 6,4,2, unten 684 f; 6,25,14, unten 760 f; 6,35,10 f, unten 810–813.

240 HANSEN, *Prosarhythmus.*

241 PHOTIUS VON KONSTANTINOPEL, *Bibl.* 6 a 41 (17 HENRY).

durch eine wirkliche historische Quellenkritik, zu der doch der allerdings auch nicht unparteiische Athanasius zur Verfügung stand, zu überwinden vermocht. Es ist ihm natürlich aufgefallen, daß die sinistre Episode von der Quartierwirtin, die in Tyrus Athanasius der Vergewaltigung bezichtigt haben soll und von ihm durch einen effektvollen Rollentausch widerlegt werden konnte, in den Akten nicht vorkam[242], aber das erklärt er sich als eine aus Gründen des Taktgefühls bei deren Redaktion vorgenommene Zensurmaßnahme. Auf den Gedanken, daß die von Rufin ausgemalte Posse auf reiner Erfindung beruht, scheint er bei seinem Hang zum Harmonisieren nicht gekommen zu sein.

Wichtig für uns ist aber, daß Sozomenos allerlei Detail aus der Aktensammlung des Sabinus hinzufügte. Über manche synodale Vorgänge zwischen 330 und 370 sind wir daher nur aus Sozomenos zuverlässig unterrichtet.

Beachtenswert ist auch immer, was er zur Geschichte des Johannes beizutragen hat, die von Animosität nicht freie Darstellung des Socrates benutzend und stillschweigend korrigierend, dabei ohne jede Beeinflussung durch das Enkomion des Palladius. Gespannt kann man sein, ob sich die unsichere Annahme bewahrheitet, er habe die *Vita* des Ps.-Martyrius von Antiochien benutzt.[243]

Die Berichte zur sogenannten Völkerwanderung haben ihren eigenen Wert, wenn auch die Darstellung der Hunnen teilweise mythischen Charakter trägt. Vom Raubzug der Hunnen unter Uldis wissen wir nur durch Sozomenos.[244] Zur Geschichte der Goten bringt er wichtige Korrekturen zu Socrates, deren scharfsinnige Analyse P.J. Heather[245] geholfen hat, den möglichen Hergang zu rekonstruieren.

---

[242] *H. e.* 2,25,8f.11, unten 292–295; RUFIN VON AQUILEIA, *hist.* 10,18 (984 MOMMSEN).

[243] Die seit langem angekündigte Editio princeps dieses Textes (vgl. BHG 2,871) dürfen wir jetzt von M. WALLRAFF erwarten.

[244] *H. e.* 9,5, unten 1072–1075.

[245] HEATHER, *Conversion*.

Erinnert sei noch einmal an die Ereignisse in seiner palästinischen Heimat, für die Sozomenos ein verläßlicher Gewährsmann ist. Leider war es ihm nicht vergönnt, aus der Hauptstadt Authentisches mitzuteilen außer über das Michaelion und die Auffindung der vierzig Märtyrer[246], beides für Kunsthistoriker von Interesse.

Jeder weiß, daß die wirkliche Geschichte der Kirche von Konstantin bis 439 viel komplexer abgelaufen ist als in den Darstellungen der beiden Konkurrenten in Konstantinopel, auf die dennoch nicht verzichtet werden kann. Neben den kritischen modernen Referenzwerken sollte die fromme Fleißarbeit des Salamanes Hermeias Sozomenos nur als ein *reader* betrachtet werden, aber als ein immer noch sehr lesenswerter.

8. Rezeption

Welchen Erfolg das als Torso hinterlassene kirchenhistorische Werk des Sozomenos beim regierenden Kaiser oder seinen theologischen Beratern hatte, wissen wir natürlich nicht. Früher vertretene Theorien, wonach der unvollkommene Zustand des neunten Buches das Ergebnis der kaiserlichen Zensur sei, sind pure und etwas naive Spekulationen, die nichts erklären. Sicher ist, daß das Werk publiziert worden ist, und so gut wie sicher, daß schon zwischen 444 und 450[247] der Bischof Theodoret von Cyrrhus ein Exemplar in den Händen hatte, als er sich daran machte, seine eigene klerikale Version der Kirchengeschichte bis 428 darzulegen. Auch das Werk des Socrates lag ihm vor, an dem er manches auszusetzen hatte und gegen das er, ohne Namen zu nennen,

---

246 Michaelion: *h. e.* 2,3,8–13, unten 208–213; Märtyrer: *h. e.* 9,2, unten 1060–1067.

247 So datiert LEPPIN, *Constantin* 281 f, die *Kirchengeschichte*, die jedenfalls nach der *Historia religiosa* (444) verfaßt ist.

milde polemisierte.[248] Die Indizien für die Kenntnis des Sozomenos bei Theodoret sind unauffällig, aber kaum zu leugnen[249]: Bei dem von Salutius in Antiochien gefolterten jungen Christen Theodorus erkundigte sich später Rufin nach seinen Empfindungen, was Socrates referiert, während Sozomenos, seine Quellen verhüllend, angibt, „einige" hätten sich erkundigt. Ebenso unbestimmt drückt sich Theodoret aus, den Plural kann er nur aus Sozomenos herausgelesen haben.[250]

Ein halbes Jahrhundert später galten Socrates, Sozomenos und Theodoret als die maßgebenden Kirchenhistoriker für die Zeit von Konstantin bis Theodosius II. Ihre weitgehende Übereinstimmung wie die Abweichungen und Zusätze legten den Plan einer auswählenden Zusammenfassung der drei Texte zwischen zwei Buchdeckeln nahe. Den Auftrag dazu bekam ein Theodorus[251], Anagnostes (Lector) der „großen Kirche" in Konstantinopel, in einer besonderen Situation. Er hatte offenbar den 511 nach Euchaïta in Paphlagonien verbannten Patriarchen Macedonius begleitet und war auch mit ihm vor dem Ansturm der Sabiren 515 in die Provinzmetropole Gangra geflohen. Dort beauftragte ihn ein hochgestellter Kleriker, vielleicht der Metropolit selbst, die in Gangra vorhandenen drei kanonischen Werke zu einer einheitlichen Darstellung zu harmonisieren. Prinzipiell wollte Theodorus bei Berichten zum gleichen Gegenstand den klarsten und stilistisch gelungensten der drei auswählen, abweichendes „Sondergut" als solches kenn-

---

[248] Vgl. HANSEN, *Sokrates* XXXV f, und in den *Ergänzungen* zur 3. Auflage von THEODORETS *Kirchengeschichte* 434.

[249] HANSEN in den *Ergänzungen* zur 3. Auflage von THEODORETS *Kirchengeschichte* 435 f.

[250] RUFIN VON AQUILEIA, *hist.* 10,37 (996 f MOMMSEN); SOCRATES, *h. e.* 3,19,8 f (GCS 214); Sozomenos, *h. e.* 5,20,4, unten 652 f; THEODORET VON CYRRHUS, *h. e.* 3,11,3 (GCS 187 f). — Vgl. ferner *h. e.* 7,15,3, unten 878–881, die Anmerkung zum Serapeum.

[251] HANSEN, *Theodoros* XI–XVII; NAUTIN, *Théodore.*

zeichnen.[252] Es ist ein Glücksfall der Überlieferung, daß die erste Hälfte seiner Arbeit uns vollständig erhalten ist, in die er, neben Theodoret und Socrates (von deren Text je drei Viertel Aufnahme fanden) auch 55% aus den ersten vier Büchern des Sozomenos inkorporierte. Er beginnt mit der Widmung des Sozomenos und den Kapiteln 1–14 des ersten Buchs, also einem recht geschlossenen und inhaltlich wie formal sehr durchdacht komponierten Textblock, der immerhin den beiden ersten Druckbogen der GCS-Ausgabe entspricht. Leider geht es so nicht weiter, vielmehr ist gerade aus Sozomenos, wie eben schon gesagt, fast die Hälfte des Textes geopfert, und zwar vielfach Stücke, in denen er ausführlicher ist als die beiden Parallelautoren.[253]

Daß Theodorus Lector über lange Partien einem einzigen Autor folgt, ist nicht selten, öfter noch „hält er sich im wesentlichen an einen Autor, dem er als Leitfaden für einen bestimmten Zusammenhang folgt, wobei er aber Ergänzungen aus den Parallelautoren einstreut", oder „er setzt seine Darstellung mosaikartig aus zwei oder drei Berichten zusammen"[254]. Der große Vorteil, den wir durch Theodorus Anagnostes erfahren, liegt darin, daß er Handschriften benutzt, die zeitlich höchstens zwei Generationen von der Niederschrift der Originalwerke entfernt sind, wodurch wir eine relativ fehlerfreie Textform kennenlernen. Ein kleiner Nachteil ist es, daß die Theodorus im fernen Gangra zur Verfügung stehenden Texte eben doch auch, wie es gar nicht anders zu erwarten war, Textverderbnisse aufweisen — Entstellungen im Text der von den drei Autoren

---

252 Sein Widmungsschreiben an den Kleriker ist abgedruckt in der Ausgabe des THEODORUS LECTOR von HANSEN, 1.

253 Es fehlen aus Sozomenos (vgl. HANSEN, *Theodoros* XIII f mit kurzen Inhaltsangaben) **1**, 15,5–10; 17,3; 20,1; 21,3; 24,3; 25,3; **2**, 18; 20; 21,8; 22; 23,6–8; 25; 27,11 f; 34,3 f.6; **3**, 7,1 f; 8,3–8; 11,4–6; 12,6; 13,2–5; 19,6 f; 20,4.7 f; 21,5; 23–24; **4**, 8,3–6; 12,3–7; 15; 16,14–22; 19,4–12; 20,2; 22,6.8.12.25; 23,5–8; 24,11–16; 25,6; 26,1.3–5; 27.

254 HANSEN, *Theodoros* XV.

zitierten Urkunden sind oft noch älter, das heißt, sie waren schon in den abzuschreibenden Urkunden enthalten. Etwas gravierender ist der Nachteil, daß Theodorus sich mit den von ihm verarbeiteten Texten manche Freiheiten erlaubt hat, aus stilistischen Gründen — auch um seine Patchworkarbeit an den Nähten passend zu machen —, in einigen Fällen aus dogmatischer Bedenklichkeit. Schließlich wird seine Textqualität dadurch beeinträchtigt, daß die Handschrift[255] erst etwa sieben Jahrhunderte nach dem Original kopiert ist, Zeit genug, daß sich auch in sorgfältige Abschriften weitere Fehler einschleichen konnten. Aus unklaren Motiven bricht die Handschrift in der Mitte ab, genauer gesagt, mit Sozomenos 5,1,6[256], um — zum Glück für den Editor — sogleich mit dem eigentlichen Sozomenostext lückenlos fortzufahren.

Trotz allen angeführten Bedenken: Der Text der Kirchenhistoriker kann wenigstens bis zum Tode des Kaisers Constantius II. durch den tüchtigen Lector Theodorus, sieht man von den gestrichenen Textpartien ab, in hinlänglicher Weise als authentisch gesichert gelten.[257]

Wiederum ein halbes Jahrhundert später, um 560, ließ Cassiodor im Kloster Vivarium im Rahmen seines Übersetzungsprogramms seinen Schüler, den Mönch Epiphanius Scholasticus, eine ähnliche Zusammenstellung der drei Kirchenhistoriker im lateinischen Sprachgewand anfertigen,

---

[255] Siehe unten 69.

[256] Siehe unten 560f.

[257] Für das ganze Werk des THEODORUS LECTOR, der sich nach vollbrachter Arbeit noch an eine selbständige, bis zum Jahr 518 reichende Fortsetzung wagte, die uns aber nicht interessieren muß, liegen umfangreiche Reste einer am Anfang des 7. Jahrhunderts verfertigten Epitome (Kurzfassung) vor, die für die zweite Hälfte (bis 439) immerhin einen Überblick und einige richtige Lesarten liefert.

die konventionell als *Historia tripartita* bezeichnet wird[258]. Cassiodor war offenbar durch das Werk des Theodorus Lector beeindruckt und hat es Epiphanius als Muster empfohlen. Dieser beschränkte sich nun am Anfang seiner insgesamt 12 Bücher umfassenden Arbeit darauf, Theodorus Lector wortgetreu zu übersetzen. Er beginnt also gleichfalls mit der Widmung des Sozomenos und folgt Theodorus Lector bis zu dem aus Socrates[259] entnommenen Brief der Synode von Nicaea.[260] Von hier an emanzipiert er sich von dem Vorbild und leistet nach dessen Muster eine selbständige Arbeit.[261] Sie war ungemein erfolgreich und ist in nicht weniger als 138 mittelalterlichen Handschriften erhalten.[262] Epiphanius – gewöhnlich als Cass[iodor] zitiert – liefert für den Text des Sozomenos ein wertvolles Kontrollmittel und manche Korrekturen.

Die für uns wichtigste Rezeption des Sozomenos hat ihren Niederschlag in den griechischen Handschriften gefunden, leider spärlich und spät.[263] Nur drei im 13. oder 14. Jahrhundert entstandene Papierhandschriften haben

---

[258] In den Hss lautet der umständliche Titel *Historiae ecclesiasticae ex Socrate Sozomeno et Theodorito in unum collectae et nuper de Graeco in Latinum translatae libri numero duodecim.*

[259] SOCRATES, *h. e.* 1,9,1–14 (GCS 28–30).

[260] Der letzte aus Sozomenos entnommene Abschnitt in diesem Anfangsteil ist 1,18,2–19,1.

[261] Nur in seinem vierten Buch (4,25,17–38,4) hat EPIPHANIUS sich noch einmal an THEODORUS LECTOR angeschlossen; zu diesem Abschnitt gehört Sozomenos, *h. e.* 3,20,8f, unten 422f; 3,21,3, unten 424f; 3,22, unten 424–427, und 4,2,3 – 4,3,3, unten 434–437. Die sonst evidente Selbständigkeit des EPIPHANIUS hat BARNES, *Armenica Veritas* 726f, verkannt, indem er meine Feststellung (HANSEN, *Sokrates* XX), wonach EPIPHANIUS in den eben aufgezählten Partien „sich vollständig an Theodoros Anagnostes angeschlossen hat", versehentlich auf die gesamte Arbeit des EPIPHANIUS ausgedehnt hat.

[262] JACOB, *Überlieferung.*

[263] Vgl. HANSEN, *Sozomenus* IX–XXIV.

selbständigen Wert: B[264], C[265], T beziehungsweise V[266]. Die Handschriften B und C sind nahe verwandt und aus einer gemeinsamen Vorlage (b) abgeschrieben, die vielleicht im 12. Jahrhundert geschrieben war. Auch die zu postulierende ältere Handschrift, aus der sowohl b wie – in der Regel zuverlässiger – V abgeschrieben sind, enthielt zahlreiche Fehler, die aus Cass. oder durch Konjektur nach Möglichkeit zu korrigieren sind. – Schließlich sind noch zwei byzantinische Rezeptionen des Sozomenos kurz zu erwähnen, die durch zahlreiche Auszüge aus Sozomenos auch für die Textkritik von Belang sind: das *Chronicon Ambrosianum* aus dem 10. Jahrhundert[267] und die „Schatzkammer der Rechtgläubigkeit" des Nicetas Choniates (1204–1210).[268]

Die neuzeitliche Rezeption begann mit der typographisch meisterhaften, aber textlich höchst unzulänglichen ersten Ausgabe des griechischen Textes (Robert Estienne, Paris 1544), wurde wesentlich gefördert durch die mit kritischen Anmerkungen, einer exakten lateinischen Übersetzung und einem gelehrten Kommentar versehene Ausgabe von Henri de Valois (Paris 1668)[269], war für 100 Jahre

---

[264] Oxford, Bibliotheca Bodleiana, Baroccianus 142, fol. 9–153, aus dem 14. Jahrhundert. Die ersten 17 Blätter und noch 6 weitere sind wegen Wurmfraß und Feuchtigkeit im 15. Jahrhundert ersetzt worden.

[265] Alexandrien, Bibliothek des Patriarchats, 60, fol. 12–144, im 13. Jahrhundert von drei Schreibern kopiert.

[266] Venedig, Biblioteca Marciana, gr. 917, 13./14. Jahrhundert, aus dem Nachlaß des Kardinals Bessarion. Diese wichtigste Hs enthält (fol. 1–136) die ersten beiden Bücher des THEODORUS LECTOR (mit der Sigle T) und (fol. 137–231) die Bücher 5–9 des Sozomenos (mit der Sigle V).

[267] Mailand, Biblioteca Ambrosiana, D 34 sup.

[268] Vgl. HANSEN, *Sozomenus* XXXV–XXXVII; *Theodoros* XXXI f.

[269] Sie ist auch, in der etwas erweiterten Bearbeitung durch W. READING (Cambridge 1720), abgedruckt in der bis heute vielfach verwendeten PG 67, Paris 1864. Zu den Editionen, Übersetzungen, Kollationen und textkritischen Bemühungen von 1544 bis 1612 vgl. HANSEN, *Sozomenus* XXXIX–XLII.

bestimmt durch die auch die Ausgabe des französischen Gelehrten aufnehmende Arbeit von Robert Hussey (Oxford 1860) und ist auf eine verläßliche Grundlage gestellt durch die Edition von Joseph Bidez (Berlin 1960). An Übersetzungen stehen neben der von Valois die englische von Ch. D. Hartranft, die polnische von S.J. Kazikowski (Warszawa 1980) und die bis zum vierten Buch vorliegende französische von A.-J. Festugière (Paris 1983.1996) zur Verfügung. Eine monographische Behandlung wäre wünschenswert.

II. Zu dieser Ausgabe

1. Text

Der griechische Text dieser Ausgabe beruht auf dem von Joseph Bidez konstituierten und von Günther Christian Hansen revidierten kritischen Text (1960, 2. Auflage 1995), an dem aber nicht unbeträchtliche Änderungen (in fast 140 Fällen, abgesehen von Änderungen der Interpunktion und der Absatzgliederung und Berichtigung der wenigen Druckfehler) vorgenommen wurden. Der Herausgeber hofft, daß es durchweg Verbesserungen im Sinne der Wiedergewinnung des Originaltextes sind. Über die Textänderungen wird im kritischen Apparat Auskunft gegeben. Zusätze, die sich nicht in den Handschriften finden, werden wie üblich mit spitzen Klammern < > bezeichnet, Tilgungen im Text in eckige Klammern [ ] eingeschlossen.

2. Kritischer Apparat

Der kritische Apparat dieser Leseausgabe will den Apparat der historisch-kritischen GCS-Ausgabe nicht ersetzen oder reproduzieren. Er gibt Auskunft (1) über die auf der jeweiligen Textseite zugrundeliegenden Überlieferungsträger, (2) über die Abweichungen des gedruckten Textes von

der handschriftlichen Überlieferung, (3) über wesentliche Divergenzen innerhalb der Überlieferung. Was als wesentliche Divergenz zu betrachten ist, läßt sich allerdings nur schwer objektiv ein für allemal festlegen. (4) Nicht verzeichnet werden offenkundig falsche oder sinnlose Varianten, sofern der richtige Text gleichfalls überliefert ist. (5) Nicht verzeichnet werden die zu eliminierenden Lesarten einzelner Handschriften oder anderer Überlieferungsträger. (6) Orthographische Varianten werden nur bei einigen Eigennamen angegeben. (7) Ist eine allen Handschriften gemeinsame Textverderbnis in einer Handschrift korrigiert, wird auf deren Nennung verzichtet. (8) Bei Urkunden, zu denen eine Parallelüberlieferung vorliegt, verbietet sich die Notierung der Varianten schon aus Platzgründen.

Ich gebe einige Beispiele zu den eben angeführten Prinzipien.

(1) Auf Seite 1 steht am Beginn des Apparats: [b T Cass.], das heißt, die Überlieferung wird für diese Seite durch die zu erschließende Vorlage b der Handschriften B und C, ferner durch Theodorus Lector (T) und die von Cassiodor veranlaßte lateinische Übersetzung (die hier Theodorus Lector wiedergibt) verbürgt.

(2) 1,1,10[270]: διαλέξεσιν Primmer: λέξεσιν, das heißt, A. Primmer hat auf Grund überzeugender Parallelstellen διαλέξεσιν ‚mit dialektischen Mitteln' anstelle des übereinstimmend von b T Cass. überlieferten λέξεσιν ‚mit Worten' konjiziert und damit die Stelle erst wirklich verständlich gemacht.

(3) Widmung 3[271]: βασιλεῦ om. T Cass., das heißt Theodorus Lector läßt in der Anrede den Titel ‚Kaiser' aus, der auch in § 13 fehlt; anderseits fordert die Höflichkeit wohl bei der ersten Anrede die volle Titulatur.

---

270 Siehe unten 102f.

271 Siehe unten 86f.

(4) Widmung 13[272]: δορυφόρων: ὁδοιπόρων ἀνδρῶν T Cass., das heißt, Theodorus Lector hat das in der Situation allein passende ‚Leibwächter' durch ‚Wanderer' ersetzt, was als offenkundig falsch nicht verzeichnet wird.

(5) Widmung 14[273]: πιεῖν: ποιεῖν T, das heißt ‚machen' statt ‚trinken' ist ein so sinnloser wie simpler Schreibfehler, der keine Erwähnung verdient.

(6) Zum Beispiel Sarapis / Serapis.

(7) 8,8,6[274]: statt des in den Handschriften stehenden ἰωάννης ist syntaktisch der Dativ gefordert; in der Handschrift V ist das Sigma ausradiert. Notiert wird nur ἰωάννης V b.

3. *Übersetzung*

Die Richtlinien der Fontes Christiani erwarten ein „gut lesbares Deutsch", doch dürften „Textnähe und Präzision nicht verlorengehen". Damit ist das Dilemma bezeichnet, vor das sich jeder Übersetzer gestellt sieht, zumal bei einem spätantiken Text, der Fachsprache und Kunstprosa wie selbstverständlich vereint. Der Übersetzer hat sich bemüht, Kompetenz in der Muttersprache in den Dienst des ihm seit 45 Jahren vertrauten Sozomenostextes zu stellen. Stellenweise mag es gelungen sein, doch vermag das Ergebnis nicht immer zu befriedigen. Jeder Leser wird sich ein eigenes Urteil darüber bilden. Ein paar allgemeine Bemerkungen seien zuvor noch gestattet.

„Die vorgegebenen logischen Verhältnisse", so die Richtlinien weiter, sollten auch bei Auflösung längerer Perioden „richtig wiedergegeben werden". Ich hoffe die Logik des Textes jeweils erfaßt und erkennbar gemacht zu haben. Doch schien es mir unangebracht, jedes von Sozomenos zur

---

272 Siehe unten 92f.

273 Siehe unten 92f.

274 Siehe unten 982f.

Exemplifizierung vorhergehender Aussagen verwendete γὰρ (es kommt 788mal vor) pedantisch mit ‚denn', ‚nämlich' oder ‚ja' zu übersetzen. Der erste Fall dieser Art begegnet in der Widmung[275]. Nach der Aufzählung der fünf früheren Mäzene oder Sponsoren geht Sozomenos ins einzelne: „Die Kreter nämlich ...", wozu noch ein im Deutschen kaum erträgliches „zwar" treten müßte, dem zweimaliges „aber" korrespondiert. In meiner Übersetzung ist davon nur das letzte „aber" übriggeblieben. Das Verständnis leidet nicht, wenn man hier die begründende Partikel unter den Tisch fallen läßt. Zu meiner Überraschung stelle ich fest, daß der französische Übersetzer, André-Jean Festugière, ebenso verfährt („Les Crétois..."), da doch unsern romanischen Nachbarn in solchen Fällen ein „en effet" leicht zur Hand ist. (Übrigens ändert der Verzicht moderner Sprachen auf die *Graeca veritas*, das heißt auf die logische Übergenauigkeit, als die wir sie empfinden, nichts daran, daß dem Originaltext mit 107973 Wörtern weit mehr als 130000 deutsche Wörter gegenüberstehen; dies ist zum Teil in der unterschiedlichen Sprachstruktur begründet.)

Als einen wichtigen Aspekt betonen die Richtlinien „die Konkordanz der Übersetzung, das heißt, daß gleiche Begriffe auch gleich übersetzt werden". Gewiß hat der an Kirchen- und Dogmengeschichte oder auch allgemein an Geschichte Interessierte Anspruch auf konkordante Genauigkeit, und gerade der juristisch denkende Sozomenos scheint darauf zu bestehen, wenn er für ‚die Synode' oder ‚die Väter von Nicaea fast immer „die in Nicaea Zusammengekommenen", für mönchisches Wirken fast stereotyp „Philosophie, philosophieren" gebraucht. Trotzdem bin ich nicht ganz dem Schema treu geblieben und habe etwa παροικία als „Parochie" oder auch als „Sprengel" wiedergegeben. Gemeint ist damit das Gleiche. — Besessensein ist eine geläufige Vorstellung, die mit δαιμονῶ beschrieben

---

275 *H. e.*, Widmung 6, unten 88f.

wird (siebenmal); ist ‚Verrücktheit' aber nur vorgetäuscht[276], ohne daß Dämonen im Spiel sind, so wird uns beim gleichen Verbum das Verständnis erleichtert, wenn wir auch von ‚Verrücktheit' sprechen. – Die Nichtchristen werden in Anlehnung an das Original als Hellenen oder auch Hellenisten bezeichnet, wobei natürlich kein ethnischer oder gar Epochenbegriff impliziert ist; nur in ganz wenigen Fällen ließ sich der Begriff „Heiden" nicht vermeiden. – Das griechische Wort αἵρεσις, von dem, in der Form und Tonsilbe französisch vermittelt, ‚Häresie' stammt, bedeutet ‚Wahl, Grundentscheidung'[277], etwa für eine philosophische Richtung, und hat nicht ursprünglich eine negative Konnotation. Bei Sozomenos ist die Wiedergabe mit ‚Glaubensrichtung' meist zutreffend, nur an einigen Stellen habe ich es vorgezogen, von ‚Häresie' zu sprechen, wenn schon in der Verwendung des Wortes Kritik mitschwingt. – Von David S. du Toit[278] habe ich gelernt, die semantische Vielfalt des Adjektivs θεῖος (‚göttlich') ganz differenziert, also nicht konkordant, wiederzugeben.

Eine Schwierigkeit liegt in dem diplomatisch formalisierten Stil der kirchlichen Sendschreiben. Die Umschreibung des oder der Adressaten mit „eure Frömmigkeit", „eure Liebe" wird man im Deutschen kaum einfach nachmachen können, und die Verwendung des bloßen Personalpronomens würde unzulässig verkürzen. „Euer Liebden" würde vielleicht das Floskelhafte der Anredeform zur Geltung bringen, wirkt aber auf uns barock und gestelzt. Moderne Entsprechungen wie ‚Eminenz' drücken Respekt, nicht innere Verbundenheit aus. Einem Vorschlag der Redaktion folgend, schreibe ich „eure Liebenswürdigkeit", wobei der Kontrast zur manchmal unfreundlicheren Wirklichkeit gewahrt bleibt.

---

276 *H. e.* 8,4,14, unten 968f; vgl. auch 8,21,5, unten 1024f.

277 Vgl. *h. e.* 7,8,4, unten 856f; 7,25,6, unten 928f. Zur Verwendung des Begriffs bei SOCRATES vgl. WALLRAFF, *Sokrates* 36–38.

278 DU TOIT, *Attribut für Menschen.*

Weniger diplomatisch geht es manchmal im Leben zu. Ich bitte daher um Nachsicht, wenn ich gelegentlich umgangssprachliche Ausdrücke benutze, etwa in der Gaunergeschichte 7,27,7[279] „Kumpel" für ἑταῖρον, da mir ‚Gefährte, Freund, Intimus, Partner, Kamerad' weniger passend scheinen.

Die vorliegende Übersetzung ist die erste in deutscher Sprache. Dadurch kommt der Übersetzer nicht in Versuchung, sich durch Vorgänger beeinflussen zu lassen. Ich habe aber auch auf einen Vergleich mit der lateinischen, englischen oder französischen Übersetzung verzichtet, von einigen strittigen oder schwierigen Stellen abgesehen. Ich erkläre ausdrücklich, Festugières Übersetzung nicht vor mir gehabt zu haben, weil ich bei nachträglichem Vergleich einer Stelle darauf aufmerksam werde, daß wir unabhängig voneinander zu ähnlichen Formulierungen gekommen sind. So werden 2,27,13[280] aus ἐπιβουλευθέντες „Opfer einer Konspiration", „victimes d'embûches". Ein paar Zeilen später (14) ist der Temporalsatz „Und als sie dies getan hatten" verkürzt zu „Dies getan", „Cela fait". Das könnte in Anbetracht der geläufigen französischen Wendung den Anschein erwecken, ich hätte sie imitiert; das ist aber nicht der Fall, meine zufällig gleiche Formulierung wollte die umständliche Satzkonstruktion vermeiden. Damit nicht genug, unmittelbar darauf wird ein einfaches τε ... καὶ zu „einerseits ... anderseits", „d'une part ... d'autre part", aber auch diese Übereinstimmung findet ihre Erklärung in dem Bestreben beider Übersetzer nach Präzision bei der Bezeichnung der Adresse der dort erwähnten beiden Schreiben.

An dem Nebeneinander von Ortsnamen wie Mailand (statt Mediolanum) und Ariminum (nicht Rimini) möge man sich nicht stoßen. Bedenklicher mag es sein, daß statt der Einwohner oft die in Wirklichkeit gemeinten Namen

---

[279] Siehe unten 940f.

[280] Siehe unten 306f.

ihrer Provinzen oder Diözesen eingesetzt werden, zuweilen in der offiziellen lateinischen Form; zudem ist, nach dem ziemlich konsequenten Sprachgebrauch des Sozomenos, gelegentlich in die Übersetzung die räumliche Geltung der administrativen Namen (Provinz oder Diözese) hineininterpoliert, um Mißverständnissen vorzubeugen.

Es soll nicht vergessen werden, daß in frühneuhochdeutschem Gewande zweimal auch Sozomenos vorgestellt worden ist, wenn auch nur teilweise und indirekt duch Vermittlung der lateinischen *Historia tripartita* Cassiodors. Nur regionale Bedeutung hatte die Übersetzung von Leopold Stainreuter, geboren in Wien um 1340, Augustinerchorherr und Lesmeister (Lector) zu Wien, Hofkaplan des Herzogs Albrecht III. Sie ist erhalten in der 1385 fertiggestellten Prachthandschrift der Berliner Staatsbibliothek germ. fol. 1109[281] und frei übersetzt aus der lateinischen Cassiodor-Handschrift (nr. 695) der Stiftsbibliothek zu Klosterneuburg aus dem 12. Jahrhundert (K), von der zwei Lesarten unten in der linken Spalte angeführt sind. Das von Stainreuter seinem Herzog gewidmete Werk trägt deutliche Züge des bairischen Dialekts, so häufig anlautendes w- statt b- (auch umgekehrt berichen für ‚Werken'), oft p statt b, und die Lautverschiebung k > (k)ch usw. Weite Verbreitung dagegen erfuhr die einzige gedruckte deutsche Übersetzung von Cassiodors *Historia tripartita* (zusammen mit Eusebs und Rufins Kirchengeschichte), von Caspar Hedio, „Doctor im Münster zu Straßburg", nach der lateinischen Ausgabe von Beatus Rhenanus (Basel 1523), zuerst 1530 in Straßburg erschienen und 1545 zweimal neu aufgelegt. Die bis 1607 sehr oft nachgedruckte zweite Fassung

281 Herausgegeben von BOOT, *Cassiodorus;* vgl. JACOB, *Überlieferung* 53.156f. Ich habe den unten abgedruckten Text nach der Hs verglichen und ihre Interpunktion und Schreibweise beibehalten, nur das über Vokale zur Bezeichnung des Umlauts oder der Vokallänge (bei *i*) gesetzte kleine *e* (selten *o* in *du* oder *a* über *e* = *ä*) durch ^ ersetzt.

von 1545 ist inhaltlich erweitert und sprachlich mehr dem „gemeinen Deutsch“ angeglichen, etwa durch das Präfix ge- statt g-.[282] Hedios Übersetzung verfolgt in humanistischer Tradition erbauliche Ziele und ist „durchaus auf einer Linie mit Luthers Bibelübersetzung zu sehen“.[283] Als Kostprobe sind hier die ersten vier Paragraphen des Sozomenostextes in der lateinischen Fassung Cassiodors[284] und deren beide deutsche Übersetzungen wiedergegeben.

Cassiodor 1,1,1–4	Stainreuter 1385	Hedio 1545
aiunt antiquis principibus	Alz dye kroniken	Man sagt wie dz in den
diligentiae studium fuisse,	schreiber sprechent so ist	alten Keysern vnd Für-
ut eis amatores quidem	der alten fursten fleiz	sten ein solcher fleiß vnd
ornamentorum purpuram	darauf gewesen wye daz	ûbung gwesen sey / dz jre
atque coronam et his	in dye liebhaber allerlay	liebhaber jnen zierliche
similia praepararent,	zîr der purperchlaid vnd	ding / als Purpur / Kro-
librorum vero habentes	der guldein chron mit	nen / vnnd was der glei-
intentionem circa quas-	ander edler schonhait	chen ding gwesen sind,
dam fabulas occupati	liezzen weraiten· si heten	zûgerüst haben. Deren
conscriptiones agerent,	auch pueher mit getichten	meinung aber in bûchern
quae audientium corda	spruchen· wann si dy	was / die haben sich be-
mulcerent, porro bella	horten lesen zo ward ir	mûhet mit etlichen fablen
sectantes, ut sagittam	hercz dest senfter vnd	/ vnd die in geschriften
oportune dirigerent,	ûbten sich ser ze streiten	verfasset / damit sie die
bestiam prosternerent,	mit allerlay weiz	hertzen der zûhörer
lanceam bene iacula-	handlung. Si lernten mit	erweichten vnd willig
rentur aut equum	dem pogen schiezzen daz	mâchten. Die den kriegen
decenter ascenderent.	si ein wild chunden	sind obgelegen / denen ist
praesentabantur	vellen· si lernten auch dy	gsagt worden wie sie das
[*presentabant* K] *enim*	lanczen werfen vnd ûbten	gschütz bruchen sôlten
singuli regalibus eorum	sich mit den pherten wy	auff das aller geschickli-
studentes rebus illis quae	daz si waidleich darauf	chest / die Bestien vnd

282 Vgl. JACOB, *Überlieferung* 173–175; WALLRAFF, *Rezeption* 240–242. Der Text der rechten Spalte ist aus der ersten der beiden Auflagen von 1545 entnommen und mit einem Abdruck der veränderten Auflage von 1558 verglichen.

283 WALLRAFF, *Rezeption* 240.

284 Auf den Übersetzer EPIPHANIUS, im vorliegenden Fall meistens schon auf seine unmittelbare Vorlage THEODORUS LECTOR zurückgehende Textänderungen oder Zusätze sind mit Sternchen markiert.

*forent gratissima dominanti. alius itaque lapides pretiosos difficile conpertos offerebat, alter tincturam purpurae clariorem, plurimi poemata aut diversas conscriptiones insinuabant, alius bona cingula aut optimum armorum pandebat usum. maxima vero et imperialis putabatur huius popularis virtutis pars *illa, ad quam tunc amantis intentio declinabat*. de pietate autem, quae est verus ornatus imperii, nulli studiose quodam modo sermo fuit. sed tu, o potentissime Theodosi, ut complexive dicam, cunctam superasti deo iuvante virtutem. purpura siquidem et corona, qua videris propter inspicientes, quia est maiestatis signum, circumdari,**Textausfall* *pietatem tibi et clementiam intrinsecus semper* [*super* K] **enutriunt**. *unde conscriptores et praefecti ac reliqui subiectorum circa te tuosque laborant actus. decertator* [richtig *disceptator*] *autem positus iudexque librorum non camerato eloquio caperis aut qualibet figura furtum pateris veritatis, sed perfecte metiris utrumque, sermonem proprium aptans causae, figuram quoque dictionis et partes et ordinem*

sêzzen· wann isleicher flaiz [denn jeglicher befleißigte] sich wye daz er sich îren chaiserleichen ern erpieten môcht· an dem vnd er der herschaft chund gevallen· Ainer der gab edlez gestain daz da seltsam waz· so pracht der ander gar edlen chlaren purper· So sprachen dis hystori vnd gereimpten ticht· Der pracht gar chostper gurteln· so pracht dan diser czemal den pesten harnasch· vnd doch so zam [wie] der tail dez volkchs var der chaiserleichen macht der pest sein der sich dy weil hielt alz der liebhaber sin dy weil genaigt waz. Auer von der tugent dy ein ware czir ist dez chaisertum· darauf het niemand chainen fleiz· Sunder dû mechtiger chaiser Theodosij· daz ich all guet wegreifleich in meiner red wesliez so hast du mit gotes hilf all tugent vberwunden· wann daz purperchlaid vnd dy chaiserleich chron damit du geziert pist vnd dye man an dir siecht alz dy zaihen der mechtichait· dy sind dîr inwendig alz ein ûrsach der guet vnd der senftichait· wann dye anschreiber vnd dy amptlewt vnd dein ander vndertan dy sind all pey dîr· vnd mit deinen berichen [Werken] bechumert· vnd wann du

wilde thier fellen /den spieß vnnd glenen [Lanzen] recht fûren / die roß recht vberschreiten. Vnd in dem hat ein yeder sich beflissen / kôniglicher ding war zûnemen / damit das yene / das am aller anmûttigsten were dem regierenden herrn / jm zû kâme. Da bracht einer köstliche edel gestein / die schwerlich vberkumen waren. Einer bracht ein wolgeferbten hellen purpur. Vil bothen an / poemata / das ist / verß vnd andere gschriften. Ein anderer bracht gûtte Ritter gûrttel / oder entdeckt / wie man sich gûtter waffen recht gebruchen solte. Nu wor zû die meinung des liebhabers sich gelendet [geneigt] hat / diß hat der gwalt vnnd des gmeinen manns verstand / für das aller best vnd keyserlichest geachtet. Von der gottseligkeit aber vnd Religion (welches die war zierd ist des Keyserthumbs) hat beynach niemand kein ernstliche red ye gehept. Aber du Großmechtigster Keyser Theodosi (damit ichs mit einem wort sag) du hast durch die hilff gotts / alle tugent vbertroffen. Dann die Purpur vnnd Kron (welchs zeichen sind derMajestat) mit welchen du umbgeben bist / vnnd also von den anschau-

*et congruentiam et eloquium et compositionem et collectiones et sensum et historiam *profunde* discutiens.*	du dann wild richten vnd verhôrn so achtest du chainer gesmaikchten [geschönten] red· nach leidest ez daz der warhait werd in chainerlay weis enzogen. Sunder du verhôrest yeden tail· vnd wizzest îr paider red. vnd wigst isleich wart zu seiner sache. Du merchest auch angel [genau] dy fûrlegung· vnd pruefest mit fleiz dy stukch der chlag vnd nimpst allen wart auz. Du wild alzeit wizzen den sin· vnd wie sich dy materi hat vergangen van dem anvankch unczen [bis] an daz ent· daz wild du stetes von dem grunt der tief chlerleich vnd plôzleich derchennen.	wern gesehen wurst / die nôren dir inwendig alwegen die gottseligkeyt vnnd miltigkeyt. Darumb dann die geschicht schreyber / amptleut vnd andere vnderthonen deinethalb vnd deiner that halb in übung vnd arbeit ston. Du aber ein rechter held vnd richter der Bûcher / lassest dich nit mit geplûmter red fahen / oder durch einigen schein oder figurliche red dir die warheyt abstelen / sundern diese beide erwigestu volkummenlich. Also das ein yeder handel sein bequeme [angemessene] red habe / figur vnd gstalt der red / die theyl / die ordnung vnnd gattung [das Zusammengehörende] / das außsprechen / die Kompositz vnd zûsamen fûgung / den sin vnd die historj. Diß alles erwegest du fleissig vnd tief.

Aus einem Vergleich der drei Übersetzungen ergibt sich, daß Epiphanius, der in Cassiodors Auftrag arbeitete, sich mit einer möglichst getreuen Wiedergabe abgemüht hat, die es seinen beiden deutschen Interpreten bei ihrem erkennbar freien, aber kaum modernisierenden[285] Vorgehen nicht leicht gemacht hat. Gleich am Anfang beziehen beide *orna-*

[285] So wird ‚geschütz' (HEDIO) durchaus nicht nur auf Feuergeschütze angewendet, sondern nach dem GRIMMschen Deutschen Wörterbuch auch auf Wurfgeschosse und Pfeile; irrig JACOB, *Überlieferung* 174f.

mentorum, das von *amatores* abhängt (im griechischen Original ein Kompositum, ‚Prunkliebende'), fälschlich auf *purpuram*, so daß „liebhaber" unklar ist. Auch sonst kommen manche Mißverständnisse vor (Stainreuter trennt nicht die unterschiedlichen Interessen der Kaiser: Gepränge, Literatur, Kriegswesen gehen ineinander über), aber im ganzen haben beide eine respektable Leistung erbracht. Der wackere Augustinermönch scheint seiner Phantasie manchmal freien Lauf gelassen zu haben, anders ist kaum zu erklären, wie (am Ende des Exzerpts) aus dem einen Wort *historiam* die Sündhaftigkeit der Materie herausgelesen ist. Übrigens kann man auch bei einer so kleinen Probe feststellen, daß Übersetzer leicht unabhängig voneinander zu gleichen oder ähnlichen Lösungen kommen: „dy ein ware czir ist dez chaisertum" (Stainreuter), „welches die war zierd ist des Keyserthumbs" (Hedio), „der wirklichen Zierde des Kaisertums" (Hansen), zumal wenn es kaum Alternativen gibt (der Relativsatz war durch Cassiodor vorgegeben, ‚Schmuck' kommt erst im 16. Jahrhundert auf).

Zum Vergleich füge ich noch zwei kompetente Übersetzungen aus Sozomenos selbst an, die oft nachgedruckte von H. de Valois (1668) und die moderne von A.-J. Festugière (1983):

Priscos imperatores diversarum quemque rerum studiosos fuisse memorant, et iis quidem, qui ornatu delectabantur, purpuram et coronam et huiusmodi alia curae fuisse; eos vero, qui doctrinae operam dabant, fabulosum quoddam carmen aut historiam ad alliciendos auditorum animos accommodatum adamasse; qui autem bellicis rebus studerent, eos perite sagittandi aut feras conficiendi aut hastam vibrandi aut in equum insiliendi praecipuam curam habuisse.

On dit que, parmi les empereurs d'antan, chacun avait un objet préféré: pour les amis de la parure c'était la robe de pourpre, la couronne et autres ornements pareils, pour les amis des lettres c'était quelque poème mythologique ou un écrit d'histoire capable de charmer, et pour ceux qui pratiquaient l'art de la guerre c'était de lancer adroitement le trait, de frapper la proie, de darder la javeline, ou de sauter à cheval. Quiconque pratiquait l'art qui se trouvait

singuli ergo, qui eas artes excoluerant, quae imperatori erant gratissimae, ad palatium accurrebant, alius gemmam paratu difficilem oblaturus, alius splendidiorem purpurae tincturam ostensurus, alius carmen aut aliud scriptionis genus nuncupaturus, alius denique expeditam et novam quandam armaturae speciem monstraturus. summum porro decus et plane imperatorium credebatur, si vulgaris huiusce virtutis vel una dumtaxat particula in principe reperiretur. pietatis vero, quae verus est imperii ornatus, nemo magnopere studiosus fuit. tu vero, potentissime imperator Theodosi, omnes, ut compendio dicam, virtutes deo iuvante excoluisti. et purpuram quidem ac coronam velut dignitatis tuae insigne gestas eorum gratia qui te oculis intuentur, intus vero ornamentum imperii verissimum circumfers, pietatem et humanitatem. itaque poetae et historici pluresque ex praefectis ac reliquis subditis tuis in te praedicando tuisque actibus celebrandis cotidie desudant. tu vero tamquam agonotheta iudexque operum praesidens iucundae vocis sono aut gestus venustate diligentiam tuam decipi non pateris, sed sincere iudicas spectans dictionem instituto operis accommodatam, figuram item et partes orationis et dispositionem atque ordinem, verba item eorumque collocationem, argumentationes et sensum atque historiam.

plaire au prince se faisait annoncer au palais, l'un apportant une pierre précieuse rare, un autre offrant une robe de pourpre d'une teinture plus brillante, un autre récitant un poème ou un écrit, un autre proposant un stratagème militaire bien combiné et nouveau. Il était tenu pour capital et royal que le chef suprême possédât une partie au moins de cette vertu commune, mais de la piété, qui est le véritable ornement de la royauté, nul ne tenait si grand compte. Toi en revanche, très puissant empereur Théodose, pour le dire d'un mot, tu possèdes grâce à Dieu toute vertu. Portant une robe de pourpre et une couronne comme symbole de ta dignité pour ceux qui te voient, tu es continuellement revêtu au-dedans de la vraie parure de la royauté, la piété et la philanthropie. De là vient qu'à tout coup, poètes, historiens, et la plupart de tes lieutenants et de tes sujets se donnent de la peine pour te glorifier, toi et tes actes. Occupant le premier rang comme arbitre et juge des discours, tu ne laisses pas surprendre ta perspicacité par quelque élégance de la langue et de la forme, mais tu juges lucidement, examinant l'accord du style avec le sujet de l'ouvrage, la forme du discours, les parties, l'ordre, la cohérence, l'expression, la composition, les arguments, le sens et l'enquête.

4. Erläuterungen

Die Fußnoten zur Übersetzung sind von der denkbar bescheidensten Art. Sie weisen, soweit möglich, die Quellen nach, aus denen Sozomenos schöpft, und geben die notwendigsten Verständnishilfen zu Vorgängen, Begriffen, Personen und Orten. Sie wollen jedoch weder Handbücher noch Lexika ersetzen. Auch nur Ansätze zu einer wirklichen Kommentierung des Textes meinte ich umso beruhigter schuldig bleiben zu dürfen, da wir in den Fontes Christiani zu der zweisprachigen Ausgabe des Socrates, die Heinz-Günther Nesselrath und Martin George erarbeitet haben, einen eigenen Kommentarband erwarten dürfen, der wenigstens auf weite Strecken hin auch das Verständnis des Sozomenos fördern wird.

5. Erklärungen zum kritischen Apparat

Handschriften

b	(nicht erhaltene) Vorlage von B und C, etwa 12. Jh.
B	Codex Baroccianus 142 (Oxford), Anfang des 14. Jh.
C	Codex Alexandrinus 60 (Alexandrien), 13. Jh.
T	Codex Marcianus gr. 917 (Venedig), 13. Jh., Theodorus Lector Bücher 1–2 (fol. 1–136)
V	Codex Marcianus gr. 917 (Venedig), 13. Jh., Sozomenus Bücher 5–9 (fol. 137–231)

Übersetzung und weitere Textzeugen

A	Chronicum Ambrosianum, Codex Ambrosianus D 34 sup. (Mailand), 10. Jh.
Cass.	lateinische Übersetzung im Auftrag Cassiodors durch Epiphanius, um 560
Niceph.	kirchenhistorische Kompilation des Nicephorus (benutzte die Handschrift B), um 1320

Nicet.	Auszüge in der „Schatzkammer der Orthodoxie“ des Nicetas, 1204–1210
Phot.	Notizen in der „Bibliothek“ des Patriarchen Photius, um 850
Suda	Auszüge im Suda-Lexikon, um 1000

Abkürzungen

add.	*addit*, (ein Zeuge) fügt hinzu
corr.	*correxit*, verbessert von
del.	*delevit*, getilgt von
om.	*omittit*, (ein Zeuge) läßt aus
suppl.	*supplevit*, ergänzt von

Herausgeber und Textkritiker

Bidez	1908, 1935, 1960
Casaubonus	Mitte des 16. Jh.
Cast(ellanus)	Mitte des 16. Jh.
Christ(opherson)	vor 1558
Curt(erius)	1571
Hansen	1960, 2004
Hussey	vor 1860
Kugener	(bei Bidez 1960)
Nolte	(Rezension von Hussey, 1861)
Parmentier	(bei Bidez 1960)
Primmer	(Rezension von Bidez, 1967)
Savil(ius)	nach 1581
Steph(anus)	R. Estienne, Erstausgabe, 1544
Val(esius)	H. de Valois, 1668

TEXT UND ÜBERSETZUNG

ΣΑΛΑΜΑΝΟΥ ΕΡΜΕΙΟΥ ΣΩΖΟΜΕΝΟΥ ΣΧΟΛΑΣΤΙΚΟΥ

ΛΟΓΟΣ ΠΡΟΣ ΤΟΝ ΑΥΤΟΚΡΑΤΟΡΑ ΘΕΟΔΟΣΙΟΝ ΚΑΙ ΥΠΟΘΕΣΙΣ ΤΗΣ ΕΚΚΛΗΣΙΑΣΤΙΚΗΣ ΙΣΤΟΡΙΑΣ

Dedicatio

1. Φασὶ τῶν πάλαι αὐτοκρατόρων ἐπιμελές τι χρῆμα γενέσθαι τοῖς μὲν φιλοκόσμοις ἁλουργίδα καὶ στέφανον καὶ τὰ τούτοις παραπλήσια, τοῖς δ' αὖ τὰ περὶ λόγους σπουδάσασι μυθώδη τινὰ ποίησιν ἢ σύγγραμμα θέλγειν δυνάμενον, τοῖς δὲ τὰ περὶ πόλεμον ἀσκοῦσι βέλος εὐστόχως ἀφεῖναι καὶ θῆρα βαλεῖν ἢ δόρυ ἀκοντίζειν ἢ εἰς ἵππον ἅλλεσθαι· 2. προσήγγελλον δὲ ἑαυτοὺς τοῖς βασιλείοις ἕκαστος ἐπιτηδεύων ὃ τῷ κρατοῦντι φίλον ἐτύγχανεν, ὁ μὲν δυσπόριστον ψηφῖδα προσφέρων, ἕτερος δὲ λαμπροτέραν βαφὴν ἁλουργίδος ὑποτιθέμενος, ὁ δὲ ποίημα ἢ σύγγραμμα προσφωνῶν, ἄλλος δὲ εὔζωνον καὶ ξένον περὶ τὰ ὅπλα τρόπον εἰσηγούμενος· μέγιστον δὲ καὶ βασιλικὸν ἐνομίζετο ταυτησὶ τῆς δημώδους ἀρετῆς μόριον ἓν κεκτῆσθαι τὸν πάντων ἡγούμενον, εὐσεβείας δέ, τοῦ ἀληθοῦς κόσμου τῆς βασιλείας, οὐδενὶ τοσοῦτος λόγος ἐγένετο.

3. Σὺ δέ, ὦ κράτιστε βασιλεῦ Θεοδόσιε, συλλήβδην εἰπεῖν πᾶσαν ἐπήσκησας ἀρετὴν διὰ θεοῦ, ἁλουργίδα δὲ καὶ στέφανον πρὸς τοὺς θεωμένους σύμβολον τῆς ἀξίας περικείμενος, ἔνδοθεν ἀεὶ τὸν ἀληθῆ κόσμον τῆς βασιλείας ἠμφίεσαι, τὴν εὐσέβειαν καὶ τὴν φιλανθρωπίαν. ὅθεν ἑκάστοτε | ποιηταὶ καὶ συγγραφεῖς καὶ | 2
τῶν σῶν ὑπάρχων οἱ πλείους καὶ τῶν λοιπῶν ὑπηκόων περὶ σὲ καὶ τὰς σὰς πράξεις πονοῦσιν. 4. ἀγωνοθέτης δὲ

[b T Cass.] 2 σχολαστικοῦ Phot. : om. b || 12 θῆρας b || 22 τοσοῦτον b T || 23 βασιλεῦ om. T Cass. || 28 ὅθεν ἑκάστοτε T : ἑκάστοτε δὲ b

SALAMANES HERMEIAS SOZOMENOS, RECHTSANWALT

ANSPRACHE AN DEN KAISER THEODOSIUS SAMT INHALTSANGABE DER KIRCHENGESCHICHTE

Widmung

1. Wie man sagt, hatten die früheren Kaiser jeweils einen Gegenstand, der ihnen am Herzen lag, etwa die Prunkliebenden eine Purpurrobe, ein Diadem und dergleichen, die Literaturfreunde wiederum eine mythologische Dichtung oder eine faszinierende Prosaschrift, die an militärischen Übungen Interessierten hatten ihre Freude daran, den Pfeil treffsicher loszuschießen und ein Wild zu erlegen, oder den Speer zu werfen oder sich aufs Pferd zu schwingen. 2. So bewarb sich bei Hofe ein jeder, der sich auf die Lieblingsbeschäftigung des Herrschers verstand: Der brachte einen seltenen Edelstein, der nächste bot eine prächtigere Purpurfärbung an, der eine widmete ihm ein Gedicht oder eine Schrift, ein anderer empfahl eine wirkungsvolle neuartige Waffenübung. Als großartig und kaisergemäß galt es, wenn der oberste Herrscher über einen Teil dieser populären Leistung verfügte, an der Gottesfurcht aber, der wirklichen Zierde des Kaisertums, war niemandem so sehr gelegen.

3. Du dagegen, erlauchter Kaiser Theodosius, hast, um es mit einem Wort zu sagen, dich auf jedem Feld der Leistung mit Gottes Hilfe geübt, Purpurrobe und Diadem legst du für die Betrachter als Zeichen deiner Würde an, innerlich bist du stets mit der wahren Zierde des Kaisertums angetan, mit Gottesfurcht und Menschenliebe. Daher bemühen sich bei jeder Gelegenheit Dichter und Schriftsteller, ebenso die Mehrzahl deiner Präfekten wie der übrigen Untertanen, um dich und deine Taten. 4. Als Schiedsrichter und

καὶ λόγων κριτὴς προκαθήμενος, οὐ κομψῇ τινι φωνῇ καὶ σχήματι κλέπτῃ τὴν ἀκρίβειαν, ἀλλ' εἰλικρινῶς βραβεύεις, λέξιν οἰκείαν σκοπῶν τῇ προθέσει τοῦ πράγματος καὶ σχῆμα λόγου καὶ μέρη καὶ τάξιν καὶ ἁρμονίαν καὶ φράσιν καὶ συνθήκην καὶ ἐπιχειρήματα καὶ νοῦν καὶ ἱστορίαν. 5. ἀμείβῃ δὲ τοὺς λέγοντας τῇ τε κρίσει τῇ σῇ καὶ τοῖς κρότοις καὶ χρυσαῖς εἰκόσιν <καὶ> ἀναθέσει ἀνδριάντων καὶ δώροις καὶ τιμαῖς παντοδαπαῖς. οἷον δὲ σαυτὸν περὶ τοὺς λέγοντας παρέχεις, οὐ τοιοῦτοι Κρητῶν οἱ πάλαι ἐγένοντο περὶ τὸν ἀοίδιμον ἐκεῖνον Ὅμηρον, ἢ Ἀλευάδαι περὶ Σιμωνίδην, ἢ Διονύσιος ὁ Σικελίας τύραννος περὶ Πλάτωνα τὸν Σωκράτους ἑταῖρον, ἢ Φίλιππος ὁ Μακεδὼν περὶ Θεόπομπον τὸν συγγραφέα, ἢ Σευῆρος ὁ Καῖσαρ περὶ Ὀππιανόν, τὸν ἐν τοῖς μέτροις τῶν ἰχθύων τὰ γένη καὶ τὴν φύσιν καὶ τὴν θήραν ἀφηγησάμενον· 6. Κρῆτες μὲν γὰρ ἐν χιλίοις νομίσμασιν Ὅμηρον ἀμειψάμενοι τῆς εὐεπείας, ὡς ἀνυπέρβλητον φιλοτιμίαν αὐχοῦντες, ἐν στήλῃ δημοσίᾳ τὴν δωρεὰν ἀνεγράψαντο· Ἀλευάδαι δὲ καὶ Διονύσιος καὶ Φίλιππος οὐκ ἂν στεγανώτεροι Κρητῶν ἐγένοντο, τῶν ἐπὶ πολιτείᾳ ἀτύφῳ καὶ φιλοσόφῳ σεμνυνομένων, ἀλλὰ τάχος ἂν τὴν ἐκείνων στήλην ἐμιμήσαντο, εἰ μὴ κατόπιν ἦσαν τῇ δωρεᾷ· Σευῆρος δὲ μετρίας ποιήσεως χρυσοῦν κατὰ στίχον Ὀππιανῷ δωρησάμενος, οὕτω τῇ φιλοτιμίᾳ κατέπληξεν, ὡς χρυσᾶ ἔπη τὰ Ὀππιανοῦ εἰσέτι νῦν παρὰ τοῖς πολλοῖς ὀνομάζεσθαι.

[b T Cass.] 2 κλέπτει(ς) b : ὃ κλέπτει T || 7 *et* Cass.

---

[1] Herrschendes Adelsgeschlecht in Thessalien, das den Lyriker SIMONIDES (etwa 556–468) zeitweise förderte.

[2] SEPTIMIUS SEVERUS regierte von 193 bis 211, dagegen widmete OPPIAN seine *Halieutika* („Vom Fischfang“) zwischen 177 und 180 MARCUS AURELIUS. Man setzte ihn irrtümlich mit dem sich ebenfalls OPPIAN

literarischer Kritiker führst du dabei den Vorsitz, läßt dir deine Sorgfalt nicht durch eine gefällige Wendung und Redensart abkaufen, sondern urteilst objektiv, wobei du auf einen dem vorliegenden Gegenstand angemessenen Stil achtest, auf Form, Teile, Gliederung der Rede, Wortfügung, Ausdruck, Zusammensetzung, Beweise, Sinn und Gehalt. 5. Die Vortragenden belohnst du mit deinem Urteil, deinem Beifall, mit vergoldeten Bildnissen, der Aufstellung von Statuen und mit vielfältigen Geschenken und Ehrungen. Wie du dich den Vortragenden gegenüber erweist, so taten es nicht in alter Zeit die Kreter gegenüber dem berühmten Homer, die Aleuaden[1] gegenüber Simonides, Dionysius, der Tyrann von Sizilien, gegenüber Plato, dem Freund des Sokrates, Philipp von Makedonien gegenüber dem Geschichtsschreiber Theopomp oder der Kaiser Severus[2] gegenüber Oppian, der in Versen die Arten, das Verhalten und den Fang der Fische geschildert hat: 6. Die Kreter belohnten Homer für seine Dichtkunst mit tausend Münzen und rühmten sich dessen als unübertroffener Großzügigkeit, indem sie auf einer öffentlichen Stele ihr Geschenk aufzeichnen ließen; die Aleuaden, Dionysius und Philipp wären kaum zurückhaltender als die Kreter gewesen, die sich auf ihre schlichte und philosophische Verfassung viel zugute hielten, und hätten es ihnen vielleicht mit einer Stele gleichgetan, wären sie nicht mit ihrem Geschenk dahinter zurückgeblieben; Severus aber, der Oppian für jeden Vers eines mittelmäßigen Gedichts einen Aureus schenkte, machte mit seiner Großzügigkeit solchen Eindruck, daß Oppians Gedicht bis heute gemeinhin „goldene Verse" genannt wird.

---

nennenden Verfasser eines zwischen 212 und 217 publizierten Jagdgedichts gleich, das dann vielmehr von CARACALLA (oder von dessen mitregierenden Bruder SEPTIMIUS GETA, dem Sohn des SEPTIMIUS SEVERUS?) honoriert worden wäre.

7. ταῦτα τῶν πάλαι φιλομαθῶν καὶ φιλολόγων τὰ δῶρα. σὺ δέ, ὦ βασιλεῦ, οὐδενὶ τῶν πώποτε ὑπερβολὴν κατέλιπες ἐν ταῖς περὶ τοὺς λόγους φιλοτιμίαις· καί μοι δοκεῖς οὐκ ἀπεικότως τοῦτο ποιεῖν. πάντας γὰρ νικῆσαι ταῖς ἀρεταῖς σπουδάζων, εἰς ἐπίδοσιν ἄγεις τὰ σὰ καθότι τῶν πάλαι κατωρθωμένων Ἕλλησί τε καὶ Ῥωμαίοις τὴν ἱστορίαν ἠκρίβωσας. 8. φασὶ δέ σε μεθ' ἡμέραν μὲν τὰ περὶ τὰ ὅπλα καὶ τὸ σῶμα ἀσκεῖν καὶ τὰ τῶν ἀρχομένων διατάττειν πράγματα, δικάζοντά τε καὶ ἃ χρὴ γράφοντα, ἰδίᾳ τε καὶ κοινῇ τὰ πρακτέα διασκοποῦντα, νύκτωρ δὲ τὰς βίβλους περι|έπειν. διακονεῖν δέ σοι | 3 λόγος πρὸς τὴν τούτων εἴδησιν λύχνον ἐκ μηχανῆς τινος αὐτομάτως τῇ θρυαλλίδι ἐπιχέοντα τὸ ἔλαιον, ὡς ἂν μηδὲ εἷς τῶν περὶ τὰ βασίλεια ἐν τοῖς σοῖς πόνοις ταλαιπωρεῖν ἀναγκάζηται καὶ τὴν φύσιν βιάζηται πρὸς τὸν ὕπνον μαχόμενος. 9. οὕτω τις φιλάνθρωπος καὶ πρᾶος καὶ πρὸς τοὺς πέλας καὶ πρὸς πάντας ὑπάρχεις, τὸν οὐράνιον βασιλέα τὸν σὸν προστάτην μιμούμενος, ᾧ φίλον ἐστὶν ἐπὶ δικαίους καὶ ἀδίκους ὕειν καὶ τὸν ἥλιον ἀνατέλλειν καὶ τἆλλα ἀφθόνως παρέχειν. 10. ὑπὸ γοῦν πολυμαθείας, ὡς εἰκός, ἀκούω σε καὶ λίθων εἰδέναι φύσεις καὶ δυνάμεις ῥιζῶν καὶ ἐνεργείας ἰαμάτων, οὐχ ἧττον ἢ Σολομὼν ὁ Δαβὶδ ὁ σοφώτατος. μᾶλλον δὲ κἀκείνου πλεονεκτεῖς ταῖς ἀρεταῖς· 11. ὁ μὲν γὰρ δοῦλος γενόμενος τῶν ἡδονῶν οὐ μέχρι τέλους τὴν εὐσέβειαν διεφύλαξε τὴν αἰτίαν τῶν ἀγαθῶν καὶ τῆς σοφίας αὐτῷ γενομένην· σὺ δέ, ὦ κράτιστε, τὸν ἐγκρατῆ λογισμὸν ἀντιτάξας τῇ ῥᾳστώνῃ, εἰκότως νομίζῃ μὴ μόνον ἀνθρώπων αὐτοκράτωρ εἶναι, ἀλλὰ καὶ τῶν παθῶν τῆς ψυχῆς καὶ τοῦ σώματος.

[b T Cass.] 10 σκοποῦντα b

7. Das waren die Honorare, die früher von Förderern der Bildung und Literatur gezahlt wurden. Du aber, mein Kaiser, hast in deiner Großzügigkeit für die Literatur keinem der Früheren den Vorrang gelassen, und ich meine, das tust du nicht von ungefähr. Denn in dem Bestreben, alle durch deine Leistungen zu übertreffen, förderst du deine Sache, weil du die Geschichte der einstigen Erfolge von Griechen und Römern studiert hast. 8. Man sagt von dir, du trainierst tagsüber im Waffenhandwerk und im Sport und regelst die Angelegenheiten der Untertanen durch Rechtsprechung und den notwendigen Schriftverkehr, wobei du die Entscheidungen allein und in gemeinsamer Beratung vorbereitest, nachts aber beschäftigst du dich mit den Büchern. Wie es heißt, dient dir zu ihrem Studium eine Lampe, die durch einen Mechanismus automatisch Öl auf den Docht gießt, so daß niemand aus der kaiserlichen Dienerschaft bei deinen Arbeiten sich mühen muß und der Natur Gewalt antut, indem er gegen den Schlaf ankämpft. 9. So menschenfreundlich und gütig bist du sowohl zu deiner Umgebung wie zu allen, womit du es dem himmlischen König, deinem Beschützer, gleichtust, dem es gefällt, „es über Gerechte und Ungerechte regnen und die Sonne aufgehen zu lassen“ (Mt 5,45) und das Übrige reichlich zu gewähren. 10. Offenbar schöpfst du aus deinem reichen Wissen, wenn du, wie man hört, auch das Wesen der Mineralien, „die Heilkräfte der Wurzeln“ (Weish 7,20) und die Wirkungen der Arzneien kennst, nicht minder als der hochweise Salomo, der Sohn Davids. Vielmehr übertriffst du ihn noch an Verdiensten; 11. denn er wurde ein Sklave der Lüste und bewahrte nicht bis ans Ende die Gottesfurcht (vgl. 1 Kön 11), der er das Gute und seine Weisheit zu verdanken hatte, du aber, Erlauchter, der du asketisches Denken gegen die Leichtfertigkeit aufbietest, stehst mit Recht in dem Ruf, nicht über Menschen nur Herrscher zu sein, sondern auch über die Leidenschaften der Seele und des Leibes.

12. Εἰ δὲ δεῖ καὶ ταῦτα λέγειν, πυνθάνομαί σε καὶ παντὸς ὄψου καὶ ποτοῦ τὴν ἐπιθυμίαν νικᾶν, καὶ μήτε σῦκα γλυκερά, ποιητικῶς εἰπεῖν, μήτ' ἄλλο τι τῶν ὡραίων ἑλεῖν σε δύνασθαι, πλὴν ὅσον ἐπιψαῦσαι καὶ μόνον ἀπογεύσασθαι, πρότερον εὐλογήσαντα τὸν πάντων δημιουργόν. δίψους δὲ καὶ πνίγους καὶ ῥίγους κρατεῖν ἐθισθεὶς ἐν ταῖς καθ' ἡμέραν ἀσκήσεσι, φύσιν ἔχειν νομίζῃ τὴν ἐγκράτειαν. 13. πρώην γέ τοι τὴν ἐν Πόντῳ πόλιν Ἡρακλέος ἐπώνυμον σπεύδων ἰδεῖν καὶ ἐγεῖραι τῷ χρόνῳ κάμνουσαν, ὥρᾳ θέρους τὴν διὰ Βιθυνῶν ᾔεις ὁδόν. τοῦ δὲ ἡλίου σφόδρα φλέγοντος περὶ μέσην ἡμέραν ἰδών σέ τις τῶν δορυφόρων ἱδρῶτι πολλῷ καὶ κονιορτῷ πεφυρμένον, ὡς δὴ χαριούμενος φθάσας προσεκόμισέ σοι φιάλην εὖ μάλα λαμπρῶς πρὸς τὰς ἀκτῖνας ἀντιστίλβουσαν, ἡδὺν αὐτῇ τινα πότον ἐμβαλὼν καὶ ψυχρὸν ὕδωρ ἐπιχέας. σὺ δέ, ὦ κράτιστε, προσδεξάμενος ἐπῄνεσας μὲν τῆς προθυμίας τὸν ἄνδρα καὶ δῆλος ἦσθα μετ' οὐ πολὺ τοῦτον φιλοτιμίᾳ βασιλικῇ καλῶς ποιήσων, πάντων δὲ τῶν στρατιωτῶν | πρὸς τὴν φιάλην [4] κεχηνότων καὶ μακαριούντων ὃς πίεται, πάλιν αὐτῷ, ὦ γενναῖε, τὸ ποτὸν ἀπέδωκας καὶ ὅπῃ φίλον αὐτῷ κεχρῆσθαι ἐκέλευσας. 14. ὥστε μοι δοκεῖ εἰκότως ταῖς σαῖς ἀρεταῖς νενικῆσθαι καὶ Ἀλέξανδρον τὸν Φιλίππου· ᾧ λέγεται παρὰ τῶν τὰ ἐκείνου θαυμαζόντων δι' ἀνύδρου τόπου βαδίζοντι μετὰ τῶν Μακεδόνων ἐπιμελῆ στρατιώτην ὕδωρ εὑρόντα ἀρύσασθαι καὶ προσκομίσαι· τὸν δὲ μὴ πιεῖν, ἀλλ' ἐκχέαι τὸ πόμα.

[b T Cass.] 11 σφόδρα φλέγοντος post ἡμέραν T Cass. || 24 τὰ ἐκείνου T Cass. : ἐκεῖνον b

---

[3] Homer, *Od.* 7,116 (121 von der Mühll).

[4] Heraclea Pontica, etwa 200 km östlich des Bosporus am Schwarzen Meer gelegen, heute Ereğli. Wann die Reise, nach der man die Abfas-

12. Wenn ich auch dies noch erwähnen darf, so höre ich, daß du auch das Bedürfnis nach jedem Leckerbissen und Trinken bezwingst und daß weder „süße Feigen“, um mit dem Dichter[3] zu sprechen, noch anderes Obst dich dazu bringen kann, mehr als es eben zu berühren und nur davon zu kosten, nachdem du zuvor den Schöpfer aller Dinge gepriesen hast. Durst, Hitze und Kälte in den alltäglichen Askesemühen zu bezwingen gewohnt, stehst du in dem Ruf, Enthaltsamkeit sei dir zur Natur geworden. 13. Vor kurzem wolltest du die nach Herakles benannte Stadt am Pontus[4] besuchen und, da sie mit der Zeit verfallen war, wiederaufbauen lassen. Deswegen marschiertest du im Sommer durch Bithynien. Die Sonne brannte zur Mittagszeit heftig, da sah einer deiner Leibwächter, wie du von starkem Schweiß und Staub beschmutzt warst, und um dir einen Gefallen zu tun, brachte er dir rasch eine im Sonnenschein herrlich funkelnde Schale, in die er süßen Saft und darauf kaltes Wasser gegossen hatte. Du aber, Erlauchter, nahmst sie, lobtest den guten Willen des Mannes, und es war dir anzusehen, daß du ihn bald in kaiserlicher Großzügigkeit belohnen würdest. Indes, als alle Soldaten auf die Schale starrten und den glücklich preisen würden, der davon tränke, da gabst du, Edelmütiger, ihm das Getränk zurück mit der Aufforderung, es nach Belieben zu verwenden. 14. So, dünkt mich, hast du offenbar durch deine Haltung sogar Alexander, Philipps Sohn, noch hinter dir gelassen. Als er, so erzählen es seine Bewunderer[5], mit den Makedonen durch eine wasserlose Gegend zog, fand ein aufmerksamer Soldat Wasser, schöpfte es und brachte es ihm; der aber habe das Getränk nicht genossen, sondern ausgeschüttet.

---

sungszeit dieses Widmungsschreibens ungefähr bestimmen könnte, stattgefunden hat, läßt sich nicht feststellen.

[5] Vgl. ARRIAN, *An.* 6,26,1–3 (328 f ROOS/WIRTH).

15. Συνελόντα οὖν εἰπεῖν, τῶν πρὸ σοῦ βασιλέων βασιλεύτερόν σε κυρίως καλεῖν ἔστι κατὰ τὸν Ὅμηρον· τοὺς μὲν γὰρ οὐδὲν οἷον ἄγασθαι κεκτημένους παρειλήφαμεν, τοὺς δὲ ἐπὶ ἑνὶ μόλις ἢ δύο τὴν βασιλείαν σεμνύναντας· σὺ δέ, ὦ κράτιστε, πάσας ὁμοῦ συλλαβὼν τὰς ἀρετάς, πάντας ὑπερεβάλου εὐσεβείᾳ καὶ φιλανθρωπίᾳ καὶ ἀνδρείᾳ καὶ σωφροσύνῃ καὶ δικαιοσύνῃ καὶ φιλοτιμίᾳ καὶ μεγαλοψυχίᾳ βασιλικῇ πρεπούσῃ ἀξίᾳ. 16. ἀναίμακτον δὲ καὶ καθαρὰν φόνου πάντων τῶν πώποτε γενομένων μόνην τὴν σὴν ἡγεμονίαν ὁ πᾶς αἰὼν αὐχεῖ. ἡδονῇ δὲ τὰ σπουδαῖα τοὺς ὑπηκόους κελεύεις παιδεύεσθαι, εὐνοίᾳ τε καὶ αἰδοῖ τὴν περὶ σὲ σπουδὴν καὶ τὰ κοινὰ ἐνδείκνυσθαι. 17. ὥστε μοι πάντων ἕνεκεν ἀναγκαῖον καταφαίνεται ἐκκλησιαστικὴν ἱστορίαν συγγράφοντι, σοὶ προσφωνῆσαι. τίνι γὰρ μᾶλλον οἰκειότερον τοῦτο ποιήσω, πολλῶν καὶ θεσπεσίων ἀνδρῶν ἀρετὴν ἀφηγεῖσθαι μέλλων καὶ τὰ συμβάντα περὶ τὴν καθόλου ἐκκλησίαν, ὅσοις τε ἐχθροῖς ὑπαντήσασα εἰς τοὺς σοὺς καὶ τῶν σῶν πατέρων λιμένας κατῆρεν. 18. ἄγε οὖν, ὦ πάντα εἰδὼς καὶ πᾶσαν ἀρετὴν ἔχων καὶ μάλιστα τὴν εὐσέβειαν, ἣν ἀρχὴν εἶναι σοφίας θεῖός ἐστι λόγος, δέχου παρ' ἐμοῦ ταύτην τὴν γραφὴν καὶ ἐξέτασον, καὶ τὰς τῆς σῆς ἀκριβείας προσθέσεις τε καὶ ἀφαιρέσεις προσαγαγὼν τοῖς σοῖς πόνοις κάθαρον· πάντως γὰρ ὅπῃ ἂν σοὶ φίλον δοκῇ, ταύτῃ καὶ τοῖς ἐντυγχάνουσι χρήσιμον καὶ λαμπρὸν φανεῖται οὐδ' ἐπιθήσει τις δάκτυλον τῇ δοκιμασίᾳ τῇ σῇ.

[b T Cass.] 2 βασιλικώτερον b T || 10 ὁ πᾶς : ἅπας b

---

6 Homer, *Il.* 9,160 (1,258 West) u. ö. König und Kaiser werden im Griechischen durch das gleiche Wort βασιλεύς bezeichnet.

7 Das überaus häufige Beiwort καθόλου (‚allgemein'), mit dem Sozomenos καθολική umschreibt, bezeichnet die eine solidarische Kirche in aller Welt, läßt aber meistens die Bindung an das Bekenntnis zur nicae-

15. Mit einem Wort, man kann dich mit Fug und Recht mit dem homerischen Ausdruck[6] „königlicher" nennen als die Kaiser vor dir; denn von einigen haben wir erfahren, daß sie gar nichts Bewundernswertes an sich hatten, von anderen, daß sie nur eben in einem oder zwei Punkten ihr Kaisertum erhöhten, du aber, Erlauchter, der du alle Vorzüge in dir vereinst, hast alle an Gottesfurcht und Menschenliebe übertroffen, an Tapferkeit, Besonnenheit, Gerechtigkeit, an Großzügigkeit und Großmut, die der Kaiserwürde angemessen ist. 16. Als unblutig und frei von Meuchelei rühmt unter allen Regimen, die es je gab, alle Zeit nur deine Herrschaft. Freudigen Herzens das Rechte zu tun, lehrst du die Untertanen, und ihre Hingabe für dich und für das Gemeinwohl in Güte und Bescheidenheit zu erweisen. 17. Daher scheint es mir als dem Verfasser einer Kirchengeschichte aus allen Gründen vonnöten, sie dir zu widmen. Wem könnte ich dies auch mit mehr Recht tun, da ich von der Leistung vieler Gottesmänner berichten werde und von den Geschicken der katholischen Kirche[7] sowie davon, wie sie nach der Begegnung mit so vielen Widersachern in deinen und deiner Vorfahren sicheren Hafen eingelaufen ist. 18. So nimm denn, der du von allem weißt und alle Tugenden besitzt, vor allem die Gottesfurcht, von der es in der heiligen Schrift heißt, sie sei „der Weisheit Anfang" (Ps 111,10: LXX Ps 110,10), aus meiner Hand dieses Werk entgegen, prüfe und säubere es eigenhändig, nachdem du die Zusätze und Streichungen, die deiner Sorgfalt nötig scheinen, angebracht hast. Denn wie du es für richtig hältst, so wird es gewiß auch den Lesern nützlich und vortrefflich erscheinen, und niemand wird an deiner Begutachtung etwas aussetzen können.

---

nischen Orthodoxie mit anklingen. Es wird hier stets mit ‚katholisch' übersetzt, was nicht im Sinne einer Suprematie mißverstanden werden sollte.

19. Πρόεισι δέ μοι ἡ γραφὴ ἀπὸ τῆς Κρίσπου καὶ Κωνσταντίνου τῶν Καισάρων τρίτης ὑπατείας μέχρι τῆς ἑπτακαιδεκάτης τῆς σῆς. ἔδοξε δέ μοι | καλῶς ἔχειν εἰς ἐννέα | 5 μέρη τὴν πᾶσαν πραγματείαν διελεῖν. περιέξει δὲ ὁ πρῶτος καὶ δεύτερος τόμος τὰ ἐπὶ Κωνσταντίνου συμβάντα ταῖς ἐκκλησίαις, ὁ δὲ τρίτος καὶ τέταρτος τὰ ἐπὶ τῶν αὐτοῦ παίδων, ὁ δὲ πέμπτος καὶ ἕκτος τὰ ἐπὶ Ἰουλιανοῦ τοῦ ἀνεψιοῦ τῶν παίδων τοῦ μεγάλου Κωνσταντίνου, καὶ Ἰοβιανοῦ, καὶ προσέτι Οὐαλεντινιανοῦ καὶ Οὐάλεντος. 20. ὁ δὲ ἕβδομος καὶ ὄγδοος ἡμῖν δηλώσει τόμος τὰ ἐπὶ Γρατιανοῦ καὶ Οὐαλεντινιανοῦ τῶν ἀδελφῶν, μέχρι τῆς ἀναρρήσεως Θεοδοσίου τοῦ θεσπεσίου σου πάππου, ἐσότε δὴ ὁ ὑμέτερος, κράτιστε βασιλεῦ, ἀοίδιμος πατὴρ Ἀρκάδιος τὴν πατρῴαν ἡγεμονίαν διαδεξάμενος ἅμα τῷ εὐσεβεστάτῳ σου θείῳ Ὀνωρίῳ τὴν Ῥωμαίων οἰκουμένην ἰθύνειν ἔλαχε. 21. τὸ δὲ ἔννατον βιβλίον ἀνατέθεικα τῇ φιλοχρίστῳ καὶ εὐαγεστάτῃ ὑμῶν κορυφῇ, ἣν εἰσαεὶ φυλάττοι θεὸς ἐν ἀκλονήτοις εὐθυμίαις, κατευμεγεθοῦσαν ἐχθρῶν καὶ πάντας ἔχουσαν ὑπὸ πόδας καὶ εἰς παῖδας παίδων παραπέμπουσαν τὴν εὐσεβῆ βασιλείαν, κατανεύοντος τοῦ Χριστοῦ· δι' οὗ καὶ μεθ' οὗ τῷ θεῷ καὶ πατρὶ ἡ δόξα σὺν τῷ ἁγίῳ πνεύματι εἰς τοὺς αἰῶνας, ἀμήν.

19. Mein Werk schreitet vom dritten Konsulat der Cäsaren Crispus und Constantinus (324) bis zu deinem siebzehnten Konsulat (439) voran. Ich hielt es für richtig, das ganze Geschichtswerk in neun Teile zu gliedern. Das erste und zweite Buch wird die Geschichte der Kirchen unter Konstantin enthalten, das dritte und vierte die unter seinen Söhnen, das fünfte und sechste die Geschichte unter Julian, dem Vetter der Söhne Konstantins des Großen, und unter Jovian und außerdem unter Valentinian und Valens. 20. Das siebte und achte Buch wird uns die Ereignisse unter den Brüdern Gratian und Valentinian (II.) erläutern, bis zur Ernennung deines gottseligen Großvaters Theodosius und bis dann dein berühmter Vater Arcadius, erlauchter Kaiser, die väterliche Herrschaft erbte und ihm gemeinsam mit deinem tiefgläubigen Onkel Honorius die Lenkung des römischen Reichs zukam. 21. Das neunte Buch aber habe ich deiner christusliebenden, heiligsten Person gewidmet, die Gott für immer in unerschütterlicher Seelenruhe bewahren möge, über Feinde triumphierend, die dir sämtlich zu Füßen liegen, und die gottesfürchtige Herrschaft an Kindeskinder weiterreichend, mit der Zustimmung Christi, durch den und mit dem Gott dem Vater die Herrlichkeit samt dem Heiligen Geist in Ewigkeit gebührt. Amen.

ΣΑΛΑΜΑΝΟΥ ΕΡΜΕΙΟΥ ΣΩΖΟΜΕΝΟΥ 6
ΕΚΚΛΗΣΙΑΣΤΙΚΗΣ ΙΣΤΟΡΙΑΣ ΤΟΜΟΣ ΠΡΩΤΟΣ

1.1. Ἔννοια μοί ποτε ἐγένετο, τί δὴ ἄρα τοῖς μὲν ἄλλοις ἀνθρώποις ἑτοιμοτέρα συνέβη ἡ περὶ τὸν θεὸν λόγον πίστις, Ἑβραίοις δὲ δύσπιστος καίτοι τὰ θεῖα πρεσβεύειν ἐξ ἀρχῆς παρειληφόσι καὶ τὰ περὶ τῆς παρουσίας τοῦ Χριστοῦ, ὅπως ἔσται, πρὶν γένηται μαθοῦσι διὰ τῶν προφητῶν. 2. Ἀβραὰμ μὲν γὰρ αὐτοῖς ἀρχηγὸς τοῦ γένους καὶ τῆς περιτομῆς γενόμενος αὐτόπτης καὶ ἑστιάτωρ ἠξίωται εἶναι τοῦ υἱοῦ τοῦ θεοῦ. Ἰσαὰκ δὲ ὁ τούτου παῖς τῇ μιμήσει τετίμηται τῆς ἐπὶ τοῦ σταυροῦ θυσίας, δέσμιος παρὰ τοῦ πατρὸς τῷ βωμῷ προσαχθείς, ᾗ συνέβη καὶ τὸ τοῦ Χριστοῦ γενέσθαι πάθος, ὥς φασιν οἱ τὰς ἱερὰς ἀκριβοῦντες γραφάς. 3. Ἰακὼβ δὲ τὴν ἐπ' αὐτῷ νῦν οὖσαν προσδοκίαν τῶν ἐθνῶν καὶ τὸν καιρὸν καθ' ὃν ἦλθε προεμήνυσεν, ἡνίκα, φησίν, ἐκλείψουσιν οἱ ἡγούμενοι τῶν Ἑβραίων ἐκ τοῦ γένους Ἰούδα τοῦ φυλάρχου· ὑπεδήλου δὲ τὴν ἡγεμονίαν Ἡρῴδου, ὃς Ἰδουμαῖος ὢν ἐκ πατρὸς τὸ γένος, Ἀράβιος δὲ κατὰ μητέρα, ἐπετράπη τὸ τῶν Ἰουδαίων ἔθνος ὑπὸ τῆς συγκλήτου Ῥωμαίων καὶ Αὐγούστου Καίσαρος. 4. καὶ τῶν ἄλλων δὲ προφητῶν οἱ μὲν τὴν Χριστοῦ γέννησιν προεκήρυξαν καὶ τὴν ἄφραστον ἐκείνην κύησιν καὶ μητέρα μετὰ τοκετὸν παρθένον μείνασαν καὶ γένος καὶ πατρίδα, οἱ δὲ τὰς θείας αὐτοῦ καὶ παραδόξους πράξεις, ἄλλοι | δὲ τὸ πάθος καὶ τὴν ἐκ νεκρῶν ἀνάστασιν καὶ τὴν εἰς οὐρανοὺς ἄνοδον καὶ τὸ ἐπὶ ἑκάστῳ συμβὰν προεσήμαναν. ἀλλὰ ταῦτα μὲν εἴ τῳ ἠγνόηται, οὐ χαλεπὸν εἰδέναι ταῖς ἱεραῖς ἐντυγχάνοντι βίβλοις.

[b T Cass.] 24 τόκον b

---

[8] Vgl. die Deutung durch EUSEBIUS VON CAESAREA, *h. e.* 1,2,7 (GCS 14).
[9] EUSEBIUS VON CAESAREA, *h. e.* 1,6,1 f. 7 (GCS 48–50), nach FLAVIUS

Salamanes Hermeias Sozomenos
Erstes Buch der Kirchengeschichte

1.1. Ich habe gelegentlich darüber nachgedacht, warum der Glaube an den Gott Logos den anderen Menschen leichter gefallen ist, den Hebräern aber schwer faßlich blieb, obgleich es doch von Anfang an zu ihrer Tradition gehörte, Gottes Wesen zu verkünden, und sie von der Art und Weise des Erscheinens Christi schon vor dem Ereignis durch die Propheten erfahren hatten. 2. Abraham, der Stammvater ihres Volkes und Urheber der Beschneidung, war doch gewürdigt worden, den Sohn Gottes selbst zu sehen und zu bewirten (vgl. Gen 18).[8] Seinem Sohn Isaak widerfuhr die Ehre, ebenso am Kreuz geopfert zu werden, als er gefesselt von seinem Vater an den Altar gebracht wurde (vgl. Gen 22), wie sich auch das Leiden Christi vollzog; so sagen es die Erforscher der heiligen Schrift. 3. Jakob prophezeite die jetzt auf Christus ruhende „Erwartung der Völker" und die Zeit seines Kommens, wenn, so sagt er, die Fürsten der Hebräer „aus dem Stamme Juda" des Stammesältesten „erlöschen werden" (Gen 49,10 LXX); damit wies er auf die Herrschaft des Herodes hin, dem, seiner Abstammung nach väterlicherseits ein Idumäer, mütterlicherseits ein Araber, vom römischen Senat und von Caesar Augustus das jüdische Volk anvertraut wurde.[9] 4. Auch die anderen Propheten haben entweder die Geburt Christi im voraus verkündet und die geheimnisvolle Schwangerschaft und daß seine Mutter auch nach der Geburt Jungfrau blieb, seine Abstammung und seine Heimatstadt, oder seine gottgewirkten Wundertaten, andere haben sein Leiden, die Auferstehung von den Toten, die Himmelfahrt und die mit all dem verbundenen Ereignisse vorausgesagt. Wem das unbekannt sein sollte, der kann das leicht zur Kenntnis nehmen, wenn er in der heiligen Schrift liest.

Josephus, *AJ* 14,8 (3,240 Niese).

5. Καὶ Ἰώσηπος δὲ ὁ Ματθίου ὁ ἱερεύς, ἀνὴρ παρά τε Ἰουδαίοις ἐπιδοξότατος γενόμενος, ἔτι δὲ καὶ παρὰ Ῥωμαίοις, ἀξιόχρεως ἂν εἴη μάρτυς τῆς περὶ τοῦ Χριστοῦ ἀληθείας. ἄνδρα μὲν γὰρ αὐτὸν ἀποκαλεῖν ὀκνεῖ ὡς παραδόξων ἔργων ποιητὴν καὶ διδάσκαλον λόγων ἀληθῶν, Χριστὸν δὲ περιφανῶς ὀνομάζει· καὶ τῷ σταυρῷ καταδικασθῆναι καὶ τριταῖον ζῶντα φανῆναι καὶ ἄλλα μυρία θαυμάσια περὶ αὐτοῦ προειρῆσθαι τοῖς θείοις προφήταις οὐκ ἀγνοεῖ. πολλοὺς δὲ ὄντας οὓς ἐπηγάγετο Ἕλληνάς τε καὶ Ἰουδαίους ἐπιμεῖναι ἀγαπῶντας αὐτὸν μαρτυρεῖ, καὶ τὸ ἀπ' αὐτοῦ ὠνομασμένον μὴ ἐπιλεῖψαι φῦλον. 6. καί μοι δοκεῖ ταῦτα ἱστορῶν μονονουχὶ βοᾶν ἀναλόγως τοῖς ἔργοις θεὸν εἶναι τὸν Χριστόν· ὑπὸ δὲ τοῦ παραδόξου πράγματος καταπλαγεὶς ὠδίπως μέσος παρέδραμε, μηδὲν τοῖς εἰς αὐτὸν πιστεύσασιν ἐπισκήψας, μᾶλλον δὲ καὶ συνθέμενος. -

Ταῦτά μοι λογιζομένῳ θαυμαστὸν εἰκότως κατεφαίνετο μὴ τοὺς Ἑβραίους φθάσαι καὶ πρὸ τῶν ἄλλων ἀνθρώπων εἰς Χριστιανισμὸν μεταβαλεῖν. 7. εἰ γὰρ καὶ Σίβυλλα καὶ χρησμοί τινες τῶν ἐπὶ τῷ Χριστῷ συμβεβηκότων τὸ μέλλον προεμήνυσαν, οὐ παρὰ τοῦτο δήπου πᾶσιν Ἕλλησιν δυσπιστίαν ἐγκαλεῖν ἔστιν. ὀλίγοι γάρ, οἳ παιδείᾳ διαφέρειν ἐδόκουν, τὰς τοιαύτας ᾔδεσαν προφητείας, ἐμμέτρους τε ὡς ἐπὶ τὸ πολὺ οὔσας καὶ σεμνοτέραις <ἢ> πρὸς δῆμον λέξεσι πεφρασμένας. 8. ἦν δὲ ἄρα, ὡς ἐμοὶ δοκεῖ, τῆς ἄνωθεν προμηθείας ἐπὶ συμφωνίᾳ τῶν ἐσομένων μὴ μόνον ἰδίοις προφήταις ἐνηχῆσαι τὸ μέλλον,

[b T Cass.] 1 ματταθίου T (Cass.) || 24 suppl. Val. || 25 πρὸς τὸν T

[10] Eusebius von Caesarea, *h. e.* 3,9,1f (GCS 220f).

[11] Eusebius von Caesarea, *h. e.* 1,11,7f (GCS 78f) = Flavius Josephus, *AJ* 18,63f (4,151f Niese), das berühmte, aber unechte *Testimonium Flavianum*.

[12] Die erhaltene Sammlung von 14 Büchern *Oracula Sibyllina* enthält

5. Auch der Priester Josephus, Sohn des Matthias, ein bei den Juden und außerdem bei den Römern hochberühmter Mann[10], dürfte ein glaubwürdiger Zeuge für die Wahrheit über Christus sein. Er zögert nämlich, ihn einen Mann zu nennen, da er Wundertaten vollbrachte und wahre Lehren vortrug, und bezeichnet ihn ganz offen als Messias; er sei zum Kreuzestod verurteilt und am dritten Tag lebendig erschienen, und ihm ist wohl bewußt, daß vieles andere Wunderbare über ihn durch die Propheten Gottes vorhergesagt worden ist. Auch bezeugt er, daß er viele Hellenen und Juden für sich gewann und daß sie bei ihrer Liebe zu ihm blieben, und das nach ihm benannte Volk sei nicht ausgestorben.[11] 6. Mir kommt es so vor, als ob er mit diesem historischen Bericht beinah verkündet, daß Christus entsprechend seinen Taten Gott ist, jedoch, von der wunderbaren Tatsache eingeschüchtert, halbwegs neutral daran vorbeigeht, ohne den an ihn gläubig Gewordenen einen Vorwurf zu machen, vielmehr ihnen sogar zustimmend.

Als ich hierüber nachdachte, schien es mir mit Recht erstaunlich, daß die Hebräer nicht sogar vor den anderen Menschen sich zum Christentum bekehrten. 7. Denn wenn auch die Sibylle und manche Orakel auf die künftig mit Christus verknüpften Ereignisse vorausdeuteten, so kann man deswegen nicht allen Hellenen Unglauben vorwerfen; denn nur wenige, die sich offenbar durch Bildung hervortaten, kannten Prophezeiungen dieser Art überhaupt, die in der Regel in Versen abgefaßt und in feierlicherer Sprache formuliert waren, als daß sie dem gewöhnlichen Volk zugänglich waren.[12] 8. Es lag also, will mir scheinen, in der Absicht der himmlischen Vorsehung, im Zusammenklang mit dem Künftigen nicht nur den eigenen Propheten die Zukunft in den Mund zu legen,

griechische, jüdische und christliche Bestandteile. Sozomenos wird sie gekannt haben, vgl. *h. e.* 2,1,10, unten 200f.

ἀλλὰ καὶ ὀθνείοις ἐκ μέρους, ὥσπερ εἴ τις μελοποιὸς διὰ χρείαν παραξένου μέλους τὰς περιττὰς τῶν χορδῶν ἐπιδράμοι τῷ πλήκτρῳ ἢ ταῖς οὔσαις ἑτέρας προσθείη.

Ὡς μὲν οὖν Ἑβραῖοι πλείοσι καὶ σαφεστέραις προφητείαις χρησάμενοι περὶ τῆς παρουσίας Χριστοῦ κατόπιν Ἑλλήνων ἐγένοντο περὶ τὴν εἰς αὐτὸν |8 πίστιν, ἀπόχρη τοσοῦτον εἰπεῖν. 9. οὐ μὴν οὐδ' οὕτω παράλογον δόξειε διὰ τῶν ἄλλων ἐθνῶν εἰς τὰ μάλιστα τὴν ἐκκλησίαν ἐπιδοῦναι, πρῶτον μὲν καθότι φιλεῖ ὁ θεὸς τὰς ἐκ παραδόξου μεταβάσεις βραβεύειν ἐπὶ τοῖς θείοις καὶ μεγίστοις πράγμασιν· ἔπειτα δὲ οὐ ταῖς τυχούσαις ἀρεταῖς τῶν ἐξ ἀρχῆς προστάντων αὐτῆς οἰκονομηθεῖσαν ἔστιν εὑρεῖν τὴν θρησκείαν. 10. εἰ γὰρ καὶ γλῶσσαν πρὸς φράσιν ἢ κάλλος λέξεως ἠκονημένην οὐκ εἶχον οὐδὲ <δια>λέξεσιν ἢ γραμμικαῖς ἀποδείξεσι τοὺς ἐντυγχάνοντας ἔπειθον, οὐ παρὰ τοῦτο χεῖρον αὐτοῖς ἐπράχθη τὸ σπουδαζόμενον· ἀλλ' ἀποδυόμενοι τὰς οὐσίας καὶ τῶν οἰκείων ἀμελοῦντες, ἀνασκολοπιζόμενοί τε καὶ ὡς ἐν ἀλλοτρίοις σώμασι τὰς πολλὰς καὶ χαλεπὰς βασάνους δεχόμενοι καὶ μήτε τῶν κατὰ πόλιν δήμων καὶ ἀρχόντων ταῖς κολακείαις ὑπαγόμενοι μήτε ταῖς ἀπειλαῖς ἐκπληττόμενοι δῆλον πᾶσιν ἐποίησαν, ὡς ὑπὲρ μεγίστων ἄθλων τὸν ἀγῶνα τοῦτον ὑπομένουσιν· ὥστε οὐδὲ πειθοῦς ἔδει λόγων, ἀκονιτὶ τῶν πραγμάτων κατ' οἴκους καὶ πόλεις πιστεύειν βιαζομένων ἃ μὴ πρότερον ἀκηκόασι.

11. Τοσαύτης οὖν θείας καὶ παραδόξου μεταβολῆς τῇ οἰκουμένῃ συμβάσης, ὡς καὶ τῆς προτέρας θρησκείας καὶ τῶν πατρίων νόμων ἀμελῆσαι, ἦ δεινὸν ἂν εἴη τὸν μὲν ἐν Καλυδῶνι κάπρον καὶ τὸν ἐν Μαραθῶνι ταῦρον

[b T Cass.] 5 τοῦ χριστοῦ T || 10 μεταβολὰς T || 15 διαλέξεσιν Primmer : λέξεσιν

---

[13] Zwei Landplagen des griechischen Mythos: der von MELEAGER erlegte Eber und der von THESEUS gezähmte Stier.

sondern bruchstückhaft auch den fremden. Das ist so, wie wenn ein lyrischer Sänger einer ungewöhnlichen Melodie wegen mit seinem Plektron die überschüssigen Saiten anschlägt oder zu den vorhandenen weitere hinzufügt.

Daß die Hebräer also, obwohl sie doch mehr und deutlichere Prophezeiungen über das Erscheinen Christi besaßen, im Glauben an ihn hinter den Hellenen zurückblieben, dazu mag es mit dem Gesagten sein Bewenden haben. 9. Es dürfte aber auch so nicht widersinnig erscheinen, daß die Kirche unter den anderen Völkern besondere Fortschritte machte, zum einen, weil Gott in den gottgewirkten und bedeutendsten Dingen wundersame Wandlungen zu wirken liebt, zum andern kann man feststellen, daß die Religion durch nicht geringe Verdienste ihrer seit Anbeginn führenden Vertreter gefördert wurde. 10. Mochten sie auch nicht über eine im Hinblick auf Ausdruck oder stilistische Schönheit geschulte Sprache verfügen und ihre Hörer nicht mit dialektischen Mitteln oder mathematischen Beweisen überzeugen, so kamen sie darum doch nicht schlechter an das erstrebte Ziel: Sie entledigten sich ihres Besitzes und kümmerten sich nicht um ihre Angehörigen, wurden gekreuzigt und nahmen, als steckten sie in fremden Körpern, vielfältige, schlimmste Foltern auf sich, ohne sich durch die Verlockungen der städtischen Gemeinden und Beamten verführen oder durch ihre Drohungen einschüchtern zu lassen. Damit machten sie es allen deutlich, daß sie für gewaltige Siegespreise diesen Kampf auf sich nahmen. Und so bedurfte es nicht der Überzeugungskraft von Worten, da die Tatsachen ohne Mühe die Leute in den Häusern und den Städten an das zu glauben nötigten, wovon sie vorher gar nicht gehört hatten.

11. Da nun ein so bedeutender, gottgewollter, unerwarteter Umschwung in der ganzen Welt stattgefunden hat, daß die Menschen die frühere Religion und die ererbten Bräuche vernachlässigten, wäre es doch merkwürdig, wenn der Eber von Kalydon und der Stier von Marathon[13]

καὶ ἄλλα τοιαῦτα κατὰ χώρας ἢ πόλεις γενόμενα ἢ μυθευόμενα τοσαύτης ἀξιωθῆναι σπουδῆς, ὡς πολλοὺς τῶν παρ' Ἕλλησιν εὐδοκιμωτάτων συγγραφέων περὶ ταῦτα πονῆσαι, φύσεως εὖ ἔχοντας γράφειν, ἐμὲ δὲ μὴ τὴν φύσιν βιάσασθαι καὶ ἐκκλησιαστικὴν ἱστορίαν συγγράψαι. 12. πέπεισμαι γάρ, ὡς ὑποθέσεως οὐκ ἐξ ἀνθρώπων δημιουργηθείσης παραδόξως ἀναφανῆναί με συγγραφέα οὐκ ἄπορον τῷ θεῷ. ὡρμήθην δὲ τὰ μὲν πρῶτα ἀπ' ἀρχῆς ταύτην συγγράψαι τὴν πραγματείαν. λογισάμενος δὲ ὡς καὶ ἄλλοι ταύτης ἐπειράθησαν μέχρι τῶν κατ' αὐτοὺς χρόνων, Κλήμης τε καὶ Ἡγήσιππος, ἄνδρες σοφώτατοι, τῇ τῶν ἀποστόλων διαδοχῇ παρακολουθήσαντες, καὶ Ἀφρικανὸς ὁ συγγραφεὺς καὶ Εὐσέβιος ὁ ἐπίκλην Παμφίλου, ἀνὴρ τῶν θείων γραφῶν καὶ τῶν παρ' Ἕλλησι ποιητῶν καὶ συγγραφέων πολυμαθέστατος ἵστωρ, ὅσα μὲν τῶν εἰς ἡμᾶς ἐλθόντων ταῖς ἐκκλησίαις συνέβη μετὰ τὴν εἰς οὐρανοὺς ἄνοδον τοῦ Χριστοῦ μέχρι τῆς Λικινίου καθαιρέσεως, ἐπιτεμόμενος ἐπραγματευσάμην ἐν βιβλίοις δύο, 13. νῦν δέ, σὺν θεῷ φάναι, τὰ μετὰ ταῦτα διεξελθεῖν | πειράσομαι. μεμνήσομαι δὲ πραγμάτων οἷς παρέτυχον καὶ παρὰ τῶν εἰδότων ἢ θεασαμένων ἀκήκοα, κατὰ τὴν ἡμετέραν καὶ πρὸ ἡμῶν γενεάν. τῶν δὲ περαιτέρω τὴν κατάληψιν ἐθήρασα ἀπὸ τῶν τεθέντων νόμων διὰ τὴν θρησκείαν καὶ τῶν κατὰ καιροὺς συνόδων καὶ νεωτερισμῶν καὶ βασιλικῶν καὶ ἱερατικῶν ἐπιστολῶν, ὧν αἱ μὲν εἰσέτι νῦν ἐν τοῖς βασιλείοις καὶ ταῖς ἐκκλησίαις σῴζονται, αἱ δὲ σποράδην παρὰ τοῖς φιλολόγοις φέρονται.

[b T Cass.] 17 οὐρανοὺς B Cass. : οὐρανὸν C T || 25 καιρὸν b

---

14 Clemens (von Alexandrien) in den bis auf Fragmente verlorenen *Hypotyposen,* Hegesipp in seinen *Hypomnemata,* ebenso wie der Chro-

und anderes der Art, das in verschiedenen Landschaften oder Städten geschah oder durch die Sage berichtet wird, so großer Energie für wert erachtet wurde, daß viele der bei den Hellenen berühmtesten Schriftsteller, die eine natürliche Begabung zum Schreiben hatten, sich darum bemühten, ich dagegen nicht meine Natur bezwinge und eine Kirchengeschichte verfasse. 12. Denn ich bin überzeugt, es ist Gott nicht unmöglich, daß ich mich bei einem nicht von Menschen geschaffenen Stoff wider Erwarten als Geschichtsschreiber erweise. Ich schickte mich zunächst an, diesen Gegenstand von Anfang an zu beschreiben. Als ich mir aber klarmachte, daß auch andere sich bis zu ihrer Zeit an ihm versucht hatten, nämlich Clemens und Hegesipp[14], gelehrte Männer, die sich der Sukzession der Apostel angenommen hatten, der Historiker Africanus und Eusebius, der sich (*sc.* Schüler) des Pamphilus nannte, ein hochgebildeter Kenner der heiligen Schrift und der griechischen Dichter und Prosaiker, stellte ich die auf uns gekommenen Begebenheiten der Kirchen von der Himmelfahrt Christi bis zum Sturz des Licinius[15] in verkürzter Form in zwei Büchern dar, 13. jetzt aber werde ich mit Gottes Hilfe die darauf folgenden Ereignisse zu erzählen versuchen. Ich werde Vorgänge erwähnen, bei denen ich zugegen war oder die ich von Kennern oder Augenzeugen gehört habe, was unsere und die vorhergehende Generation betrifft. Das unmittelbare Wissen um die weiter zurückliegenden Ereignisse habe ich mir aus den bezüglich der Religion erlassenen Gesetzen sowie aus den jeweiligen Synoden und häretischen Neuerungen und aus den Briefen von Kaisern und Bischöfen geholt, die zum Teil noch in den kaiserlichen Residenzen und den Kirchen aufbewahrt werden, zum Teil verstreut bei den Gelehrten zu finden sind.

nist SEXTUS JULIUS AFRICANUS Sozomenos wohl nur aus den in EUSEBS *Kirchengeschichte* erhaltenen Bruchstücken bekannt.

[15] Im Jahre 324.

14. τούτων δὲ τὰ ῥητὰ περιλαβεῖν τῇ γραφῇ πολλάκις ἐννοηθεὶς ἄμεινον ἐδοκίμασα διὰ τὸν ὄγκον τῆς πραγματείας τὴν ἐν αὐτοῖς διάνοιαν συντόμως ἀπαγγεῖλαι, πλὴν εἰ μή τι τῶν ἀμφιλόγων εὑρήσομεν, ἐφ᾽ ὧν διάφορός ἐστι τοῖς πολλοῖς δόξα· τηνικαῦτα γὰρ εἰ εὐπορήσω τινὸς γραφῆς, παραθήσομαι ταύτην εἰς ἀπόδειξιν τῆς ἀληθείας.

15. Ἵνα δὲ μή τις ἀγνοίᾳ τῶν ὄντων καταψηφίσηται ψεῦδος τῆς πραγματείας, ἐναντίαις ἴσως ἐντυχὼν γραφαῖς, ἰστέον, ὡς προφάσει τῶν Ἀρείου δογμάτων καὶ τῶν ὕστερον ἀναφυέντων διαφερόμενοι πρὸς ἀλλήλους οἱ τῶν ἐκκλησιῶν ἄρχοντες ἕκαστοι περὶ ὧν ἐσπούδαζον πρὸς τοὺς ὁμοδόξους ἔγραφον, καὶ καθ᾽ ἑαυτοὺς συνιστάμενοι κατὰ συνόδους ἐψηφίζοντο ἅπερ ἠβούλοντο, καὶ τῶν τἀναντία δοξαζόντων πολλάκις ἐρήμην κατεδίκαζον, καὶ τοὺς κατὰ καιρὸν βασιλέας καὶ τοὺς ἀμφ᾽ αὐτοὺς δυναμένους περιέποντες ὡς εἶχον δυνάμεως ἔπειθον καὶ ὁμόφρονας αὐτοῖς κατεσκεύαζον, εἰς ἀπόδειξίν τε τοῦ δόξαι σέβειν ὀρθῶς οἱ μὲν τοῖς, οἱ δὲ ἐκείνοις προστιθέμενοι συναγωγὴν ἐποιήσαντο τῶν ὑπὲρ τῆς οἰκείας αἱρέσεως φερομένων ἐπιστολῶν καὶ τὰς ἐναντίας παρέλιπον. 16. ὃ δὴ σκολιὰν ἡμῖν λίαν κατεσκεύασε τὴν εὕρεσιν τῶν περὶ ταῦτα συμβάντων. ἐπεὶ δὲ μάλιστα τῆς ἀληθείας ἐπιμελεῖσθαι χρεὼν διὰ τὸ τῆς ἱστορίας ἀκίβδηλον, ἀναγκαῖον ἐφάνη μοι, ὡς οἷόν τε ἦν, πολυπραγμονῆσαι καὶ τὰς τοιαύτας γραφάς.

Εἰ τοίνυν καὶ στάσεις ἐκκλησιαστικῶν πρὸς ἑαυτοὺς περὶ προεδρίας ἢ προτιμήσεως τῆς οἰκείας αἱρέσεως διεξέλθω, μή τῳ φορτικὸν ἢ ἐθελοκάκου προαιρέσεως

[b T Cass.] 22 λίαν ἡμῖν T

---

[16] Der § 15 beruht im wesentlichen auf der Polemik des SOCRATES, *h. e.* 1,6,41 (GCS 12); 2,15,8f (GCS 106f); 17,10f (GCS 110), gegen die

14. Ich habe oft erwogen, deren Wortlaut in mein Werk aufzunehmen, dann habe ich es des Umfangs der Darstellung wegen doch für besser erachtet, kurz ihren Inhalt mitzuteilen, außer bei umstrittenen Funden, über die bei den meisten die Meinung auseinandergeht; in solchen Fällen nämlich werde ich, sofern ich über eine Urkunde verfüge, diese zum Erweise der Wahrheit zitieren.

15. Damit aber nicht jemand aus Unkenntnis der Tatsachen meine Darstellung der Unwahrhaftigkeit bezichtigt, falls er etwa auf entgegengesetzte Urkunden stößt, so muß man wissen, daß aus Anlaß der Dogmen des Arius sowie der später aufgekommenen Dogmen die Kirchenführer im Streit über ihre Standpunkte jeweils an ihre Gesinnungsgenossen schrieben, untereinander zu Synoden zusammentraten und dort Beschlüsse nach ihrem Belieben faßten, ja die Vertreter der entgegengesetzten Ansichten oft in Abwesenheit verurteilten, die jeweiligen Kaiser und deren einflußreiche Berater umwarben und nach Möglichkeit zu überreden und zu Verfechtern ihrer Ansichten zu machen versuchten, und daß sie zum Beweis des vermeintlich rechten Glaubens als Anhänger dieser oder jener Richtung eine Sammlung der zur Stütze ihrer eigenen Glaubensrichtung publizierten Urkunden veranstalteten, wobei sie die entgegenstehenden ausließen.[16] 16. Dies hat uns die Aufdeckung der damit verbundenen Vorgänge sehr erschwert. Da es jedoch im Sinne der unverfälschten Geschichte vor allem der Wahrheit nachzuspüren gilt, habe ich es für unumgänglich gehalten, soweit als möglich auch derartige Schriftstücke zu studieren.

Wenn ich nun auch gegenseitige Zwistigkeiten der Kirchenmänner über den Vorrang oder über die Bevorzugung ihrer eigenen Glaubensrichtung vermelde, so sollte es niemandem als lästig oder als Zeichen einer schadenfrohen

---

Sammlungder Synodalakten des macedonianischen Bischofs SABINUS VON HERACLEA in Thrakien.

εἶναι δόξῃ τοιαῦτά με ἱστορεῖν. 17. πρῶτον μὲν γάρ, ὡς εἴρηται, πάντα δεύτερα ποιεῖσθαι τῆς ἀληθείας τὸν συγγραφέα προσῆκεν· | [10] ἔπειτα δὲ τὸ δόγμα τῆς καθόλου ἐκκλησίας γνησιώτατον ὅτι μάλιστα φανεῖται πολλάκις μὲν ταῖς ἐπιβουλαῖς τῶν ἐναντία δοξαζόντων δοκιμασθέν, οἷα δὲ θειόθεν τὸ κρατεῖν λαχὸν αὖθις εἰς τὴν οἰκείαν ἐπανελθὸν δύναμιν καὶ πάσας τὰς ἐκκλησίας καὶ τὰ πλήθη πρὸς τὴν οἰκείαν ἀλήθειαν ἐπισπασάμενον.

18. Βουλευομένῳ δέ μοι, εἰ ὧν ἔγνων μόνα προσῆκεν ἀναγράψαι τὰ γενόμενα περὶ τὴν ἐκκλησίαν ἀνὰ τὴν Ῥωμαίων ἀρχήν, ἔδοξεν εὖ ἔχειν, ἐφ' ὅσον ἐφικέσθαι δυνήσομαι, καὶ τὰ παρὰ Πέρσαις καὶ βαρβάροις συμβάντα ἐπὶ τῇ θρησκείᾳ ἱστορῆσαι, οὐκ ἀνοίκειον δὲ εἶναι τῆς ἐκκλησιαστικῆς ἱστορίας ἐν τῇδε τῇ πραγματείᾳ διεξελθεῖν καὶ τίνες ποτὲ ἦσαν οἱ ὥσπερ πατέρες καὶ εἰσηγηταὶ γενόμενοι τῶν καλουμένων μοναχῶν καὶ οἱ μετ' αὐτοὺς κατὰ διαδοχὰς ὧν ἴσμεν ἢ ἀκηκόαμεν εὐδοκιμήσαντες. 19. οὔτε γὰρ ἀχάριστοι δόξομεν εἶναι πρὸς αὐτοὺς ἀμνηστίᾳ παραδεδωκότες τὴν αὐτῶν ἀρετήν, οὔτε ἀπείρως ἔχειν τῆς κατὰ τοῦτο ἱστορίας, μετὰ τοῦ καὶ τοῖς προῃρημένοις ὧδε φιλοσοφεῖν ὑπόδειγμα καταλιπεῖν ἀγωγῆς, ᾗ χρώμενοι μακαριωτάτου καὶ εὐδαίμονος μεθέξουσι τέλους. 20. ἀλλὰ ταῦτα μὲν προϊὼν ὁ λόγος ὡς οἷόν τε παραφυλάξει. τρέπομαι δὲ ἤδη ἐπὶ τὴν ἀφήγησιν τῶν πραγμάτων, συνεργὸν καὶ ἵλεων τὸν θεὸν ἐπικαλεσάμενος. ἕξει δὲ τὴν ἀρχὴν ἡ παροῦσα γραφὴ ἐνθένδε.

2.1. Κρίσπου καὶ Κωνσταντίνου τῶν Καισάρων ὑπατευόντων ἡγεῖτο μὲν τῆς Ῥωμαίων ἐκκλησίας Σίλβεστρος, τῆς δὲ Ἀλεξανδρέων Ἀλέξανδρος καὶ Μακάριος τῆς Ἱεροσολύμων. τὴν δὲ Ἀντιοχέων τῶν πρὸς τῷ Ὀρόντῃ

[b T Cass.] 6 θεόθεν b || 31 τὴν Bidez : τῆς

Voreingenommenheit vorkommen, daß ich dergleichen berichte. 17. Denn zum ersten muß der Historiker, wie gesagt, alles der Wahrheit hintanstellen. Zum andern wird das Dogma der katholischen Kirche besonders unverfälscht hervortreten, wenn es, häufig von den Machenschaften der Andersdenkenden auf die Probe gestellt, gleichsam mit Gottes Hilfe die Herrschaft erlangt und wiederum zu seiner eigenen Wirkung zurückkehrt, indem es alle Kirchen und die Masse der Menschen zu der ihm eigenen Wahrheit bekehrt.

18. Als ich mir überlegte, ob ich von dem mir bekannt Gewordenen nur die Geschichte der Kirche im Römischen Reich niederschreiben solle, erschien es mir angebracht, soweit ich es werde ermöglichen können, auch die religiösen Auseinandersetzungen bei Persern und Barbaren darzustellen. Auch hielt ich es für einer Kirchengeschichte wohlangemessen, in diesem Werk auch davon zu berichten, wer eigentlich gewissermaßen die Väter und Lehrer der sogenannten Mönche waren und wer nach ihnen in ihrer Nachfolge berühmt wurde, soweit wir sie kennen oder von ihnen gehört haben. 19. Denn es sähe ja nach Undankbarkeit ihnen gegenüber aus, wenn wir ihre Vollkommenheit dem Vergessen anheimgäben, und es machte den Eindruck, als hätten wir davon keine Kunde; zudem hinterlassen wir denen, die entschlossen sind, solcher Art Philosophie zu treiben, ein Muster der Lebensführung, durch deren Praxis sie an ein hochseliges und glückvolles Ziel gelangen werden. 20. Doch das wird mein Bericht in seinem Fortgang so gut es geht beachten. Ich wende mich nunmehr der Darstellung der Ereignisse zu, nicht ohne Gott um seine Hilfe und Gnade angerufen zu haben. Die vorliegende Schrift nimmt ihren Anfang an folgendem Punkte.

2. 1. Als die Cäsaren Crispus und Constantinus Konsuln waren (324), lenkte Silvester die römische Kirche, Alexander die von Alexandrien und Macarius die von Jerusalem. Mit der Leitung der Kirche von Antiochien am Orontes

μετὰ Ῥωμανὸν οὔπω τις ἐπετέτραπτο, τῶν διωγμῶν, ὡς εἰκός, μὴ συγχωρούντων γενέσθαι τὴν χειροτονίαν. 2. οὐκ εἰς μακρὰν δὲ οἱ εἰς Νίκαιαν συνεληλυθότες, θαυμάσαντες τοῦ βίου καὶ τῶν λόγων Εὐστάθιον, ἄξιον ἐδοκίμασαν τοῦ ἀποστολικοῦ θρόνου ἡγεῖσθαι, καὶ ἐπίσκοπον ὄντα τῆς γείτονος Βεροίας εἰς Ἀντιόχειαν μετέστησαν. τῶν δὲ Χριστιανῶν οἱ μὲν πρὸς ἕω μέχρι τῶν ὁμόρων Αἰγυπτίοις Λιβύων οὐκ ἐθάρρουν τότε εἰς τὸ φανερὸν ἐκκλησιάζειν |[11] μεταβαλομένου Λικινίου τῆς πρὸς αὐτοὺς εὐνοίας· οἱ δὲ ἀνὰ τὴν δύσιν Ἕλληνές τε καὶ Μακεδόνες καὶ Ἰλλυριοὶ ἀδεῶς ἐθρήσκευον διὰ Κωνσταντῖνον, ὃς ἡγεῖτο τῶν τῇδε Ῥωμαίων.

3.1. Τούτῳ γὰρ πολλὰ μὲν καὶ ἄλλα συγκυρῆσαι παρειλήφαμεν, οἷς ἐπείσθη τὸ τῶν Χριστιανῶν δόγμα πρεσβεύειν, μάλιστα δὲ τὴν φανεῖσαν αὐτῷ θεοσημείαν. ἡνίκα γὰρ ἐπιστρατεῦσαι Μαξεντίῳ ἐβεβούλευτο, οἷά γε εἰκὸς ἠπόρει καθ᾽ ἑαυτόν, ὅπως ἄρα τὰ τῆς μάχης ἀποβήσεται καὶ τίς αὐτῷ βοηθὸς ἔσται. ἐν τοιαύταις δὲ φροντίσι γενεόμενος ὄναρ εἶδε τὸ τοῦ σταυροῦ σημεῖον ἐν τῷ οὐρανῷ σελαγίζον. τεθηπότι δὲ αὐτῷ πρὸς τὴν ὄψιν παραστάντες θεῖοι ἄγγελοι „ὦ Κωνσταντῖνε“, ἔφησαν, „ἐν τούτῳ νίκα“. 2. λέγεται δὲ καὶ αὐτὸν τὸν Χριστὸν ἐπιφανέντα αὐτῷ δεῖξαι τοῦ σταυροῦ τὸ σύμβολον καὶ παρακελεύσασθαι ἐοικὸς τούτῳ ποιῆσαι καὶ ἐν τοῖς πολέμοις ἔχειν ἐπίκουρον καὶ νίκης ποριστικόν. Εὐσέβιός γε μὴν ὁ Παμφίλου αὐτοῦ φήσαντος ἐνωμότως τοῦ βασιλέως ἀκηκοέναι ἰσχυρίζεται, ὡς ἀμφὶ μεσημβρίαν ἤδη τοῦ ἡλίου ἀποκλίναντος σταυροῦ τρόπαιον ἐκ φωτὸς συνεστὼς καὶ γραφὴν συνημμένην αὐτῷ „τούτῳ νίκα“ λέγουσαν ἐν τῷ οὐρανῷ ἐθεάσατο αὐτός τε καὶ οἱ σὺν αὐτῷ στρατιῶται.

---

17 Bischof im Jahr 324 war vielmehr der am 20. Dezember gestorbene Philogonius.

18 In Kapitel 3,1–4, folgt Sozomenos Eusebius von Caesarea, *v. C.* 1,27–30.32 (GCS 28–32); vgl. auch Socrates, *h. e.* 1,2,3–6 (GCS 2f); dazu Cameron/Hall, *Eusebius* 202–213.

war nach Romanus noch niemand beauftragt, weil die Verfolgungen offenbar eine Wahl verhinderten.[17] 2. Nicht viel später bewunderten die in Nicaea Versammelten Eustathius wegen seiner Lebensweise und Bildung, darum befanden sie ihn als würdig, den apostolischen Bischofssitz zu leiten, und versetzten ihn, der Bischof des benachbarten Beroea war, nach Antiochien. Die im Orient bis zu den an Ägypten grenzenden Libyern lebenden Christen wagten damals nicht, offen Gottesdienst zu halten, weil Licinius ihnen sein Wohlwollen entzogen hatte, doch die Christen im Westen, Griechen, Bewohner der Diözesen Macedonia und Illyricum übten frei ihre Religion aus dank Konstantin, der über diesen Teil des Römischen Reiches herrschte.

3.1. Diesem widerfuhr nämlich, wie wir erfahren haben, vieles andere, wodurch er sich überzeugen ließ, den christlichen Glauben zu bekennen, vor allem aber die ihm zuteil gewordene Wundererscheinung.[18] Als er sich zum Feldzug gegen Maxentius entschlossen hatte, war er, wie sich denken läßt, innerlich unsicher, wie der Kampf ausgehen und wer ihm beistehen würde. In Sorgen dieser Art versunken, sah er im Traum das Kreuzeszeichen am Himmel erglänzen. Als er über die Erscheinung staunte, traten Engel Gottes zu ihm und sagten: „Konstantin, hierdurch siege!“ 2. Es heißt auch, daß Christus selbst ihm erschien, ihm das Symbol des Kreuzes zeigte und ihn aufforderte, ein Abbild davon anzufertigen und in den Kriegen als siegverleihende Hilfe mitzuführen. Euseb, der Schüler des Pamphilus, behauptet sogar, aus dem Munde des Kaisers selbst unter Eid gehört zu haben, um die Mittagszeit, als die Sonne sich schon zu neigen begonnen hatte, habe er selbst und die Soldaten seiner Umgebung das aus Licht bestehende Siegeszeichen des Kreuzes samt einer damit verbundenen Schrift „Hiermit siege“ am Himmel erblickt.[19]

---

[19] Eine natürliche Erklärung des Phänomens als haloartige atmosphärische Lichterscheinung versucht WEISS, *Vision*.

3. πορευομένῳ γάρ πῃ σὺν τῷ στρατεύματι κατὰ τὴν ὁδοιπορίαν τόδε τὸ θαῦμα ἐπεγένετο, λογιζομένῳ δὲ αὐτῷ ὅ τι εἴη νὺξ ἐπῆλθε. καθεύδοντί τε τὸν Χριστὸν ὀφθῆναι σὺν τῷ φανέντι ἐν οὐρανῷ σημείῳ καὶ παρακελεύσασθαι μίμημα ποιήσασθαι τούτου καὶ ἀλεξήματι κεχρῆσθαι ἐν ταῖς πρὸς τοὺς πολεμίους μάχαις.

4. Ἐπεὶ δὲ λοιπὸν ἑρμηνέως οὐδὲν ἔδει, ἀλλὰ περιφανῶς ἐδείχθη τῷ βασιλεῖ, ᾗ χρὴ περὶ θεοῦ νομίζειν, ἅμα ἡμέρᾳ συγκαλέσας τοὺς ἱερέας τοῦ Χριστοῦ περὶ τοῦ δόγματος ἐπυνθάνετο. οἱ δὲ τὰς ἱερὰς βίβλους προϊσχόμενοι τὰ περὶ τοῦ Χριστοῦ ἐξηγοῦντο· καὶ πρὶν γενέσθαι, σαφῆ τὴν ἐπὶ τούτοις πρόρρησιν ἐκ τῶν προφητῶν ἀπέδειξαν. τὸ δὲ φανὲν αὐτῷ σημεῖον σύμβολον εἶναι ἔλεγον τῆς κατὰ τοῦ ᾅδου νίκης, ἣν εἰς ἀνθρώπους ἐλθὼν κατώρθωσε τῷ σταυρωθῆναι καὶ ἀποθανεῖν καὶ τριταῖος ἀναβιῶναι. 5. κατὰ τοῦτο γὰρ ἔφασαν | ἐλπίζειν μετὰ τὴν ἀπαλλαγὴν τῆς ἐνταῦθα βιοτῆς πρὸς τῷ τέλει τοῦ παρόντος αἰῶνος ἀνίστασθαι πάντας ἀνθρώπους καὶ ἀθανάτους ἔσεσθαι, τοὺς μὲν ἐπὶ ἀμοιβαῖς ὧν εὖ ἐβίωσαν ἐν τούτοις τοῖς πράγμασιν, τοὺς δὲ ἐπὶ τιμωρίαις ὧν κακῶς ἔδρασαν· εἶναι μέντοι καὶ τοῖς ἐνταῦθα πλημμελήσασιν ἀφορμὴν σωτηρίας καὶ καθαρμὸν ἁμαρτημάτων, ἀμυήτοις μὲν μύησιν κατὰ τὸν νόμον τῆς ἐκκλησίας, τοῖς δὲ μεμυημένοις τὸ μὴ πάλιν ἁμαρτεῖν. 6. ἐπεὶ δὲ τοῦτο παντελῶς ὀλίγων καὶ θείων ἀνδρῶν ἔστι κατορθῶσαι, ἐδίδασκον δεύτερον καθαρμὸν τετάχθαι ἐκ μετανοίας. φιλάνθρωπον γὰρ ὄντα τὸν θεὸν συγγνώμην νέμειν τοῖς ἐπταικόσιν, εἰ μεταμεληθῶσι καὶ ἔργοις ἀγαθοῖς τὴν μεταμέλειαν βεβαιώσωσι.

4.1. Τοιαῦτα τῶν ἱερέων ὑφηγουμένων θαυμάσας τὰς περὶ τοῦ Χριστοῦ προφητείας ὁ βασιλεὺς ἐκέλευσεν

[b T Cass.] 18 πάντας ἀνθρώπους ἐξανίστασθαι T || 31 ὁ βασιλεὺς ante τὰς T

3. Als er irgendwo mit seinem Heere marschierte, ereignete sich während des Marsches dieses Wunder, und während er noch über dessen Wesen nachdachte, brach die Nacht herein. Im Schlaf habe sich ihm Christus samt dem am Himmel erschienenen Zeichen gezeigt und habe ihn aufgefordert, davon eine Nachbildung herstellen zu lassen und als Schutz in den Kämpfen gegen die Feinde zu verwenden.

4. Als der Kaiser hinfort keinen Erklärer brauchte, sondern ihm deutlich gezeigt wurde, was man von Gott halten muß, rief er mit Tagesanbruch die Priester Christi zusammen und erkundigte sich nach dem Inhalt ihres Glaubens. Sie holten die heilige Schrift hervor und legten ihm die Lehre von Christus aus; auch bewiesen sie ihm aus den Propheten, wie deutlich dessen Erscheinen vorhergesagt war, bevor es Wirklichkeit wurde. Das ihm erschienene Zeichen, so sagten sie, sei ein Symbol des Sieges über den Hades, den er nach seinem Kommen zu den Menschen errang, indem er gekreuzigt wurde und starb und am dritten Tag wieder lebendig wurde. 5. Denn ebenso, meinten sie, hätten sie die Hoffnung, daß alle Menschen nach dem Abschied aus dem hiesigen Leben am Ende des gegenwärtigen Zeitalters auferstehen und unsterblich sein würden, die einen zur Belohnung für ihre gute Lebensführung in dieser Welt, die anderen zur Bestrafung für ihre bösen Taten. Es gebe allerdings auch für die, die sich hier vergangen hätten, ein Mittel zur Rettung und eine Entsühnung von Sünden, für die Ungetauften die Taufe nach dem kirchlichen Brauch, für die Getauften aber, nicht wieder zu sündigen. 6. Da dies aber nur ganz wenige von Gott erfüllte Männer erreichen können, sei nach ihrer Lehre eine zweite Entsühnung durch die Buße verordnet. Denn Gott in seiner Menschenliebe gewähre den Gestrauchelten Vergebung, wenn sie bereuten und mit guten Werken ihre Reue bekräftigten.

4.1. Nach solchen Belehrungen durch die Priester bewunderte der Kaiser die Christus geltenden Prophezeiungen

ἄνδρας ἐπιστήμονας χρυσῷ καὶ λίθοις τιμίοις εἰς σταυροῦ σύμβολον μετασκευάσαι τὸ παρὰ Ῥωμαίοις καλούμενον λάβωρον. σημεῖον δὲ τοῦτο πολεμικὸν τῶν ἄλλων τιμιώτερον, καθότι ἀεὶ τοῦ βασιλέως ἡγεῖσθαι καὶ προσκυνεῖσθαι νενόμιστο παρὰ τῶν στρατιωτῶν. 2. ᾗ μάλιστα οἶμαι Κωνσταντῖνον τὸ ἐπισημότατον σύμβολον τῆς Ῥωμαίων ἀρχῆς εἰς Χριστοῦ σημεῖον μεταβαλεῖν, ὥστε τῇ συνεχεῖ θέᾳ καὶ θεραπείᾳ ἀπεθισθῆναι τῶν πατρίων τοὺς ἀρχομένους, μόνον δὲ τοῦτον ἡγεῖσθαι θεόν, ὃν καὶ βασιλεὺς σέβει καὶ ἡγεμόνι καὶ συμμάχῳ χρῆται κατὰ τῶν πολεμίων. 3. ἀεὶ γὰρ τοῦτο τὸ σημεῖον προὐβάλλετο τῶν οἰκείων ταγμάτων· καὶ ταῖς καμνούσαις φάλαγξιν ἐν ταῖς μάχαις παρεῖναι ἐκέλευε, φανεροὺς τάξας τῶν δορυφόρων περὶ τοῦτο πονεῖν, οἷς ἔργον ἦν ἕκαστον ἀμοιβαίως ἐπὶ τῶν ὤμων φέρειν τὸ σημεῖον καὶ περιιέναι τὰς τάξεις. λέγεται γοῦν ποτε τὸν τοῦτο φέροντα ἀθρόον ἐπιδραμόντων τῶν πολεμίων δείσαντα ἑτέρῳ παραδοῦναι | 13 καὶ ἑαυτὸν τῆς μάχης ὑπεξαγαγεῖν, ἤδη δὲ τῶν βελῶν ἔξω γενόμενον ἐξαπίνης πεσεῖν βληθέντα καιρίαν· τὸν δὲ παραλαβόντα τὸ θεῖον σύμβολον ἄτρωτον διαμεῖναι πολλῶν ἐπ᾽ αὐτῷ τοξευόντων. 4. παραδόξως γάρ πως ὡς ὑπὸ θείας δυνάμεως ἰθυνόμενα τὰ βέλη τῶν πολεμίων τῷ σημείῳ προσεπήγνυντο, τοῦ δὲ φέροντος καὶ μέσου τῶν κινδύνων ὄντος ἀφίπταντο. λέγεται δὲ μήτε ἄλλον πώποτε τούτῳ τῷ σημείῳ διακονούμενον, οἷά γε εἰκὸς ἐν πολέμῳ στρατιώτην,

---

[b T Cass.] 15 φέροντα T || 16 καὶ om. T || 21 αὐτὸν T

---

20 Von hier bis zum Ende des Kapitels EUSEBIUS VON CAESAREA, *v. C.* 1,30f (GCS 30f); 2,6–9 (GCS 51f), mit eigenen Zusätzen (§ 2 und der letzte Satz des Kapitels); vgl. CAMERON/HALL, *Eusebius* 210.232f.

und ließ[20] sachverständige Männer das bei den Römern so genannte Labarum[21] mit Gold und Edelsteinen zum Kreuzessymbol umgestalten. Dieses Feldzeichen genoß mehr Ansehen als die anderen, weil es stets vor dem Kaiser hergetragen und von den Soldaten verehrt zu werden pflegte. 2. Eben deswegen, denke ich, wandelte Konstantin das bedeutendste Symbol des römischen Reiches in das Christuszeichen um, damit durch dessen ständigen Anblick und Huldigung die Untertanen ihrer hergebrachten Vorstellungen entwöhnt würden und nur den als Gott achteten, den auch der Kaiser anbetet und als Führer und Mitkämpfer gegen seine Feinde bei sich hat. 3. Denn dieses Feldzeichen ließ er immer vor den eigenen Reihen aufstellen, und er bestimmte, daß es in Schlachten bei den jeweils gefährdeten Abschnitten stand, wozu er ausgesuchte Leibwächter für diesen Auftrag einteilte, deren Aufgabe es war, Mann um Mann abwechselnd das Zeichen auf der Schulter zu tragen und von Abteilung zu Abteilung zu gehen. Es wird etwa berichtet, einmal habe sein Träger bei einem unerwarteten feindlichen Angriff es aus Angst einem anderen übergeben und sich selbst dem Kampf entzogen; als er schon außer Schußweite war, sei er plötzlich, tödlich getroffen, zusammengebrochen, der Mann dagegen, der das heilige Symbol übernommen hatte, sei unverwundet geblieben, obwohl viele auf ihn zielten. 4. Wunderbarerweise, wie von einer Kraft Gottes gelenkt, seien die feindlichen Pfeile in dem Feldzeichen steckengeblieben, von dem Träger aber, der sich inmitten der Gefahr befand, abgeprallt. Es wird behauptet, auch sonst sei keiner der für dieses Feldzeichen Verantwortlichen jemals, wie doch bei einem im Felde stehenden Krieger nur natürlich,

---

[21] Vgl. auch RUFIN VON AQUILEIA, *hist.* 9,9 (829 MOMMSEN), aus dessen Worten *labarum quem dicunt in speciem crucis dominicae exaptat* Sozomenos wohl mit Recht die Umgestaltung einer schon vorhandenen Kaiserstandarte statt einer Neuschöpfung herausgelesen hat. Die Herkunft des Namens ist ungewiß. Das Aussehen des *labarum* beschreibt EUSEBIUS VON CAESAREA, *v. C.* 1,31 (GCS 30f).

σκαιᾷ περιπεσεῖν συμφορᾷ καὶ τραυματίαν ἢ αἰχμάλωτον γενέσθαι.

5.1. Οὐκ ἀγνοῶ δέ, ὡς Ἕλληνες λέγουσι Κωνσταντῖνον ἀνελόντα τινὰς τῶν ἐγγυτάτω γένους καὶ τῷ θανάτῳ Κρίσπου τοῦ ἑαυτοῦ παιδὸς συμπράξαντα μεταμεληθῆναι καὶ περὶ καθαρμοῦ κοινώσασθαι Σωπάτρῳ τῷ φιλοσόφῳ κατ' ἐκεῖνο καιροῦ προεστῶτι τῆς Πλωτίνου διαδοχῆς· τὸν δὲ ἀποφήνασθαι μηδένα καθαρμὸν εἶναι τῶν τοιούτων ἁμαρτημάτων· ἀδημονοῦντα δὲ τὸν βασιλέα ἐπὶ τῇ ἀπαγορεύσει περιτυχεῖν ἐπισκόποις, οἳ μετανοίᾳ καὶ βαπτίσματι ὑπέσχοντο πάσης αὐτὸν ἁμαρτίας καθαίρειν, ἡσθῆναί τε τούτοις κατὰ σκοπὸν εἰρηκόσι καὶ θαυμάσαι τὸ δόγμα καὶ Χριστιανὸν γενέσθαι καὶ τοὺς ἀρχομένους ἐπὶ τοῦτο ἀγαγεῖν. 2. ἐμοὶ δὲ δοκεῖ ταῦτα πεπλάσθαι τοῖς σπουδάζουσι τὴν Χριστιανῶν θρησκείαν κακηγορεῖν. Κρίσπος μὲν γάρ, δι' ὃν φασι Κωνσταντῖνον καθαρμοῦ δεηθῆναι, τῷ εἰκοστῷ ἔτει ἐτελεύτησε τῆς τοῦ πατρὸς ἡγεμονίας, ἔτι περιὼν πολλοὺς σὺν αὐτῷ θέμενος νόμους ὑπὲρ Χριστιανῶν, ἅτε δὴ κατὰ τὸ δεύτερον σχῆμα τῆς βασιλείας τετιμημένος καὶ Καῖσαρ ὤν, ὡς εἰσέτι νῦν μαρτυροῦσιν οἱ τοῖς νόμοις ὑποτεταγμένοι χρόνοι καὶ τῶν νομοθετῶν αἱ προσηγορίαι. Σώπατρον δὲ πρῶτον μὲν οὐκ εἰκὸς ἦν εἰς ὁμιλίαν ἐλθεῖν Κωνσταντίνῳ μόνης τῆς πρὸς τῷ ὠκεανῷ καὶ τῷ Ῥήνῳ μοίρας ἡγουμένῳ. 3. διὰ γὰρ τὴν πρὸς Μαξέντιον διαφορὰν ἐπὶ τῆς Ἰταλίας διάγοντα ἐστασίαζε τὰ Ῥωμαίων· καὶ οὐκ εὐπετὲς ἦν τότε ἐπιδημεῖν Γαλάταις καὶ

[b T Cass.] 24 δὲ πρῶτον μὲν b : μέντοι T Cass.

[22] Für uns faßbar bei ZOSIMUS 2,29 (1,101 f PASCHOUD), der aus dem nur fragmentarisch erhaltenen christenfeindlichen Geschichtswerk des EUNAPIUS (345/346 – um 420) schöpft. Gegen eine ähnliche Version polemisiert Sozomenos.

[23] Aus dem syrischen Apamea, Schüler JAMBLICHS, ging nach dessen Tod

einem bösen Mißgeschick erlegen und verwundet worden oder in Gefangenschaft geraten.

5.1. Mir ist sehr wohl bekannt, daß die Hellenen behaupten[22], Konstantin, der einige seiner engsten Verwandten umgebracht und bei der Ermordung seines Sohnes Crispus mitgewirkt hatte, habe das bereut und sich wegen einer Entsühnung an den Philosophen Sopater[23] gewandt, den damaligen Leiter der Schule Plotins. Dieser habe ihn beschieden, für Verfehlungen dieser Art gebe es keine Entsühnung. Der Kaiser, über diese Absage verzweifelt, sei Bischöfen begegnet, die ihm versprochen hätten, durch Buße und Taufe ihn von jeder Sünde zu reinigen; über diese Auskunft, die in seinem Sinne war, habe er sich gefreut und diese Glaubenslehre gewählt, er sei Christ geworden und habe seine Untertanen in die gleiche Richtung gelenkt. 2. Mir scheint das eine Erfindung von Leuten zu sein, die sich bemühen, die christliche Religion zu schmähen. Denn Crispus, um dessentwillen Konstantin um Entsühnung gebeten haben soll, starb im zwanzigsten Jahr der Herrschaft seines Vaters, nachdem er noch zu Lebzeiten mit ihm zusammen viele Gesetze zugunsten der Christen erlassen hatte, da er als Cäsar ja mit dem zweiten Rang der Kaisermacht ausgezeichnet war, wie noch jetzt die unter den Gesetzen angegebenen Datierungen und die Namen der Gesetzgeber bezeugen.[24] Was Sopater angeht, so war es zunächst nicht wahrscheinlich, daß er mit Konstantin in Verbindung kam, der nur über den Reichsteil am Ozean und am Rhein gebot. 3. Denn wegen der Auseinandersetzung mit dem in Italien stehenden Maxentius befand sich das Römerreich im Bürgerkrieg, und es war damals nicht leicht, nach Gallien und

(um 330) nach Konstantinopel und wurde, wiederum nach EUNAPIUS, *VS* 6,2 (18–20 GIANGRANDE), Berater KONSTANTINS, fiel aber später in Ungnade und wurde hingerichtet.

[24] Zum Beispiel KONSTANTINS Erlaß vom 3. 7. 321 (2. Konsulat des CRISPUS): *Cod. Theod.* 16,2,4 (836 MOMMSEN/MEYER).

Βρεττανοῖς καὶ τοῖς τῇδε κατοικοῦσι, παρ᾽ οἷς συνωμολόγηται τῆς τῶν Χριστιανῶν θρησκείας μετασχεῖν Κωνσταντῖνον, πρὶν ἐπὶ Μαξέντιον στρατεῦσαι |14 καὶ παρελθεῖν ἐπὶ Ῥώμην καὶ Ἰταλούς. καὶ μάρτυρες τούτου πάλιν οἱ χρόνοι καὶ οἱ νόμοι οὓς ὑπὲρ τῆς θρησκείας ἔθετο. 4. εἰ δὲ καὶ ῥᾳδίως ὠδίπως συγχωρήσομεν ἐντυχεῖν Σωπάτρῳ τὸν βασιλέα ἢ δι᾽ ἐπιστολῆς αὐτοῦ πυθέσθαι περὶ ὧν ἠβούλετο, οὐ δήπου πιθανὸν ἦν τὸν φιλόσοφον ἀγνοεῖν, ὡς Ἡρακλῆς ὁ Ἀλκμήνης Ἀθήνῃσιν ἐκαθάρθη μετὰ τὴν τεκνοκτονίαν τοῖς Δήμητρος μυστηρίοις καὶ μετὰ τὸν Ἰφίτου φόνον, ὃν ξένον τε ὄντα καὶ φίλον ἀδίκως ἀνεῖλεν. 5. ὡς μὲν οὖν Ἕλληνες τῶν τοιούτων πλημμελημάτων καθαρμοὺς ἐπηγγέλλοντο, ἀπόχρη τὰ εἰρημένα καὶ ψεῦδος κατηγορεῖ τῶν ἐναντία ἀποφήνασθαι Σώπατρον πλασαμένων. οὐ γὰρ ἂν εἴποιμι ταῦτα ἠγνοηκέναι τὸν ἐπισημότατον τότε παρ᾽ Ἕλλησιν ἐπὶ παιδεύσει γεγενημένον.

6.1. Αἱ δὲ κατὰ τὴν ἀρχομένην ὑπὸ Κωνσταντίνου ἐκκλησίαι καταθυμίως ἔπραττον καὶ ὁσημέραι ἐπεδίδουν εὔνου καὶ ὁμόφρονος βασιλέως εὐεργεσιῶν ἀξιούμεναι· ταύτας δὲ καὶ ἄλλως πρὸ τούτου διωγμῶν καὶ ταραχῆς ἀπειράτους τὸ θεῖον ἐφύλαξε. διωκομένων γὰρ τῶν ἀνὰ τὴν ἄλλην οἰκουμένην ἐκκλησιῶν μόνος Κωνστάντιος ὁ Κωνσταντίνου πατὴρ ἀδεῶς θρησκεύειν συνεχώρησε τοῖς Χριστιανοῖς. ἀμέλει τοιόνδε τι θαυμαστὸν καὶ συγγραφῆς ἄξιον ἔγνων εἰργάσθαι αὐτῷ. 2. δοκιμάσαι θέλων τίνες τῶν ἐν τοῖς βασιλείοις Χριστιανῶν ἄνδρες εἰσὶ καλοὶ καὶ ἀγαθοί, συγκαλέσας πάντας προηγόρευσεν, εἰ μὲν ἕλοιντο θύειν καὶ θρησκεύειν ὁμοίως, ἀμφ᾽ αὐτὸν εἶναι καὶ ἐπὶ τῆς αὐτῆς μένειν ἀξίας· εἰ δὲ παραιτήσαιντο, ἐξιέναι τῶν βασιλείων χάριν ἔχοντας ὅτι μὴ καὶ τιμωρίας προσώφλησαν.

---

[25] In einem von HERA verursachten Wahnsinnsanfall brachte HERAKLES seine Kinder aus der Ehe mit MEGARA um. Über den Mord an IPHITOS vgl. HOMER, *Od.* 21,14–38 (388f VON DER MÜHLL).

[26] Das Folgende bis Kapitel 6,3 nach EUSEBIUS VON CAESAREA, *v. C.* 1,13.16 (GCS 22–24): tendenziös; CAMERON/HALL, *Eusebius* 195f.

Britannien und den Gegenden zu reisen, in denen Konstantin nach allgemeiner Meinung zur christlichen Religion übertrat, bevor er gegen Maxentius zu Felde zog und nach Rom und Italien gelangte; dafür zeugen wieder die Datierungen der Gesetze, die er zugunsten der Religion erließ. 4. Wollten wir auch leichthin etwa einräumen, daß der Kaiser mit Sopater in Kontakt getreten sei oder sich brieflich bei ihm nach seinen Anliegen erkundigt habe, so wäre es doch nicht wahrscheinlich, daß der Philosoph nicht gewußt hätte, wie Herakles, Alkmenes Sohn, in Athen nach dem Mord an seinen Kindern[25] durch die Mysterien der Demeter entsühnt wurde und ebenso nach dem Mord an Iphitos, den er als Gastfreund und Vertrauten zu Unrecht getötet hatte. 5. Daß Hellenen also für Verfehlungen dieser Art Entsühnung in Aussicht stellten, dafür genügt das Gesagte, das diejenigen Lügen straft, die sich ausgedacht haben, Sopater hätte das Gegenteil behauptet. Ich möchte doch nicht unterstellen, daß der damals bei den Hellenen wegen seiner Bildung hochangesehene Mann davon nichts gewußt habe.

6.1. Den Kirchen in Konstantins Herrschaftsbereich aber erging es nach Wunsch, sie wuchsen von Tag zu Tag, da ihnen die Wohltaten eines wohlwollenden und gleichgesinnten Kaisers zugute kamen. Die Gottheit hatte sie übrigens auch früher vor der Erfahrung von Verfolgungen und Unruhe bewahrt. Denn[26] als die Kirchen im übrigen Reich verfolgt wurden, erlaubte nur Konstantins Vater Constantius den Christen die freie Religionsausübung. Zum Beispiel habe ich von seiner bewundernswerten Tat erfahren, die wohl aufgeschrieben zu werden verdient: 2. Da er prüfen wollte, welche der am Kaiserhof dienenden Christen anständige Männer seien, rief er sie alle zusammen und verkündete, falls sie sich entschlössen, zu opfern und sich seiner Religion anzuschließen, könnten sie in seiner Umgebung bleiben und ihre Stellung behalten; lehnten sie das ab, müßten sie den Hof verlassen und dankbar sein, wenn sie nicht noch zusätzlich bestraft würden.

3. ἐπεὶ δὲ εἰς ἑκάτερον διεκρίθησαν, οἱ μὲν τὴν θρησκείαν προδόντες, οἱ δὲ τῶν παρόντων τὰ θεῖα προτιμήσαντες, ἔγνω φίλοις καὶ συμβούλοις χρῆσθαι τοῖς περὶ τὸ κρεῖττον πιστοῖς διαμείνασι· τοὺς δὲ ὡς ἀνάνδρους καὶ κοβάλους ἀπεστράφη καὶ τῆς πρὸς ἑαυτὸν ὁμιλίας ἀπεώσατο, λογισάμενος μήποτε ἔσεσθαι περὶ βασιλέα εὔνους τοὺς ὧδε ἑτοίμους θεοῦ προδότας γεγενημένους. ἐντεῦθεν εἰκότως ἔτι Κωνσταντίου περιόντος οὐκ ἐδόκει παράνομον χριστιανίζειν τοῖς Ἰταλῶν ἐπέκεινα Γαλάταις τε καὶ Βρεττανοῖς καὶ ὅσοι περὶ τὸ Πυρηναῖον ὄρος | 15 οἰκοῦσι μέχρι τοῦ πρὸς ἑσπέραν ὠκεανοῦ. 4. ἐπεὶ δὲ Κωνσταντῖνος τὴν αὐτὴν ἀρχὴν διεδέξατο, μᾶλλον διεφάνη τὰ τῆς ἐκκλησίας πράγματα. Μαξεντίου γὰρ τοῦ Ἑρκουλίου παιδὸς ἀναιρεθέντος καὶ τῆς αὐτοῦ μοίρας εἰς Κωνσταντῖνον μεταπεσούσης λοιπὸν ἀδεῶς ἐθρήσκευον ὅσοι τε περὶ τὸν Θύβριν ποταμὸν ᾤκουν καὶ τὸν Ἠριδανόν, ὃν Πάδον οἱ ἐπιχώριοι καλοῦσι, καὶ τὸν Ἄκυλιν, εἰς ὃν λόγος καθελκυσθῆναι τὴν Ἀργὼ καὶ πρὸς τὸ Τυρρηνῶν διασωθῆναι πέλαγος. 5. οἱ γὰρ Ἀργοναῦται τὸν Αἰήτην φεύγοντες οὐ τὸν αὐτὸν πλοῦν ἐν τῇ ἐπανόδῳ ἐποιήσαντο, περαιωθέντες δὲ τὴν ὑπὲρ Σκύθας θάλασσαν διὰ τῶν τῇδε ποταμῶν ἀφίκοντο εἰς Ἰταλῶν ὅρια, καὶ χειμάσαντες ἐνταῦθα πόλιν ἔκτισαν Ἤμωνα προσαγορευομένην. τοῦ δὲ θέρους ἐπικαταλαβόντος, συμπραξάντων αὐτοῖς τῶν ἐπιχωρίων, ἀμφὶ τοὺς τετρακοσίους σταδίους ὑπὸ μηχανῆς ἕλκοντες τὴν Ἀργὼ διὰ γῆς ἐπὶ τὸν Ἄκυλιν ποταμὸν ἤγαγον,

---

[b T Cass.] 17 καὶ τὸν Ἠριδανὸν : ἠρίδανόν θ' T

---

[27] Er wurde am 25. Juli 306 nach dem Tode seines Vaters vom Heer in Eboracum (York) zum Augustus ausgerufen.

[28] MAXIMIANUS HERCULIUS, DIOKLETIANS Mitkaiser, 310 von KONSTANTIN in Massilia belagert und erhängt aufgefunden.

3. Als sie sich in zwei Parteien teilten, von denen die einen die Religion preisgaben, die anderen dem gegenwärtigen Status das von Gott Verheißene vorzogen, beschloß er, die dem Allmächtigen treu Gebliebenen als Freunde und Berater einzusetzen, während er die übrigen als Feiglinge und Schurken verschmähte und von seinem Umgang ausschloß, aus der Überlegung heraus, daß, wer so bereitwillig Gott verraten hatte, nie und nimmer dem Kaiser treu bleiben würde. Seitdem erschien es berechtigterweise noch zu Lebzeiten des Constantius den Galliern jenseits Italiens, den Britanniern und den Anwohnern der Pyrenäen bis zum westlichen Ozean nicht illegal, Christen zu sein. 4. Als aber Konstantin den gleichen Bereich übernahm[27], trat die Macht der Kirche noch mehr in Erscheinung. Nachdem nämlich Maxentius, der Sohn des Herculius[28], umgekommen und sein Anteil an Konstantin gefallen war, genossen fortan Religionsfreiheit die Anwohner des Tiber, des Eridanus[29], den die Einheimischen Padus nennen, und des Aquilis. In diesen wurde der Sage nach die Argo geschleppt und ins Tyrrhenische Meer gerettet. 5. Die Argonauten schlugen ja auf ihrer Flucht vor Aietes nicht den gleichen Kurs für ihre Rückkehr ein, sondern sie durchquerten das Meer jenseits der Skythen und gelangten über die dortigen Flüsse an die Grenze Italiens, überwinterten dort und gründeten eine Stadt namens Emona. Als der Sommer kam, zogen sie die Argo unter tatkräftiger Mithilfe der Einheimischen etwa 400 Stadien mittels einer Vorrichtung über Land und brachten sie so zum Aquilis,

---

[29] Die übliche Gleichsetzung des Po mit dem mythischen Eridanus verleitet Sozomenos im folgenden zu einem merkwürdig deplazierten und unklaren mythologischen Exkurs (§ 5), den wir bei ZOSIMUS 5,29,1–4 (3/1,41 f PASCHOUD), wiederfinden. Beide entnehmen ihn wohl dem Geschichtswerk OLYMPIODORS. — Das Meer jenseits der Skythen ist das Schwarze Meer, mit den Flüssen sind wohl Donau und Save gemeint, Emona ist das heutige Ljubljana, die Entfernungsangabe (etwa 70 km) entspricht ziemlich gut der Distanz zwischen Ljubljana und Aquileia mit dem Flüßchen Aquilis, das freilich nicht in den Po mündet.

ὃς τῷ Ἠριδανῷ συμβάλλει· Ἠριδανὸς δὲ εἰς τὴν κατὰ Ἰταλοὺς θάλασσαν τὰς ἐκβολὰς ἔχει. 6. μετὰ δὲ τὴν περὶ Κιβάλας μάχην Δαρδάνιοί τε καὶ Μακεδόνες καὶ ὅσοι περὶ τὸν Ἴστρον οἰκοῦσιν, ἥ τε καλουμένη Ἑλλὰς καὶ πᾶν τὸ Ἰλλυριῶν ἔθνος ὑπὸ Κωνσταντῖνον ἐγένοντο.

7.1. Λικίνιος δὲ μετὰ τὴν ἐνθάδε τροπήν, πρότερον τὰ Χριστιανῶν πρεσβεύων, μετεβάλετο τὴν γνώμην καὶ πολλοὺς τότε τῶν ἐπὶ τῇ ἰδίᾳ ἀρχῇ ἱερέων ἐκάκωσε, πολλοὺς δὲ καὶ τῶν ἄλλων καὶ μάλιστα τοῦ στρατιωτικοῦ πλήθους. σφόδρα γὰρ ἀπηχθάνετο πρὸς τοὺς Χριστιανοὺς διὰ τὴν πρὸς Κωνσταντῖνον διαφοράν, οἰόμενος αὐτὸν λυπήσειν ταῖς δυσπραγίαις τῆς θρησκείας, ἅμα δὲ καὶ τὰς ἐκκλησίας ὑπολαμβάνων εὔχεσθαι καὶ σπουδάζειν ὑπ᾽ αὐτοῦ μόνου βασιλεύεσθαι. 2. πρὸς τούτοις δέ, οἷα φιλεῖ γίνεσθαι, πάλιν εἰς μάχην καθίστασθαι μέλλων Κωνσταντίνῳ, τοῦ προσδοκωμένου πολέμου πρόνοιαν ἐποιεῖτο διά τε σφαγίων καὶ μαντειῶν, καὶ ὑπαχθείς τισιν ὑπισχνουμένοις αὐτῷ κρατήσειν εἰς Ἑλληνισμὸν ἐτράπη. 3. ἀμέλει τοι καὶ Ἕλληνές φασιν | αὐτὸν τότε | 16 ἀποπειραθῆναι τοῦ ἐν Μιλήτῳ μαντείου τοῦ Διδυμαίου Ἀπόλλωνος· ἐρομένῳ δὲ αὐτῷ περὶ τοῦ πολέμου χρῆσαι τὸ δαιμόνιον τουτουσὶ τοὺς Ὁμηρικοὺς στίχους·

ὦ γέρον, ἦ μάλα δή σε νέοι τείρουσι μαχηταί,
σή τε βίη λέλυται, χαλεπὸν δέ σε γῆρας ἱκάνει.

4. Ἐκ πολλῶν μὲν οὖν καὶ ἄλλων ἔδοξέ μοι τὸ δόγμα τῶν Χριστιανῶν θεοῦ προνοίᾳ συνίστασθαι καὶ εἰς τοσαύτην παρελθεῖν ἐπίδοσιν, οὐχ ἥκιστα δὲ ἐκ τῶν τότε γενομένων.

[b T Cass.] 27 γεγονότων T

---

[30] Bei Cibalae (heute Vinkovci in Slawonien) besiegte KONSTANTIN 314 oder 316 LICINIUS und gewann dessen europäisches Gebiet außer der thrakischen Diözese, vgl. auch *h. e.* 1,2,2, oben 110f. Die Anwohner der Donau sind die Provinzialen in Moesia I und Dacia. Das „sogenannte Hellas" heißt wohl deswegen so, weil der amtliche Name der Provinz anders lautete, nämlich Achaia.

der in den Eridanus mündet; der Eridanus aber ergießt sich in das Italische Meer. 6. Nach der Schlacht bei Cibalae[30] fielen die Bewohner der Provinzen Dardania, Macedonia, die Anwohner der Donau, das sogenannte Hellas und die gesamte Diözese Illyricum an Konstantin.

7.1. Licinius, der vorher die christliche Sache unterstützt hatte, änderte nach der dort erlittenen Niederlage seine Meinung und drangsalierte damals viele Bischöfe in seinem Herrschaftsbereich, auch viele andere und besonders Militärangehörige. Denn er haßte die Christen zutiefst wegen seines Streits mit Konstantin, weil er meinte, er könne diesen durch Demütigungen der Religion ärgern, zugleich aber auch, weil er annahm, die Kirchen beteten darum und bemühten sich, von Konstantin allein als Kaiser beherrscht zu werden. 2. Außerdem wollte er, wie es zu geschehen pflegt, erneut den Kampf mit Konstantin aufnehmen und traf für den zu erwartenden Krieg Vorsorge mit Opfern und Orakeln, ja er ließ sich von Leuten, die ihm den Sieg verhießen, beeindrucken und wandte sich dem Hellenentum zu.[31] 3. Übrigens sagen auch die Hellenen[32], er habe damals das Orakel des Apollon von Didyma bei Milet befragt; als er sich nach dem Krieg erkundigte, habe der Dämon diese Homerverse zur Antwort gegeben:

„Alter, tatsächlich, hart setzen dir zu die jüngeren Kämpfer,
deine Kraft ist dahin, dich bedrängen die leidigen Jahre."[33]

4. Aus vielen anderen Gründen also, meine ich, ist der christliche Glaube durch Gottes Vorsehung gefördert worden und zu so großem Wachstum gelangt, nicht zum geringsten Teil aber aufgrund der damaligen Ereignisse.

---

[31] Kapitel 7,1f resümiert ausführliche Berichte bei Eusebius von Caesarea, *v. C.* 1,56 (GCS 45); 2,4 (GCS 49).

[32] Die Herkunft dieser Nachricht ist unbekannt.

[33] Homer, *Il.* 8,102f (1,230 West; Übersetzung: 145 Ebener).

μέλλοντι γὰρ ἤδη Λικινίῳ διώκειν πάσας τὰς ὑπ᾽ αὐτὸν ἐκκλησίας συνίσταται ὁ ἐν Βιθυνίᾳ πόλεμος, ὃν τελευταῖον ἐπολέμησαν πρὸς ἀλλήλους αὐτός τε καὶ Κωνσταντῖνος. 5. τοσαύτῃ δὲ θείᾳ ῥοπῇ ἐχρήσατο Κωνσταντῖνος, ὡς κατὰ γῆν καὶ κατὰ θάλασσαν κρατῆσαι τῶν ἐναντίων, ἀποβαλόντα δὲ Λικίνιον τὸ πεζὸν καὶ τὸ ναυτικὸν ἑαυτὸν ἐν Νικομηδείᾳ προδοῦναι καὶ ἰδιώτην ἐπί τινα χρόνον διαγαγεῖν ἐν Θεσσαλονίκῃ κἀκεῖσε ἀναιρεθῆναι, ἄνδρα τὰ πρῶτα τῆς ἡγεμονίας ἐν πολέμοις καὶ τοῖς ἄλλοις εὐδοκιμώτατον γενόμενον καὶ τῷ γάμῳ τῆς ἀδελφῆς Κωνσταντίνου τετιμημένον, εἰς τοῦτο δὲ καταστάντα τέλους.

8.1. Κωνσταντῖνος δέ, εἰς μόνον αὐτὸν πάσης τῆς Ῥωμαίων ἀρχῆς περιστάσης, γράμματι δημοσίῳ προηγόρευσε τοῖς ἀνὰ τὴν ἕω ὑπηκόοις τὴν Χριστιανῶν σέβειν θρησκείαν καὶ τὸ θεῖον ἐπιμελῶς θεραπεύειν, θεῖον δὲ νοεῖν μόνον ὃ καὶ ὄντως ἐστὶ καὶ διαρκῆ κατὰ παντὸς τοῦ χρόνου τὴν δύναμιν ἔχει. τάδε μὲν γὰρ σπουδάζουσιν ἄφθονα πάντα τὰ ἀγαθὰ φιλεῖν προσγίνεσθαι, καὶ ἅπερ ἂν ἐγχειρῶσιν, μετὰ χρηστῶν ἐλπίδων ἀπαντᾶν· τοῖς δὲ περὶ τὸ κρεῖττον ἁμαρτάνουσιν κοινῇ καὶ ἰδίᾳ ἐν πολέμοις τε καὶ εἰρήνῃ πάντα δυσχερῆ συμβαίνειν. 2. χάριν τε ὁμολογῶν, οὐ κομπάζων λέγειν ἰσχυρίζετο, ὡς ἐπιτήδειον ὑπηρέτην ἀξιώσας αὐτὸν εἶναι ὁ θεὸς τῆς | αὐτοῦ βουλήσεως ἀπὸ τῆς πρὸς Βρεττανοὺς θαλάσσης μέχρι τῶν ἑῴων χωρίων προήγαγεν, ὅπως ἡ Χριστιανῶν αὐξηθείη θρησκεία καὶ οἱ θεραπείας θεοῦ ἕνεκεν καρτερικοὶ διαμείναντες ἐν ὁμολογίαις ἢ μαρτυρίαις ἐπιφανέστεροι ταῖς τιμαῖς ἀναδειχθῶσι. 3. τοιαῦτα ἀναγορεύσας καὶ ἄλλα μυρία διεξελθών, δι᾽ ὧν ᾤετο τὸ ὑπήκοον πρὸς τὴν θρησκείαν ἐπάγεσθαι,

---

[b T Cass.] 1 ὑπ᾽ b : κατ᾽ T || 10 γενόμενον εὐδοκιμώτατον T

Als Licinius sich nämlich bereits anschickte, alle unter ihm stehenden Kirchen zu verfolgen, brach in Bithynien der letzte Krieg aus, den er und Konstantin gegeneinander führten. 5. Konstantin genoß von Gott soviel Unterstützung, daß er zu Lande und zu Wasser über seine Feinde siegte, Licinius aber nach Verlust seiner Armee und seiner Flotte sich in Nicomedia ergab und als Privatmann eine Zeitlang in Thessalonice lebte und dort dann hingerichtet wurde. So endete ein Mann, der zu Beginn seiner Herrschaft im Krieg und in anderen Aufgaben sich ausgezeichnet hatte und durch die Heirat mit Konstantins Schwester geehrt worden war.

8. 1. Als das gesamte Römische Reich Konstantin allein zugefallen war, gebot er durch einen öffentlichen Erlaß[34] den Untertanen im Orient, die christliche Religion zu bekennen und die Gottheit gewissenhaft zu ehren, als Gottheit aber nur die zu erkennen, die es auch wirklich ist und allezeit immerwährende Macht besitzt. Denen, die sich darum bemühten, falle gewöhnlich alles Gute in reichem Maße zu, und was sie anpackten, gehe mit guten Aussichten in Erfüllung, denen dagegen, die sich gegen den Allmächtigen versündigten, widerfahre in der Politik und im Privaten, in Krieg und Frieden alles Mißliche. 2. Nur als Ausdruck seiner Dankbarkeit, nicht aus Prahlerei, wie er versicherte, müsse er sagen, daß Gott ihn als geeigneten Diener seines Willens erkoren habe und ihn vom britannischen Meer bis zu den östlichen Gebieten vorrücken ließ, damit die christliche Religion wachse und die um der Verehrung Gottes willen in ihrem Bekenntnis oder Märtyrertod standhaft Gebliebenen durch die Ehrungen zu höherem Ansehen gelangten. 3. Nach solchen Deklarationen und vielen weiteren Ausführungen, mit denen er die Reichsbevölkerung für die Religion zu gewinnen hoffte,

---

[34] EUSEBIUS VON CAESAREA, *v. C.* 2,24–42 (GCS 58–66), hier für die Provinz Palästina, vgl. CAMERON/HALL, *Eusebius* 239–242.

ἄκυρα εἶναι ἐψηφίσατο τὰ κατὰ τῆς θρησκείας δόξαντα ἢ πεπραγμένα ἐπὶ τῶν διωξάντων τὴν ἐκκλησίαν· ἄφεσίν τε πάντας ἔχειν ἐνομοθέτησεν, ὅσοι διὰ τὴν εἰς Χριστὸν ὁμολογίαν κατεδικάσθησαν μετοικεῖν ἢ ἐν νήσοις ἢ ἀλλαχόσε παρὰ γνώμην διατρίβειν ἢ μετάλλοις ἐμπονεῖν ἢ δημοσίοις ἔργοις ἢ γυναικείοις ἢ λινυφίοις ὑπηρετεῖν ἢ βουλευτηρίοις συναριθμεῖσθαι μὴ βουλευταὶ ὄντες πρότερον· ἀτίμοις δὲ γενομένοις τὴν ἀτιμίαν ἔλυσε· 4. τοῖς δὲ στρατείας τινὸς ἀφαιρεθεῖσιν ἐν γνώμῃ εἴασεν ἢ ἐφ᾽ οὗπερ ἦσαν σχήματος εἶναι ἢ μετὰ ἀφέσεως ἐντίμου ἐλευθέραν ἄγειν σχολήν. ἐπεὶ δὲ πάντας εἰς τὴν προτέραν ἐλευθερίαν καὶ τὰς συνήθεις τιμὰς ἀνεκαλέσατο, καὶ τὰς οὐσίας αὐτοῖς ἀπέδωκεν. εἰ δέ τινες θάνατον καταδικασθέντες τῶν ὄντων ἀφῃρέθησαν, προσέταξε τοῖς ἐγγυτέρω γένους διαφέρειν τοὺς κλήρους, μηδενὸς δὲ τούτων ὄντος τὴν καθέκαστον ἐπιχώριον ἐκκλησίαν κληρονομεῖν, εἴτε δὲ ἰδιώτης εἴτε τὸ δημόσιον ἐκ τοιαύτης οὐσίας ἔχοι τι, ἀποδιδόναι. τῶν δὲ παρὰ τοῦ ταμείου πριαμένων ἢ δωρεὰν λαβόντων εἰς τὸν δυνατὸν καὶ πρέποντα τρόπον προνοεῖν ὑπέσχετο.

5. Τάδε μέν, ὡς εἴρηται, τῷ βασιλεῖ ἔδοξε καὶ νόμῳ ἐκυρώθη, ἀμελλητί τε τοῦ προσήκοντος τέλους ἐτύγχανε. Χριστιανοὶ δὲ ὡς ἐπίπαν τὰς Ῥωμαίων ἀρχὰς ἐπετρόπευον· καὶ τοῦ λοιποῦ θύειν ἀπείρητο πᾶσιν ἢ μαντείαις καὶ τελεταῖς κεχρῆσθαι ἢ ξόανα ἀνατιθέναι ἢ Ἑλληνικὰς ἄγειν ἑορτάς. πολλὰ δὲ καὶ τῶν κατὰ πόλεις ἐθῶν ἠμείβετο τῆς ἀρχαιότητος. ἀμέλει τοι παρὰ | μὲν Αἰγυπτίοις | 18

[b T Cass.] 7–8 τὸ πρότερον T || 19 πριαμένων <τι> ? (Cass. Euseb.) || 22 ἐτύγχανε τέλους T || 24 μαντείαις καὶ b : μαντείαις ἢ T Cass.

[35] Der Rest des Kapitels ist nach verschiedenen Stellen bei EUSEBIUS VON CAESAREA, *v. C.* 2,44f (GCS 66f); 4,25 (GCS 128); 3,58 (GCS 111); 2,45f (GCS 67f); 4,28 (GCS 130); 21 (GCS 127); 17f (GCS 126f), und

erklärte er die zur Zeit der Kirchenverfolger gegen die Religion gerichteten Beschlüsse oder Maßnahmen für ungültig, ferner entließ er auf dem Gesetzgebungswege alle, die wegen ihres Bekenntnisses zu Christus zum Wechsel ihres Wohnsitzes verurteilt waren oder zu unfreiwilligem Aufenthalt auf Inseln oder anderswo oder zur Arbeit in Bergwerken, staatlichen Betrieben, zur Dienstleistung in Frauenwerkstätten oder Flachswebereien, oder zur Zugehörigkeit zu Kurien, ohne vorher Dekurionen gewesen zu sein; den zum Verlust der Ehrenrechte Verurteilten stellte er die Ehrenrechte wieder her. 4. Wem ein militärischer Rang aberkannt war, dem ließ er die Wahl, entweder in der früheren Stellung zu bleiben oder nach ehrenvoller Entlassung in den Ruhestand zu treten. Als er alle in die frühere Freiheit und zu den gewohnten Ehren zurückversetzt hatte, gab er ihnen auch ihr Vermögen zurück. Falls zum Tode Verurteilte enteignet worden waren, ließ er den nächsten Verwandten die Erbschaft zukommen, falls kein solcher vorhanden war, ließ er die jeweilige Ortskirche erben; sollte ein Privater oder der Staat etwas von einem derartigen Vermögen besitzen, sollte er es zurückgeben. Für diejenigen, die aus Staatsbesitz gekauft oder eine Schenkung erhalten hatten, versprach er nach Möglichkeit und in angemessener Weise zu sorgen.

5. Dies waren, wie gesagt, die Entscheidungen des Kaisers, die durch Gesetz bekräftigt und unverzüglich in die Tat umgesetzt wurden.[35] Christen verwalteten in der Regel die römischen Ämter, und fortan war es jedermann verboten, zu opfern oder Orakel und Mysterien in Anspruch zu nehmen, Götterbilder aufzustellen oder hellenische Feste zu feiern. Auch zahlreiche lokale Bräuche verloren ihre alte Tradition. Zum Beispiel wird in Ägypten

SOCRATES, *h. e.* 1,18 (GCS 57–60), zusammengestellt; vgl. den Quellenapparat in der Ausgabe von BIDEZ/HANSEN 16–19.

οὐκέτι εἰς τοὺς εἰωθότας Ἑλληνικοὺς ναούς, εἰς δὲ τὰς ἐκκλησίας ἐξ ἐκείνου προσφέρεται ὁ πῆχυς, ᾧ σημαίνεται τῶν τοῦ Νείλου ὑδάτων ἡ ἐπίδοσις· 6. παρὰ δὲ Ῥωμαίοις τότε πρῶτον ἡ τῶν μονομάχων ἐκωλύθη θέα· παρὰ δὲ Φοίνιξιν, οἳ τὸν Λίβανον καὶ τὴν Ἡλιούπολιν οἰκοῦσιν, οὐκέτι θέμις ἦν ἐκπορνεύεσθαι τὰς παρθένους πρὶν τοῖς ἀνδράσι συνελθεῖν, οἷς νόμῳ γάμου συνοικεῖν εἰώθασι μετὰ τὴν πρώτην πεῖραν τῆς ἀθεμίτου μίξεως.

7. Τῶν δὲ εὐκτηρίων οἴκων οἱ μὲν ἀρκούντως μεγέθους ἔχοντες ἐπηνωρθοῦντο, οἱ δὲ εἰς ἐπίδοσιν ὕψους καὶ πλάτους λαμπρῶς ἐπεσκευάζοντο, ἑτέρωθι δὲ τὴν ἀρχὴν μὴ ὄντες ἐκ θεμελίων ἐδημιουργοῦντο. τὰ δὲ χρήματα ἐκ τῶν βασιλικῶν θησαυρῶν ἐχορήγει ὁ βασιλεὺς γράψας τοῖς κατὰ πόλιν ἐπισκόποις καὶ τοῖς ἡγουμένοις τῶν ἐθνῶν, τοῖς μὲν ἐπιτάττειν ὅ τι βούλοιντο, τοῖς δὲ πειθαρχεῖν καὶ σπουδαίως ὑπηρετεῖσθαι τοῖς ἱερεῦσιν.

8. Εὐημερούσης δὲ αὐτῷ τῆς ἀρχῆς συνεπεδίδου ἡ θρησκεία. ἐπὶ τοσοῦτον δὲ καὶ μετὰ τὸν πρὸς Λικίνιον πόλεμον ἐπιτευκτικὸς ἐγένετο ἐν ταῖς κατὰ τῶν ἀλλοφύλων μάχαις, ὡς καὶ Σαυροματῶν κρατῆσαι καὶ τῶν καλουμένων Γότθων καὶ τὸ τελευταῖον ἐν μέρει χάριτος σπείσασθαι πρὸς αὐτούς. 9. τοῦτο δὲ τὸ ἔθνος ᾤκει μὲν τότε πέραν τοῦ Ἴστρου ποταμοῦ, μαχιμώτατον δὲ τυγχάνον καὶ πλήθει καὶ μεγέθει σωμάτων <καὶ> ἐν ὅπλοις ἀεὶ παρεσκευασμένον τῶν μὲν ἄλλων βαρβάρων ἐκράτει, μόνους δὲ Ῥωμαίους ἀνταγωνιστὰς εἶχεν. οὐχ ἥκιστα δὲ λέγεται καὶ τοῦτον τὸν πόλεμον ἐπιδεῖξαι Κωνσταντίνῳ διὰ σημείων καὶ ὀνειράτων, ὅσης θειόθεν ἠξίωτο προνοίας. κρατήσας δὲ πάντων τῶν ἐπ᾽ αὐτοῦ συμβάντων πολέμων καθάπερ ἀντιφιλοτιμούμενος τὸν Χριστὸν ἠμείβετο τῇ περὶ τὴν θρησκείαν σπουδῇ, ταύτην μόνην πρεσβεύειν καὶ σωτήριον ἡγεῖσθαι τοὺς ἀρχομένους προτρέπων.

[b T Cass.] 2 προσφέρεται ἐξ ἐκείνου T || 3 ἡ τοῦ νείλου τῶν ὑδάτων T || 15 τοῖς δὲ T : τοὺς δὲ b || 20 Σαυροματῶν b Socr. Euseb. : τῶν Σαρματῶν T Cass. Rufin. || 24 suppl. Bidez

seit jener Zeit die Elle, die den Anstieg des Nilwassers anzeigt, nicht mehr, wie bisher üblich, in die hellenischen Tempel gebracht, sondern in die Kirchen. 6. Bei den Römern wurde damals erstmals das Gladiatorenspiel unterbunden. Bei den Phöniziern, die am Libanon und in Heliopolis wohnen, war es nicht mehr erlaubt, die Jungfrauen zu prostituieren, bevor sie mit ihren Männern zusammenkommen, mit denen sie nach der ersten Erfahrung des illegitimen Verkehrs in legaler Ehe zusammenzuleben pflegten.

7. Die Gebetshäuser wurden, soweit sie groß genug waren, wiederhergestellt, andere höher und breiter prächtig ausgebaut, anderwärts, wo es sie anfangs nicht gab, von Grund auf neu errichtet. Die Gelder stellte der Kaiser aus dem kaiserlichen Fiskus zur Verfügung; er schrieb den Ortsbischöfen und den Provinzstatthaltern, jene sollten anordnen, was sie wünschten, diese den Bischöfen willfährig und eifrig behilflich sein.

8. Wo seine Herrschaft erblühte, wuchs zugleich auch die Religion. So erfolgreich war er auch nach dem Krieg gegen Licinius in den Kämpfen gegen die Fremdvölker, daß er die Sarmaten und die sogenannten Goten besiegte und am Ende aus Gnade Frieden mit ihnen schloß. 9. Dieses Volk[36] hauste damals jenseits der unteren Donau, und es war so kampfestüchtig durch seine Menge und die Körpergröße und stets in Waffen gerüstet, daß es über die anderen Barbaren herrschte; allein die Römer waren ihre Gegner. Nicht zum geringsten Teile, sagt man, bewies auch dieser Krieg Konstantin durch Zeichen und Träume, wie sehr er der Vorsorge Gottes gewürdigt war. Als er in allen Kriegen, die zu seiner Zeit ausbrachen, siegreich geblieben war, dankte er Christus wie mit einem Gegengeschenk durch Eifer für die Religion, indem er seine Untertanen anhielt, nur diese zu verehren und als heilbringend zu schätzen.

---

[36] § 9 hat Sozomenos wie seine sonstigen Nachrichten über die Goten aus einer uns unbekannten Quelle geschöpft.

10. Ἐκ δὲ τῆς οὔσης ὑποφόρου γῆς καθ' ἑκάστην πόλιν ἐξελὼν τοῦ δημοσίου ῥητὸν τέλος ταῖς κατὰ τόπον ἐκκλησίαις καὶ κλήροις ἀπένειμε καὶ τὴν δωρεὰν κυρίαν εἰς τὸν ἅπαντα χρόνον εἶναι ἐνομοθέτησε. προσεθίζων δὲ τοὺς στρατιώτας | ὁμοίως αὐτῷ τὸν θεὸν σέβειν, τὰ τούτων ὅπλα τῷ συμβόλῳ τοῦ σταυροῦ κατεσήμαινε καὶ ἐν τοῖς βασιλείοις εὐκτήριον οἶκον κατεσκεύασε καὶ σκηνὴν εἰς ἐκκλησίαν εἰκασμένην περιέφερεν, ἡνίκα πολεμίοις ἐπεστράτευεν, ὥστε μηδὲ ἐν ἐρημίᾳ διάγοντα αὐτὸν ἢ τὴν στρατιὰν ἱεροῦ οἴκου ἀμοιρεῖν, ἐν ᾧ δέοι τὸν θεὸν ὑμνεῖν καὶ προσεύχεσθαι καὶ μυστηρίων μετέχειν. 11. συνείποντο γὰρ καὶ ἱερεῖς καὶ διάκονοι τῇ σκηνῇ προσεδρεύοντες, οἳ κατὰ τὸν νόμον τῆς ἐκκλησίας τὴν περὶ ταῦτα τάξιν ἐπλήρουν. ἐξ ἐκείνου δὲ καὶ τὰ Ῥωμαίων τάγματα, ἃ νῦν ἀριθμοὺς καλοῦσιν, ἕκαστον ἰδίαν σκηνὴν κατεσκευάσατο καὶ ἱερέας καὶ διακόνους ἀπονενεμημένους εἶχε. τὴν δὲ κυριακὴν καλουμένην ἡμέραν, ἣν Ἑβραῖοι πρώτην ὀνομάζουσιν, Ἕλληνες δὲ ἡλίῳ ἀνατιθέασι, καὶ τὴν πρὸ τῆς ἑβδόμης ἐνομοθέτησε δικαστηρίων καὶ τῶν ἄλλων πραγμάτων σχολὴν ἄγειν πάντας καὶ εὐχαῖς καὶ λιταῖς τὸ θεῖον θεραπεύειν. 12. ἐτίμα δὲ τὴν κυριακὴν ὡς ἐν ταύτῃ τοῦ Χριστοῦ ἀναστάντος ἐκ νεκρῶν, τὴν δὲ ἑτέραν ὡς ἐν αὐτῇ σταυρωθέντος· πάνυ γὰρ πολὺ σέβας εἶχε τοῦ θείου σταυροῦ ἔκ τε τῶν ὑπαρξάντων αὐτῷ τῇ ἐνθένδε ῥοπῇ ἐν ταῖς κατὰ τῶν ἐναντίων μάχαις καὶ ἐκ τῆς συμβάσης αὐτῷ περὶ τούτου θεοσημείας. 13. ἀμέλει τοι πρότερον νενομισμένην Ῥωμαίοις τὴν τοῦ σταυροῦ τιμωρίαν νόμῳ ἀνεῖλε τῆς χρήσεως τῶν δικαστηρίων· πλαττομένῳ τε ἐν νομίσμασι καὶ ἐν εἰκόσι γραφομένῳ ἐκέλευσεν ἀεὶ συγγράφεσθαι καὶ συντυποῦσθαι τοῦτο τὸ θεῖον σύμβολον.

---

37 Dieser Satz ist eigene Zutat des Sozomenos. Das griechische Äquivalent für *numerus* (Legion, mit wesentlich geringerer Sollstärke als früher) ist seit JULIAN üblich.

10. Aus dem steuerpflichtigen Land nahm er in jeder Stadt einen bestimmten Betrag aus dem Staatshaushalt und teilte ihn den örtlichen Kirchen und dem Klerus zu; dieses Geschenk erklärte er durch ein Gesetz auf alle Zeit gültig. Um die Soldaten daran zu gewöhnen, gleich ihm Gott zu verehren, ließ er ihre Waffen mit dem Kreuzessymbol kennzeichnen, in seinem Palast ließ er einen Gebetsraum erbauen, und er führte ein kirchenförmiges Zelt mit sich, sooft er Feinden entgegenzog, damit auch beim Aufenthalt in einsamen Gegenden er oder seine Armee ein geweihtes Haus nicht entbehren mußte, in dem man Gott preisen und anbeten und an den Mysterien (*sc.* der Eucharistie) teilhaben konnte. 11. Denn es kamen mit dem Zelt auch diensttuende Priester und Diakone mit, die gemäß dem kirchlichen Gesetz die gültige Ordnung wahrten. Seit jener Zeit bauten sich auch die römischen Legionen, die man jetzt *numeri* nennt, jede ihr eigenes Zelt und nahmen zugeteilte Priester und Diakone mit.[37] Am sogenannten Herrentag, den die Hebräer den ersten nennen und die Hellenen der Sonne weihen, sowie am Tag vor dem siebten ließ er durch Gesetz alle Menschen von Prozessen und sonstigen Geschäften frei sein und mit Bitt- und Dankgebeten die Gottheit verehren. 12. Den Herrentag ehrte er, weil an ihm Christus von den Toten auferstanden ist, den anderen als den Tag seiner Kreuzigung; denn[38] er hatte sehr große Ehrfurcht vor dem heiligen Kreuz, weil er mit dessen Hilfe in den Kämpfen gegen die Feinde seine Erfolge errungen hatte, und wegen der ihm darüber zuteil gewordenen Vision. 13. Zum Beispiel schaffte er die früher bei den Römern gebräuchliche Kreuzigungsstrafe durch ein Gesetz in der Gerichtspraxis ab, und wenn er auf Münzen geprägt und auf Bildern gemalt wurde, ließ er stets dieses heilige Symbol mitmalen und mitprägen.

---

[38] Von hier bis zum Kapitelende, unten 132f, handelt es sich um einen Zusatz des Sozomenos.

καὶ μαρτυροῦσιν εἰσέτι νῦν εἰκόνες αὐτοῦ ἐπὶ τούτου οὖσαι τοῦ σχήματος.

Καὶ ἐν ἅπασι μέν, νομοθετῶν δὲ μάλιστα, ἐσπούδαζε θεραπεύειν τὸ θεῖον. 14. φαίνεται γοῦν τὰς ἀκολάστους καὶ κατεβλακευμένας μίξεις, πρὸ τούτου μὴ κωλυομένας, ἐπανορθώσας, ὡς ἐξ αὐτῶν συνιδεῖν ἔστι τῶν περὶ τούτων κειμένων νόμων, εἴ τῳ τοῦτο ἐπιμελὲς τυγχάνει. νυνὶ γὰρ περὶ τὸ τέλειον τοῦτο πονεῖν οὐκ εὔκαιρον εἶναί μοι δοκεῖ. τὰ δὲ ἐπὶ τιμῇ καὶ συστάσει τῆς θρησκείας νενομοθετημένα πρὸς τοῖς εἰρημένοις διεξελθεῖν ἀναγκαῖον μέρος ὄντα τῆς ἐκκλησιαστικῆς ἱστορίας. ἄρξομαι δὲ ἐντεῦθεν.

9.1. Νόμος ἦν Ῥωμαίοις παλαιὸς ἀπὸ εἴκοσι καὶ πέντε 20 ἐτῶν τῶν ἴσων ἀξιοῦσθαι κωλύων τοὺς ἀγάμους τοῖς μὴ τοιούτοις, περὶ ἄλλα τε πολλὰ καὶ τὸ μηδὲν κερδαίνειν ἐκ διαθήκης τοὺς μὴ γένει ἐγγυτάτω προσήκοντας, τοὺς δὲ ἄπαιδας ζημιῶν τὸ ἥμισυ τῶν καταλελειμμένων. 2. ἔθεντο δὲ τοῦτον οἱ πάλαι Ῥωμαῖοι, πολυάνθρωπον ἔσεσθαι τὴν Ῥώμην καὶ τὴν ὑπήκοον οἰόμενοι, καθότι οὐ πρὸ πολλοῦ τοῦ νόμου ἔτυχον ἀποβαλόντες τὰ σώματα ἐν ἐμφυλίοις πολέμοις. 3. ὁρῶν οὖν ὁ βασιλεὺς παρὰ τοῦτο χεῖρον πράττοντας τοὺς παρθενίαν καὶ ἀπαιδίαν διὰ θεὸν ἀσκοῦντας εὔηθες ἐνόμισεν ἐξ ἐπιμελείας καὶ σπουδῆς ἀνθρώπων δύνασθαι τὸ τούτων γένος αὔξειν, τῆς φύσεως ἀεὶ κατὰ τὴν ἄνωθεν ἐπιμέτρησιν φθορὰν καὶ αὔξησιν ἐπιδεχομένης. καὶ νόμον τῷ δήμῳ προσεφώνησεν, ὥστε ἐπίσης πάντων τῶν ὁμοίων ἀπολαύειν τοὺς ἀγάμους καὶ ἄπαιδας· οὐ μὴν ἀλλὰ καὶ πλέον ἔχειν ἐνομοθέτησε τοὺς <ἐν> ἐγκρατείᾳ καὶ παρθενίᾳ βιοῦν-

[b T Cass.] 5–6 κεκωλυμένας T || 13 ῥωμαίοις ἦν νόμος T || 20 τὰ σώματα: *plurimos* Cass. || 23 τὸν θεὸν T || 26 δεχομένης b || 29 *in* Cass.

[39] Kapitel 9,1–3 nach EUSEBIUS VON CAESAREA, *v. C.* 4,26 (GCS 129), mit eigenen Zusätzen (vgl. CAMERON/HALL, *Eusebius* 321–323); das Üb-

Das bezeugen bis heute seine Darstellungen, die in dieser Form gehalten sind.

In allen Dingen, vor allem in der Gesetzgebung, war er bemüht, die Gottheit zu ehren. 14. Er scheint jedenfalls die zügellosen und liederlichen Arten des Geschlechtsverkehrs, die bis dahin nicht verfolgt wurden, korrigiert zu haben, wie man aus den über sie erlassenen Gesetzen unmittelbar ersehen kann, wenn jemand sich dafür interessiert. Denn jetzt über diesen Erfolg zu handeln scheint mir nicht angebracht. Dagegen ist es erforderlich, die gesetzlichen Bestimmungen zur Ehre und Förderung der Religion neben den schon genannten aufzuführen, da sie einen Teil der Kirchengeschichte bilden. Ich will mit Folgendem beginnen.

9.1. Es gab ein altes römisches Gesetz[39], das die Unverheirateten vom 25. Lebensjahr an von den Privilegien der Verheirateten in vielen sonstigen Belangen ausschloß und auch insoweit, daß die nicht aufs engste verwandtschaftlich Verbundenen aus einem Testament keinen Nutzen zogen; das gleiche Gesetz verkürzte die Erbmasse von Kinderlosen um die Hälfte. 2. Dieses Gesetz hatten die Römer in alter Zeit in der Hoffnung erlassen, Rom und die Provinzen würden bevölkerungsreich werden, weil sie kurz vor dem Gesetz in Bürgerkriegen viele Menschen verloren hatten. 3. Der Kaiser begriff, daß dadurch die um Gottes willen ehe- und kinderlos Bleibenden schlechter gestellt waren, und hielt die Annahme für naiv, durch menschliche Fürsorge und Bemühung könne man die Bevölkerungszahl erhöhen, da doch die Natur nach von oben kommender Maßgabe jeweils Verminderung und Wachstum erfährt. So ließ er dem Volk ein Gesetz verkünden, wonach die Unverheirateten und Kinderlosen im gleichen Maße wie alle die gleichen Vorteile genießen sollten, ja er verordnete sogar durch ein weiteres Gesetz, daß die enthaltsam und jungfräulich Lebenden bevorzugt werden sollten,

---

rige nach Gesetzessammlungen, die uns zum Teil nicht mehr vorliegen.

τας, ἄδειαν αὐτοῖς δοὺς ἄρρεσί τε καὶ θηλείαις καὶ ἀνήβοις οὖσι διατίθεσθαι παρὰ τὸ κοινῇ κρατοῦν ἐν τῇ Ῥωμαίων πολιτείᾳ. 4. περὶ πάντων γὰρ εὖ βουλεύεσθαι ᾠήθη, οἷς ἔργον ἀεὶ τὸ θεῖον θεραπεύειν καὶ φιλοσοφίαν ἀσκεῖν· ἐπεὶ τούτου χάριν καὶ οἱ πάλαι Ῥωμαῖοι ἀδεῶς διατίθεσθαι τὰς Ἑστιάδας παρθένους καὶ ἑξαετεῖς οὔσας ἐνομοθέτησαν.

Τεκμήριον δὲ κἀκεῖνο μέγιστον τῆς τοῦ βασιλέως περὶ τὴν θρησκείαν αἰδοῦς. 5. τοὺς μὲν γὰρ πανταχῇ κληρικοὺς θέσει νόμου ἀτελεῖς ἀνῆκε, τῶν δὲ ἐπισκόπων ἐπικαλεῖσθαι τὴν κρίσιν ἐπέτρεψε τοῖς δικαζομένοις, ἢν βούλωνται τοὺς πολιτικοὺς ἄρχοντας παραιτεῖσθαι· κυρίαν δὲ εἶναι τὴν αὐτῶν ψῆφον καὶ κρείττω τῆς τῶν ἄλλων δικαστῶν ὡσανεὶ παρ᾽ αὐτοῦ βασιλέως ἐξενεχθεῖσαν, εἰς ἔργον δὲ τὰ κρινόμενα ἄγειν τοὺς ἄρχοντας καὶ τοὺς διακονουμένους αὐτοῖς στρατιώτας· ἀμετατρέπτους τε εἶναι τῶν συνόδων τοὺς ὅρους.

6. Εἰς τοῦτο δέ με προελθόντα γραφῆς ἄξιον μὴ 21 παραλιπεῖν τὰ νενομοθετημένα ἐπ᾽ ὠφελείᾳ τῶν ἐν ταῖς ἐκκλησίαις ἐλευθερουμένων. ὑπὸ γὰρ ἀκριβείας νόμων καὶ ἀκόντων τῶν κεκτημένων πολλῆς δυσχερείας οὔσης περὶ τὴν κτῆσιν τῆς ἀμείνονος ἐλευθερίας, ἣν πολιτείαν Ῥωμαίων καλοῦσι, τρεῖς ἔθετο νόμους ψηφισάμενος πάντας τοὺς ἐν ταῖς ἐκκλησίαις ἐλευθερουμένους ὑπὸ μάρτυσι τοῖς ἱερεῦσι πολιτείας Ῥωμαϊκῆς ἀξιοῦσθαι. 7. ταύτης τῆς εὐσεβοῦς ἐφευρέσεως εἰσέτι νῦν ὁ χρόνος φέρει τὸν ἔλεγχον, ἔθους κρατοῦντος τοὺς περὶ τούτου νόμους προγράφεσθαι ἐν τοῖς γραμματείοις τῶν ἐλευθεριῶν. ὁ μὲν δὴ Κωνσταντῖνος τοιαῦτα ἐνομοθέτει καὶ διὰ πάντων ἐσπούδαζε τὴν θρησκείαν γεραίρειν· ἦν δὲ καὶ καθ᾽ ἑαυτὴν εὐκλεὴς διὰ τὴν ἀρετὴν τῶν τότε μετιόντων αὐτήν.

[b T Cass.] 8 τοῦ b : τοῦ εὐσεβοῦς T Cass. || 14 παρ᾽ αὐτοῦ T : παρὰ τοῦ b Cass. || 25 ἀξιοῦσθαι T : τυγχάνειν b

indem er ihnen gestattete, Männern wie Frauen und Unmündigen, entgegen den allgemeinen Grundsätzen der römischen Rechtsordnung ein Testament zu errichten. 4. Denn er meinte für alle sorgen zu sollen, die es als ihre Aufgabe ansahen, stets die Gottheit zu verehren und asketische Philosophie zu treiben, hatten doch auch die alten Römer aus diesem Grunde den jungfräulichen Vestalinnen schon mit sechs Jahren die gesetzliche Testierfreiheit garantiert.

Ein hervorragender Beweis für die Ehrfurcht des Kaisers gegenüber der Religion liegt auch im Folgenden. 5. Den Klerikern gewährte er durch Erlaß eines Gesetzes überall Steuerfreiheit, und den Prozeßparteien erlaubte er, das Bischofsgericht anzurufen, falls sie die staatlichen Beamten ablehnen wollten; das Urteil der Bischöfe sollte rechtsgültig und sogar bestandskräftiger sein als das der übrigen Richter, so als sei es vom Kaiser selbst gefällt. Die Beamten samt ihren militärischen Bediensteten sollten die Urteile umsetzen. Entscheidungen der Synoden seien unumstößlich.

6. In diesem Abschnitt meines Werkes verdienen die Bestimmungen zugunsten der in den Kirchen Freigelasseen[40], nicht übergangen zu werden. Dank der Exaktheit der Gesetze und gegen den Willen der Patrone war der Erwerb der vorrangigen Freiheit, gemeint ist das römische Bürgerrecht, sehr erschwert. Daher erließ er drei Gesetze mit der Festlegung, daß alle in den Kirchen unter Zeugenschaft der Priester Freigelassenen das römische Bürgerrecht erhalten sollten. 7. Von dieser gottgefälligen Bestimmung zeugt noch jetzt die Datierung, da der Brauch besteht, daß die dazu erlassenen Gesetze in den Freilassungsurkunden vorangestellt werden. Gesetze der Art erließ Konstantin und bemühte sich in jeder Weise, die Religion zu ehren. Sie stand aber auch an sich in gutem Ruf durch das Verdienst ihrer damaligen Anhänger.

---

[40] Vgl. *Cod. Theod.* 4,7,1 (179 MOMMSEN/MEYER).

10.1. Ἄλλοι τε γὰρ πολλοὶ καὶ ἀγαθοὶ Χριστιανῶν ἦσαν τότε, ἔναγχός τε τῶν διωγμῶν πεπαυμένων εἰσέτι πλεῖστοι τῶν ὁμολογητῶν τῷ βίῳ περιόντες τὰς ἐκκλησίας ἐσέμνυνον, ὡς [ὁ] Ὅσιος ὁ Κουρδούβης ἐπίσκοπος καὶ Ἀμφίων ὁ Ἐπιφανείας τῆς Κιλίκων καὶ Μάξιμος ὁ μετὰ Μακάριον τὴν Ἱεροσολύμων ἐκκλησίαν ἐπιτραπεὶς καὶ Παφνούτιος ὁ ἐξ Αἰγύπτου, δι᾽ οὗ φασι πλεῖστα θαυματουργῆσαι τὸ θεῖον, δαιμόνων τε κρατεῖν καὶ ποικίλων παθημάτων ἰάσεις αὐτῷ χαρισάμενον. 2. ἐγένοντο δὲ Παφνούτιος οὗτος καὶ Μάξιμος ὁ δηλωθεὶς ἐξ ἐκείνων τῶν ὁμολογητῶν, οὓς Μαξιμῖνος ἐν τοῖς μετάλλοις ἐργάζεσθαι κατεδίκασε, τοὺς δεξιοὺς αὐτῶν ἐκκόψας ὀφθαλμοὺς καὶ τὰς ἀριστερὰς ἀγκύλας ἀποτεμών.

11.1. Κατὰ τούτους δὲ γενέσθαι παρειλήφαμεν καὶ Σπυρίδωνα τὸν Τριμιθοῦντος τῆς Κύπρου ἐπίσκοπον, οὗ τὴν ἀρετὴν ἐπιδεῖξαι τὴν ἔτι κρατοῦσαν περὶ αὐτοῦ φήμην ἀρκεῖν ἡγοῦμαι. τῶν δὲ δι᾽ αὐτοῦ σὺν θείᾳ ῥοπῇ γενομένων τὰ μὲν πλείω, ὥς γε εἰκός, οἱ ἐπιχώριοι ἴσασιν, ἐγὼ δὲ τὰ εἰς ἡμᾶς ἐλθόντα | οὐκ ἀποκρύψομαι. ἐγένετο γὰρ οὗτος ἄγροικος, γαμετὴν καὶ παῖδας ἔχων, ἀλλ᾽ οὐ παρὰ τοῦτο τὰ θεῖα χείρων. 2. φασὶ δέ ποτε νύκτωρ ἐλθεῖν κακούργους ἄνδρας ἐπὶ τὴν αὐλὴν τῶν αὐτοῦ προβάτων καὶ κλέψαι ἐπιχειρήσαντας ἐξαπίνης γενέσθαι δεσμίους μηδενὸς δήσαντος· ἅμα δὲ ἡμέρᾳ παραγενόμενον αὐτὸν πεπεδημένους εὑρεῖν τούτους καὶ λῦσαι μὲν τῶν ἀοράτων δεσμῶν, μέμψασθαι δὲ ὅτι ἐξὸν πεῖσαι καὶ λαβεῖν, ἅ γε ἐπεθύμουν, κλέψαι μᾶλλον εἵλοντο καὶ ἐν νυκτὶ τοσοῦτον ταλαιπωρῆσαι. 3. ὅμως δ᾽ οὖν αὐτοὺς ἐλεήσας, μᾶλλον δὲ πρὸς τὸν ἀμείνω βίον μετατεθῆναι παιδεύων |

[b T Cass.] 2 παυσαμένων T || 10 οὗτος om. T Cass. | ὁ δηλωθεὶς om. T Cass. || 15 κατ᾽ αὐτοὺς T Cass. || 17 περὶ αὐτοῦ T Cass. || 24 καὶ κλέψαι b: κλέψαι τε T || 30 τὸν ἀμείνω βίον b : τὸ ἄμεινον T Cass.

10.1. Denn es gab damals auch viele andere gute Christen, und kurz nach dem Ende der Verfolgungen waren noch sehr viele Bekenner am Leben, die ihren Kirchen zur Zierde gereichten, so Ossius, der Bischof von Corduba, Amphion von Epiphania in Kilikien, Maximus, dem nach Macarius die Kirche von Jerusalem anvertraut war, und Paphnutius[41] aus Ägypten, durch den die Gottheit, wie man sagt, viele Wunder tat, indem sie ihm den Sieg über Dämonen und Heilungen mannigfacher Krankheiten schenkte. 2. Dieser Paphnutius und der genannte Maximus gehörten zu jenen Bekennern, die Maximinus zur Arbeit in den Bergwerken verurteilt hatte und denen er das rechte Auge ausreißen und den linken Arm abschneiden ließ.

11.1. Zu ihrer Zeit lebte auch, wie wir erfahren haben, Spyridon[42], der Bischof von Trimithus auf Zypern, dessen Verdienste aufzuweisen sein noch weiterlebender Ruhm genügen dürfte. Von seinen mit Gottes Hilfe vollbrachten Taten sind die meisten gewiß den Einheimischen bekannt, ich will die uns überlieferten nicht verbergen. Er war ein schlichter Mensch, hatte Frau und Kinder, war aber deswegen nicht weniger gottesfürchtig. 2. Man sagt, eines Nachts seien Verbrecher zu seiner Schafshürde gekommen und bei dem Versuch zu stehlen plötzlich gefesselt gewesen, ohne daß jemand sie gebunden hätte. Bei Tagesanbruch sei er gekommen, habe sie gefesselt gefunden und von ihren unsichtbaren Fesseln befreit, ihnen auch Vorwürfe gemacht, daß sie, statt mit ihm zu sprechen und zu bekommen, was sie begehrten, lieber stehlen und nachts sich soviel Mühe machen wollten. 3. Trotzdem hatte er Mitleid mit ihnen, vielmehr wollte er sie dazu erziehen, sich zu einem besseren Leben zu bekehren, und sagte:

---

[41] Vgl. SOCRATES, *h. e.* 1,11,1 f (GCS 41 f), und Parallelen, vielleicht GELASIUS VON CAESAREA, *Frg.* 12 (WINKELMANN).

[42] Kapitel 11,1–5: SOCRATES, *h. e.* 1,12 (GCS 43 f); RUFIN VON AQUILEIA, *hist.* 10,5 (963 f MOMMSEN).

„ἄπιτε“, ἔφη, „τοῦτον τὸν κριὸν λαβόντες· κεκμήκατε γὰρ ἀγρυπνοῦντες, καὶ δεῖ ὑμᾶς μὴ μεμφομένους τοὺς πόνους ἐκ τῆς ἐμῆς αὐλῆς ἀπαλλάττεσθαι.“

Τοῦτο θαυμάσειε μὲν ἄν τις εἰκότως, οὐχ ἧττον δὲ κἀκεῖνο. 4. θυγατρὶ αὐτοῦ παρθένῳ Εἰρήνῃ τοὔνομα παρέθετό τι τῶν γνωρίμων τις. ἡ δὲ λαβοῦσα κατώρυξεν οἴκοι, ὅπως ἐπιμελῶς φυλάττοιτο. συμβὰν δὲ τὴν κόρην τελευτῆσαι μηδὲν εἰποῦσαν, ἧκεν ὁ ἄνθρωπος τὴν παρακαταθήκην ἀπαιτῶν. ἀγνοοῦντος δὲ Σπυρίδωνος ὅ τι λέγοι, ἀναζητήσαντος δὲ ὅμως κατὰ τὴν οἰκίαν καὶ μὴ εὑρόντος ἔκλαιε καὶ τὰς τρίχας ἔτιλλε καὶ θανατιῶν δῆλος ἦν. 5. κινηθεὶς δὲ πρὸς ἔλεον ὁ Σπυρίδων ἦλθεν ἐπὶ τὸν τάφον καὶ ὀνομαστὶ τὴν παῖδα ἐκάλεσε. τῆς δὲ ἀποκριναμένης ἤρετο περὶ τῆς παρακαταθήκης, καὶ μαθὼν ἀνέστρεφε καὶ εὑρών, ᾗ ἐσήμανεν, ἀπέδωκε τῷ ἀνθρώπῳ.

Ἐπεὶ δὲ εἰς τοῦτο προήχθην λόγου, οὐκ ἄτοπον καὶ τοῦτο προσθεῖναι. 6. ἔθος ἦν τούτῳ τῷ Σπυρίδωνι τῶν γινομένων αὐτῷ καρπῶν τοὺς μὲν πτωχοῖς διανέμειν, τοὺς δὲ προῖκα δανείζειν τοῖς ἐθέλουσιν. οὔτε δὲ διδοὺς οὔτε ἀπολαμβάνων δι' ἑαυτοῦ παρεῖχεν ἢ ὑπεδέχετο, μόνον δὲ τὸ ταμιεῖον ἐπιδεικνὺς | ἐπέτρεπε τοῖς | 23
προσιοῦσιν, ὅσου δέονται, κομίζεσθαι καὶ πάλιν ἀποδιδόναι, ὅσον ᾔδεσαν κομισάμενοι. δανεισάμενος οὖν τις τοῦτον τὸν τρόπον ἧκεν ὡς ἀποδώσων. ἐπιτραπεὶς δὲ κατὰ τὸ ἔθος αὐτὸς καθ' ἑαυτὸν ἀποδοῦναι τῷ ταμιείῳ τὰ δεδανεισμένα, πρὸς ἀδικίαν εἶδε· καὶ νομίσας λανθάνειν οὐκ ἀπέδωκε τὸ χρέος, ἀλλ' ὑφελόμενος τοῦ ὀφλήματος τὴν ἀπόδοσιν, ὡς ἀποτίσας ἀπῆλθε.

[bTCass.] 7 κόρην T : παῖδα b || 22 ὑποδεικνὺς T || 26 παραδοῦναι b

[43] Die Anekdote § 6 f, ähnlicher Tendenz wie die Geschichte von den Viehdieben, kehrt bei THEODORUS, *Vita Spyridonis* 21 (91 VAN DEN VEN; vgl. BHG 2, 1647) wieder, §§ 8–11, unten 140–143, nur bei Sozomenos, bei-

„Nun geht, und nehmt diesen Widder mit, denn ihr habt euch nachts abgerackert, und ihr sollt euch nicht über eure Mühe beklagen müssen, wenn ihr mir vom Hof geht."

Das wird man mit Recht bewundern, nicht minder das Folgende. 4. Seiner jungfräulichen Tochter namens Irene vertraute ein Bekannter etwas zur Aufbewahrung an. Sie nahm das und vergrub es im Hause, damit es sorgfältig gehütet werde. Nun geschah es, daß das Mädchen starb, ohne etwas gesagt zu haben, da kam der Mensch, sein Aufbewahrtes zurückzuholen. Spyridon wußte nichts zu sagen, suchte aber im Haus und fand nichts. Der Mann brach in Tränen aus, raufte sich die Haare und war offenbar dem Tode nahe. 5. Spyridon, von Mitleid erfaßt, ging zum Grab und rief seine Tochter beim Namen. Als sie antwortete, fragte er nach dem Anvertrauten, bekam Auskunft, ging zurück, fand es, wo sie es angegeben hatte, und gab es dem Menschen zurück.

Da ich einmal in meinem Bericht soweit gekommen bin, ist es nicht abwegig, noch Folgendes hinzuzufügen.[43] 6. Dieser Spyridon hatte die Gewohnheit, sein Erntegut teils unter Arme zu verteilen, teils unentgeltlich an alle, die es wollten, auszuleihen. Weder bei der Ausgabe noch bei der Rücknahme war er persönlich als Verteiler oder Empfänger dabei, er zeigte nur den Vorratsraum und erlaubte seinen Besuchern, soviel sie brauchten, mitzunehmen und wieder abzuliefern, wieviel sie ihres Wissens genommen hatten. Nun hatte einer auf diese Weise geliehen und kam, um es wieder abzugeben. Er bekam die Erlaubnis, wie es der Brauch war, selbständig das Geliehene in den Vorratsraum zu bringen. Er sann aber auf Unrecht, und da er vermeinte, unentdeckt zu bleiben, gab er das Geschuldete nicht zurück, drückte sich um die Rückerstattung der Leihgabe und ging weg, als hätte er sie wiedergebracht.

---

des als „Sondergut" ausführlichst erzählt. SPYRIDON wurde als Wundertäter rasch ein sehr populärer Heiliger.

7. τὸ δὲ ἄρα οὐκ ἤμελλεν ἐπὶ πολὺ λήσειν. μετὰ γάρ τινα χρόνον ὁ μὲν πάλιν ἐδεῖτο δανείζεσθαι, ὁ δὲ πρὸς τὸ ταμιεῖον ἀπέπεμπεν ἐξουσίαν δοὺς αὐτὸν ἑαυτῷ παραμετρεῖν ὅσον βούλεται. κενὸν δὲ τὸν οἶκον ἰδὼν ἐμήνυσε τῷ Σπυρίδωνι. ὁ δὲ πρὸς αὐτόν „θαυμαστόν, ὦ ἄνθρωπε“, ἔφη, „πῶς σοὶ μόνῳ ἔδοξε τὸ ταμιεῖον ἐπιλείπειν τὰ ἐπιτήδεια. σκόπει οὖν κατὰ σαυτόν, μὴ χρησάμενος ἄλλοτε τὰ πρῶτα οὐκ ἀπέδωκας· εἰ γὰρ μὴ τοῦτό ἐστι, πάντως οὐκ ἀποτεύξῃ ὧν δέῃ, καὶ πάλιν ἴθι θαρρῶν ὡς εὑρήσων.“ καὶ ὁ μὲν οὕτω φωραθεὶς κατεμήνυσε τὴν ἁμαρτίαν.

8. Ἄξιον δὲ τούτου τοῦ θείου ἀνδρὸς θαυμάσαι τὸ ἐμβριθὲς καὶ τὴν ἀκρίβειαν τῆς ἐκκλησιαστικῆς τάξεως. λέγεται γοῦν χρόνῳ ὕστερον κατά τινα χρείαν εἰς ταὐτὸν συνελθεῖν τοὺς ἐπισκόπους τῆς Κύπρου, εἶναι δὲ ἐν αὐτοῖς Σπυρίδωνα τοῦτον καὶ Τριφύλιον τὸν Λεδρῶν ἐπίσκοπον, ἄνδρα ἄλλως τε ἐλλόγιμον καὶ διὰ νόμων ἄσκησιν πολὺν χρόνον ἐν τῇ Βηρυτίων πόλει διατρίψαντα. 9. συνάξεως δὲ ἐπιτελουμένης ἐπιτραπεὶς Τριφύλιος διδάξαι τὸ πλῆθος, ἐπεὶ τὸ ῥητὸν ἐκεῖνο παράγειν εἰς μέσον ἐδέησε τὸ „ἆρόν σου τὸν κράββατον καὶ περιπάτει“, σκίμποδα ἀντὶ τοῦ κραββάτου μεταβαλὼν τὸ ὄνομα εἶπε. καὶ ὁ Σπυρίδων ἀγανακτήσας „οὐ σύ γε“, ἔφη, „ἀμείνων τοῦ κράββατον εἰρηκότος, ὅτι ταῖς αὐτοῦ λέξεσιν ἐπαισχύνῃ κεχρῆσθαι;“, καὶ τοῦτο εἰπὼν ἀπεπήδησε τοῦ ἱερατικοῦ θρόνου τοῦ δήμου ὁρῶντος, ταύτῃ γε μετριάζειν παιδεύων τὸν τοῖς λόγοις ὠφρυωμένον. ἱκανὸς γὰρ ἦν ἐντρέπειν, | αἰδέσιμός τε ὢν καὶ | 24

[b T Cass.] 15 τοὺς b : ποτὲ τοὺς T Cass. | ἐν T Cass. : σὺν b || 23 ἀγανακτήσας : ἐπ᾽ αὐτῷ ἀπεπήδησε τοῦ ἱερατικοῦ θρόνου εἰπὼν add. T Cass. || 25–26 καὶ – θρόνου : τοῦτο δὲ ἔπραξε T Cass.

7. Das sollte aber nicht lange unbemerkt bleiben. Nach einiger Zeit bat er wieder, ihm etwas zu leihen, Spyridon schickte ihn in den Vorratsraum und gab ihm die Genehmigung, sich selbst abzumessen, soviel er wolle. Als er den Raum aber leer fand, meldete er das Spyridon. Der sagte zu ihm: „Das ist ja merkwürdig, mein Lieber, daß nur dir die Scheune ihre Vorräte vorzuenthalten schien. Schau doch einmal bei dir nach, ob du vielleicht ein andermal ausgeliehen und das Vorige nicht zurückgegeben hast. Denn wenn dem nicht so ist, wird es dir bestimmt an nichts fehlen, was du brauchst, und dann komm wieder, und sei gewiß, du wirst etwas finden." So wurde er ertappt und gab seine Verfehlung zu.

8. Bewunderung verdient an diesem heiligen Mann die Ernsthaftigkeit und Gewissenhaftigkeit in bezug auf die kirchliche Ordnung. Es wird erzählt, in späterer Zeit seien zu einem bestimmten Zweck die Bischöfe von Zypern zusammengekommen, unter ihnen auch unser Spyridon und Triphylius, der Bischof von Ledrae, ein gebildeter Mann, der sich lange Zeit zum Rechtsstudium in Berytus aufgehalten hatte. 9. Ein Gottesdienst wurde gefeiert, und Triphylius erhielt den Auftrag, die Predigt für die Gemeinde zu halten. Als er das Wort „Nimm dein Bett und gehe" (Mk 2,9; Joh 5,8) vortragen sollte, änderte er κράββατον in σκίμποδα und sprach das Substantiv so aus.[44] Da wurde Spyridon ungehalten und rief: „Du bist doch wohl nicht besser als der, der κράββατον gesagt hat, daß du dich schämst, seine Ausdrücke zu gebrauchen?" Mit diesen Worten sprang er vor den Augen der Menge von seinem Bischofsthron, womit er den Bildungsstolzen zur Mäßigung erzog. Denn er vermochte zu beschämen, weil er Achtung genoß

---

[44] Im Neuen Testament gilt für ‚Bett' neben κλίνη (κλινάριον) nur κράβαττος (κράββατος); dies wurde aber als volkstümliches Fremdwort von Puristen (wie dem Lexikographen PHRYNICHUS im 2. Jh.) zugunsten von σκίμπους verpönt.

ἐκ τῶν ἔργων ἐνδοξότατος, ἅμα δὲ καὶ πρεσβύτερος τῇ ἡλικίᾳ τε καὶ ἱερωσύνῃ τυγχάνων.

10. Ὅπως δὲ διέκειτο περὶ τὰς δεξιώσεις τῶν ξένων, ἐντεῦθεν ἰστέον. ἤδη τῆς τεσσαρακοστῆς ἐνστάσης ἧκέ τις πρὸς αὐτὸν ἐξ ὁδοιπορίας, ἐν αἷς εἰώθει μετὰ τῶν οἰκείων ἐπισυνάπτειν τὴν νηστείαν καὶ εἰς ῥητὴν ἡμέραν γεύεσθαι ἄσιτος τὰς ἐν μέσῳ διαμένων· ἰδὼν δὲ τὸν ξένον μάλα κεκμηκότα „ἄγε δή", πρὸς τὴν θυγατέρα ἔφη, „ὅπως τοῦ ἀνδρὸς τοὺς πόδας νίψῃς καὶ φαγεῖν αὐτῷ παραθῇς." εἰπούσης δὲ τῆς παρθένου μήτε ἄρτον εἶναι μήτε ἄλφιτα (περιττὴ γὰρ ἦν ἡ τούτων παρασκευὴ διὰ τὴν νηστείαν) εὐξάμενος πρότερον καὶ συγγνώμην αἰτήσας ἐκέλευσε τῇ θυγατρὶ κρέα ὕεια, ἅπερ ἔτυχεν ἐν τῇ οἰκίᾳ τεταριχευμένα, ἑψεῖν. 11. ἐπεὶ δὲ ἥψητο, καθίσας ἅμα αὐτῷ τὸν ξένον, παρατεθέντων τῶν κρεῶν ἤσθιε καὶ τὸν ἄνδρα παρεκάλει αὐτὸν μιμεῖσθαι. παραιτούμενον δὲ καὶ Χριστιανὸν λέγοντα ἑαυτόν „ταύτῃ μᾶλλον", ἔφη, „οὐ παραιτητέον. πάντα γὰρ καθαρὰ τοῖς καθαροῖς ὁ θεῖος ἀπεφήνατο λόγος." τάδε μὲν περὶ Σπυρίδωνος.

12.1. Οὐχ ἥκιστα δὲ ἐπισημοτάτην τὴν ἐκκλησίαν ἔδειξαν καὶ τὸ δόγμα ἀνέσχον ταῖς ἀρεταῖς τοῦ βίου οἱ τότε μετιόντες τὴν μοναστικὴν πολιτείαν. ὠφελιμώτατον γάρ τι χρῆμα εἰς ἀνθρώπους ἐλθοῦσα παρὰ θεοῦ ἡ τοιαύτη φιλοσοφία μαθημάτων μὲν πολλῶν καὶ διαλεκτικῆς τεχνολογίας ἀμελεῖ ὡς περιέργου καὶ τὴν ἐν τοῖς ἀμείνοσι σχολὴν ἀφαιρουμένης καὶ πρὸς τὸ βιοῦν ὀρθῶς οὐδὲν συλλαμβανομένης. 2. μόνῃ δὲ φυσικῇ καὶ ἀπεριέργῳ φρονήσει παιδεύει τὰ παντελῶς κακίαν ἀναιροῦντα ἢ μείονα ἐργαζόμενα. ἐν οὐδεμιᾷ δὲ τάξει ἀγαθῶν τίθεται τὰ μεταξὺ κακίας καὶ ἀρετῆς ὄντα, μόνοις δὲ τοῖς καλοῖς χαίρει. καὶ τὸν ἀπεχόμενον τοῦ κακοῦ, μὴ δρῶντα δὲ τὸ ἀγαθὸν φαῦλον νομίζει· οὐ γὰρ ἐπιδεί-

---

[b T Cass.] 2 τε καὶ b : καὶ τῇ T || 10 παράθες b

---

[45] Der Beginn der vorösterlichen Fastenzeit (Quadragesima).

und durch seine Taten weithin berühmt war, außerdem nach Lebensjahren und dem Bischofsamt älter.

10. Wie er es mit der Bewirtung von Fremden hielt, kann man der folgenden Begebenheit entnehmen. Als schon der vierzigste Tag[45] begonnen hatte, kam jemand von einer Reise zu ihm. An diesen Tagen pflegte er mit seinen Angehörigen das Fasten zu verlängern und erst an einem bestimmten Tage zu essen, während er an den Zwischentagen ohne Speise blieb. Als er aber den völlig erschöpften Gast sah, sagte er zu seiner Tochter: „Sieh zu, daß du dem Mann die Füße wäschst und ihm zu essen vorsetzt!" Die Jungfrau erwiderte, es sei weder Brot noch Mehl da; die Beschaffung war ja wegen der Fastenzeit unnötig. Da betete er zuvor und bat um Verzeihung und ließ seine Tochter gepökeltes Schweinefleisch, das im Hause war, kochen. 11. Als es gar war, setzte er den Fremden neben sich, trug das Fleisch auf, aß und forderte den Mann auf, es ihm gleichzutun. Dieser lehnte aber ab und sagte, er sei Christ. „Um so weniger", sagte er, „darf man ablehnen. Denn den Reinen ist alles rein (Tit 1,15), sagt Gottes Wort." Soviel über Spyridon.

12. 1. Nicht zum wenigsten aber wurde das Ansehen der Kirche erhöht und der Glaube hochgehalten durch die gelebten Tugenden derer, die damals die mönchische Lebensform pflegten. Die Philosophie dieser Art, die als ein überaus nützliches Gut von Gott zu den Menschen kam, verzichtet auf vielen Wissensstoff und logische Systematik, die überflüssig sind, von der Beschäftigung mit Besserem abhalten und zum rechten Leben nichts beitragen. 2. Nur durch naturgemäßes und ungekünsteltes Denken bildet sie die Eigenschaften aus, die das Böse ganz ausrotten oder schwächer machen. In keine Klasse von Werten ordnet sie die Dinge ein, die zwischen dem Bösen und der Tugend liegen, nur am sittlich Guten hat sie ihre Freude. Wer sich des Bösen enthält, aber das Gute nicht tut, den erachtet sie für untauglich; denn sie stellt

κνυται ἀρετήν, ἀλλ' ἀσκεῖ παρ' οὐδὲν ποιουμένη τὴν πρὸς ἀνθρώπους δόξαν. 3. ἀνδρείως δὲ μάλα ἀνθισταμένη τοῖς πάθεσι τῆς ψυχῆς οὔτε ταῖς ἀνάγκαις τῆς φύσεως ὑπείκει οὔτε ταῖς τοῦ σώματος ὑποκατακλίνεται ἀσθενείαις. θείου δὲ νοῦ δύναμιν κεκτημένη πρὸς τὸν δη|μιουργὸν τῶν ὅλων ἀποβλέπει ἀεὶ καὶ | 25 νύκτωρ καὶ μεθ' ἡμέραν αὐτὸν σέβει καὶ εὐχαῖς καὶ λιταῖς ἐξιλεοῦται. 4. καθαρότητι δὲ ψυχῆς καὶ πολιτείᾳ πράξεων ἀγαθῶν εἰς τὸ θρησκεύειν εὐαγῶς ἐρχομένη καθαρμῶν καὶ περιρραντηρίων καὶ τῶν τοιούτων ὑπερορᾷ· μόνα γὰρ μιάσματα ἡγεῖται τὰ ἁμαρτήματα. 5. κρείττων δὲ οὖσα τῶν ἔξωθεν συμπιπτόντων καί, ὡς εἰπεῖν, ἁπάντων δεσπόζουσα οὔτε ὑπὸ τῆς κατεχούσης τὸν βίον ἀταξίας ἢ ἀνάγκης τῆς προαιρέσεως μεθίσταται οὔτε ὑβριζομένη ἀνιᾶται οὔτε κακῶς πάσχουσα ἀμύνεται οὔτε νόσῳ ἢ ἐνδείᾳ ἐπιτηδείων πιεζομένη καταπίπτει. μᾶλλον δὲ ἐπὶ τούτοις σεμνύνεται, τὸ καρτερικὸν καὶ πρᾶον καὶ τὸ ὀλίγων δεῖσθαι δι' ὅλου τοῦ βίου ἀσκοῦσα καί, ὡς οἷόν τε ἀνθρώπου φύσει, ἐγγυτάτω θεοῦ γινομένη. 6. ὡς ἐν παρόδῳ δὲ τῇ παρούσῃ βιοτῇ κεχρημένη οὔτε περὶ κτῆσιν πραγμάτων ἀσχολουμένη ἄγχεται οὔτε πέρα τῆς κατεπειγούσης χρείας τῶν παρόντων προνοεῖ, ἀεὶ δὲ τὸ λιτὸν καὶ εὔζωνον τῆς ἐνταῦθα κατασκευῆς ἐπαινοῦσα καραδοκεῖ τὴν ἐκεῖθεν μακαριότητα καὶ συντέταται ἀεὶ πρὸς τὴν εὐδαίμονα λῆξιν. 7. ἀναπνέουσα δὲ διὰ παντὸς τὴν εἰς τὸ θεῖον εὐλάβειαν αἰσχρορρημοσύνης ἀηδίαν ἀποστρέφεται, μηδὲ μέχρι φωνῆς ἀνεχομένη τούτων, ὧν τὰς πράξεις τῆς οἰκείας ἀγωγῆς ἀφώρισεν. ἐπὶ βραχύ τε συστέλλουσα τὴν χρείαν τῆς φύσεως καὶ τὸ σῶμα συναναγκάζουσα τῶν μετρίων δεῖσθαι, σωφροσύνῃ μὲν τῆς ἀκολασίας κρατεῖ, δικαιοσύνῃ δὲ τὴν ἀδικίαν κολάζει καὶ ἀληθείᾳ τὸ ψεῦδος, καὶ

[b T Cass.] 20 θεῷ b || 31 συναναγκάζουσα τὸ σῶμα T Cass.

Tugend nicht zur Schau, sondern trainiert sie, ohne auf den Ruhm bei Menschen Wert zu legen. 3. Ganz tapfer den Leidenschaften der Seele widerstehend, weicht sie weder den Zwängen der Natur noch unterliegt sie den Schwächen des Leibes. Im Besitz der Kraft des göttlichen Geistes schaut sie unentwegt auf den Schöpfer des Alls, nachts und am Tage verehrt sie ihn und ersucht in Bitt- und Dankgebeten um seine Gnade. 4. Durch seelische Reinheit und durch die von guten Taten bestimmte Lebensführung kommt sie zur unverfälschten Verehrung, so daß sie auf Reinigungen, Besprengungen und dergleichen verzichten kann: Die einzigen Befleckungen, die sie kennt, sind Versündigungen. 5. Stärker als die von außen kommenden Ereignisse und sozusagen Herrin über alle, wird sie weder durch die das Leben bestimmende Unordnung oder durch Zwang von ihrem Vorsatz abgelenkt noch durch Beschimpfungen bekümmert. Leidet sie, so wehrt sie sich nicht, auch durch Krankheit oder Mangel am Notwendigsten gequält läßt sie sich nicht niederwerfen. Im Gegenteil, sie rühmt sich dessen, da sie das ganze Leben lang sich in Enthaltsamkeit, Sanftmut und Bedürfnislosigkeit übt und, soweit das menschlicher Natur möglich, Gott sehr nahe kommt. 6. Das gegenwärtige Leben führt sie wie in einem Übergang, weder läßt sie sich durch das Bemühen um den Besitz von Dingen bedrängen noch sorgt sie über den dringenden Bedarf hinaus für das Irdische, stets preist sie Schlichtheit und Einfachheit des hiesigen Zustands und erwartet die jenseitige Glückseligkeit, immer zielt sie auf das selige Los. 7. Allezeit von Verehrung der Gottheit kündend, wendet sie sich ab von der Widrigkeit häßlicher Rede: Nicht einmal hören mag sie von den Dingen, deren Tun sie aus der eigenen Lebensführung verbannt hat. Den natürlichen Bedarf aufs engste einschränkend, den Leib nötigend, nur Maßvolles zu brauchen, besiegt sie durch Besonnenheit die Zügellosigkeit, durch Gerechtigkeit straft sie das Unrecht und durch Wahrheit die Lüge, mit

εὐταξίᾳ τῶν ἐπὶ πᾶσι μέτρων μεταλαγχάνει. 8. ἐν ὁμονοίᾳ τε καὶ κοινωνίᾳ τῇ πρὸς τοὺς πέλας τὴν πολιτείαν καθίστησι· προνοητικὴ φίλων καὶ ξένων ἐστὶ καὶ τὰ οἰκεῖα κοινὰ ποιεῖται τῶν δεομένων καὶ τὰ πρόσφορα ἑκάστῳ συλλαμβάνεται, μήτε χαίροντας ἐνοχλοῦσα καὶ λυπουμένους παραμυθουμένη, καθόλου δὲ σπουδάζουσα καὶ πρὸς τὸ ὄντως ἀγαθὸν τὴν ἐπιμέλειαν τείνουσα λόγοις σώφροσι καὶ σοφοῖς ἐννοήμασι καλλωπισμοῦ καὶ κακηγορίας ἀμοίροις παιδεύει καὶ ὥσπερ φαρμάκοις τισὶν ἰᾶται τοὺς ἀκούοντας, μετὰ τιμῆς καὶ αἰδοῦς τὰς διαλέξεις ποιουμένη, καὶ ἔριδος καὶ τωθασμοῦ καὶ ὀργῆς ἐλευθέρα. λογικὴ γὰρ οὖσα παραιτεῖται | πᾶσαν ἀλόγιστον κίνησιν καὶ καθάπαξ κρατεῖ | 26 τῶν παθῶν τοῦ σώματος καὶ τῆς ψυχῆς.

9. Ταύτης δὲ τῆς ἀρίστης φιλοσοφίας ἦρξατο μέν, ὥς τινες λέγουσιν, Ἠλίας ὁ προφήτης καὶ Ἰωάννης ὁ βαπτιστής. Φίλων δὲ ὁ Πυθαγόριος ἐν τοῖς κατ᾽ αὐτὸν χρόνοις ἱστορεῖ τοὺς πανταχόθεν Ἑβραίων ἀρίστους εἴς τι χωρίον ὑπὲρ τὴν Μαρίαν λίμνην ἐπὶ γεωλόφου κείμενον φιλοσοφεῖν. οἴκησιν δὲ αὐτῶν καὶ δίαιταν καὶ ἀγωγὴν τοιαύτην παρίστησιν, οἵαν καὶ ἡμεῖς νῦν παρὰ τοῖς Αἰγυπτίων μοναχοῖς πολιτευομένην ὁρῶμεν. 10. γράφει γὰρ ἀρχομένους αὐτοὺς τοῦ φιλοσοφεῖν ἐξίστασθαι τῶν ὄντων τοῖς προσήκουσι καὶ πράγμασι καὶ ἐπιμιξίαις ἀπαγορεύοντας ἔξω τειχῶν ἐν μοναγρίοις καὶ κήποις διατρίβειν, οἰκήματα δὲ αὐτοῖς εἶναι ἱερά, ἃ καλεῖται μοναστήρια, ἐν τούτοις δὲ μεμονωμένους σεμνὰ μυστήρια ἐπιτελεῖν, ἐπιμελῶς δὲ ψαλμοῖς καὶ ὕμνοις τὸ θεῖον θεραπεύειν· καὶ πρὸ ἡλίου δύσεως μὴ ἀπογεύεσθαι τροφῆς, τοὺς δὲ διὰ τριῶν ἡμερῶν καὶ πλειόνων· καὶ λοιπὸν ῥηταῖς ἡμέραις χαμευνεῖν, καὶ

[b T Cass.] 9 ἀμοίρους b T || 20 διαγωγὴν T

[46] Hieronymus, *v. Pauli* 1 (66–68 Degórski).

rechter Ordnung hat sie in allen Dingen Anteil am Maß. 8. In Eintracht und Gemeinschaft mit den Nächsten gestaltet sie ihre Lebensweise, sie sorgt für Freunde und Fremde, teilt das Eigene mit den Bedürftigen, hilft einem jeden, wie es ihm von Nutzen ist, schilt nicht die Fröhlichen, tröstet die Betrübten. In allem voller Ernst und ihre Sorgfalt auf das wirklich Gute lenkend, vermag sie mit bedachtsamen Worten und klugen Gedanken, ohne Hochmut und Schmähung, zu erziehen und wie mit gewissen Arzneien die Zuhörer zu heilen, wobei sie die Gespräche in Hochachtung und Zurückhaltung führt, frei von Zankerei, Hohn und Jähzorn. Denn vom Verstand geleitet lehnt sie jede unvernünftige Regung ab und bezwingt ein für allemal die Leidenschaften des Leibes und der Seele.

9. Mit dieser besten Philosophie begannen, wie manche[46] sagen, der Prophet Elija und Johannes der Täufer. Der Pythagoreer Philo[47] aber berichtet, zu seiner Zeit hätten die von überall herkommenden Besten der Hebräer an einem Ort, der oberhalb des Mareotis-Sees auf einem Hügel lag, Philosophie getrieben. Ihre Wohnung, Lebensweise und Beschäftigung stellt er so dar, wie auch wir sie jetzt bei den ägyptischen Mönchen im Schwange finden. 10. Er schreibt nämlich, daß sie, wenn sie zu philosophieren beginnen, zugunsten ihrer Angehörigen auf ihren Besitz verzichten, Geschäften und Kontakten entsagen, außerhalb der Mauern in Einzelhöfen und Gärten leben, daß sie geweihte Räume haben, die Monasterien heißen, in denen sie isoliert feierliche Mysterien begehen und geflissentlich mit Psalmen und Hymnen die Gottheit verehren; vor Sonnenuntergang nähmen sie keine Nahrung zu sich, manche auch drei und mehr Tage nicht; ferner schliefen sie an bestimmten Tagen auf dem Fußboden, des Weins und

---

[47] §§ 9 (außer dem letzten Satz) – 11 (nur der erste Satz) sind übernommen aus EUSEBIUS VON CAESAREA, *h. e.* 2,4,3 (GCS 114f); 2,17 (GCS 142–148).

οἴνου πάμπαν καὶ ἐναίμων ἀπέχεσθαι, ὄψον δὲ αὐτοῖς εἶναι ἄρτον καὶ ἅλας καὶ ὕσσωπον καὶ ποτὸν ὕδωρ· γυναῖκας δὲ αὐτοῖς συνεῖναι γηραλέας παρθένους δι' ἔρωτα φιλοσοφίας ἑκουσίῳ γνώμῃ τὴν ἀγαμίαν ἀσκούσας. 11. καὶ ὁ μὲν Φίλων ὧδέ πῃ ἱστορῶν ἔοικεν ὑποφαίνειν τοὺς κατ' αὐτὸν ἐξ Ἑβραίων χριστιανίσαντας ἔτι Ἰουδαϊκώτερον βιοῦντας καὶ τὰ ἐκείνων ἔθη φυλάττοντας. παρ' ἄλλοις γὰρ οὐκ ἔστιν εὑρεῖν ταύτην τοῦ βίου τὴν διαγωγήν. ὅθεν συμβάλλω ἐξ ἐκείνου παρ' Αἰγυπτίοις ἀκμάσαι ταυτηνὶ τὴν φιλοσοφίαν. ἄλλοι δέ φασιν αἰτίαν ταύτῃ παρασχεῖν τοὺς κατὰ καιρὸν τῇ θρησκείᾳ συμβάντας διωγμούς. ἐπεὶ γὰρ φεύγοντες ἐν ὄρεσι καὶ νάπαις καὶ ἐρημίαις τὰς διατριβὰς ἐποιοῦντο, ἐθάδες τοῦ βίου τούτου ἐγένοντο.

13.1. Ἀλλ' εἴτε Αἰγύπτιοι εἴτε ἄλλοι τινὲς ταύτης 27 προὔστησαν ἐξ ἀρχῆς τῆς φιλοσοφίας, ἐκεῖνο γοῦν παρὰ πᾶσι συνωμολόγηται, ὡς εἰς ἄκρον ἀκριβείας καὶ τελειότητος ἤθεσι καὶ γυμνασίοις τοῖς πρέπουσιν ἐξήσκησε ταυτηνὶ τοῦ βίου τὴν διαγωγὴν Ἀντώνιος ὁ μέγας μοναχός· ὃν τηνικαῦτα διαπρέποντα ἐν ταῖς κατ' Αἴγυπτον ἐρημίαις κατὰ κλέος τῆς τοῦ ἀνδρὸς ἀρετῆς φίλον ἐποιήσατο Κωνσταντῖνος ὁ βασιλεὺς καὶ γράμμασιν ἐτίμα καὶ περὶ ὧν ἐδεῖτο γράφειν προὐτρέπετο. 2. ἐγένετο δὲ οὗτος Αἰγύπτιος τῷ γένει τῶν εὐπατριδῶν ἀπὸ Κομᾶ· κώμη δὲ αὕτη νομοῦ Ἡρακλείας τῆς παρ' Αἰγυπτίοις Ἀρκάσι. βούπαις δὲ καταλειφθεὶς ὀρφανὸς τοὺς μὲν πατρῴους ἀγροὺς ἐδωρήσατο τοῖς κωμήταις, τὴν δὲ ἄλλην οὐσίαν διαθεὶς τὸ τίμημα τοῖς πενομένοις διένειμε. σπουδαίου γὰρ εἶναι φιλοσόφου κατεῖδεν μὴ μόνον ἑαυτὸν γυμνῶσαι χρημάτων, ἀλλὰ καὶ εἰς δέον ταῦτα

---

[48] *Hyssopus officinalis,* ein Halbstrauch, dessen junge Triebe und Blätter zum Würzen verwendet wurden.

[49] Kapitel 13,1–10 (außer § 6) nach ATHANASIUS VON ALEXANDRIEN, *v. Anton.*

des Fleisches enthielten sie sich vollständig, ihre Nahrung bestehe aus Brot, Salz und Ysop[48], ihr Getränk sei Wasser; auch Frauen lebten bei ihnen, ältere Jungfrauen, die im Drang nach Philosophie aus freiwilligem Entschluß in Ehelosigkeit lebten. 11. Philo scheint mit diesem Bericht auf die zu seiner Zeit aus Hebräern zu Christen Gewordenen anzuspielen, die noch mehr nach jüdischer Art lebten und jüdische Bräuche bewahrten. Bei anderen Völkern ist diese Lebensweise ja nicht zu finden, daher vermute ich, daß diese Philosophie seit jener Zeit bei den Ägyptern in Blüte gestanden hat. Andere behaupten, die von Zeit zu Zeit der Religion widerfahrenen Verfolgungen hätten dieser Philosophie den Anlaß geboten. Denn als sie auf der Flucht in Gebirgen, Schluchten und Einöden leben mußten, gewöhnten sie sich an dieses Leben.

13.1. Doch ob nun die Ägypter oder andere von Anfang an diese Philosophie vertraten, darin sind sich jedenfalls alle einig, daß diese Lebensweise zur höchsten Sorgfalt und Vollkommenheit in Bräuchen und angemessenen Übungen durch den großen Mönch Antonius[49] ausgebildet wurde. Ihn, der sich damals in den ägyptischen Einsiedeleien hervortat, machte sich Kaiser Konstantin wegen des Ruhms, den die Leistung dieses Mannes genoß, zum Freund, er zeichnete ihn durch Briefe aus und forderte ihn auf, ihm seine Wünsche mitzuteilen. 2. Dieser war von ägyptischer Herkunft und vornehmer Abstammung aus Koma, einem Dorf im Gau von Heraclea[50] in der ägyptischen Provinz Arcadia. Als junger Bursche verlor er seine Eltern, verschenkte deren Felder an die Dorfgenossen, veräußerte den übrigen Besitz und verteilte den Erlös unter die Armen. Denn er verstand, daß es einem ernsthaften Philosophen zukomme, nicht nur sich selbst von Geldmitteln zu entblößen, sondern sie auch für einen guten Zweck zu

---

[50] Heracleopolis am Fayyum, die Provinz Arcadia wurde natürlich erst später eingerichtet. Die Herkunftsangaben stammen nicht aus der *vita*.

ἀναλῶσαι. 3. συγγενόμενος δὲ τοῖς κατ᾽ αὐτὸν σπουδαίοις τὰς πάντων ἐζήλωσεν ἀρετάς· δοκιμάσας δὲ τὸν ἀγαθὸν βίον ἡδὺν ἔσεσθαι τῇ συνηθείᾳ καὶ χαλεπὸν ὄντα τὰ πρῶτα, τρόπους περινοῶν συντονωτέρας ἀσκήσεως, καθ᾽ ἡμέραν ἐπεδίδου τῇ ἐγκρατείᾳ, καὶ ὡς ἀεὶ ἀρχόμενος ἀνενέου τὴν προθυμίαν, ταῖς μὲν ταλαιπωρίαις τοῦ σώματος τὰς ἡδονὰς κολάζων, θεοσόφῳ δὲ προαιρέσει τοῖς πάθεσι τῆς ψυχῆς ἀντιταττόμενος. 4. ἦν δὲ αὐτῷ τροφὴ μόνος ἄρτος καὶ ἅλας, ὕδωρ δὲ ποτόν, καὶ ἀρίστου καιρὸς δυόμενος ἥλιος. πολλάκις δὲ δύο καὶ πλείους ἡμέρας διέμενεν ἄσιτος. ἠγρύπνει δὲ ἀεὶ μέν, ὡς εἰπεῖν, ὁλοκλήρους νύκτας, καὶ εὐχόμενος τῆς ἡμέρας ἐφήπτετο· εἰ δ᾽ ἄρα καὶ ὕπνου ἐγεύσατο, ἐπὶ ῥιπὸς ἀκαριαῖον ἐκάθευδε. τὰ πολλὰ δὲ καὶ χαμαὶ κείμενος αὐτὴν μόνην τὴν γῆν στρωμνὴν ἐποιεῖτο. 5. ἐλαίου τε τὴν ἀλοιφὴν καὶ λουτρῶν καὶ τῶν παραπλησίων τὴν χρῆσιν παρῃτεῖτο, ὡς ὑγρότητι τὸ σύντονον τοῦ σώματος | εἰς τὸ 28
χαῦνον μεταβάλλουσαν. φασὶ δὲ μηδὲ γυμνὸν αὐτὸν θεαθῆναί ποτε.

Γράμματα δὲ οὐδὲ ἠπίστατο οὐδὲ ἐθαύμαζεν, ἀλλὰ νοῦν ἀγαθὸν ὡς πρεσβύτερον τῶν γραμμάτων καὶ αὐτὸν τούτων εὑρετὴν ἐπῄνει. 6. ἐγένετο δὲ πρᾶος τὰ μάλιστα καὶ φιλανθρωπότατος καὶ ἐχέφρων καὶ ἀνδρεῖος, χαρίεις τε τοῖς ἐντυγχάνουσι καὶ ἄλυπος οἷς διελέγετο, εἰ καὶ ἐριστικῶς τὰς διαλέξεις ἐποιοῦντο. σοφῶς γάρ πως τῷ οἰκείῳ ἤθει καὶ ἐπιστήμῃ τινὶ φιλονικίαν αὐξομένην κατέπαυε καὶ πρὸς τὸ μέτρον μετετίθει καὶ τῶν ὁμιλούντων αὐτῷ τὸν τόνον ἐκίρνα καὶ τοὺς τρόπους ἐρρύθμιζε.

7. Διὰ τοσούτων δὲ ἀρετῶν ἔμπλεως θείας προγνώσεως γεγονὼς οὐχ ἡγεῖτο ἀρετὴν προειδέναι τὸ μέλλον, καὶ κατὰ τοῦτο μὴ πονεῖν εἰκῇ περὶ τοῦτο συνεβούλευεν,

---

[b T Cass.] 16 τὴν γῆν στρωμνὴν ἐποιεῖτο b: εἶχε τὴν γῆν στρωμνὴν T

verwenden. 3. Er traf mit den hervorragenden Asketen seiner Zeit zusammen und tat es den Leistungen aller gleich. Da er aber argwöhnte, das sittlich gute Leben werde durch die Gewohnheit trotz anfänglicher Schwierigkeiten angenehm werden, ersann er Methoden einer verschärften Askese: Jeden Tag steigerte er seine Enthaltsamkeit und — als begänne er immer wieder neu — erhöhte seinen Eifer, durch Plagen seine leiblichen Lüste strafend und mit dem Entschluß zu von Gott verliehener Weisheit den seelischen Leidenschaften entgegentretend. 4. Seine Nahrung bestand nur aus Brot und Salz, sein Getränk war Wasser, und seine einzige Mahlzeit nahm er bei Sonnenuntergang ein. Oft blieb er auch zwei und mehr Tage ohne Essen. Er wachte, man könnte sagen stets, ganze Nächte hindurch und begrüßte den Tag mit Gebet; wenn er doch einmal am Schlaf nippte, so ruhte er für kurze Zeit auf einer Matte, oft lag er auch auf der blanken Erde und machte sie zu seinem Lager. 5. Das Salben mit Öl und den Gebrauch von Bädern und ähnlichem lehnte er ab, da sie mit ihrer Feuchtigkeit die körperliche Elastizität in Schlaffheit wandelten. Man behauptet, er sei niemals nackt gesehen worden.

Lesen konnte er nicht und hatte auch keine Hochachtung davor, sondern er pries den trefflichen Geist, der älter als die Buchstaben sei und sie selbst erfunden habe. 6. Er war im höchsten Maße umgänglich, menschenfreundlich, gescheit und unerschrocken, witzig zu den Besuchern, ohne Groll gegenüber seinen Gesprächspartnern, auch wenn sie angriffslustig diskutierten. Klug wußte er mit seiner Eigenart und einem gewissen Sachverstand aufkommende Streitlust zu beenden. Er minderte sie auf das rechte Maß, milderte die Aufgeregtheit der mit ihm Sprechenden und formte ihren Charakter.

7. Durch so viele Vorzüge voller von Gott verliehener Vorahnung, hielt er es nicht für einen Vorteil, die Zukunft vorherzuwissen, und daher riet er davon ab, sich unnötig

οὔτε τὸν ἀγνοοῦντα τὰ ἐσόμενα εὐθύνας ὑφέξειν οὔτε τὸν εἰδότα παρὰ τοῦτο ζηλωτὸν ἔσεσθαι ἀποφαινόμενος· τὸ γὰρ ἀληθῶς μακάριον ὑπάρχειν ἐν τῷ σέβειν τὸν θεὸν εἶναι καὶ τοὺς νόμους αὐτοῦ φυλάττειν. εἰ δὲ καὶ τούτου, φησί, μέλει τῳ, καθαρευέτω τὴν ψυχήν· τουτὶ γὰρ δύνασθαι διορατικὴν αὐτὴν ποιεῖν καὶ τῶν ἐσομένων ἐπιστήμονα τοῦ θεοῦ τὸ μέλλον προαναφαίνοντος.

8. Ἀργεῖν δὲ οὔτε αὐτὸς ἠνείχετο καὶ τὸν μέλλοντα καλῶς βιοῦν ἐργάζεσθαι παρεκελεύετο καὶ καθ᾽ ἑαυτὸν ἀνακρίνειν καὶ λόγον τιθέναι ὧν ἐποίησε νύκτωρ καὶ μεθ᾽ ἡμέραν. εἰ δέ τι μὴ δέον πέπραχεν, ἀναγράφεσθαι τοῦτο, ἵνα τοῦ λοιποῦ φείδοιτο τῶν ἁμαρτημάτων, ἑαυτὸν αἰδούμενος εἰ πολλὰ εὕροι ἐγγεγραμμένα, ἅμα τε δεδιώς, μὴ φωραθείσης αὐτῷ τῆς γραφῆς κατάδηλος ἄλλοις γένηται μοχθηρὸς ὤν.

9. Οὐ μὴν ἀλλὰ καὶ περὶ τὰς προστασίας τῶν ἀδικουμένων, εἰ καί τις ἄλλος, ὑπερφυῶς σπουδαιότατος ἐγένετο· καὶ τούτων ἕνεκα πολλάκις εἰς τὰς πόλεις ἐφοίτα. παροδυρόμενοι γὰρ αὐτῷ πολλοὶ ἐβιάζοντο πρεσβεύειν ὑπὲρ αὐτῶν πρὸς τοὺς ἄρχοντας καὶ τοὺς ἐν τέλει· πολλοῦ γὰρ ἂν ἕκαστος ἐτιμήσατο ἰδεῖν αὐτὸν καὶ λαλοῦντος ἀκοῦσαι καὶ κελεύοντι πειθαρχῆσαι, ἐπεὶ καὶ τηλικοῦτος ὢν ἐσπούδαζεν ἀγνοεῖσθαι καὶ ἐν ταῖς ἐρημίαις λανθάνειν. 10. εἰ δὲ καὶ βιασθείς ποτε εἰς πόλιν ἦλθεν | ἐπικουρῆσαι δεομένοις, διαθεὶς ὅτου χάριν παρεγένετο αὐτίκα ἐπὶ τὴν ἔρημον ἐπανῄει. τοὺς μὲν γὰρ ἰχθύας ἔλεγε τὴν ὑγρὰν οὐσίαν τρέφειν, μοναχοῖς δὲ κόσμον φέρειν τὴν ἔρημον, ἐπίσης τε τοὺς μὲν ξηρᾶς ἁπτομένους τὸ ζῆν ἀπολιμπάνειν, τοὺς δὲ τὴν μοναστικὴν σεμνότητα ἀπολλύειν τοῖς ἄστεσι προσιόντας. πειθήνιον δὲ καὶ κεχαρισμένον τοῖς ὁρῶσιν ἑαυτὸν παρέχων ἐπεμελεῖτο μήτε φύσιν ὑπερορῶσαν ἔχειν μήτε δοκεῖν εἶναι τοῦτο.

[b T Cass.] 25–26 ἦλθεν εἰς πόλιν T Cass.

damit zu beschäftigen, indem er erklärte, wer das Kommende nicht kenne, werde dafür nicht zur Rechenschaft gezogen werden, wer darum wisse, sei deshalb nicht zu beneiden: Die wahre Glückseligkeit liege in der Anbetung Gottes und im Halten seiner Gebote. Falls jemandem aber, so sagte er, auch hieran gelegen sei, so solle er in seiner Seele rein sein; das könne ihr zur Klarsicht verhelfen und zur Einsicht in das Kommende, wenn Gott die Zukunft vorher andeute.

8. Untätig zu sein konnte er nicht ertragen, und wer ein gutes Leben führen wolle, dem riet er zu arbeiten, sich selbst zu prüfen und sich Rechenschaft zu geben, was er in der Nacht und am Tage getan habe. Wenn er etwas Unrechtes getan habe, solle er das notieren, um künftig die Fehler zu meiden, wobei er sich vor sich selbst schämen müsse, falls er viele Eintragungen finde, und zudem zu fürchten hätte, seine Aufzeichnungen könnten entdeckt werden und er vor anderen als ein schlechter Mensch dastehen.

9. Auch war er wie kaum ein anderer überaus besorgt um Hilfe für Unrecht Leidende; aus diesem Grunde kam er häufig in die Städte. Viele klagten ihm nämlich ihr Leid und nötigten ihn, sich für sie bei Beamten und Behörden zu verwenden. Denn jeder hätte viel darum gegeben, ihn zu sehen und sprechen zu hören und seinen Weisungen Folge zu leisten, da er trotz seiner Größe Wert darauf legte, unerkannt und in der Einsamkeit verborgen zu bleiben. 10. Wenn er wirklich einmal notgedrungen in eine Stadt kam, um Hilfesuchenden beizustehen, kehrte er nach der Regelung des Anlasses für sein Kommen unverzüglich in die Wüste zurück. Die Fische, pflegte er zu sagen, lebten vom feuchten Element, der Mönche Zier sei die Wüste, und so wie die Fische, gerieten sie ins Trockene, umkommen müßten, zerstörten diese ihre Würde als Mönche, wenn sie in die Städte gingen. Willfährig und entgegenkommend bot er sich denen, die ihn zu sehen bekamen, und er war bestrebt, kein überhebliches Wesen zu haben und auch nicht so zu wirken.

11. Ἀλλὰ ταῦτα μὲν μικρὰ ἄττα τῶν Ἀντωνίου πολιτευμάτων εἰπεῖν προήχθην, ἵν᾽ ὑποδείγμασι χρώμενοι τοῖς εἰρημένοις ἀναλογισώμεθα τοῦ ἀνδρὸς τὴν φιλοσοφίαν. πλείστους δὲ καὶ εὐδοκιμωτάτους μαθητὰς ἔσχεν, ὧν οἱ μὲν ἐν Αἰγύπτῳ καὶ Λιβύῃ, οἱ δὲ ἐν Παλαιστίνῃ καὶ Συρίᾳ καὶ Ἀραβίᾳ διέπρεψαν. καὶ ἕκαστος οὐχ ἧττον ἢ ὁ διδάσκαλος, παρ᾽ οἷς διέτριβε, διεβίω τε καὶ ἐπολιτεύσατο καὶ πολλοὺς ἐπαίδευσε καὶ εἰς τὴν ὁμοίαν ἀρετὴν καὶ φιλοσοφίαν ἤγαγεν, 12. ὥστε ἔργον εἶναι κατὰ πόλεις καὶ χώρας περιιόντα ἐπιμελῶς ζητεῖν τοὺς Ἀντω- νίου ἑταίρους ἢ τοὺς τούτων διαδόχους. πῶς γὰρ καὶ ῥᾳδία γένοιτο τούτων ἡ εὕρεσις, οἷς ἐν τῷ βίῳ λανθάνειν ἐσπουδάζετο ἐπιμελέστερον ἢ πολλοὶ τῶν νῦν ἀνθρώπων ὑπὸ φιλοτιμίας τυφούμενοι πομπεύουσιν ἑαυτοὺς καὶ καταδήλους ποιοῦσιν.

13. Ἐγένοντό γε μὴν εὐδοκιμώτατοι ὧν παρειλήφαμεν Ἀντωνίου μαθητῶν ἄλλοι τε πολλοί, οὓς κατὰ τὸν οἰκεῖον καιρὸν ἀναγράψομαι, καὶ Παῦλος ὁ ἐπίκλην ἁπλοῦς. ὅν φασιν ἄγροικον ὄντα καλῇ τὸ εἶδος γυναικὶ συνοικῆσαι· ἐπ᾽ αὐτοφώρῳ δὲ αὐτὴν καταλαβόντα μοιχευομένην ἠρέμα ἐπιγελάσαι καὶ ὅρκον προσθεῖναι ὡς οὐκέτι αὐτῇ συνοικήσει· „ἔχε“ δὲ „αὐτήν“ πρὸς τὸν μοιχὸν εἰπὼν εὐθὺς ἐπὶ τὴν ἐρημίαν ἀνῆλθε πρὸς Ἀντώνιον. 14. πρᾳότατον δὲ καὶ καρτερικὸν εἰσάγαν λέγεται τόνδε γενέσθαι τὸν ἄνδρα· ἀμέλει τοι καὶ γηραλέῳ ὄντι καὶ μοναστικῆς τληπαθείας ἀήθει (ἔτι γὰρ νέηλυς ἦν) παντοδαπαῖς πείραις προσβαλὼν Ἀντώνιος ἐν οὐδενὶ ἀγεννῆ ἐφώρασε· τελείαν δὲ αὐτῷ φιλοσοφίαν ἐπιμαρτυρήσας καθ᾽ ἑαυτὸν διάγειν ἐπέτρεπεν ὡς μηδὲν διδασκάλου | δεόμενον. ἐπεψηφίζετο δὲ καὶ ὁ θεὸς τῇ | 3 Ἀντωνίου μαρτυρίᾳ, καὶ τοῖς ἔργοις ἐπεδείκνυ τὸν ἄνδρα ἐνδοξότατον, κρείττονα δὲ καὶ αὐτοῦ τοῦ διδασκάλου εἰς τὸ κακοῦν καὶ ἀπελαύνειν τοὺς δαίμονας.

---

[51] Kapitel 13,13f nach PALLADIUS, *h. Laus.* 22 (69–73 BUTLER).

11. Diese wenigen Beispiele für die Handlungsweise des Antonius anzuführen fühlte ich mich bemüßigt, damit wir das Berichtete als Muster verwenden, um die Philosophie dieses Mannes ermessen zu können. Er hatte sehr viele hochberühmte Schüler, von denen einige in Ägypten und Libyen, andere in Palästina, Syrien und Arabien sich hervortaten. Jeder von ihnen lebte und handelte nicht anders als der Meister in seinem jeweiligen Bereich und erzog viele Menschen und brachte sie zur gleichen sittlichen Leistung und Philosophie. 12. So ist es nicht einfach, durch Städte und Länder zu reisen und die Gefährten des Antonius oder deren Nachfolger sorgfältig aufzuspüren. Wie sollte es auch leicht sein, sie zu finden, die in ihrem Leben sorgsamer darauf bedacht waren, unbekannt zu bleiben, als viele der heutigen Menschen, von Ehrgeiz aufgeplustert, protzen und sich darzustellen suchen.

13. Zu den berühmtesten Schülern des Antonius, von denen wir gehört haben, zählte neben vielen anderen, von denen ich zu gegebener Zeit berichten werde, auch Paulus mit dem Beinamen ‚der Einfältige'.[51] Von ihm heißt es, er sei Bauer gewesen und mit einer schönen Frau verheiratet. Als er sie in flagranti beim Ehebruch ertappte, habe er nur still dazu gelacht und einen Schwur getan, nicht mehr mit ihr zusammenzusein. „Behalte sie", sagte er zu dem Liebhaber und ging alsbald in die Einsamkeit hinaus zu Antonius. 14. Besonders freundlich und überaus enthaltsam, sagt man, sei dieser Mann gewesen; jedenfalls habe Antonius ihn als alten Mann, der die mönchische Ausdauer nicht gewohnt war, da er noch Anfänger war, allerlei Proben unterzogen und in keiner als Versager befunden. Darauf habe er ihm vollkommene philosophische Haltung bezeugt und ihm erlaubt, allein zu leben, da er keinen Lehrer brauche. Dieses Zeugnis des Antonius bestätigte auch Gott, der den Mann durch seine Taten hochberühmt machte, ja sogar dem Meister selbst überlegen im Überwinden und Vertreiben von Dämonen.

14.1. Περὶ δὲ τοῦτον τὸν χρόνον καὶ Ἀμοῦν ὁ Αἰγύπτιος ἐφιλοσόφει. ὃν δὴ λόγος βιασαμένων τῶν οἰκείων γυναῖκα ἀγαγέσθαι, μὴ πειραθῆναι δὲ αὐτῆς ᾗ θέμις ἀνδράσιν. ὡς γὰρ ἀρχὴν εἶχεν αὐτοῖς ὁ γάμος καὶ νύμφην οὖσαν οἷα νυμφίος εἰς τὸν θάλαμον λαβὼν ἐμονώθη, „ὁ μὲν δὴ γάμος ἡμῖν οὗτος", ἔφη, „ὦ γύναι, μέχρι τούτων τετέλεσται"· ἡλίκον δὲ ἀγαθόν ἐστι δυνηθῆναι παρθένον διαμεῖναι, ἐκ τῶν ἱερῶν γραφῶν ὑφηγεῖτο, καὶ ἐπειρᾶτο καθ' ἑαυτὸν οἰκεῖν. 2. ἀλλ' ἐπειδὴ τοὺς περὶ παρθενίας λόγους ἐπῄνει ἡ γυνή, χωρισθῆναι δὲ αὐτοῦ χαλεπῶς ἔφερεν, ἰδίᾳ καθεύδων ἐπὶ δέκα καὶ ὀκτὼ ἔτεσι συνῆν αὐτῇ μηδὲ οὕτω μοναχικῆς ἀσκήσεως ἀμελῶν. ἐν τοσούτῳ δὲ χρόνῳ ζηλώσασα τὴν τοῦ ἀνδρὸς ἀρετὴν ἡ γυνὴ ἐλογίσατο μὴ δίκαιον εἶναι τηλικοῦτον ὄντα οἴκοι κρύπτεσθαι δι' αὐτήν, καὶ χρῆναι ἑκάτερον κεχωρισμένως οἰκοῦντα φιλοσοφεῖν. 3. καὶ περὶ τούτου ἐδεήθη τοῦ ἀνδρός. ὁ δὲ χάριν ὁμολογήσας τῷ θεῷ ὑπὲρ τῶν βεβουλευμένων τῇ γυναικί „σὺ μὲν δή", ἔφη, „τοῦτον τὸν οἶκον ἔχε· ἐγὼ δὲ ἕτερον ἐμαυτῷ ποιήσω." καὶ πρὸς μεσημβρίαν τῆς Μαρίας λίμνης καταλαβὼν ἔρημον τόπον ἀμφὶ τὴν Σκῆτιν καὶ τὸ καλούμενον τῆς Νιτρίας ὄρος δύο καὶ εἴκοσι ἔτη ἐνθάδε ἐφιλοσόφησε, δὶς ἑκάστου ἔτους τὴν γυναῖκα θεώμενος.

4. Τούτῳ δὲ τῷ θεσπεσίῳ ἀρχηγῷ γενομένῳ τῶν τῇδε μοναστηρίων πολλοὶ καὶ ἀξιόλογοι ἐγένοντο μαθηταί, ὡς αἱ διαδοχαὶ ἐπιδείξουσι. πολλὰ δὲ καὶ θεσπέσια ἐπ' αὐτῷ συμβέβηκεν, ἃ μάλιστα τοῖς κατ' Αἴγυπτον μοναχοῖς ἠκρίβωται, περὶ πολλοῦ ποιουμένοις διαδοχῇ παραδόσεως ἀγράφου ἐπιμελῶς ἀπομνημονεύειν τὰς τῶν παλαιοτέρων ἀσκητῶν ἀρετάς. ἐμοὶ δὲ τῶν εἰς ἡμᾶς ἐλθόντων ἐκεῖνα ῥητέον.

[b T Cass.] 6 οὗτος ἡμῖν ὦ γύναι ἔφη T || 19 τουτονὶ T

---

[52] Kapitel 14,1–3 aus PALLADIUS, *h. Laus.* 8 (26–28 BUTLER), und SOCRATES, *h. e.* 4,23,3–11 (GCS 249 f).

14. 1. Zu dieser Zeit lebte auch der Ägypter Amun[52] als Philosoph. Von ihm geht die Rede, er habe auf Drängen seiner Familie eine Frau geheiratet, aber nicht mit ihr verkehrt, wie es Männern erlaubt ist. Denn als ihre Ehe begann und er seine Braut wie ein Bräutigam ins Schlafgemach führte und mit ihr allein war, sagte er: „Unsere Ehe, liebe Frau, ist hiermit vollzogen." Dann erklärte er ihr aus der heiligen Schrift, welch großes Gut es ist, jungfräulich bleiben zu können, und versuchte, für sich zu leben. 2. Da die Frau seine Worte über die Jungfräulichkeit billigte, es aber schwer ertrug, sich von ihm zu trennen, lebte er getrennt schlafend 18 Jahre mit ihr zusammen, ohne dabei auf mönchische Askese zu verzichten. In dieser langen Zeit bewunderte die Frau die Leistung des Mannes, aber sie meinte doch, es sei nicht recht, daß er, ein so großer Mann, ihretwegen im Haus bleibe, vielmehr sollten sie beide getrennt wohnend als Philosophen leben. 3. Darum bat sie den Mann. Der dankte Gott für den Entschluß der Frau und sagte zu ihr: „So behalte du dieses Haus, ich will mir ein anderes bauen." Er zog an einen einsamen Platz im Süden des Mareotis-Sees bei der Sketis und dem sogenannten Natronberg; dort lebte er 22 Jahre nach Philosophenart und besuchte jedes Jahr zweimal seine Frau.

4. Dieser gottselige Mann, der die dortigen Mönchssiedlungen begründete, hatte zahlreiche namhafte Schüler, wie die Nachfolgelisten zeigen werden. Viele Wunder geschahen an seiner Person, die vor allem von den ägyptischen Mönchen berichtet werden, die Wert darauf legen, in der Nachfolge mündlicher Tradition sorgfältig von den Leistungen der älteren Asketen zu berichten. Ich möchte von den auf uns gelangten Erzählungen die folgenden wiedergeben.[53]

---

[53] § 5: ATHANASIUS VON ALEXANDRIEN, *v. Anton.* 60 (SCh 400,294f); vgl. SOCRATES, *h. e.* 4,23,15f (GCS 250), § 6: *h. mon.* 29,3f (90f PREUSCHEN) = 22,3f (129 FESTUGIÈRE); RUFIN VON AQUILEIA, *hist. mon.* 30,2 (376f SCHULZ-FLÜGEL); § 7f: ATHANASIUS VON ALEXANDRIEN, *v. Anton.* 60 (SCh 400,296f).

5. Ἐδέησεν αὐτῷ καὶ Θεοδώρῳ τῷ αὐτοῦ μαθητῇ ἀπιοῦσί που διαβῆναι διώρυγα, ἣν Λύκον καλοῦσιν. ἵνα δὲ μὴ γυμνοὺς ἀλλήλους θεάσωνται, ἐκέλευσεν Ἀμοῦν ὑπαναχωρῆσαι Θεόδω|ρον. ὡς δὲ καὶ ἑαυτὸν ᾐσχύνετο | 31
γυμνὸν ἰδεῖν, ἐξαπίνης ὑπὸ θείας δυνάμεως μετάρσιος ἀρθεὶς ἐπὶ τὴν ἀντικρὺ ὄχθην μετετέθη. διαβὰς δὲ τὸ ὕδωρ Θεόδωρος καὶ θεασάμενος αὐτοῦ τὴν ἐσθῆτα καὶ τοὺς πόδας ἀβρόχους ἐλιπάρει τὸν πρεσβύτην φράζειν αὐτῷ τὴν αἰτίαν. ἐπεὶ δὲ ὁ μὲν παρῃτεῖτο λέγειν, ὁ δὲ μὴ ἄλλως ἀνήσειν ἰσχυρίζετο, εἰ μὴ μάθοι, συνθεμένου Θεοδώρου ζῶντος αὐτοῦ μηδενὶ λέξειν, ὡμολόγησε τὸ συμβάν.

6. Παραπλήσιον δὲ τῷ εἰρημένῳ εἰς θαῦμα καὶ τοῦτο. ἄδικοι πατέρες ὑπὸ κυνὸς λυσσῶντος ἴδιον παῖδα δηχθέντα καὶ ὅσον οὔπω ἀπολεῖσθαι προσδοκώμενον ἤγαγον ὡς αὐτόν, καὶ ὀλοφυρόμενοι ἐδέοντο αὐτοῦ θεραπεῦσαι τὸν υἱόν. ὁ δὲ πρὸς αὐτούς „ἀλλ᾽ οὐδέν“, ἔφη, „δεῖται τῆς παρ᾽ ἐμοῦ θεραπείας· ὑμεῖς δὲ εἰ βούλεσθε τὸν βοῦν ὃν κεκλόφατε ἀποδοῦναι τοῖς δεσπόταις, αὐτίκα ἰαθήσεται.“ ὃ καὶ συνέβη· ἅμα γὰρ ὁ βοῦς ἀπεδόθη καὶ τὸ πάθος τὸν παῖδα ἀπέλιπεν.

7. Ἡνίκα δὲ ὁ Ἀμοῦς οὗτος ἐτελεύτα, λέγεται τὸν Ἀντώνιον θεάσασθαι τὴν ψυχὴν αὐτοῦ ἐπὶ τὸν οὐρανὸν ἀναγομένην θείων δυνάμεων σὺν ψαλμῳδίαις ἡγουμένων. πυνθανομένοις δὲ τοῖς περὶ αὐτὸν τοῦ θαύματος τὴν αἰτίαν οὐκ ἀπεκρύψατο· δῆλος γὰρ ἦν σπουδαίως τὸν ἀέρα κατανοῶν καὶ ἐκπεπληγμένος πρὸς τὴν ὄψιν τοῦ παραδόξου θεάματος. 8. ὡς δὲ μετὰ ταῦτα παραγενόμενοί τινες ἀπὸ τῆς Σκήτεως ἀνήγγειλαν τὴν ὥραν τῆς Ἀμοῦς τελευτῆς, τἀληθὲς ἐδείχθη τῆς Ἀντωνίου προρρήσεως. καὶ ἀμφοτέρους ἐμακάριζον, τὸν μὲν ἐπὶ ὁμολογουμένοις ἀγαθοῖς μεταστάντα τῆς ἐνταῦθα βιοτῆς, τὸν δὲ τοσαύτης ἀξιωθέντα θέας, ἣν ὁ θεὸς αὐτῷ

[b T Cass.] 13 εἰς θαῦμα b : θαύματι T Cass. || 24 ψαλμωδία T Cass.

5. Er und sein Schüler Theodor mußten auf einer Wanderung einen Kanal namens Lycus überqueren. Um sich nun nicht gegenseitig nackt zu sehen, hieß Amun den Theodor eine Strecke zurückzugehen. Als er auch sich selbst nackt zu erblicken scheute, wurde er plötzlich von einer Macht Gottes schwebend emporgehoben und auf dem jenseitigen Ufer niedergesetzt. Als Theodor das Wasser durchwatet hatte und des Meisters Gewand und die Füße unbenetzt sah, bat er den Greis, ihm den Grund zu nennen. Als dieser sich zu sprechen weigerte, während Theodor nicht nachzulassen versicherte, bevor er es erfuhr, und schließlich einwilligte, zu seinen Lebzeiten es niemandem zu verraten, gestand Amun, was geschehen war.

6. Ähnlich erstaunlich wie diese Geschichte ist auch die folgende. Unehrliche Eltern brachten ihren von einem tollwütigen Hund gebissenen Sohn, von dem man annahm, er würde bald sterben, zu ihm und baten ihn unter Wehklagen, ihren Sohn zu heilen. Er sagte ihnen aber: „Er braucht meine Hilfe doch gar nicht; wenn ihr euch aber entschließt, das von euch gestohlene Rind den Besitzern zurückzugeben, wird er sofort gesund werden." So geschah es auch: Kaum war das Rind zurückgegeben, wurde der Knabe sein Leiden los.

7. Als dieser Amun starb, soll Antonius eine Vision gehabt haben, wie dessen Seele, von Mächten Gottes geleitet, unter Psalmengesängen zum Himmel emporgeführt wurde. Als seine Begleiter sich nach der Ursache der Wundererscheinung erkundigten, hielt er damit nicht zurück; denn es war offensichtlich, daß er voller Ernst in die Luft blickte und von dem Anblick der wundersamen Vision erschüttert war. 8. Später kamen Leute aus der Sketis und meldeten Amuns Todesstunde, da stellte sich die Wahrheit der Vorhersage des Antonius heraus, und sie priesen beide – Amun, der wegen seiner unbezweifelten Tugenden aus dem irdischen Leben entrückt war, und Antonius, der einer so bedeutenden Vision gewürdigt war, die Gott ihm

ἀπὸ τοσούτου ἐδήλωσε. πολλῶν γὰρ ἡμερῶν ὁδός ἐστι τὸ μέσον τῶν τόπων ἐν οἷς ἑκάτερος διέτριβε. καὶ τάδε μὲν ὧδε ἱστόρηται παρὰ τῶν Ἀντωνίῳ καὶ Ἀμοῦν συγγενομένων.

9. Ἐπὶ ταύτης τῆς ἡγεμονίας εὐδοκίμως ἐπυθόμην φιλοσοφῆσαι καὶ Εὐτυχιανόν, ὃς ἐν Βιθυνίᾳ περὶ τὸν Ὄλυμπον τὰς διατριβὰς εἶχεν, αἵρεσιν δὲ τὴν Ναυατιανῶν πρεσβεύων θείας χάριτος μετεῖχε θεραπείαις παθῶν | [32] καὶ παραδόξοις πράξεσιν, ὡς καὶ αὐτῷ Κωνσταντίνῳ διὰ τὴν ἀρετὴν τοῦ βίου συνήθη καὶ φίλον εἶναι. 10. κατ᾽ ἐκεῖνο γοῦν καιροῦ δεσμώτου ὄντος του τῶν δορυφόρων (ὑποπτευθεὶς γὰρ τυραννικὰ φρονεῖν ἔφυγε καὶ περὶ τὸν Ὄλυμπον ἀναζητηθεὶς συνελήφθη), δεηθέντων δὲ τῶν ἐπιτηδείων Εὐτυχιανοῦ πρεσβεύειν ὑπὲρ αὐτοῦ πρὸς τὸν βασιλέα, πρότερον δὲ προνοεῖν, ὥστε τῶν δεσμῶν ἀφεθῆναι τὸν ἄνθρωπον, μὴ χαλεπῶς δεδεμένος φθάσῃ ἀπολόμενος, λέγεται, ὡς τοὺς δεσμοφύλακας πέμψας ἐδεήθη τῶν δεσμῶν αὐτὸν ἀνεῖναι οἱ δὲ οὐκ ἐπείθοντο, εἰς τὸ δεσμωτήριον ἐλθεῖν· αὐτομάτως δὲ κεκλεισμένας ἀναπετασθῆναι τὰς θύρας καὶ τοῦ δεσμώτου τὰ δεσμὰ διαρρυῆναι· 11. μετὰ δὲ ταῦτα καὶ πρὸς βασιλέα παραγενέσθαι ἐν Βυζαντίῳ τότε διατρίβοντα, ἑτοίμως τε τὴν χάριν λαβεῖν. οὐ γὰρ εἰώθει Κωνσταντῖνος δυσχεραίνειν ἐπὶ ταῖς αὐτοῦ αἰτήσεσι· σφόδρα γὰρ ἐν πλείστῃ τιμῇ τὸν ἄνδρα ἦγε.

Τάδε μὲν ἡμῖν ὡς ἐν βραχεῖ δεδηλώσθω περὶ τῶν τότε λαμπρῶς ἐν μοναχοῖς φιλοσοφησάντων· ᾧ δὲ ἀκριβείας τῆς περὶ τούτων μέλει, ζητῶν ἂν εὕροι τῶν πλειόνων τοὺς βίους ἀναγράπτους.

[b T Cass.] 19 οὐκ b : ὡς οὐκ T Cass. || 21 διαρραγῆναι T

aus so weiter Ferne offenbart hatte. Denn es liegt ein mehrtägiger Weg zwischen den Orten, an denen die beiden lebten. Dies ist so von den Leuten berichtet worden, die bei Antonius und Amun waren.

9. Zur Zeit dieser Herrschaft war, wie ich erfahren habe[54], ein berühmter Philosoph auch Eutychianus, der in Bithynien am Olymp lebte, der Richtung der Novatianer anhing und an Gottes Gnade durch Heilung von Krankheiten und durch Wundertaten teilhatte, so daß er sogar mit Konstantin selbst wegen seiner vorbildlichen Lebensweise vertraut und befreundet war. 10. Jedenfalls lag zu jener Zeit ein kaiserlicher Leibwächter im Gefängnis, der wegen des Verdachts umstürzlerischer Umtriebe geflohen und am Olymp aufgespürt und verhaftet worden war. Seine Angehörigen baten Eutychianus, sich für ihn beim Kaiser zu verwenden, zuvor aber dafür zu sorgen, daß der Mann von seinen Fesseln befreit würde, damit er nicht, qualvoll gefesselt, vorher umkomme. Es wird berichtet, er habe durch Boten die Gefängniswärter gebeten, ihn aus seinen Ketten zu lösen; die hätten aber nicht auf ihn gehört, und so sei er selbst in den Kerker gekommen: Die verriegelten Türen hätten sich von selbst geöffnet und die Fesseln des Gefangenen sich gelöst. 11. Danach sei Eutychianus auch zum Kaiser gereist, der sich damals in Byzanz aufhielt, und es sei ihm bereitwillig die Begnadigung gewährt worden. Konstantin pflegte nämlich nicht mit seinen Bitten zu hadern, da er den Mann tief verehrte.

Soviel wollten wir in aller Kürze über die damals ruhmreich als Mönche zu Philosophen Gewordenen vermelden. Wem an genaueren Berichten über sie gelegen ist, der dürfte, wenn er sucht, die Lebensläufe der meisten schriftlich vorfinden.

---

[54] §§ 9–11 aus SOCRATES, *h. e.* 1,13,1–10 (GCS 44–46). Der bithynische Olymp, heute Uluda (2543 m), liegt südlich von Prusa, heute Bursa.

15.1. Ἀλλὰ γὰρ καίπερ ὧδε καὶ διὰ πάντων τῶν ἄλλων τῆς θρησκείας εὐδοκιμούσης, ἐριστικαί τινες διαλέξεις ἐτάραττον τὰς ἐκκλησίας, ἐπὶ προφάσει δῆθεν εὐσεβείας καὶ τῆς τοῦ θεοῦ τελείας εὑρέσεως εἰς ζήτησιν ἄγουσαι τὰ πρότερον ἀνεξέταστα. ἦρξε δὲ τούτων τῶν λόγων Ἄρειος πρεσβύτερος τῆς κατ' Αἴγυπτον Ἀλεξανδρείας. 2. ὃς ἐξ ἀρχῆς σπουδαῖος εἶναι περὶ τὸ δόγμα δόξας νεωτερίζοντι Μελιτίῳ συνέπραττε· καταλιπὼν δὲ τοῦτον ἐχειροτονήθη διάκονος παρὰ Πέτρου τοῦ Ἀλεξανδρέων ἐπισκόπου· καὶ πάλιν αὖ παρ' αὐτοῦ τῆς ἐκκλησίας ἐξεβλήθη, καθότι Πέτρου τοὺς Μελιτίου σπουδαστὰς ἀποκηρύξαντος καὶ τὸ αὐτῶν βάπτισμα μὴ προσιεμένου τοῖς γινομένοις ἐπέσκηπτε καὶ ἠρεμεῖν οὐκ ἠνείχετο. ἐπεὶ δὲ Πέτρος ἐμαρτύρησε, | συγγνώμην αἰτήσας Ἀχιλλᾶν ἐπετράπη διακονεῖν καὶ πρεσβυτερίου ἠξιώθη. 3. μετὰ δὲ ταῦτα καὶ Ἀλέξανδρος ἐν τιμῇ εἶχεν αὐτόν. | 33

Διαλεκτικώτατος δὲ γενόμενος (ἐλέγετο γὰρ μηδὲ τῶν τοιούτων ἀμοιρεῖν μαθημάτων) εἰς ἀτόπους ἐξεκυλίσθη λόγους, ὡς τοῦτο πρότερον παρ' ἑτέρου μὴ εἰρημένον τολμῆσαι ἐν ἐκκλησίᾳ ἀποφήνασθαι, τὸν υἱὸν τοῦ θεοῦ ἐξ οὐκ ὄντων γεγενῆσθαι, καὶ εἶναί ποτε ὅτε οὐκ ἦν, καὶ αὐτεξουσιότητι κακίας καὶ ἀρετῆς δεκτικὸν ὑπάρχειν καὶ κτίσμα καὶ ποίημα καὶ ἄλλα πολλά, ἃ λέγειν εἰκὸς τὸν τούτοις συνιστάμενον εἰς διαλέξεις προϊόντα καὶ τὰς κατὰ μέρος ζητήσεις. 4. λαβόμενοι δέ τινες τῶν εἰρημένων, ἐμέμφοντο Ἀλέξανδρον ὡς οὐ δέον ἀνεχόμενον τῶν κατὰ τοῦ δόγματος νεωτερισμῶν.

[b T (–2.25–164,8) Cass. (–2.25–164,8)] 2 θρησκείας b : ἐκκλησίας T Cass.

[55] Kapitel 15 bietet einen relativ eigenständigen Bericht, der aus einer uns nicht bekannten Quelle stammt.

[56] Am 24. November 311.

[57] Die erste Hälfte des § 3 könnte Sozomenos aus SOCRATES, *h. e.* 1,5,2 (GCS 5), entnommen haben (sein „wie es hieß" deutet auf einen solchen

15. 1. Obwohl auf diese Weise und durch alles andere die Religion in hoher Geltung stand, ließen sich die Kirchen[55] durch bestimmte zänkische Diskussionen in Verwirrung stürzen, die unter dem Vorwand angeblicher Frömmigkeit und der vollkommenen Erkenntnis Gottes die bislang nicht untersuchten Dinge in Frage stellten. Begonnen hat mit diesen Lehren Arius, ein Presbyter im ägyptischen Alexandrien. 2. Anfangs schien er ernsthaft um den Glauben bemüht zu sein, dann machte er gemeinsame Sache mit dem Neuerer Melitius, trennte sich aber von diesem und wurde von Petrus, dem Bischof von Alexandrien, zum Diakon geweiht. Von diesem wurde er wieder aus der Kirche verstoßen, weil er, als Petrus die Anhänger des Melitius exkommuniziert hatte und deren Taufe nicht anerkannte, diese Maßnahmen kritisierte und sich nicht zum Schweigen bringen ließ. Nach dem Märtyrertod des Petrus[56] bat er Achillas um Verzeihung und wurde als Diakon beauftragt und auch zum Presbyter ordiniert. Danach genoß er auch bei Alexander Respekt.

3. Als eifriger Dialektiker[57] – wie es hieß, war er auch in diesem Bildungsstoff nicht unerfahren – verwickelte er sich in ausweglose Lehren, so daß er es wagte, die zuvor von keinem anderen vertretene Doktrin in der Kirche zu verkünden, daß der Sohn Gottes aus nicht Seiendem geworden sei, und es habe eine Zeit gegeben, da er nicht war, er sei aus eigenem Willen zur Entscheidung für Gut und Böse fähig, er sei Geschöpf, Gemachtes, und vieles andere, was jemand behaupten mag, der als Vertreter dieser Lehre sich auf Diskussionen und Einzeluntersuchungen einläßt. 4. Einige kritisierten die Äußerungen und machten Alexander den Vorwurf, er dulde zu Unrecht die gegen den Glauben gerichteten Neuerungen.

Einschub hin). Die zweite Hälfte von § 3 wiederholt die aus dem Schreiben der Synode von Nicaea allbekannten Lehren des ARIUS.

ὁ δὲ ὑπολαβὼν ἄμεινον εἶναι περὶ τῶν ἀμφιβόλων ἑκατέρῳ μέρει προθεῖναι λόγον, ὥστε μὴ δόξαι ἀνάγκῃ ἀλλὰ πειθοῖ τῆς ἔριδος αὐτοὺς παύειν, κριτὴς καθίσας σὺν τοῖς ἀπὸ τοῦ κλήρου εἰς ἅμιλλαν ἀμφοτέρους ἤγαγεν. 5. ὡς δὲ συμβαίνειν φιλεῖ περὶ τὰς ἔριδας τῶν λόγων, ἑκάτερος ἐπειρᾶτο νικᾶν. συνίστατο δὲ Ἄρειος μὲν τοῖς παρ᾽ αὐτοῦ εἰρημένοις, οἱ δὲ ὡς ὁμοούσιος καὶ συναΐδιός ἐστιν ὁ υἱὸς τῷ πατρί.

Συνεδρίου δὲ πάλιν γενομένου τοσαύτας διαλέξεις ἀνακινήσαντες οὐ συνέβησαν ἀλλήλοις. ἀμφηρίστου δὲ τῆς ζητήσεως ἔτι δοκούσης εἶναι πέπονθέ τι καὶ Ἀλέξανδρος τὰ πρῶτα πῇ μὲν τούτους πῇ δὲ ἐκείνους ἐπαινῶν. 6. τελευτῶν δὲ τοῖς ὁμοούσιον καὶ συναΐδιον εἶναι τὸν υἱὸν ἀποφαινομένοις ἔθετο, καὶ τὸν Ἄρειον ὁμοίως φρονεῖν ἐκέλευσε τῶν ἐναντίων λόγων ἀφέμενον. ἐπεὶ δὲ οὐκ ἔπεισεν, ἤδη δὲ πολλοὶ τῶν ἀμφ᾽ αὐτὸν τῶν ἐπισκόπων καὶ τοῦ κλήρου λέγειν ὀρθῶς τὸν Ἄρειον ἐνόμιζον, ἀπεκήρυξε τῆς ἐκκλησίας αὐτόν τε καὶ τοὺς συμπράττοντας αὐτῷ περὶ τὸ δόγμα κληρικούς. 7. συνέπραττον δὲ αὐτῷ τῆς Ἀλεξανδρέων παροικίας πρεσβύτεροι μὲν Ἀειθαλὴς καὶ Ἀχιλλεύς, Καρπώνης τε καὶ Σαρμάτης καὶ Ἄρειος, διάκονοι δὲ Εὐζώιος καὶ Μακάριος, Ἰούλιος καὶ Μηνᾶς καὶ Ἑλλάδιος. ἐντεῦθεν δὲ καὶ τοῦ λαοῦ οὐκ ὀλίγη μοῖρα μετέθεντο πρὸς | 34 αὐτούς, οἱ μὲν ὁμοίως χρῆναι περὶ θεοῦ νομίζειν ἡγούμενοι, οἱ δέ (τοῦτο δὴ τὸ τοῖς πολλοῖς συμβαῖνον) ὡς ἠδικημένους ἐλεοῦντες καὶ τῆς ἐκκλησίας ἀκρίτως ἐκβεβλημένους. 8. ἐπεὶ δὲ <τὰ> κατὰ Ἀλεξάνδρειαν ὧδε εἶχεν, λογισάμενοι οἱ ἀμφὶ τὸν Ἄρειον ἀναγκαῖον εἶναι τὴν εὔνοιαν προφθάσαι τῶν κατὰ πόλιν ἐπισκόπων πρεσβεύονται πρὸς αὐτούς.

[58] „Ein zweiter Arius“, wie es in dem Brief Alexanders (Urkunde 4 b [Opitz]) heißt. Statt des im folgenden überlieferten Namens des Diakons Macarius stehen in der erwähnten Urkunde richtiger die Namen Lucius und Gaius.

Er hielt es jedoch für besser, über die zwischen beiden Seiten strittigen Fragen eine Debatte zu eröffnen, um nicht den Anschein zu erwecken, er wolle durch Zwang statt durch Überzeugung ihren Streit beenden. So führte er selbst mit den Vertretern des Klerus den Vorsitz als Schiedsrichter und brachte beide Parteien zu einer Diskussion zusammen. 5. Wie es in Lehrauseinandersetzungen gewöhnlich geschieht, versuchte jeder von beiden zu siegen. Arius verteidigte seine Aussagen, die andern vertraten die Lehre, daß der Sohn dem Vater wesensgleich und gleich ewig ist.

Nochmals fand eine Zusammenkunft statt, doch konnten sie nach der Erörterung so bedeutender Fragen sich nicht miteinander einigen. Als die Debatte noch unentschieden zu sein schien, machte auch Alexander einen Fehler, indem er zunächst bald diesen, bald jenen recht gab. 6. Endlich aber schloß er sich denen an, die den Sohn für wesensgleich und gleich ewig erklärten, und er forderte Arius auf, ebenso zu denken und die entgegengesetzten Lehren aufzugeben. Als er ihn aber nicht überzeugen konnte und schon viele in seiner Umgebung, Bischöfe und Kleriker, der Meinung waren, Arius habe Recht, exkommunizierte er ihn und die Kleriker, die in den dogmatischen Fragen auf seiner Seite waren. 7. Auf seiner Seite standen aus dem alexandrinischen Sprengel die Presbyter Aeithales und Achilleus, Carpones, Sarmates und Arius[58] sowie die Diakone Euzoïus und Macarius, Julius, Menas und Helladius. Daraufhin wechselte auch ein nicht geringer Teil der Laienschaft zu ihnen über, teils in der Annahme, man müsse ebenso über Gott denken, teils, wie es vielen geht, weil sie Mitleid mit ihnen hatten, da sie ungerecht behandelt und ohne formelles Verfahren aus der Kirche verstoßen seien. 8. Als sich die Dinge in Alexandrien so entwickelt hatten, hielten es die Anhänger des Arius für erforderlich, sich des Wohlwollens der örtlichen Bischöfe zu versichern, und sie schickten Botschaften an diese.

καὶ γράψαντες, ὡς ἐπίστευον, ἐζήτουν, εἰ μὲν ὀρθῶς ἔχει τάδε νομίζειν περὶ θεοῦ, δηλῶσαι Ἀλεξάνδρῳ μὴ χαλεπαίνειν αὐτοῖς· εἰ δὲ μή, διδάσκεσθαι ὃν χρὴ τρόπον δοξάζειν. οὐ μετρίως δὲ ὤνησεν αὐτοὺς τοῦτο τὸ σπουδαζόμενον. διασπαρέντος γὰρ σχεδὸν εἰς πάντας τοῦ τοιούτου δόγματος, κοινῇ τοῖς πανταχῇ ἐπισκόποις ἡ αὐτὴ γέγονε ζήτησις. 9. καὶ οἱ μὲν ἔγραφον Ἀλεξάνδρῳ μὴ προσίεσθαι τοὺς περὶ Ἄρειον, εἰ μὴ τὴν ἑαυτῶν πίστιν ἀποκηρύξουσιν· οἱ δὲ μὴ τοῦτο ποιεῖν ἐδέοντο. ἰδὼν οὖν Ἀλέξανδρος πλείστους ἀγαθοῦ βίου προσχήματι σεμνοὺς καὶ πιθανότητι λόγου δεινοὺς συλλαμβανομένους τοῖς ἀμφὶ τὸν Ἄρειον, καὶ μάλιστα Εὐσέβιον τὸν τότε προεστῶτα τῆς Νικομηδέων ἐκκλησίας, ἄνδρα ἐλλόγιμον καὶ ἐν τοῖς βασιλείοις τετιμημένον, ἔγραψε τοῖς πανταχῇ ἐπισκόποις μὴ κοινωνεῖν αὐτοῖς.

10. Ἐκ τούτου δὲ ἔτι μᾶλλον ἐπὶ ἑκάτερα ἐξεκαίετο ἡ σπουδὴ καὶ μείζων, οἷα φιλεῖ, ἀνεκινήθη ἔρις. ἐπεὶ γὰρ πολλάκις δεηθέντες Ἀλεξάνδρου οἱ ἀμφὶ τὸν Εὐσέβιον οὐκ ἔπεισαν, ὡς ὑβρισμένοι ἐχαλέπαινον καὶ προθυμότεροι ἐγένοντο κρατῦναι τὸ Ἀρείου δόγμα. καὶ σύνοδον ἐν Βιθυνίᾳ συγκροτήσαντες γράφουσι τοῖς ἁπανταχῇ ἐπισκόποις ὡς ὀρθῶς δοξάζουσι κοινωνῆσαι τοῖς ἀμφὶ τὸν Ἄρειον, παρασκευάσαι δὲ καὶ Ἀλέξανδρον κοινωνεῖν αὐτοῖς. 11. ὡς δὲ οὐδὲν ἧττον παρὰ γνώμην αὐτοῖς ἐχώρει ἡ σπουδὴ Ἀλεξάνδρου μὴ εἴκοντος, πρεσβεύεται Ἄρειος πρὸς Παυλῖνον τὸν Τύρου ἐπίσκοπον καὶ Εὐσέβιον τὸν Παμφίλου, ἐπιτροπεύοντα τὴν ἐκκλησίαν τῆς ἐν Παλαιστίνῃ Καισαρείας, καὶ Πατρόφιλον τὸν Σκυθοπόλεως, καὶ ἐξαιτεῖ ἅμα τοῖς ἀμφ' αὐτὸν ἐπιτρα|πῆναι ἐκκλησιάζειν τὸν μετ' αὐτοῦ λαόν, |

[b T (17–) Cass. (17–)] 1 ἐξήτουν ? || 29 τὸν : τὸν ἐπίσκοπον T

[59] Urkunde 4b (OPITZ), unter anderem bei SOCRATES, *h. e.* 1, 6,4–30 (GCS 6–10).

Darin teilten sie ihr Glaubensbekenntnis mit und ersuchten darum, falls solcher Glaube an Gott richtig sei, an Alexander zu schreiben, er möge sie nicht kritisieren; anderenfalls baten sie um Belehrung, auf welche Weise man glauben solle. Diese Aktivität war für sie von nicht geringem Nutzen. Denn indem das betreffende Dogma bei nahezu allen bekannt wurde, entwickelte sich gemeinsam bei den Bischöfen überall die gleiche Diskussion. 9. So schrieb ein Teil an Alexander, er solle die Anhänger des Arius nicht zulassen, wenn sie ihren Glauben nicht widerriefen, andere baten ihn, nicht so zu handeln. Als Alexander also merkte, daß sehr viele, die aufgrund ihrer vorbildlichen Lebensführung ehrwürdig und durch überzeugende Beredsamkeit einflußreich waren, den Anhängern des Arius beistanden, vor allem Eusebius, der damalige Leiter der Kirche von Nicomedia, ein gebildeter und am Kaiserhof angesehener Mann, schrieb er an die Bischöfe in aller Welt mit der Aufforderung, keine Gemeinschaft mit ihnen zu halten.[59]

10. Daraufhin flammte der Eifer auf beiden Seiten noch stärker auf, und heftigerer Streit brach aus, wie es sich gewöhnlich ergibt. Denn als Eusebius und seine Freunde trotz häufiger Bitten bei Alexander nichts erreichen konnten, gaben sie sich beleidigt und grollten ihm, und sie entfalteten noch eifrigere Bemühungen, das Dogma des Arius durchzusetzen. Sie organisierten eine Synode in Bithynien und schrieben an die Bischöfe an allen Orten, sie sollten mit den Anhängern des Arius als Rechtgläubigen Gemeinschaft halten und auch Alexander veranlassen, das gleiche zu tun. 11. Trotzdem gingen ihre Bestrebungen nicht auf, weil Alexander nicht nachgab. Daraufhin wandte sich Arius an Paulinus, den Bischof von Tyrus, an Euseb, den Schüler des Pamphilus, der die Kirche von Caesarea in Palästina leitete, und an Patrophilus von Scythopolis mit der Forderung, gemeinsam mit seinen Gesinnungsgenossen die Erlaubnis zu bekommen, mit der auf seiner Seite stehenden Gemeinde Gottesdienste abzuhalten und

ὡς πρότερον τὴν τῶν πρεσβυτέρων τάξιν ἐπέχοντας. 12. εἶναι γὰρ ἔθος ἐν Ἀλεξανδρείᾳ (καθάπερ καὶ νῦν) ἑνὸς ὄντος τοῦ κατὰ πάντων ἐπισκόπου τοὺς πρεσβυτέρους ἰδίᾳ τὰς ἐκκλησίας κατέχειν καὶ τὸν ἐν αὐταῖς λαὸν συνάγειν. οἱ δὲ ἅμα καὶ ἄλλοις ἐπισκόποις ἐν Παλαιστίνῃ συνελθόντες ἐπεψηφίσαντο τῇ Ἀρείου αἰτήσει, παρακελευσάμενοι συνάγειν μὲν αὐτοὺς ὡς πρότερον, ὑποτετάχθαι δὲ Ἀλεξάνδρῳ καὶ ἀντιβολεῖν ἀεὶ τῆς πρὸς αὐτὸν εἰρήνης καὶ κοινωνίας μετέχειν.

16.1. Ἐπεὶ δὲ καὶ ἐν Αἰγύπτῳ συνόδων περὶ τούτου πολλῶν γενομένων ἤκμαζεν ἡ ἔρις, ὡς μέχρι τῶν βασιλείων ἐλθεῖν, οὐ μετρίως ἐδυσφόρει Κωνσταντῖνος ὁ βασιλεύς, καθότι προσφάτως τῆς θρησκείας αὔξειν ἀρχομένης πολλοὺς χριστιανίζειν ἀπέτρεπεν ἡ διαφωνία τῶν δογμάτων. 2. καὶ τούτου χάριν δῆλος ἦν ἐν αἰτίᾳ ποιούμενος Ἄρειόν τε καὶ Ἀλέξανδρον. καὶ γράψας αὐτοῖς ἐνεκάλει, ὡς δυναμένην λαθεῖν εἰς τὸ φανερὸν ἐξήγαγον ταύτην τὴν ζήτησιν καὶ τῇ ἄγαν πρὸς τὸ ἐναντίον σπουδῇ φιλονίκως ἀνεκίνησαν, ἃ μήτε ζητεῖν τὴν ἀρχὴν ἔδει μήτε ἐνθυμεῖσθαι καὶ ἐνθυμηθέντας σιωπῇ παραδοῦναι, ἐξὸν ἀλλήλων μὴ χωρίζεσθαι, εἰ καὶ περί τι μέρος τοῦ δόγματος διαφέρονται. 3. περὶ μὲν γὰρ τῆς θείας προνοίας μίαν καὶ τὴν αὐτὴν πίστιν ἔχειν ἀναγκαῖον· τὰς δὲ περὶ τῶν τοιούτων ζητήσεων ἀκριβολογίας, κἂν μὴ πρὸς μίαν συμφέρωνται γνώμην, προσήκειν ἐν ἀπορρήτῳ κατὰ διάνοιαν ἔχειν.

[b T (–22) Cass. (–22)] 10 ἐπειδὴ δὲ T || 10–11 πολλῶν περὶ τούτου T || 25 συμφέρωνται Christ. : συμφέρηται

[60] Socrates, *h. e.* 5,22,58 (GCS 302), behauptet allerdings, daß seit dem Streit um Arius die Presbyter in Alexandrien nicht mehr predigen dürfen, und Sozomenos, *h. e.* 7,19,5, unten 906 f, schreibt ihm das nach. Also wird die in der Parenthese stehende Bemerkung nicht von Sozomenos selbst, sondern aus seiner Quelle stammen.

dabei wie früher den Rang von Presbytern innezuhaben. 12. Denn es sei Brauch in Alexandrien — wie es auch jetzt noch der Fall ist[60] —, daß zwar ein Bischof über allen stehe, von den Presbytern aber jeder für sich eine Kirche unter sich hat und in ihr mit der Gemeinde Gottesdienst hält. Die Angesprochenen kamen mit anderen Bischöfen in Palästina zusammen und stimmten dem Anliegen des Arius zu, indem sie die Presbyter ermutigten, wie bisher Gottesdienste abzuhalten, sich aber Alexander unterzuordnen und ihn zu bitten, ständig am Frieden und an der Gemeinschaft mit ihm teilzuhaben.

16.1. Als aber auch in Ägypten zahlreiche Synoden darüber stattfanden und daraufhin der Streit zum Höhepunkt kam, so daß er bis zum Kaiserhof drang, war Kaiser Konstantin nicht wenig ungehalten, weil die Religion gerade erst am Beginn ihres Wachstums stand und nun der Zwist der Glaubensrichtungen viele Menschen vom Christentum abzubringen drohte. 2. Darum gab er offenbar sowohl Arius wie Alexander die Schuld. Er schrieb ihnen einen Brief[61] voller Vorwürfe, daß sie diese Frage, die hätte im dunkeln bleiben können, an die Öffentlichkeit gebracht und in übertriebenem gegensätzlichem Eifer streitsüchtig etwas in Bewegung gebracht hätten, das man von vornherein nicht hätte als Frage aufwerfen und bedenken sollen und, einmal bedacht, mit Schweigen hätte zudecken können — sei es doch möglich, sich nicht voneinander zu trennen, wenn man auch über einen Teil des Glaubens uneins ist. 3. Denn es sei zwar unverzichtbar, über die Vorsehung Gottes ein und denselben Glauben zu hegen, pedantische Erörterungen über Probleme solcher Art jedoch, auch wenn sie nicht zu einer einheitlichen Meinung kämen, müßten sie insgeheim in ihrem Denken bewahren.

---

[61] Urkunde 17 (OPITZ), z.B. SOCRATES, *h. e.* 1,7 (GCS 13–17), geschrieben im September 324 in Nicomedia. Zu der im letzten Satz angesprochenen Diözese Oriens gehörte seit DIOKLETIAN auch Ägypten.

ἀφεμένους τε τῆς περὶ ταῦτα λέσχης ἐκέλευσεν ὁμονοεῖν· ἄχθεσθαι γὰρ οὐ μετρίως, καὶ διὰ τοῦτο σπουδάζοντα τὰς ἐπὶ τῆς ἕω πόλεις ἰδεῖν ἐπισχεῖν.

4. Ἀλεξάνδρῳ μὲν οὖν καὶ Ἀρείῳ πῇ μὲν μεμφόμενος πῇ δὲ συμβουλεύων | τοιάδε ἔγραψε. χαλεπῶς δὲ ἔφερε | 36 πυνθανόμενός τινας ἐναντίως πᾶσι τὴν τοῦ πάσχα ἄγειν ἑορτήν. τηνικαῦτα γὰρ ἐν ταῖς πρὸς ἕω πόλεσι διαφερόμενοί τινες περὶ τοῦτο τῆς μὲν πρὸς ἀλλήλους οὐκ ἀπείχοντο κοινωνίας, Ἰουδαϊκώτερον δὲ τὴν ἑορτὴν ἦγον, καὶ ὡς εἰκὸς τῇ περὶ τούτου διχονοίᾳ τὴν λαμπρότητα τῆς πανηγύρεως ἔβλαπτον. 5. κατ᾽ ἀμφότερα τοίνυν ἀστασίαστον εἶναι τὴν ἐκκλησίαν ἐσπούδαζε· νομίσας τε δύνασθαι προκαταλαβεῖν τὸ κακόν, πρὶν εἰς πλείους χωρῆσαι, πέμπει ἄνδρα τῶν ἀμφ᾽ αὐτὸν πίστει καὶ βίῳ ἐπίσημον καὶ ταῖς ὑπὲρ τοῦ δόγματος ὁμολογίαις ἐν τοῖς ἔμπροσθεν χρόνοις εὐδοκιμηκότα, διαλλάξοντα τοὺς ἐν Αἰγύπτῳ διὰ τὸ δόγμα στασιάζοντας καὶ τοὺς πρὸς ἕω περὶ τὴν ἑορτὴν διαφερομένους· ἦν δὲ οὗτος Ὅσιος ὁ Κουρδούβης ἐπίσκοπος.

17.1. Ἐπεὶ δὲ παρ᾽ ἐλπίδας ἐχώρει τὸ πρᾶγμα καὶ κρείττων ἦν διαλλαγῶν ἡ ἔρις, ἄπρακτός τε ἐπανῄει ὁ τὴν εἰρήνην βραβεῦσαι ἀπεσταλμένος, συνεκάλεσε σύνοδον εἰς Νίκαιαν τῆς Βιθυνίας καὶ πανταχῇ τοῖς προεστῶσι τῶν ἐκκλησιῶν ἔγραψεν εἰς ῥητὴν ἡμέραν παρεῖναι. 2. ἐκοινώνουν δὲ τούτου τοῦ συλλόγου τῶν μὲν ἀποστολικῶν θρόνων Μακάριος ὁ Ἱεροσολύμων καὶ Εὐστάθιος ἤδη τὴν Ἀντιοχείας τῆς πρὸς τῷ Ὀρόντῃ ἐκκλησίαν ἐπιτραπεὶς καὶ Ἀλέξανδρος ὁ Ἀλεξανδρείας τῆς παρὰ τὴν Μαρίαν λίμνην. Ἰούλιος δὲ

[b T (4–) Cass. (4–)] 8 τούτου T || 20 ἐπειδὴ δὲ T

[62] Bis zum Ende des 16. Kapitels hält sich Sozomenos an EUSEBIUS VON CAESAREA, *v. C.* 3,5 (GCS 83); 2,63 (GCS 73) (dazu CAMERON/HALL, *Eusebius* 260f), sowie SOCRATES, *h. e.* 1,8,2f (GCS 17); 1,7,1 (GCS 13). Eine wichtige Ergänzung gegenüber diesen Quellen liegt in der Notiz

Er forderte sie auf, die Diskussion darüber abzubrechen und sich zu verständigen, denn er sei nicht wenig erbost und habe deswegen sein Vorhaben, die Städte des Orients zu besuchen, aufgeschoben.

4. An Alexander und Arius also schrieb er, bald vorwurfsvoll, bald mit Ratschlägen, diesen Brief.[62] Er ärgerte sich auch, als er erfuhr, daß manche Leute das Osterfest im Gegensatz zur Mehrheit feierten. Damals nämlich waren manche in den Städten der Diözese Oriens uneins darüber und gaben zwar die gegenseitige Gemeinschaft nicht auf, begingen aber das Fest mehr nach jüdischer Art, und natürlich beschädigten sie durch die Differenzen in dieser Frage das Ansehen des Festes. 5. Konstantins Bestreben ging nun dahin, daß in beiden Fragen die Kirche ungespalten sein solle, und in der Annahme, er könne dem Unheil Einhalt gebieten, bevor es größere Kreise erfaßte, entsandte er einen Mann seiner Umgebung, der sich durch Gläubigkeit und Lebenswandel auszeichnete und durch seine Bekenntnisse für den Glauben in der früheren Zeit berühmt geworden war, um die in Ägypten über das Dogma streitenden Parteien ebenso zu versöhnen wie die im Orient wegen des Festes Uneinigen. Es war dies Ossius, der Bischof von Corduba.

17.1. Als die Sache aber entgegen seinen Erwartungen verlief und der Streit stärker war als die Bestrebungen zur Versöhnung, so daß der zur Friedensvermittlung Entsandte ohne Erfolg zurückkam, berief Konstantin eine Synode nach Nicaea in Bithynien ein und schrieb an die Kirchenführer im ganzen Reich, sie sollten an einem bestimmten Tag zusammentreten. 2. An dieser Versammlung nahmen als Vertreter der apostolischen Bischofssitze Macarius von Jerusalem und Eustathius teil, der inzwischen mit der Leitung der Kirche von Antiochien am Orontes beauftragt war, und Alexander von Alexandrien am Mareotis-See. Julius, der

---

vor, daß Ossius auch wegen der Differenzen über den Ostertermin intervenieren sollte (offenbar in Antiochien).

ὁ Ῥωμαίων ἐπίσκοπος διὰ γῆρας ἀπελιμπάνετο· παρῆσαν δὲ ἀντ' αὐτοῦ Βίτων καὶ Βικέντιος πρεσβύτεροι τῆς αὐτῆς ἐκκλησίας. ἐπὶ | τούτοις δὲ καὶ ἄλλοι πλεῖστοι (| 37) καλοὶ καὶ ἀγαθοὶ ἐκ διαφόρων ἐθνῶν συνῆλθον, οἱ μὲν νοεῖν καὶ λέγειν ἱκανοὶ εἰδήσει τε τῶν ἱερῶν βίβλων καὶ τῆς ἄλλης παιδεύσεως ἐπίσημοι ἢ ἀρετῇ βίου διαπρέποντες, οἱ δὲ κατ' ἀμφότερον εὐδοκιμοῦντες. 3. ἦσαν δὲ ἐπίσκοποι ὑπὲρ ἀμφὶ τριακόσιοι εἴκοσι· πρεσβυτέρων τε καὶ διακόνων ὡς εἰκὸς ἑπομένων οὐκ ἦν ὀλίγον πλῆθος. συμπαρῆσαν δὲ αὐτοῖς καὶ ἄνδρες διαλέξεως ἔμπειροι ἐκείνοις βοηθεῖν λόγοις σπουδάζοντες.

Οἷα δὲ φιλεῖ γίνεσθαι, πολλοὶ τῶν ἱερέων, ὡς ὑπὲρ ἰδίων πραγμάτων ἀγωνίσασθαι συνελθόντες, καιρὸν ἔχειν ἐνόμισαν τῆς τῶν λυπούντων διορθώσεως· καὶ περὶ ὧν ἕκαστος τὸν ἄλλον ἐμέμφετο, βιβλίον ἐπιδοὺς βασιλεῖ τὰ εἰς αὐτὸν ἡμαρτημένα προσήγγελλεν. 4. ἐπεὶ δὲ ἐφ' ἑκάστης εὐχερῶς τοῦτο συνέβαινε, προσέταξεν ὁ βασιλεὺς εἰς ῥητὴν ἡμέραν ἕκαστον περὶ ὧν ἐνεκάλει δῆλον ποιεῖν. ἀφικομένης δὲ τῆς προθεσμίας τὰ ἐπιδοθέντα βιβλία δεξάμενος „αὗται μέν", ἔφη, „αἱ κατηγορίαι καιρὸν οἰκεῖον ἔχουσι τὴν ἡμέραν τῆς μεγάλης κρίσεως, δικαστὴν δὲ τὸν μέλλοντα πᾶσι τότε κρίνειν· ἐμοὶ δὲ οὐ θεμιτὸν ἀνθρώπῳ ὄντι τοιαύτην εἰς ἑαυτὸν ἕλκειν ἀκρόασιν, ἱερέων κατηγορούντων καὶ κατηγορουμένων, οὓς ἥκιστα χρὴ τοιούτους ἑαυτοὺς παρέχειν, ὡς παρ' ἑτέρου

[b T Cass.] 6 ἐπιστήμονες T | ἢ Bidez : καὶ T Cass. : ἐν b || 10 καὶ om. b || 22 τότε πᾶσι T

[63] Victor und Vincentius.

[64] Zu den unterschiedlichen Angaben über die Teilnehmerzahl vgl. Cameron/Hall, *Eusebius* 263 f.

[65] Bis hierhin schließt sich Sozomenos weiter an Eusebius von Caesarea, *v. C.* 2,73 (GCS 79); 3,6–9 (GCS 83–85), und Socrates, *h. e.* 1,8 (GCS 17–19), an. Die Verwechslung des von Euseb nicht mit Namen genannten Silvester von Rom († 31.12.335) mit dem erst zwölf Jahre

Bischof von Rom, blieb altershalber fern, an seiner Stelle waren Vito und Vicentius[63], Presbyter der gleichen Kirche, anwesend. Außerdem kamen sehr viele andere vorbildliche Männer aus verschiedenen Provinzen zusammen, zum Teil als Denker und Redner begabt und durch Kenntnis der heiligen Schrift und der übrigen Kultur berühmt oder durch ihre sittliche Lebensführung ausgezeichnet, zum Teil auf beiden Gebieten von bestem Ruf. 3. Es waren mehr als 320 Bischöfe[64], begleitet, wie sich versteht, von Presbytern und Diakonen in nicht geringer Zahl. Ferner standen ihnen auch in der Dialektik erfahrene Männer zur Seite, die bemüht waren, sie durch Reden zu unterstützen.[65]

Wie es oft vorkommt, meinten viele der Bischöfe, als seien sie zur Auseinandersetzung über ihre eigenen Angelegenheiten zusammengekommen, einen Anlaß zur Bereinigung ihrer Beschwernisse zu haben: Was der einzelne einem anderen vorzuwerfen hatte, darüber reichte er beim Kaiser eine Petition ein, in der er das ihm widerfahrene Unrecht anzeigte. 4. Als dies tagtäglich bedenkenlos geschah, ordnete der Kaiser an, jeder solle bis zu einem bestimmten Tage darlegen, was er vorzubringen habe. Als der Termin gekommen war, nahm er die eingereichten Petitionen und sagte: „Für diese Anklagen ist die passende Zeit der Tag des großen Gerichts und der Richter der, der dann über alle urteilen wird. Mir als einem Menschen steht es nicht zu, ein solches Verhör an mich zu ziehen, bei dem Bischöfe anklagen und angeklagt werden, die am wenigsten sich so aufführen dürften, daß sie von einem anderen

---

später gewählten JULIUS (vgl. *h. e.* 2,20,1, unten 268f, aus unbekannter Quelle) ist ihm hier versehentlich unterlaufen. Im anschließenden Bericht (bis 18,4) folgt er der einzigen (und späten) Quelle für diese Vorgänge „am Rande“ der Synode, nämlich der Darstellung des RUFIN VON AQUILEIA, *hist.* 10,2f (961–963 MOMMSEN = GELASIUS), ergänzt durch Einzelheiten aus SOCRATES, *h. e.* 1,8 (GCS 19f), und eigene Zusätze.

κρίνεσθαι. ἄγε οὖν μιμησάμενοι τὴν θείαν φιλανθρωπίαν ἐν τῇ πρὸς ἀλλήλους συγγνώμῃ ἀπαλειφθέντων τῶν κατηγορουμένων σπεισώμεθα καὶ τὰ περὶ τῆς πίστεως σπουδάσωμεν, οὗ ἕνεκεν δεῦρο συνεληλύθαμεν.“ 5. ταῦτα εἰπὼν ὁ βασιλεὺς τὴν ἑκάστου | γραφὴν [38] ἀργεῖν καὶ τὰ βιβλία καυθῆναι προσέταξε· καὶ ἡμέραν ὥρισε, καθ᾽ ἣν ἐχρῆν λῦσαι τὰ ἀμφισβητούμενα.

6. Πρὸ δὲ τῆς προθεσμίας συνιόντες καθ᾽ ἑαυτοὺς οἱ ἐπίσκοποι μετεκαλοῦντο τὸν Ἄρειον· καὶ προτιθεμένων εἰς τὸ κοινὸν ὧν ἐδόξαζον διελέγοντο. οἷα δὲ εἰκὸς εἰς διαφόρους ζητήσεις περιισταμένης τῆς διασκέψεως, οἱ μὲν μηδὲν νεωτερίζειν περὶ τὴν ἀρχῆθεν παραδοθεῖσαν πίστιν συνεβούλευον, καὶ μάλιστα οἷς τὸ τῶν τρόπων ἁπλοῦν ἀπεριέργως εἰσηγεῖτο προσίεσθαι τὴν εἰς τὸ θεῖον πίστιν· οἱ δὲ ἰσχυρίζοντο μὴ χρῆναι ἀβασανίστως ταῖς παλαιοτέραις δόξαις ἕπεσθαι.

7. Πολλοὶ δὲ τῶν τότε συνεληλυθότων ἐπισκόπων καὶ τῶν ἑπομένων αὐτοῖς κληρικῶν, δεινοὶ διαλέγεσθαι καὶ τὰς τοιαύτας μεθόδους τῶν λόγων ἠσκημένοι, διέπρεψαν καὶ βασιλεῖ γνώριμοι καὶ τοῖς ἀμφ᾽ αὐτὸν ἐγένοντο. ἐξ ἐκείνου δὲ καὶ Ἀθανάσιος ὁ Ἀλεξανδρείας ἔτι τότε διάκονος Ἀλεξάνδρῳ τῷ ἐπισκόπῳ συνὼν πλεῖστον ἔδοξεν εἶναι μέρος τῆς περὶ ταῦτα βουλῆς.

18.1. Οὐ μὴν ἀλλὰ καί τινες τῶν παρ᾽ Ἕλλησι φιλοσόφων ἐπίτηδες τουτωνὶ τῶν διαλέξεων μετέσχον, οἱ μὲν ὅ τι ποτέ ἐστι τὸ δόγμα μανθάνειν σπουδάζοντες· οἱ δὲ προσφάτως ἀπόλλυσθαι τῆς Ἑλληνικῆς θρησκείας ἀρχομένης ἀπεχθανόμενοι τοῖς Χριστιανοῖς τὴν περὶ τοῦ δόγματος ζήτησιν εἰς ἔριδας λόγων ἐνέβαλλον, ὥστε πρὸς ἑαυτὸ στασιάζειν καὶ ἐναντίον δοκεῖν. 2. λέγεται οὖν, ὥς τινος αὐτῶν ὑπὸ φιλοτιμίας λόγων κομπάζοντος καὶ τοῖς ἱερεῦσιν ἐπιτωθάζοντος

[b T Cass.] 2–3 ἀπαλοιφὴν τῶν κατηγορουμένων ποιησώμεθα T || 6 προσέταξε καυθῆναι T Cass. || 12 μὴ b | παρὰ b || 23 βουλῆς b : σπουδῆς T Cass.

gerichtet werden. So laßt uns denn Gottes Menschenliebe nachstreben und in gegenseitiger Verzeihung die Anklagepunkte tilgen und uns vertragen, um unseren Eifer den Glaubensfragen zuzuwenden, um derentwillen wir hier zusammengekommen sind.“ 5. Mit diesen Worten ließ der Kaiser jedermanns Anklageschrift für nichtig erklären und die Petitionen verbrennen. Dann legte er einen Tag fest, an dem die Streitpunkte erledigt werden müßten.

6. Vor dem Termin kamen die Bischöfe für sich zusammen und luden Arius ein; dabei wurden die Meinungen öffentlich vorgetragen und darüber diskutiert. Wie sich denken läßt, ergaben sich bei der Erörterung unterschiedliche Fragestellungen: Die einen rieten dazu, nichts an dem von Anfang an überlieferten Glaubensbekenntnis zu erneuern, und zwar besonders die, denen ihr einfacher Charakter nahelegte, den Glauben an die Gottheit schlicht hinzunehmen; andere behaupteten, man dürfe nicht ungeprüft den älteren Meinungen folgen.

7. Viele der damals zusammengekommenen Bischöfe und der sie begleitenden Kleriker, die dialektisch versiert und in methodischen Debatten dieser Art geübt waren, taten sich hervor und wurden bei dem Kaiser und seiner Begleitung bekannt. Seit jener Zeit galt auch Athanasius von Alexandrien, der sich damals noch als Diakon im Gefolge des Bischofs Alexander befand, als ein bedeutender Teilnehmer an den Beratungen über diese Fragen.

18. 1. Allerdings beteiligten sich auch einige hellenische Philosophen absichtlich an diesen Debatten, einige in dem Bestreben, zu erfahren, was es mit dem Glauben auf sich habe, andere waren Feinde der Christen, da die hellenische Religion gerade ihrem Untergang entgegenzugehen begann, und so warfen sie die Frage nach dem Glauben im Streitgespräch auf, damit er mit sich selbst uneins und widersprüchlich zu sein schien. 2. So wird berichtet, als einer von ihnen vor Ehrgeiz aufgrund seiner Argumente sich aufspielte und sich über die Bischöfe lustig machte,

οὐκ ἤνεγκε τὸν τῦφον γέρων ἁπλοῦς τις τῶν ἐν ὁμολογίαις εὐδοκιμησάντων· τοιούτων δὲ σκινδαλμῶν καὶ τερθρείας ἄμοιρος ὢν τὸν πρὸς αὐτὸν ἀνεδέξατο λόγον. ἐπὶ τούτῳ δὲ τοῖς μὲν προ|πετέσι τῶν εἰδότων τὸν | 39 ὁμολογητὴν γέλωτα ἐκίνησε τὸ πρᾶγμα, τοῖς δὲ ἐπιεικέσι δέος, προορωμένοις μὴ παρὰ ἀνδρὶ τεχνίτῃ λόγων γελοῖος φανείη. 3. ὅμως δ' οὖν συγχωρησάντων λέγειν ἃ βούλεται (ἀντιτείνειν γὰρ αὐτῷ τοιούτῳ ὄντι ἐπὶ πολὺ ᾐδοῦντο) „ἐν ὀνόματι", ἔφη, „Ἰησοῦ Χριστοῦ, φιλόσοφε, ἄκουσον. εἷς ἐστι θεός, οὐρανοῦ καὶ γῆς καὶ πάντων τῶν ὁρωμένων καὶ ἀοράτων δημιουργός, ὁ πάντα ταῦτα τῇ δυνάμει τοῦ λόγου αὐτοῦ ποιήσας καὶ τῇ ἁγιωσύνῃ τοῦ πνεύματος αὐτοῦ στηρίξας. οὗτος οὖν ὁ λόγος", φησίν, „ὃν ἡμεῖς υἱὸν θεοῦ προσαγορεύομεν, ἐλεήσας τοὺς ἀνθρώπους τῆς πλάνης καὶ τῆς θηριώδους πολιτείας εἵλετο ἐκ γυναικὸς τεχθῆναι καὶ τοῖς ἀνθρώποις συνομιλῆσαι καὶ ἀποθανεῖν ὑπὲρ αὐτῶν· ἥξει δὲ πάλιν κριτὴς τῶν ἑκάστῳ βεβιωμένων. ταῦτα οὕτως ἔχειν ἀπεριέργως πιστεύομεν. μὴ τοίνυν μάτην πόνει τῶν πίστει κατορθουμένων ἐλέγχους ἐπιζητῶν καὶ τρόπον, ᾧ γενέσθαι ταῦτα ἢ μὴ γενέσθαι ἐνεδέχετο. ἀλλ' εἰ πιστεύεις, ἐρομένῳ μοι ἀποκρίνου." 4. πρὸς ταῦτα καταπλαγεὶς ὁ φιλόσοφος „πιστεύω" φησί. καὶ τῆς ἥττης χάριν ὁμολογήσας τὰ αὐτὰ τῷ πρεσβύτῃ ἐδόξαζε καὶ τοῖς πρότερον ὁμοίως διακειμένοις ὁμοφρονεῖν συνεβούλευεν, οὐκ ἀθεεὶ μετατεθεῖσθαι ἐπομνύμενος, ἀλλ' ἀφράστῳ τινὶ δυνάμει χριστιανίσαι προτραπείς.

5. Λέγεται δὲ τῷ εἰρημένῳ παραπλήσιον γενέσθαι θαῦμα δι' Ἀλεξάνδρου τοῦ ἐπιτροπεύσαντος τὴν Κων-

---

[b T Cass.] 3 ἄμοιρος. τὸν δὲ T || 176,29 – 178,1 τοῦ ἐπισκόπου κωνσταντινουπόλεως T Cass.

---

66 Hiervon berichtet nur Sozomenos, wohl aus mündlicher Überlieferung (vgl. den Schlußsatz). Der chaldäische Wundertäter JULIAN (§ 7) lebte im 2. Jahrhundert n. Chr.

habe ein schlichter Greis, einer von denen, die durch ihr Bekennertum berühmt geworden waren, dessen Überheblichkeit nicht mehr ertragen können, so daß er, ohne jede Ahnung von derartiger haarspalterischer Zergliederung, die Debatte mit ihm aufzunehmen wagte. Daraufhin brachte die Situation die Vorlauten unter denen, die den Bekenner kannten, zum Lachen, die Zurückhaltenden machte sie ängstlich, da sie vorauszusehen meinten, gegen einen Wortartisten wie diesen Mann werde er sich lächerlich machen. 3. Trotzdem erlaubten sie ihm zu sagen, was er wolle – ihm zu widersprechen, der so ehrwürdig war, hätten sie sich heftig geschämt –, und so begann er: „Im Namen Jesu Christi, Philosoph, höre: Es ist ein Gott, Schöpfer des Himmels und der Erde und alles Sichtbaren und Unsichtbaren, der dies alles mit der Macht seines Wortes gemacht und mit der Heiligkeit seines Geistes gefestigt hat. Dieses Wort nun“, fuhr er fort, „das wir Sohn Gottes nennen, erbarmte sich der Menschen wegen ihres Irrglaubens und ihrer tierischen Lebensweise, und deswegen entschloß er sich, von einer Frau geboren zu werden, mit den Menschen zu verkehren und für sie zu sterben; doch wird er wiederkommen als Richter über das Leben jedes Menschen. Daß dies so ist, glauben wir in aller Schlichtheit. Bemühe dich also nicht vergeblich, Widerlegungen für das im Glauben Gewonnene zu suchen oder eine Art und Weise, wie dies geschehen oder nicht geschehen konnte, sondern antworte mir auf meine Frage, ob du glaubst.“ 4. Darauf antwortete der Philosoph eingeschüchtert: „Ich glaube.“ Und er bekannte Dankbarkeit für seine Niederlage, vertrat die gleiche Ansicht wie der Greis und riet denen, die früher ähnlich gesinnt waren, mit ihm übereinzustimmen, wobei er unter Eid erklärte, nicht ohne Gottes Hilfe umgestimmt zu sein, vielmehr habe ihn eine unerklärliche Macht zum Christsein getrieben.

5. Ein ähnliches Wunder[66] wie das eben berichtete soll durch Alexander geschehen sein, den Leiter der Gemeinde

σταντινουπόλεως ἐκκλησίαν. ἡνίκα γὰρ παρεγένετο Κωνσταντῖνος εἰς τὸ Βυζάντιον, προσελθόντες αὐτῷ φιλόσοφοί τινες ἐμέμφοντο, ὡς οὐ δεόντως θρησκεύοι καὶ περὶ τὰ θεῖα νεωτερίζοι καινὸν εἰσάγων σέβας τῇ πολιτείᾳ παρὰ τὰ νενομισμένα τοῖς αὐτοῦ προγόνοις καὶ πᾶσιν, ὅσους Ἑλλήνων τε καὶ Ῥωμαίων ἡγεμόνας ὁ παρελθὼν αἰὼν ἤνεγκε· 6. καὶ ἐζήτουν διαλεχθῆναι Ἀλεξάνδρῳ τῷ ἐπισκόπῳ περὶ τοῦ δόγματος. ὁ δὲ καίπερ ὢν τοιαύτης γυμνασίας λόγων ἀτριβής, ἴσως δὲ τῷ βίῳ πεποιθώς | [4] (ἐγένετο γὰρ καλὸς καὶ ἀγαθός) ὑπέστη τὸν ἀγῶνα τοῦ βασιλέως προστάξαντος. συνελθόντων δὲ τῶν φιλοσόφων, ἐπειδὴ πάντες διαλέγεσθαι ἠβούλοντο, ἕνα αὐτοὺς αἱρεῖσθαι ὃν θέλουσιν ἠξίου, τοὺς δὲ ἄλλους παρόντας ἡσυχίαν ἄγειν. 7. ἀναδεξαμένου δὲ ἑνὸς τὸν λόγον „ἐν ὀνόματι Ἰησοῦ Χριστοῦ", ἔφη πρὸς αὐτὸν Ἀλέξανδρος, „ἐπιτάττω σοι μὴ λαλεῖν." ἅμα δὲ τῷ λόγῳ καὶ ὁ ἄνθρωπος αὐτίκα τὸ στόμα πεδηθεὶς ἐσιώπα. ἆρ' οὖν δίκαιον ἀναλογίσασθαι, πότερον μεῖζον ἐν παραδόξοις ἄνθρωπον, καὶ ταῦτα φιλόσοφον, οὕτω ῥαδίως ἀφελέσθαι τοῦ λόγου ἢ λίθον βίᾳ λόγου τῇ χειρὶ διελεῖν, ὃ πρός τινων ἐπὶ Ἰουλιανῷ τῷ καλουμένῳ Χαλδαίῳ κεκομπολογῆσθαι ἀκήκοα; καὶ τὰ μὲν ὧδε ἐπυθόμην.

19.1. Οἱ δὲ ἐπίσκοποι συνεχῶς συνιόντες τὸν Ἄρειον εἰς μέσον παρῆγον καὶ ἀκριβῆ βάσανον ἐποιοῦντο τῶν αὐτοῦ προτάσεων, προπετῶς δὲ ἐπὶ θάτερα τὴν ψῆφον ἄγειν ἐφυλάττοντο. ἐπεὶ δὲ ἡ κυρία παρῆν, καθ' ἣν ὥριστο τεμεῖν τὰ ἀμφίβολα, συνῆλθον εἰς τὰ βασίλεια, καθότι καὶ τῷ κρατοῦντι δέδοκτο κοινωνῆσαι αὐτοῖς τῆς βουλῆς. ἐπεὶ δὲ εἰς ταὐτὸ παρεγένετο τοῖς ἱερεῦσι,

---

[b T (–26) Cass. (–26)] 29 παρεγένετο Christ. : παρεγένοντο b

---

[67] Mit dem Beginn der eigentlichen Synode kehrt Sozomenos wieder zu seiner authentischen Quelle Eusebius von Caesarea zurück, in Kapitel 19 zunächst *v. C.* 3,10–12 (GCS 85–87); vgl. Cameron/Hall,

von Konstantinopel. Als nämlich Konstantin nach Byzanz kam, wandten sich einige Philosophen mit dem Vorwurf an ihn, nicht die rechte Religion zu haben und im theologischen Bereich revolutionär zu sein, indem er einen neuen Kult in den Staat einführe im Widerspruch zu den Gepflogenheiten seiner Vorfahren und aller Herrscher über Griechen und Römer, die das vorhergehende Zeitalter hervorgebracht habe. Dann baten sie um ein Gespräch über den Glauben mit dem Bischof Alexander. 6. Obwohl dieser mit solcher Debattenübung nicht vertraut war, vielleicht aber weil er auf seine Lebensführung vertraute — denn er war ein vorbildlicher Mensch —, nahm er auf Weisung des Kaisers den Kampf auf. Als die Philosophen zu ihm kamen und alle sich am Dialog beteiligen wollten, forderte er, sie sollten einen beliebigen auswählen, die anderen Anwesenden aber sollten still bleiben. 7. Als einer das Wort übernahm, sagte Alexander zu ihm: „Im Namen Jesu Christi befehle ich dir, nicht zu reden." Kaum hatte er das ausgesprochen, da wurde der Mensch auf der Stelle am Mund gelähmt und blieb still. Darf man miteinander vergleichen, worin das größere Wunder liegt, einen Menschen, und noch dazu einen Philosophen, mit solcher Leichtigkeit um die Sprache zu bringen, oder einen Stein durch die Gewalt des Wortes mit der Hand zu halbieren, wie ich manche Leute über Julian den sogenannten Chaldäer habe prahlen hören? Soweit, was ich in Erfahrung gebracht habe.

19.1. Die Bischöfe traten ständig zusammen, ließen Arius öffentlich auftreten und unterzogen seine Thesen einer gründlichen Prüfung, hüteten sich aber, vorschnell sich für eine der beiden Seiten zu erklären. Als[67] aber der Termin da war, an dem nach dem Beschluß die Streitfragen entschieden werden sollten, kamen sie im Palast zusammen, weil auch der Herrscher beschlossen hatte, an ihrer Beratung teilzunehmen. Als er mit den Bischöfen zusammenkam,

---

[67] *Eusebius* 264–266.

διαβὰς πρὸς τὴν ἀρχὴν τοῦ συλλόγου ἐπὶ θρόνου τινὸς ἐκάθισεν, ὅσπερ αὐτῷ κατεσκεύαστο· καὶ ἡ σύνοδος καθῆσθαι ἐκελεύσθη. 2. παρεσκεύαστο γὰρ ἑκατέρωθεν βάθρα πολλὰ παρεκτεινόμενα τοῖς τοίχοις τοῦ βασιλείου οἴκου· μέγιστος δὲ ἦν οὗτος καὶ τοὺς ἄλλους ὑπερφέρων. καθεζομένων δὲ αὐτῶν ἀναστὰς Εὐσέβιος ὁ Παμφίλου λόγον τινὰ τῷ βασιλεῖ προσεφώνησε καὶ δι' αὐτὸν τῷ θεῷ χαριστήριον ὕμνον. 3. παυσαμένου δὲ αὐτοῦ καὶ σιγῆς γενομένης „πάντων μὲν ἕνεκεν", ἔφη ὁ βασιλεύς, „τῷ θεῷ τὴν χάριν ἔχω, οὐχ ἥκιστα δὲ τὸν ὑμέτερον σύλλογον ὁρῶν, ὦ φίλοι. καί μοι κρεῖττον εὐχῆς ἀπέβη τοσούτους ἱερέας Χριστοῦ εἰς ταὐτὸν ἀγαγεῖν. βουλοίμην δ' ἂν ὁμόφρονας ὑμᾶς θεάσασθαι καὶ συμφώνου γνώμης κοινωνούς, ἐπεὶ παντὸς κακοῦ χαλεπώτερον ἡγοῦμαι τὴν ἐκκλησίαν τοῦ θεοῦ στασιάζειν. ὅτε οὖν ἠγγέλθη ὧν οὐκ ὤφελον ἀκοῦσαι, σφόδρα τὴν ψυχὴν ἠνιάθην, διχονοεῖν ὑμᾶς πυθόμενος, οὓς ἥκιστα προσῆκε θεοῦ λειτουργοὺς | [41] ὄντας καὶ βραβευτὰς εἰρήνης. καὶ διὰ τοῦτο τὴν ἱερὰν ὑμῶν συνεκρότησα σύνοδον· βασιλεύς τε ὢν καὶ συνθεράπων ὑμέτερος χάριν αἰτῶ λαβεῖν ἀρεστὴν θεῷ τῷ κοινῷ δεσπότῃ ἐμοί τε λαβεῖν καὶ ὑμῖν δοῦναι πρέπουσαν. ἡ δέ ἐστι προενεγκεῖν εἰς μέσον τὰ αἴτια τῆς ἀμφισβητήσεως καὶ ὁμόφρον καὶ εἰρηναῖον αὐτοῖς ἐπιθεῖναι τέλος, ὥστε με σὺν ὑμῖν τοῦτο τὸ τρόπαιον ἀναστῆσαι κατὰ τοῦ φθονεροῦ δαίμονος, ὃς τῶν ἀλλοφύλων καὶ τυράννων ἐκποδὼν γενομένων ταυτηνὶ τὴν ἐμφύλιον στάσιν ἤγειρε, νεμεσήσας τοῖς ἡμετέροις ἀγαθοῖς." 4. τοιαῦτα τῇ Ῥωμαίων φωνῇ τοῦ βασιλέως εἰπόντος παρεστώς τις ἡρμήνευεν.

---

[b] 22 προσενεγκεῖν b || 23 ὁμόφρονα b

---

[68] EUSEBIUS VON CAESAREA, *v. C.* 3,11 (GCS 86), spricht von dem „Führer der rechten Partei"; im Kapitelverzeichnis zum dritten Buch ist der Name „Eusebius der Bischof" angegeben, dies kann nach den Umständen nur der Bischof von Nicomedia sein. Später konnte man sich das

schritt er an die Spitze der Versammlung und nahm auf einem für ihn errichteten Thron Platz; dann wurde auch die Synode aufgefordert, sich zu setzen. 2. Es waren zahlreiche Sitze zu beiden Seiten errichtet, die sich an den Wänden des Kaiserpalasts entlangzogen. Dies war der größte und überragte die weiteren Gebäude. Als alle saßen, erhob sich Euseb der Schüler des Pamphilus[68] und richtete eine Begrüßungsansprache an den Kaiser und seinetwegen einen Dankeshymnus an Gott. 3. Als er geendet hatte und Schweigen eintrat, sprach der Kaiser: „Für alles danke ich Gott, nicht zum wenigsten aber dafür, daß ich eure Versammlung vor mir sehe, liebe Freunde. Mehr als ich mir hätte wünschen können, ist mir zuteil geworden, daß ich so viele Priester Christi an einem Ort versammeln konnte. Ich wünschte nur, ich sähe euch eines Sinnes und als Partner einer einhelligen Meinung, da ich es für schlimmer als jedes andere Übel erachte, wenn die Kirche Gottes uneins ist. Als mir nun gemeldet wurde, was ich nie hätte hören sollen, wurde ich in meiner Seele tief betrübt, da ich erfuhr, daß ihr entzweit seid, ihr, die ihr das am wenigsten sein dürft, als Diener Gottes und Garanten des Friedens. Daher habe ich eure heilige Synode zusammengerufen, und als Kaiser und euer Mitdiener bitte ich um eine Gott, dem gemeinsamen Herren, wohlgefällige Gunst, die mir zu empfangen und euch zu gewähren wohl ansteht. Sie besteht darin, die Ursachen des Streits offen darzulegen und ihnen ein einmütiges, friedliches Ende zu bereiten, damit ich mit euch zusammen dieses Siegesmal gegen den mißgünstigen Widersacher errichten kann, der nach der Beseitigung der fremdvölkischen Gegner und der Usurpatoren diesen inneren Zwist erweckt hat, weil er uns unser Wohl neidet.“ 4. Nachdem der Kaiser dies in lateinischer Sprache vorgetragen hatte, trat einer neben ihn, der es übersetzte.

---

nicht mehr gut vorstellen, und so ist das Mißverständnis, dem Sozomenos hier erliegt, verständlich.

20.1. Ἐκ τούτου δὲ ἡ περὶ τοῦ δόγματος διάλεξις ἐκινήθη τοῖς ἱερεῦσι. σχολῇ δὲ καὶ μάλα ἀνεξικάκως ἠκροᾶτο ὁ βασιλεὺς τῶν ἑκατέρωθεν λόγων· καὶ τοῖς μὲν εὖ λέγουσιν ἐτίθετο, τοὺς δὲ φιλονικοῦντας μετετίθει τῆς ἔριδος, πράως ἑκάστῳ διαλεγόμενος, ὡς ἀκούειν ἠπίστατο, καθότι οὐδὲ τῆς Ἑλλήνων γλώττης ἀπείρως εἶχε. τὸ δὴ τελευταῖον συνέβησαν ἀλλήλοις πάντες οἱ ἱερεῖς καὶ ὁμοούσιον εἶναι τῷ πατρὶ τὸν υἱὸν ἐψηφίσαντο. μόνοι δὲ τὰ μὲν πρῶτα δέκα καὶ ἑπτὰ λέγονται τὴν Ἀρείου δόξαν ἐπαινέσαι, παραχρῆμα δὲ καὶ τούτων οἱ πλείους πρὸς τὸ κοινῇ δόξαν μετέθεντο. 2. ταύτῃ δὲ τῇ γνώμῃ καὶ ὁ βασιλεὺς ἐπεψηφίσατο συμβαλὼν θειόθεν αὐτὴν δεδοκιμάσθαι τὴν συμφωνίαν τοῦ συλλόγου. ὑπερορίῳ τε φυγῇ ζημιωθήσεσθαι προηγόρευσε τὸν ἐναντίον τῶν δεδογμένων ἐρχόμενον, ὡς διαφθείροντα τοὺς θείους ὅρους.

3. Ἵνα δὲ καὶ εἰς τὸν ἑξῆς χρόνον βέβαιον καὶ δῆλον τοῖς ἐσομένοις ὑπάρχῃ τὸ σύμβολον τῆς τότε συναρεσάσης πίστεως, ἀναγκαῖον ᾠήθην εἰς ἀπόδειξιν τῆς ἀληθείας αὐτὴν τὴν περὶ τούτων γραφὴν παραθέσθαι· εὐσεβῶν δὲ φίλων καὶ τὰ τοιαῦτα ἐπιστημόνων οἷα δὴ μύσταις καὶ μυσταγωγοῖς μόνοις δέον τάδε λέγειν καὶ ἀκούειν ὑφηγουμένων ἐπῄνεσα τὴν βουλήν (οὐ γὰρ ἀπεικὸς | [42] καὶ τῶν ἀμυήτων τινὰς τῇδε τῇ βίβλῳ ἐντυχεῖν), ὡς ἔνι δὴ τῶν ἀπορρήτων ἃ χρὴ σιωπᾶν ἀποκρυψάμενος·

[b] 12 θεόθεν B || 25 δὴ Val. : δὲ b | ἀποκρυψάμενος Val. : ἀποκρυψάμενον b

[69] Für die Debatte hält sich Sozomenos noch an seine bisherige Vorlage (Eusebius von Caesarea, *v. C.* 3,13 [GCS 88]), die Mitteilungen über die Einigung (von „Schließlich" an) entnimmt er Rufin von Aquileia, *hist.* 10,5 (964f Mommsen) = Gelasius von Caesarea, *Frg.* 14 (Winkelmann).

[70] Die Berater des Sozomenos halten an der (aus den Mysterienreligionen übernommenen) besonders im 4. Jahrhundert eingeschärften „Arkandisziplin" fest, die Ritus und Sinn von Taufe und Eucharistie ein-

20. 1. Von da an wurde die dogmatische Diskussion zwischen den Bischöfen geführt.[69] In Muße und mit großer Geduld hörte der Kaiser die Reden beider Seiten an: denen, die in gehöriger Weise sprachen, stimmte er zu, die Streitsüchtigen suchte er von Polemik abzubringen, indem er freundlich mit jedem debattierte, so wie er zuzuhören verstand; denn auch im Griechischen kannte er sich aus. Schließlich verständigten sich alle Bischöfe miteinander und erklärten den Sohn für wesensgleich mit dem Vater. Nur siebzehn sollen anfangs die Meinung des Arius gebilligt haben, doch ließen sich bald auch von diesen die meisten für den gemeinsamen Beschluß umstimmen. 2. Dieser Ansicht pflichtete auch der Kaiser bei, der den Schluß zog, eben die Einmütigkeit der Versammlung sei von Gott gebilligt. Mit Verbannung werde bestraft werden, so ließ er verkünden, wer sich den Beschlüssen entgegenstelle, da er damit Gottes Satzungen zu zerstören suche.

3. Damit das Symbol des damals gemeinsam anerkannten Glaubens auch für die Folgezeit künftigen Generationen gewiß und eindeutig ist, hielt ich es für notwendig, zum Beweis der Wahrheit den davon handelnden Text selbst anzuführen, doch mußte ich den Rat gottesfürchtiger Freunde, die mit solchen Fragen Bescheid wissen, anerkennen, die mir erklärten, nur Eingeweihte (*sc.* Getaufte) und ihre Mystagogen dürften dies aussprechen und hören — es ist ja nicht unwahrscheinlich, daß auch manche Uneingeweihte dieses Buch lesen —; soweit angängig also habe ich die Geheimnisse, die dem Schweigegebot unterliegen, verborgen[70],

---

schließlich des Bekenntnisses nach außen geheimhält. Daher zitiert er im Unterschied zu SOCRATES kein einziges Glaubensbekenntnis, höchstens spezielle Formulierungen wie hier und *h. e.* 4,6,12, unten 442–445. Um die Mitte des 5. Jahrhunderts begann die Arkandisziplin unnötig zu werden, doch fällt auf, daß das von SOCRATES, *h. e.* 1,8,29f (GCS 22), zitierte *Nicaenum* von den Handschriften und Übersetzungen mit Ausnahme des THEODORUS LECTOR (nach 518) fortgelassen wird.

ὥσ<τε δὲ> μὴ πάμπαν ἀγνοεῖν τὰ δόξαντα τῇ συνόδῳ, (**21**.1) ἰστέον [δὲ] ὅτι τὸν μὲν υἱὸν ὁμοούσιον εἶναι τῷ πατρὶ ἀπεφήναντο· τοὺς δὲ λέγοντας „ἦν ποτε ὅτε οὐκ ἦν“ καὶ „πρὶν γεννηθῆναι οὐκ ἦν“ καὶ ὅτι „ἐξ οὐκ ὄντων ἐγένετο“ ἢ ἐξ ἑτέρας ὑποστάσεως ἢ οὐσίας, ἢ τρεπτὸν ἢ ἀλλοιωτόν, ἀπεκήρυξαν καὶ τῆς καθόλου ἐκκλησίας ἀλλοτρίους ἐψηφίσαντο. 2. ταύτην δὲ τὴν γραφὴν ἐπήνεσαν Εὐσέβιός τε ὁ Νικομηδείας καὶ Θεόγνιος ὁ Νικαίας, Μάρις τε ὁ Χαλκηδόνος καὶ Πατρόφιλος ὁ Σκυθοπόλεως καὶ Σεκοῦνδος ὁ Πτολεμαΐδος τῆς Λιβύης. Εὐσέβιος δὲ ὁ Παμφίλου μικρὸν ἐπισχὼν ἐπεσκέψατο ταύτην καὶ ἐπήνεσεν.

3. Ἡ δὲ σύνοδος ἀπεκήρυξεν Ἄρειον καὶ τοὺς ὁμοίως αὐτῷ φρονοῦντας· Ἀλεξανδρείας τε μὴ ἐπιβαίνειν αὐτὸν ἐψηφίσαντο. οὐ μὴν ἀλλὰ καὶ τὰς λέξεις τῆς αὐτοῦ δόξης ἀπεκήρυξαν καὶ τὸ βιβλίον ὃ περὶ ταύτης συντάξας Θαλίαν ἐπέγραψε. τούτου δὲ τοῦ συντάγματος, ὡς ἐπυθόμην (οὐ γὰρ ἐνέτυχον), διαλελυμένος τίς ἐστιν ὁ χαρακτήρ, ὡς ἐμφερὲς εἶναι τῇ χαυνότητι τοῖς Σωτάδου ᾄσμασιν.

Ἰστέον μέντοι ὡς τῇ Ἀρείου καθαιρέσει οὔτε ἔθεντο οὔτε ὑπέγραψαν Εὐσέβιος ὁ Νικομηδείας καὶ Θεόγνιος ὁ Νικαεύς, καίπερ τῇ γραφῇ τῆς πίστεως συναινέσαντες.

4. Ὁ δὲ βασιλεὺς Ἄρειον μὲν ὑπερορίῳ φυγῇ ἐζημίωσε· καὶ τοῖς πανταχῇ ἐπισκόποις καὶ λαοῖς νομοθετῶν ἔγραψεν ἀσεβεῖς ἡγεῖσθαι αὐτόν τε καὶ τοὺς αὐτοῦ ὁμό-

---

[b] 1 ὥστε Hansen : ὡς C : om. B || 19 ἐμφερὲς Hansen : ἐμφερὴς b

---

[71] Von diesem Satz an bis zum Ende des 21. Kapitels hat Sozomenos Nachrichten des SOCRATES aus unterschiedlichen Stellen zusammengestellt.

[72] Auch hier reproduziert Sozomenos nur die Worte des SOCRATES. Die eigentümliche Werbeschrift *Thalia* („Gastmahl“), von der einige Bruchstücke durch ATHANASIUS erhalten sind, war anscheinend in Versen abgefaßt, wohl nach dem Vorbild der satirischen Poesie des hellenistischen Lyrikers SOTADES. Vgl. METZLER, *Thalia* 11–45.

damit aber die Leser nicht ganz und gar über die Beschlüsse der Synode in Unkenntnis bleiben, (**21**.1) sollte man wissen, daß sie den Sohn für wesensgleich mit dem Vater erklärten und die Vertreter der Ansichten „Es gab eine Zeit, da er nicht war" und „Bevor er geboren wurde, war er nicht" und „Er ist aus Nichtseiendem geworden oder aus einer anderen Hypostase oder Wesenheit, oder wandelbar oder veränderlich" exkommunizierten und der katholischen Kirche für nicht zugehörig erklärten. 2. Diesen Text billigten Eusebius von Nicomedia und Theognius von Nicaea, Maris von Chalcedon und Patrophilus von Scythopolis sowie Secundus von Ptolemaïs in Libyen. Euseb der Schüler des Pamphilus aber prüfte ihn nach kurzem Zögern und billigte ihn dann.[71]

3. Die Synode exkommunizierte Arius und die ihm Gleichgesinnten und untersagte ihm den Aufenthalt in Alexandrien. Ferner verurteilte sie seine Glaubensformulierungen und die darüber von ihm verfaßte Schrift, der er den Titel Thalia gegeben hatte. Der Stilcharakter dieser Schrift ist, wie ich erfahren habe – gelesen habe ich sie nicht –, ein lockerer, so daß sie an Laxheit den Gedichten des Sotades ähnelt.[72]

Wissen muß man, daß Eusebius von Nicomedia und Theognius von Nicaea die Absetzung des Arius weder billigten noch unterschrieben, obwohl sie dem Text des Glaubensbekenntnisses zugestimmt hatten.

4. Der Kaiser bestrafte Arius mit Verbannung, auch schrieb er[73] an die Bischöfe und Gemeinden im ganzen Reich, wobei er in Gesetzesform vorschrieb, ihn und seine Gesinnungsfreunde für gottlos zu halten und ihre

---

[73] Urkunde 33 (OPITZ) bei SOCRATES, *h. e.* 1,9,30 f (GCS 33 f), allerdings erst aus dem Jahre 333, was schon SOCRATES nicht bemerkt haben wird. Der letzte Satz ist gegenüber dem Originalschreiben („... dem wird der Tod als Strafe bevorstehen; denn sofort nachdem er dessen überführt ist, wird er der Strafe für Kapitalverbrechen unterworfen werden") noch gerafft, so daß eine kaum übersetzbare Tautologie entsteht.

φρονας καὶ πυρὶ παραδιδόναι, εἴ τι αὐτῶν εὑρίσκοιτο | σύγγραμμα, ὥστε μήτε αὐτοῦ μήτε τοῦ δόγματος, οὗ | 43 εἰσηγήσατο, ὑπόμνημα φέρεσθαι. εἰ δέ τις φωραθείη κρύπτων καὶ μὴ παραχρῆμα καταμηνύσας ἐμπρήσῃ, θάνατον εἶναι τὴν ζημίαν καὶ τιμωρίαν εἰς κεφαλήν. καὶ ἄλλας δὲ κατὰ πόλιν ἐπιστολὰς διεπέμψατο κατὰ Ἀρείου καὶ τῶν ὁμοδόξων αὐτοῦ. 5. Εὐσέβιον δὲ καὶ Θεόγνιον φεύγειν προσέταξεν ἃς ἐπεσκόπουν πόλεις· τῇ δὲ Νικομηδέων ἐκκλησίᾳ ἔγραψεν ἔχεσθαι τῆς πίστεως ἣν ἡ σύνοδος παρέδωκεν, ὀρθοδόξους δὲ προβάλλεσθαι ἐπισκόπους καὶ τούτοις πείθεσθαι, τῶν δὲ λήθῃ παραδοῦναι τὴν μνήμην· τοὺς δὲ ἐπαινεῖν ἢ τὰ αὐτῶν φρονεῖν ἐπιχειροῦντας ἠπείλησε τιμωρεῖσθαι. ἐν τούτοις δὲ τοῖς γράμμασι καὶ ἄλλως ἀπεχθάνεσθαι πρὸς Εὐσέβιον ἐδήλου ὡς πρότερον ἤδη τὰ τοῦ τυράννου φρονήσαντα καὶ αὐτῷ ἐπιβουλεύσαντα. κατὰ ταῦτα μὲν οὖν τὰ βασιλέως γράμματα ἀφῃρέθησαν ὧν εἶχον ἐκκλησιῶν Εὐσέβιός τε καὶ Θεόγνιος. παραλαμβάνει δὲ τὴν Νικομηδέων Ἀμφίων, Χρῆστος δὲ τὴν Νικαίας. 6. παυσαμένης δὲ τῆς ἐπὶ τῷ δόγματι ζητήσεως ἔδοξε τῇ συνόδῳ καὶ τὴν πασχαλίαν ἑορτὴν ἅπαντας κατὰ τὸν αὐτὸν ἐπιτελεῖν καιρόν.

22.1. Λέγεται δὲ τὸν βασιλέα τῆς πάντων Χριστιανῶν ὁμονοίας προνοοῦντα καὶ Ἀκέσιον, ὃς ἐπίσκοπος ἦν τῆς Ναυατιανῶν ἐκκλησίας, ἐπὶ τὴν σύνοδον καλέσαι καὶ τὸν περὶ τῆς πίστεως καὶ τῆς ἑορτῆς ἐπιδεῖξαι ὅρον ἤδη δὲ βεβαιωθέντα ταῖς τῶν ἐπισκόπων ὑπογραφαῖς,

---

[b]

---

[74] Socrates, *h. e.* 1,9,64 (GCS 40).
[75] Socrates, *h. e.* 1,8,33 (GCS 23).
[76] Socrates, *h. e.* 1,9,65 (GCS 40), von Sozomenos durch die Urkunde 27 (Opitz) etwas erweitert.
[77] Socrates, *h. e.* 1,14,1 (GCS 52).
[78] Eusebius von Caesarea, *v. C.* 3,14 (GCS 88).

etwa aufgefundenen Schriften dem Feuer zu übergeben, damit weder von ihm noch von der durch ihn eingeführten Lehre eine Erinnerung übrigbleibe. Falls jemand überführt würde, der eine solche Schrift verstecke und nicht nach sofortiger Anzeige verbrenne, solle darauf die Todesstrafe stehen. Ferner sandte er weitere Briefe gegen Arius und seine Glaubensgenossen in alle Städte.[74] 5. Eusebius und Theognius ließ er aus ihren Bischofsstädten verbannen[75]; an die Gemeinde in Nicomedia schrieb er[76], sie solle sich an den von der Synode überlieferten Glauben halten, rechtgläubige Bischöfe ernennen und ihnen folgen, das Andenken der anderen jedoch dem Vergessen überantworten; Versuchen, sie zu verteidigen oder ihre Meinung zu übernehmen, drohte er Bestrafung an. In diesem Brief deutete er an, daß er auch aus anderen Gründen mit Eusebius verfeindet sei, da dieser bereits früher auf seiten des Usurpators (*sc.* Licinius) gestanden und gegen ihn intrigiert habe. Entsprechend diesen Schreiben des Kaisers wurden Eusebius und Theognius ihre Kirchen genommen. Die Gemeinde von Nicomedia übernahm Amphion, Chrestus die von Nicaea.[77] 6. Nach dem Ende der dogmatischen Erörterung beschloß die Synode auch, daß alle das Osterfest zur gleichen Zeit begehen sollten.[78]

22. 1. Es wird berichtet[79], der Kaiser habe in seiner Fürsorge für die Eintracht aller Christen auch Acesius, den Bischof der Kirche der Novatianer, zu der Synode berufen, ihm die Satzung über den Glauben und über das Osterfest, bereits durch die Unterschriften der Bischöfe bestätigt,

---

[79] Schon durch diese einleitende Wendung zeigt Sozomenos, daß er jetzt (im 22. und 23. Kapitel) zu SOCRATES, *h. e.* 1,10 f (GCS 41–43), als der einzigen Quelle für die beiden Episoden zurückkehrt, nachdem er bisher den sehr ausführlichen und mit vielen Dokumenten untermauerten Bericht des SOCRATES (und EUSEB) stark verkürzt und umgeordnet hatte.

πυθέσθαι τε εἰ καὶ αὐτὸς τούτοις συναινεῖ· τὸν δὲ φάναι μηδὲν ὡρίσθαι καινόν, καὶ ἐπαινέσαι τὸ τῇ | 44 συνόδῳ δόξαν· οὕτω γὰρ καὶ αὐτὸν ἐξ ἀρχῆς παρειληφέναι πιστεύειν τε καὶ ἑορτάζειν. 2. „τί οὖν“, ἔφη ὁ βασιλεύς, „ὁμοίως φρονῶν χωρίζῃ τῆς κοινωνίας;“ τοῦ δὲ προφέροντος τὴν ἐπὶ Δεκίου Ναυάτῳ καὶ Κορνηλίῳ συμβᾶσαν διαφοράν, καὶ ὡς μετὰ τὸ βάπτισμα κοινωνίας οὐκ ἀξιοῖ μυστηρίων τοὺς ἁμαρτίας ἐνόχους, ἣν πρὸς θάνατον καλοῦσιν αἱ θεῖαι γραφαί (θεοῦ γὰρ ἐξουσίας μόνου, οὐχ ἱερέων ἠρτῆσθαι τὴν ἄφεσιν) ὑπολαβὼν ὁ βασιλεὺς εἶπεν· „ὦ Ἀκέσιε, κλίμακα θὲς καὶ μόνος εἰς οὐρανοὺς ἀνάβηθι.“ 3. ταῦτα δὲ οἶμαι εἰπεῖν τὸν βασιλέα πρὸς Ἀκέσιον οὐκ ἐπαινοῦντα, ἀλλ᾽ ὅτι ἄνθρωποι ὄντες ἀναμαρτήτους σφᾶς εἶναι νομίζουσιν.

23.1. Ἡ δὲ σύνοδος ἐπανορθῶσαι τὸν βίον σπουδάζουσα τῶν περὶ τὰς ἐκκλησίας διατριβόντων ἔθετο νόμους οὓς κανόνας ὀνομάζουσιν. 2. ἐν δὲ τῷ περὶ τούτου βουλεύεσθαι τοῖς μὲν ἄλλοις ἐδόκει νόμον ἐπεισάγειν ἐπισκόπους καὶ πρεσβυτέρους διακόνους τε καὶ ὑποδιακόνους μὴ συγκαθεύδειν ταῖς γαμεταῖς, ἃς πρὶν ἱερᾶσθαι ἠγάγοντο. 3. ἀναστὰς δὲ ἐν μέσῳ Παφνούτιος ὁ ὁμολογητὴς ἀντεῖπε τίμιόν τε τὸν γάμον ἀποκαλῶν σωφροσύνην τε τὴν πρὸς τὰς ἰδίας γαμετὰς συνουσίαν· συνεβούλευσέν τε τῇ συνόδῳ μὴ τοιοῦτον θέσθαι νόμον· χαλεπὸν γὰρ εἶναι τὸ πρᾶγμα φέρειν· ἴσως δὲ καὶ αὐτοῖς καὶ ταῖς τούτων γαμεταῖς τοῦ μὴ σωφρονεῖν αἰτία γενήσεται·

[b T (12–) Cass. (15–26)] 19 τε om. T

[80] Der römische Presbyter NOVATIANUS, von den Griechen meist NOVATUS (NAUATOS) genannt, geriet mit dem Bischof CORNELIUS, gegen den er sogar zum Gegenbischof aufgestellt wurde, 251 in heftige Differenzen über die von ihm für unmöglich erklärte Wiederaufnahme

vorgelegt und ihn gefragt, ob er auch seinerseits dem zustimme. Er habe geantwortet, es sei nichts Neues festgelegt worden, und dem Beschluß der Synode zugestimmt; denn so habe auch er von Beginn an Glauben und Festesfeier übernommen. 2. „Warum", fragte der Kaiser, „trennst du dich dann von der Gemeinschaft, wenn du das gleiche denkst?" Als Acesius die unter Decius geführte Auseinandersetzung zwischen Novatus und Cornelius[80] vorbrachte, und daß er die nach der Taufe in Sünden Befangenen, die in der heiligen Schrift Sünden zum Tode genannt werden (vgl. 1Joh 5,16f) – denn nur in Gottes Macht, nicht die von Priestern, sei die Vergebung gestellt –, da entgegnete der Kaiser: „Acesius, stell eine Leiter auf und steige allein in den Himmel." 3. Das sagte der Kaiser nach meiner Meinung zu Acesius nicht lobend, sondern weil sich die Novatianer als Menschen, die sie doch sind, für sündlos halten.

23. 1. Die Synode war bestrebt, die Lebensführung der in den Kirchen Tätigen zu verbessern, und erließ dazu Gesetze, die man Kanones nennt. 2. Während sie darüber beriet, beschlossen die übrigen, ein Gesetz einzuführen, wonach Bischöfe, Presbyter, Diakone und Unterdiakone nicht mit den Frauen schlafen sollten, die sie vor ihrer Weihe geheiratet hatten. 3. Da erhob sich in ihrer Mitte der Bekenner Paphnutius und widersprach dem, indem er die Ehe für ehrbar (vgl. Hebr 13,4) erklärte und die Vereinigung mit den eigenen Frauen Selbstbeherrschung nannte. So riet er der Synode, kein derartiges Gesetz zu erlassen: es sei nicht leicht, die Situation zu ertragen, und vielleicht werde die Synode schuld daran sein, wenn sowohl sie wie deren Frauen die Selbstkontrolle verlören.

---

der in der Verfolgung durch DECIUS Abgefallenen, die damit einer Todsünde schuldig waren. Die Kirchenspaltung, die aber nicht das dogmatische Gebiet berührte, war noch im 5. Jahrhundert und teilweise länger virulent (WALLRAFF, *Novatianismus*).

4. κατὰ δὲ τὴν ἀρχαίαν τῆς ἐκκλησίας παράδοσιν τοὺς μὲν ἀγάμους τοῦ ἱερατικοῦ τάγματος κοινωνήσαντας μηκέτι γαμεῖν, τοὺς δὲ μετὰ γάμον ὧν ἔχουσι γαμετῶν μὴ χωρίζεσθαι. καὶ ταῦτα μὲν ὁ Παφνούτιος, καίπερ ἄπειρος ὢν γάμου, εἰσηγήσατο. 5. ἐπῄνεσε δὲ καὶ ἡ σύνοδος τὴν βουλὴν καὶ περὶ τούτου οὐδὲν ἐνομοθέτησεν, ἀλλὰ τῇ ἑκάστου γνώμῃ τὸ πρᾶγμα, οὐκ ἐν ἀνάγκῃ ἔθετο. | 45 περὶ δὲ τῶν ἄλλων, ᾗπερ αὐτῇ καλῶς ἔχειν ἐδόκει, νόμους ἀνεγράψατο, καθ' οὓς πολιτεύεσθαι προσήκει τὰ τῆς ἐκκλησίας πράγματα. ἀλλὰ τούτοις μέν, εἴ τῳ φίλον, ῥᾴδιον ἐντυχεῖν παρὰ πολλοῖς φερομένοις.

24.1. Ἐξετασθέντων δὲ καὶ τῶν κατὰ Μελίτιον ἀνὰ τὴν Αἴγυπτον συμβάντων κατεδίκασεν αὐτὸν ἡ σύνοδος ἐν τῇ Λυκῷ διατρίβειν ψιλὸν ὄνομα ἐπισκοπῆς ἔχοντα, τοῦ δὲ λοιποῦ μήτε ἐν πόλει μήτε ἐν κώμῃ χειροτονεῖν· τοὺς δὲ ἤδη παρ' αὐτοῦ καταστάντας κοινωνεῖν καὶ λειτουργεῖν, δευτερεύειν δὲ ταῖς τιμαῖς τῶν ἐν ἑκάστῃ ἐκκλησίᾳ καὶ παροικίᾳ κληρικῶν. 2. ἐπαναβαίνειν δὲ ταῖς τάξεσι τῶν προτελευτώντων, εἰ ψήφῳ τοῦ πλήθους ἄξιοι φανεῖεν, ἐπιχειροτονοῦντος τοῦ ἐπισκόπου τῆς Ἀλεξανδρέων ἐκκλησίας· μὴ ἐξεῖναι δὲ αὐτοῖς ἐπιλέγεσθαι κατὰ γνώμην ἰδίαν οὓς ἂν ἐθέλωσιν. 3. ἐφάνη δὲ τοῦτο τῇ συνόδῳ δίκαιον, λογιζομένῃ τὸ προπετὲς καὶ ἕτοιμον εἰς χειροτονίαν Μελιτίου καὶ τῶν τὰ αὐτὰ φρονούντων, ὥστε καὶ Πέτρου τοῦ μαρτυρήσαντος, ἡνίκα ἡγεῖτο τῆς Ἀλεξανδρέων ἐκκλησίας, φεύγοντος διὰ τὸν τότε διωγμόν, τὰς διαφερούσας αὐτῷ χειροτονίας ὑφήρπασε.

[b T (–11)] 5 γάμου ἄπειρος ὢν T (Cass.)

---

81 Verkürztes Referat des betreffenden Abschnitts aus dem Brief der Synode an die Gemeinde in Alexandrien (Urkunde 23 [Opitz], bei Socrates, *h. e.* 1,9,6–10 [GCS 29 f]). Unter Parochie (παροικία, davon

4. Nach der alten kirchlichen Tradition sollten diejenigen, die als Unverheiratete in den priesterlichen Rang aufgenommen würden, nicht mehr heiraten, die aber nach der Heirat diesen Schritt täten, sich nicht von ihren Ehefrauen trennen. Das schlug Paphnutius vor, obwohl er keine Eheerfahrung hatte. 5. Die Synode stimmte seiner Empfehlung zu und erließ dazu keine gesetzliche Regelung, sondern überließ die Entscheidung dem Entschluß des Einzelnen, nicht einem bindenden Zwang. Im übrigen aber formulierte sie, wie es ihr angemessen erschien, Gesetze, nach denen die Angelegenheiten der Kirche geregelt werden müssen. Diese kann, wer mag, ohne Mühe lesen, da sie vielfach kursieren.

24.1. Als auch die ägyptischen Vorgänge um Melitius untersucht waren, verurteilte die Synode ihn dazu, in Lycopolis mit dem bloßen Titel eines Bischofs zu bleiben und künftig weder in einer Stadt noch in einem Dorf Ordinationen vorzunehmen; die schon von ihm Eingesetzten sollten weiterhin Gemeinschaft halten und Dienst tun, aber nur den zweiten Rang unter den Klerikern in der jeweiligen Gemeinde und Parochie innehaben. 2. Auch sollten sie in die Dienststellungen von Verstorbenen nachrücken, falls sie nach dem Urteil des Kirchenvolks würdig seien, unter der Voraussetzung, daß der Bischof der Kirche von Alexandrien der Ordination zustimme. Nicht gestattet sei es ihnen, nach Gutdünken zu wählen, wen sie wollten.[81] 3. Dies erschien der Synode gerecht, da sie die voreilige Bereitschaft des Melitius und seiner Anhänger zur Ordination erwog, die so weit ging, daß er sogar, während Petrus, der spätere Märtyrer, der damalige Leiter der Kirche von Alexandrien, wegen der zeitweiligen Verfolgung floh, die diesem zustehenden Ordinationen an sich riß.

---

später auch althochdeutsch *pharra*) ist hier der alexandrinische Sprengel (= die staatliche Diözese Ägypten einschließlich der Thebaïs) zu verstehen.

25.1. Τούτων ὧδε δοξάντων τῇ συνόδῳ ξυνηνέχθη κατὰ ταὐτὸν ἑορτὴν εἶναι εἰκοσαετηρίδα τῆς Κωνσταντίνου βασιλείας. ἔθος δὲ Ῥωμαίοις δημοτελῆ πανήγυριν ἄγειν καθ' ἑκάστην δεκαετίαν τῆς τοῦ κρατοῦντος ἀρχῆς. εὔκαιρον οὖν εἶναι νομίσας ὁ βασιλεὺς προετρέψατο τότε τὴν σύνοδον εἰς ἑστίασιν καὶ τοῖς προσήκουσι δώροις ἐτίμησεν. 2. ἐπεὶ δὲ οἴκαδε ἐπανιέναι παρε|σκευάσαντο, | 46 συγκαλέσας ἅπαντας συνεβούλευσεν ὁμονοεῖν περὶ τὴν πίστιν καὶ τῆς πρὸς σφᾶς αὐτοὺς εἰρήνης ἔχεσθαι, ὡς ἂν ἀστασίαστοι τοῦ λοιποῦ διαμένοιεν. 3. καὶ πολὺν περὶ τούτου λόγον διεξελθὼν τὸ τελευταῖον ἐκέλευεν ὑπὲρ ἑαυτοῦ καὶ παίδων καὶ βασιλείας εὔχεσθαι σπουδαίως καὶ τὸν θεὸν ἱκετεύειν ἑκάστοτε. καὶ πρὸς μὲν τοὺς τότε ἀφικομένους εἰς Νίκαιαν τοιαῦτα εἰπὼν συνετάξατο. 4. δῆλα δὲ ποιῶν καὶ τοῖς μὴ παροῦσι τὰ ἐν τῇ συνόδῳ κατωρθωμένα, γράμματα πέπομφε ταῖς κατὰ πόλιν ἐκκλησίαις, τῇ δὲ Ἀλεξανδρέων ἰδίᾳ ἕτερα παρὰ ταῦτα, προτρέπων πάσης ἀφεμένους διχονοίας ὁμονοῆσαι περὶ τὴν ἐκτεθεῖσαν παρὰ τῆς συνόδου πίστιν· μηδὲν γὰρ ἕτερον εἶναι ταύτην ἢ θεοῦ γνώμην ἐκ συμφωνίας τηλικούτων καὶ τοσούτων ἱερέων ἁγίῳ πνεύματι συστᾶσαν μετά <τε> ζήτησιν ἀκριβῆ καὶ βάσανον πάντων τῶν ἀμφιβόλων δοκιμασθεῖσαν.

[b Cass. T (2–7)] 2 εἰκοσαετηρίδος T || 10 διαμείνοιεν b || 22 *et* Cass.

25.1. Nachdem die Synode dies so beschlossen hatte, trug es sich zu, daß zur gleichen Zeit auch die Zwanzigjahrfeier der Kaiserherrschaft Konstantins stattfand. Bei den Römern besteht der Brauch, zu jedem Dezennium der Herrschaft des Kaisers ein öffentliches Fest zu begehen. So hielt dies der Kaiser für einen rechten Zeitpunkt, lud damals die Synode zu einem Empfang und ehrte sie mit passenden Geschenken. 2. Als sie sich zur Heimkehr rüsteten, rief er alle zusammen und ermahnte sie, im Glauben einig zu sein und am Frieden untereinander festzuhalten, damit sie künftighin unzerstritten blieben. 3. Am Ende einer langen Rede zu diesem Thema forderte er sie auf, für ihn, seine Söhne und seine Kaiserherrschaft mit allem Ernst zu beten und Gott bei jeder Gelegenheit um Hilfe anzurufen. Nach dieser Ansprache an die damals nach Nicaea Gekommenen verabschiedete er sich von ihnen. 4. Um auch den nicht Anwesenden das auf der Synode Erreichte zu erläutern, schickte er ein Schreiben an alle Ortskirchen[82], an die Gemeinde in Alexandrien außerdem gesondert ein weiteres[83], in dem er sie ermahnte, von aller Zwietracht abzulassen und einmütig zu dem von der Synode verabschiedeten Glaubensbekenntnis zu stehen; denn dieses sei nicht weniger als der Wille Gottes, der sich aus der Übereinstimmung so bedeutender und so vieler Priester durch den heiligen Geist ergab und nach sorgfältiger Untersuchung und Prüfung aller Streitfragen sanktioniert wurde.

---

[82] Nach Eusebius von Caesarea, *v. C.* 3,15f.21f (GCS 88f.93f). Das Jubiläum fiel auf den 25. Juli 325 (die Synode war am 19. Juni zusammengetreten).

[83] Socrates, *h. e.* 1,9,17–27 (GCS 31–33); vgl. Urkunde 25 (Opitz).

Τογ αυτου
Εκκλησιαστικης ιστοριας τομος δευτερος

1.1. Τὰ μὲν δὴ κατὰ Νίκαιαν μέχρι τούτου τέλος ἔσχε, καὶ τῶν ἱερέων ἕκαστος οἴκαδε ἐπανῆλθον. ὁ δὲ βασιλεὺς ὑπερφυῶς ἔχαιρε συμφωνοῦσαν ὁρῶν περὶ τὸ δόγμα τὴν καθόλου ἐκκλησίαν· χαριστήριά τε ἀνατιθεὶς τῷ θεῷ ὑπὲρ τῆς ὁμονοίας τῶν ἐπισκόπων, ὑπέρ τε αὑτοῦ καὶ παίδων καὶ τῆς βασιλείας, ᾠήθη δεῖν οἶκον εὐκτήριον τῷ θεῷ κατασκευάσαι ἐν Ἱεροσολύμοις ἀμφὶ τὸν καλούμενον Κρανίου τόπον.

2. Περὶ δὲ τὸν αὐτὸν χρόνον καὶ Ἑλένη ἡ αὑτοῦ μήτηρ ἧκεν εἰς Ἱεροσόλυμα εὔξασθαί τε καὶ τοὺς ἐνθάδε ἱεροὺς ἱστορῆσαι τόπους. εὐλαβῶς δὲ περὶ τὸ δόγμα τῶν Χριστιανῶν διακειμένη περὶ πολλοῦ ἐποιεῖτο τοῦ σεβασμίου σταυροῦ τὸ ξύλον ἐξευρεῖν. 3. ἦν δὲ οὔτε τούτου οὔτε τοῦ θεσπεσίου τάφου ἡ εὕρεσις ῥᾳδία. οἱ γὰρ πάλαι τὴν ἐκκλησίαν διώξαντες Ἕλληνες ἔτι φύεσθαι ἀρχομένην τὴν θρησκείαν πάσῃ μηχανῇ σπουδάσαντες ἐκτεμεῖν ὑπὸ πολλῷ χώματι τὸν τῇδε τόπον κατέκρυψαν καὶ εἰς ὕψος ἤγειραν βαθύτερον ὑπάρχοντα, ὡς καὶ νῦν φαίνεται. περιλαβόντες δὲ πέριξ πάντα τὸν τῆς ἀναστάσεως χῶρον καὶ τοῦ Κρανίου, διεκόσμησαν καὶ λίθῳ τὴν ἐπιφάνειαν κατέστρωσαν· καὶ Ἀφροδίτης ναὸν κατεσκεύασαν καὶ ζῴδιον ἱδρύσαντο, ὥστε τοὺς αὐτόθι τὸν Χριστὸν προσκυνοῦντας δόξαι τὴν Ἀφροδίτην σέβειν, καὶ τῷ χρόνῳ εἰς λήθην | 48 ἐλθεῖν τὴν ἀληθῆ αἰτίαν τοῦ περὶ τὸν τόπον σεβάσματος, ἅτε μήτε τῶν Χριστιανῶν ἀδεῶς εἰς τοῦτον φοιτᾶν ἢ ἑτέροις καταμηνύειν τολμώντων

[b T (13–)] 20 ἤγειραν b : ἐπῆραν T || 21–22 πάντα τὸν πέριξ T || 22 χῶρον b : τόπον T | τοῦ b : τὸν τοῦ T || 24 ζῴδιον b : ξόανον T

Zweites Buch der Kirchengeschichte

1.1. Die Vorgänge in Nicaea fanden damit ein Ende, und die Priester kehrten allesamt nach Haus zurück. Der Kaiser aber war überaus erfreut, als er sah, daß die katholische Kirche im Glauben übereinstimmte, und indem er Gott Dank darbrachte für die Eintracht der Bischöfe, für sich, seine Söhne und die Kaiserherrschaft, meinte er, Gott in Jerusalem in der Nähe der sogenannten Schädelstätte ein Gebetshaus errichten zu sollen.[84]

2. Um die gleiche Zeit kam auch seine Mutter Helena nach Jerusalem, um zu beten und die dortigen heiligen Stätten kennenzulernen. Von Ehrfurcht für den christlichen Glauben erfüllt, war es ihr wichtig, das Holz des ehrwürdigen Kreuzes zu finden. 3. Jedoch war weder dessen Auffindung noch die des heiligen Grabes leicht zu bewerkstelligen. Denn die Hellenen, die vorzeiten die Kirche verfolgten, bemühten sich, die erst am Beginn ihres Wachstums stehende Religion mit allen Mitteln auszurotten, verbargen deshalb die dortige Gegend unter viel Schutt und legten das ursprünglich tiefer liegende Gelände höher, wie es sich noch heute darbietet. Sie grenzten den ganzen Ort der Auferstehung und der Schädelstätte ringsum ab, schmückten ihn aus, bedeckten die Oberfläche mit Steinpflaster und errichteten einen Aphroditetempel, in dem sie eine Statue aufstellten, so daß die Gläubigen, die dort Christus anbeten wollten, scheinbar Aphrodite verehrten und mit der Zeit der wahre Grund der an den Ort geknüpften Ehrwürdigkeit in Vergessenheit geriet, da auch die Christen nicht mehr ohne Furcht zu ihm kamen oder es anderen mitzuteilen wagten,

---

84 Eusebius von Caesarea, *v. C.* 3,21 f (GCS 93 f); 3,25 (GCS 95); vgl. Cameron/Hall, *Eusebius* 273–277.

καὶ τοὐναντίον πιστουμένου τοῦ Ἑλληνικοῦ ναοῦ καὶ τοῦ ἀγάλματος.

4. Ἐγένετό γε μὴν δῆλος ὁ τόπος καὶ ἐφωράθη ἡ σπουδασθεῖσα περὶ αὐτὸν πλάνη, ὡς μέν τινες λέγουσιν, ἀνδρὸς Ἑβραίου τῶν ἀνὰ τὴν ἑῴαν οἰκούντων ἐκ πατρῴας γραφῆς καταμηνύσαντος, ὡς δὲ ἀληθέστερον ἐννοεῖν ἔστι, τοῦ θεοῦ ἐπιδείξαντος διὰ σημείων καὶ ὀνειράτων. οὐ γὰρ οἶμαι τὰ θεῖα δεῖσθαι τῆς παρ᾽ ἀνθρώπων μηνύσεως, ἡνίκα ἂν δῆλα αὐτὰ τῷ θεῷ δοκῇ γενέσθαι. 5. τηνικαῦτα γοῦν κατὰ πρόσταξιν τοῦ βασιλέως τοῦ τῇδε χώρου καθαρθέντος εἰς βάθος, ἐν μέρει τὸ τῆς ἀναστάσεως ἀνεφάνη ἄντρον, ἑτέρωθι δὲ περὶ τὸν αὐτὸν τόπον τρεῖς ηὑρέθησαν σταυροί, καὶ χωρὶς ἄλλο ξύλον ἐν τάξει λευκώματος ῥήμασι καὶ γράμμασιν Ἑβραϊκοῖς Ἑλληνικοῖς τε καὶ Ῥωμαϊκοῖς τάδε δηλοῦν· Ἰησοῦς ὁ Ναζωραῖος ὁ βασιλεὺς τῶν Ἰουδαίων. καὶ ταῦτα μέν, ὡς ἡ ἱερὰ βίβλος τῶν εὐαγγελίων ἱστορεῖ, οὕτω συνέβη προγραφῆναι ὑπὲρ κεφαλῆς τοῦ Χριστοῦ, Πιλάτου τοῦτο προστάξαντος τοῦ τὴν Ἰουδαίαν ἐπιτροπεύοντος.

6. Ἐργώδης δὲ ἔτι ἐτύγχανεν ἡ τοῦ θείου σταυροῦ διάκρισις, εἰ καὶ εὑρέθη, διερρυηκότος αὐτοῦ τοῦ γράμματος καὶ διερριμμένου, ἅμα δὲ καὶ τῶν τριῶν σταυρῶν χύδην διεσπαρμένων, ὥς γε εἰκὸς ἐν τῇ καθαιρέσει τῶν σταυρωθέντων σωμάτων συγχυθείσης τῆς τάξεως. ἐπεὶ γὰρ οἱ στρατιῶται νεκρὸν ἐν τῷ ξύλῳ εὑρήκασι, καθελόντες αὐτὸν πρῶτον ἀπέδοντο εἰς ταφὴν κατὰ τὴν ἱστορίαν·

[b T] 9 γενέσθαι τῷ θεῷ δοκῇ T || 15 δηλοῦντα b T || 21 εἰ om. b | καὶ om. T || 26 πρῶτον ἀπέδοντο αὐτὸν T

[85] Socrates, *h. e.* 1,17,1 f (GCS 55); Rufin von Aquileia, *hist.* 10,7 (969 Mommsen); Eusebius von Caesarea, *v. C.* 3,26 (GCS 95); vgl. Cameron/Hall, *Eusebius* 277–279.

[86] Dies ist der früheste Hinweis auf die in der ersten Hälfte des 5. Jahrhunderts entstandene, an Judas Cyriacus anknüpfende Kreuzauffindungslegende; vgl. Drijvers, *Helena* 174 f; Borgehammar, *Holy Cross* 147.

dagegen der hellenische Tempel und das Kultbild ihre Bestätigung zu finden schienen.[85]

4. Doch wurde der Ort offenbar und der um ihn veranstaltete Trug aufgedeckt, wie manche sagen, weil ein Jude unter den Bewohnern des Orients nach einer einheimischen Schrift die Sachlage vermeldete[86], vielmehr, was man eher für wahr halten wird, weil Gott durch Zeichen und Träume auf den Ort hinwies. Denn ich glaube, Gottes Taten bedürfen nicht der Mitteilung durch Menschen, wenn es Gott gefällt, daß sie offenbar werden. 5. Jedenfalls wurde damals auf Anordnung des Kaisers das Gelände dort bis in die Tiefe gesäubert, und dabei kam an einer Stelle die Grotte der Auferstehung zum Vorschein, anderswo in der gleichen Gegend fanden sich drei Kreuze und abseits ein anderes Stück Holz, das in der Art einer Inschriftentafel mit hebräischen, griechischen und lateinischen Worten und Buchstaben besagte: „Jesus der Nazoräer der König der Juden.“ (Joh 19,19f) Dies war ja, wie das heilige Evangelienbuch berichtet, in dieser Form über dem Haupt Christi angeschrieben, wie Pilatus, der Statthalter von Judaea, es angeordnet hatte.[87]

6. Noch bereitete, trotz der Entdeckung, die Unterscheidung des heiligen Kreuzes Schwierigkeiten, weil seine Aufschrift verwittert und abgetrennt war und zudem die drei Kreuze wüst durcheinander geraten waren, was verständlich ist, da bei der Abnahme der gekreuzigten Körper die Ordnung verwirrt war. Denn als die Soldaten den Toten an dem Holz fanden, nahmen sie ihn als ersten herab und verkauften[88] ihn zur Bestattung, wie die Geschichte erzählt,

---

[87] RUFIN VON AQUILEIA, *hist.* 10,7 (969 MOMMSEN); EUSEBIUS VON CAESAREA, *v. C.* 3,26–28 (GCS 96); vgl. CAMERON/HALL, *Eusebius* 279–281.

[88] Dies kann eigentlich nur aus Mt 27,57f (vielleicht in Kombination mit dem Reichtum des JOSEPH VON ARIMATHÄA) herausgelesen sein, Mk 15,45 spricht von Schenkung durch PILATUS.

μετὰ δὲ ταῦτα τῶν ἑκατέρωθεν λῃστῶν ἐπιταχύναντες τὸν θάνατον, τὰ σκέλη κατέαξαν καὶ τὰ ξύλα ὅπῃ ἐπέτυχεν ἄλλο ἄλλῃ διέρριψαν. τί γὰρ καὶ ἐπιμελὲς ἦν αὐτοῖς ἐν τῇ προτέρᾳ τάξει ταῦτα ἐᾶν, ἑκάστου φθάσαι τὴν ἑσπέραν σπουδάζοντος | καὶ ἀνδρῶν βίᾳ τετελευτηκότων περὶ σταυροὺς ἐνδιατρίβειν οὐκ ἀγαθὸν ἡγουμένου. | 49

7. Ταύτῃ οὖν ἀδήλου ἔτι τυγχάνοντος τοῦ θεσπεσίου ξύλου καὶ θειοτέρας ἢ κατὰ ἄνθρωπον δεομένου μηνύσεως, τοιόνδε τι συνέβη. γυνή τις ἦν τῶν ἐν Ἱεροσολύμοις ἐπισήμων, χαλεπωτάτῃ καὶ ἀνιάτῳ νόσῳ κάμνουσα. πρὸς ταύτην κειμένην ἦλθε Μακάριος ὁ τῆς αὐτόθι ἐκκλησίας ἐπίσκοπος, παραλαβὼν τὴν τοῦ βασιλέως μητέρα καὶ τοὺς ἀμφ᾽ αὐτόν. εὐξάμενός τε πρότερον καὶ σύμβολον τάξας τοῖς ὁρῶσιν ἐκεῖνον εἶναι τὸν θεῖον σταυρόν, ὃς ἐπιτεθεὶς ἀπαλλάξει τῆς νόσου τὴν γυναῖκα, φέρων ἕκαστον αὐτῇ τῶν ξύλων προσήγαγεν. ἀλλὰ τῶν μὲν δύο ἐπιτεθέντων οὐδὲν ὅτι μὴ λῆρος καὶ γέλως ἔδοξεν εἶναι τὸ γινόμενον, θανάτου ἐν θύραις ὄντος τοῦ γυναίου. ἐπεὶ δὲ τὸ τρίτον ξύλον ὁμοίως προσήνεγκεν, ἐξαπίνης ἀνέβλεψε καὶ τὰς δυνάμεις ἀθροίσασα παραχρῆμα τῆς στρωμνῆς ὑγιὴς ἀπεπήδησε. 8. λέγεται δὲ καὶ νεκρὸν τῷ ἴσῳ τρόπῳ ἀναβιῶναι.

Τοῦ δὲ εὑρεθέντος θεσπεσίου ξύλου τὸ μὲν πλεῖστον ἐν ἀργυρᾷ θήκῃ μένον ἔτι καὶ νῦν ἐν Ἱεροσολύμοις φυλάττεται, 9. μέρος δὲ ἡ βασιλὶς πρὸς Κωνσταντῖνον τὸν παῖδα διεκόμισεν, οὐ μὴν ἀλλὰ καὶ τοὺς ἥλους οἷς τὸ σῶμα τοῦ Χριστοῦ διαπεπερόνητο. ἐκ τούτων δὲ ἱστοροῦσι τὸν βασιλέα περικεφαλαίαν κατασκευάσαι καὶ χαλινὸν ἵππειον κατὰ τὴν Ζαχαρίου προφητείαν, ᾧ δὴ

[b T (–23.26–)] 1 ταχύναντες b || 2 ἔτυχεν b || 6 ἡγουμένου Christ. : ἡγούμένοι b : ἡγουμενοις T || 9–10 τῶν ante ἐπισήμων b

---

[89] Rufin von Aquileia, *hist.* 10,7f (969f Mommsen) = Gelasius von Caesarea, *Frg.* 20 (Winkelmann).

danach halfen sie dem Sterben der Räuber zu beiden Seiten nach, brachen ihnen die Beine (vgl. Joh 19,32) und warfen die Kreuze beliebig hier und dort hin. Wie hätten sie sich auch Mühe geben sollen, sie in der bisherigen Anordnung zu lassen, da doch jeder vor Abend fertig werden wollte und niemand es gut fand, bei den Kreuzen gewaltsam ums Leben gebrachter Männer zu verweilen.

7. So war also das heilige Kreuz noch unbestimmt, und es bedurfte eher göttlicher als menschlicher Hinweise. Da geschah folgendes. Es war dort eine Frau, die zu den Angesehenen in Jerusalem gehörte, die litt an einer schlimmen unheilbaren Krankheit. An ihr Krankenlager kam Macarius, der Bischof der dortigen Gemeinde, mit der Mutter des Kaisers und seiner Begleitung. Nachdem er zuvor gebetet und den Augenzeugen als Zeichen angegeben hatte, jenes sei das heilige Kreuz, das, auf den Leib der Kranken gelegt, die Frau von ihrer Krankheit befreien werde, ließ er ein Kreuz nach dem anderen holen und brachte es mit ihr in Berührung. Als die ersten beiden ihr aufgelegt wurden, sah das Ergebnis nur sinnlos und höhnisch aus, da die arme Frau schon an der Schwelle des Todes stand. Wie er aber das dritte Kreuz in gleicher Weise ihr näherte, da schlug sie plötzlich die Augen auf, sammelte ihre Kräfte und sprang alsbald gesund von ihrem Lager.[89] 8. Es wird auch berichtet, ein Toter sei auf gleiche Weise wieder lebendig geworden.

Der größte Teil des wiedergefundenen heiligen Kreuzes wird noch heute, in einem silbernen Behältnis geborgen, in Jerusalem aufbewahrt. 9. Einen Teil brachte die Kaiserin ihrem Sohn Konstantin mit, und auch die Nägel, von denen der Leib Christi durchbohrt war. Aus diesen, so wird berichtet, habe der Kaiser sich einen Helm fertigen lassen und auch einen Pferdezaum[90] gemäß der Prophezeiung des Sacharja,

---

[90] Socrates, *h. e.* 1,17,8f (GCS 56f); Rufin von Aquileia, *hist.* 10,8 (970 Mommsen) = Gelasius von Caesarea, *Frg.* 20 (Winkelmann).

προείρητο, ὡς ἐπὶ τοῦ παρόντος καιροῦ „ἔσται τὸ ἐπὶ τὸν χαλινὸν τοῦ ἵππου ἅγιον τῷ κυρίῳ παντοκράτορι". ὧδε γὰρ αὐταῖς λέξεσιν ὁ προφήτης φησί. 10. ταῦτα πάλαι μὲν ἔγνωστο καὶ προείρητο τοῖς ἱεροῖς προφήταις, εἰς ὕστερον δὲ διὰ θαυμασίων ἐβεβαιοῦτο τῶν ἔργων, ὅτε ἐν καιρῷ δοκοῦν εἶναι τῷ θεῷ κατεφαίνετο. | καὶ | 50
θαυμαστὸν οὔπω τοσοῦτον, ὅπου γε καὶ πρὸς αὐτῶν Ἑλλήνων συνωμολόγηται Σιβύλλης εἶναι τοῦτο·

„ὦ ξύλον μακαριστὸν ἐφ' οὗ θεὸς ἐξετανύσθη."

τοῦτο γὰρ καὶ σπουδάζων τις ἐναντίος εἶναι οὐκ ἂν ἀρνηθείη. προὐσήμαινεν οὖν τὸ τοῦ σταυροῦ ξύλον καὶ τὸ περὶ αὐτοῦ σέβας. 11. τάδε μὲν ἡμῖν, ὡς παρειλήφαμεν, ἱστόρηται ἀνδρῶν τε ἀκριβῶς ἐπισταμένων ἀκούσασιν, εἰς οὓς ἐκ διαδοχῆς πατέρων εἰς παῖδας τὸ μανθάνειν παρεγένετο, καὶ ὅσοι γε αὐτὰ δὴ ταῦτα συγγράψαντες, ὡς δυνάμεως εἶχον, τοῖς ἔπειτα καταλελοίπασιν.

2.1. Ἀμφὶ δὲ τοῦτον τὸν χῶρον προθέμενος ὁ βασιλεὺς ναὸν ἐγεῖραι τῷ θεῷ προσέταξε τοῖς τῇδε ἄρχουσι προνοεῖν ὡς ἂν μάλιστα μεγαλοφυὲς καὶ πολυτελὲς ἀποδειχθείη τὸ ἔργον. ἐν μέρει δὲ καὶ Ἑλένη ἡ αὐτοῦ μήτηρ δύο ναοὺς ᾠκοδόμησε, τὸν μὲν ἐν Βηθλεὲμ ἀμφὶ τὸ τῆς γεννήσεως τοῦ Χριστοῦ σπήλαιον, τὸν δὲ πρὸς ταῖς ἀκρωρείαις τοῦ ὄρους τῶν Ἐλαιῶν, ὅθεν ἐπὶ τὸν οὐρανὸν ἀνελήφθη.

2. Ταύτης δὲ πολλὰ μὲν καὶ ἄλλα δείκνυσι τὴν εὐσέβειαν καὶ εὐλάβειαν, οὐχ ἥκιστα δὲ καὶ τόδε.

[b T Cass. (6–9)] 9 ὦ ξύλον ὦ Orac. || 22 τοῦ om. b

91 Der Vers aus der Sibyllendichtung (*Orac. Sib.* 6,26 [GCS 132]) stammt allerdings aus einem der christlichen Bestandteile der im ganzen uneinheitlichen Sammlung. Er ist dem Schluß des einen Christushymnus, mit nur 28 Versen, aus dem 6. Buch (die Aufnahme des Kreuzes in den Himmel

der vorausgesagt hatte, zur gegenwärtigen Zeit „wird das Zaumzeug des Pferdes dem Herrn, dem Allmächtigen heilig sein“ (Sach 14,20). So sagt es wörtlich der Prophet. 10. Dies war vorzeiten den heiligen Propheten bekannt und war von ihnen vorhergesagt, später wurde es durch wundersame Tatsachen bestätigt, wenn es Gott an der Zeit zu sein schien. Und das ist noch nicht einmal so erstaunlich, da sogar von den Hellenen selbst zugegeben wird, daß der folgende Vers von der Sibylle stammt:

„Selig gepriesenes Holz, auf das Gott selber gestreckt ward.“[91]

Denn das könnte auch ein noch so eifriger Gegner nicht abstreiten: sie hat jedenfalls auf das Holz des Kreuzes und seine Verehrung vorausgedeutet. 11. Dies haben wir nach der Tradition berichtet, die wir von genau unterrichteten Männern gehört haben, zu denen die Kunde aus der von den Vätern an die Söhne weitergegebenen Überlieferung gekommen ist und die eben dies, so gut sie es vermochten, niedergeschrieben und der Nachwelt hinterlassen haben.

2. 1. An diesem Platz plante der Kaiser Gott zu Ehren eine Kirche errichten zu lassen. Er gab daher den örtlichen Statthaltern die Anweisung, dafür zu sorgen, daß das Bauwerk so großartig und kostbar wie möglich ausgestaltet würde. Ihrerseits ließ auch seine Mutter Helena zwei Kirchen erbauen, eine in Bethlehem bei der Geburtsgrotte Christi, die andere auf den Höhen des Ölbergs, von wo er in den Himmel aufgenommen wurde.[92]

2. Deren Frömmigkeit und Ehrfurcht zeigte sich in vielem anderen, nicht zum wenigsten aber auch in folgendem.

---

wird prophezeit) entnommen. Auch SOCRATES, *h. e.* 1,17,3 (GCS 56f), zitiert den Vers. Im folgenden (§ 11) ist nicht recht klar, ob Sozomenos sich auf eine Textsammlung oder auf einen Kommentar bezieht.

92 Grabeskirche: EUSEBIUS VON CAESAREA, *v. C.* 3,29–32 (GCS 97–99); HELENAS Kirchenbauten: EUSEBIUS VON CAESAREA, *v. C.* 3,41–43 (GCS 101f); vgl. CAMERON/HALL, *Eusebius* 281–294.

λέγεται γὰρ αὐτὴν τότε ἐν Ἱεροσολύμοις διατρίβουσαν συγκαλέσαι πρὸς ἑστίασιν τὰς ἱερὰς παρθένους καὶ ὑπηρέτιν γενέσθαι περὶ τὸ δεῖπνον, παρατιθεῖσαν τὰ ὄψα καὶ ὕδωρ ταῖς χερσὶν ἐπιχέουσαν καὶ τἆλλα ποιοῦσαν, ἃ θέμις διακονεῖσθαι τοὺς τῶν δαιτυμόνων θεράποντας.

3. Τηνικαῦτα δὲ τὰς πόλεις τῆς ἕω περιιοῦσα τὰς μὲν κατὰ πόλιν ἐκκλησίας ἀναθήμασι τοῖς προσήκουσιν ἐτίμησε, πολλοὺς δὲ οὐσιῶν ἐκπεπτωκότας πλουσίους ἐποίησε, πενομένοις τε τὰ ἐπιτήδεια ἀφθόνως διένειμε, τοὺς δὲ χρονίων δεσμῶν καὶ ὑπερορίας φυγῆς καὶ μετάλλων ἠλευθέρωσε. καί μοι δοκεῖ τού|των ἀξίας ἀπ- | 51
ειληφέναι τὰς ἀμοιβάς· 4. τὴν μὲν γὰρ ἐνταῦθα βιοτήν, ὡς οὐ πλέον ἐνεδέχετο, λαμπρῶς καὶ λίαν ἐπισήμως διήνυσε· Σεβαστή τε ἀνεκηρύχθη, καὶ εἰκόνι ἰδίᾳ χρυσοῦν νόμισμα κατεσήμανε, καὶ βασιλικῶν θησαυρῶν ἐξουσίαν παρὰ τοῦ παιδὸς λαβοῦσα κατὰ γνώμην ἐχρῆτο. ἐπεὶ δὲ ἔδει τὸν τῇδε καταλιπεῖν βίον, εὐκλεῶς ἐτελεύτησεν, ἔτη μὲν ἀμφὶ τὰ ὀγδοήκοντα γεγονυῖα, τὸν δὲ παῖδα καταλιποῦσα ἅμα Καίσαρσιν αὐτῆς ἐκγόνοις πάσης τῆς Ῥωμαίων οἰκουμένης ἡγούμενον. 5. εἰ δέ τίς ἐστι καὶ τούτων ὄνησις, οὐδὲ τελευτήσασαν ἡ λήθη ἐκάλυψεν· ἔχει δὲ αὐτῆς διηνεκοῦς μνήμης ἐνέχυρον ὁ μέλλων αἰὼν τὴν ἐπὶ Βιθυνίας πόλιν καὶ ἑτέραν παρὰ Παλαιστίνοις, ἀπ᾽ αὐτῆς λαβούσας τὴν προσηγορίαν. ταῦτα μὲν ἡμῖν ὧδε περὶ Ἑλένης εἰρήσθω.

[b T] 3 παρὰ T || 7 ἑώας T || 10 τε T : δὲ b || 12 ἀξίως b || 17 ἐκέχρητο T

[93] Wieder verrät das „Es wird berichtet“, daß Sozomenos diese Episode in seiner anderen Quelle(ngruppe) vorfand: Rufin von Aquileia, *hist.* 10,8 (970f Mommsen) = Gelasius von Caesarea, *Frg.* 20 (Winkelmann), die auch Socrates, *h.e.* 1,17,12 (GCS 57), vorlag.

Es wird berichtet, sie habe während ihres damaligen Aufenthalts in Jerusalem die heiligen Jungfrauen zum Gastmahl eingeladen und während des Essens die Rolle der Dienerin übernommen, indem sie die Speisen auftrug, den Gästen Wasser über die Hände goß und die sonstigen Verrichtungen erledigte, die Diener den Teilnehmern am Mahl als Aufmerksamkeiten schuldig sind.[93]

3. Danach besuchte sie die Städte des Orients, wobei sie die Ortskirchen mit gebührenden Weihungen ehrte, viele Enteignete wohlhabend machte, unter Armen reichlich Lebensmittel verteilte, manche von langer Haft, Verbannung und Bergwerksarbeit befreite. Ich meine, dafür habe sie angemessenen Dank erhalten. 4. Denn das irdische Leben vollendete sie, wie es glanzvoller nicht hätte sein können, und höchst angesehen: Sie wurde zur Augusta ernannt, durfte eine Goldmünze mit ihrem Bild prägen lassen, erhielt von ihrem Sohn Vollmacht über den kaiserlichen Fiskus und machte nach eigener Entscheidung davon Gebrauch. Als sie aus diesem Leben scheiden mußte, starb sie im Glanz ihres Ruhms, im Alter von etwa achtzig Jahren, und hinterließ ihren Sohn samt den Cäsaren, ihren Enkeln, als Herrscher des ganzen römischen Reichs.[94] 5. Falls auch dies einen Nutzen bedeutet, so fiel sie auch nach ihrem Tode nicht dem Vergessen anheim: Die Nachwelt besitzt als Unterpfand ihres stetigen Andenkens eine Stadt in Bithynien und eine andere in Palästina, die nach ihr benannt sind.[95] Damit sei mein Bericht über Helena abgeschlossen.

---

[94] EUSEBIUS VON CAESAREA, *v. C.* 3,44–47 (GCS 102f); vgl. CAMERON/HALL, *Eusebius* 294–297.

[95] Ihr Geburtsdorf Drepanon, dann Helenopolis, heute Altinova am Golf von İzmit. Helenopolis in Palästina ist sonst unbekannt.

3.1. Ὁ δὲ βασιλεὺς ἀεί τι πονῶν εἰς εὐσέβειαν συνετέλει καὶ πανταχοῦ περικαλλεστάτους ναοὺς ἀνίστη τῷ Χριστῷ, διαφερόντως δὲ ἐν ταῖς μητροπόλεσιν, ὡς ἐπὶ τῆς Νικομηδέων τῆς Βιθυνῶν καὶ Ἀντιοχείας τῆς παρὰ τὸν Ὀρόντην ποταμὸν καὶ ἐπὶ τῆς Βυζαντίων πόλεως, ἣν ἴσα Ῥώμῃ κρατεῖν καὶ κοινωνεῖν αὐτῇ τῆς ἀρχῆς κατεστήσατο. 2. ἐπεὶ γὰρ κατὰ γνώμην αὐτῷ πάντα προὐχώρει, κατώρθωτο δὲ καὶ τὰ πρὸς τοὺς ἀλλοφύλους πολέμοις καὶ σπονδαῖς, ἔγνωκεν οἰκίσαι πόλιν ὁμώνυμον ἑαυτῷ καὶ τῇ Ῥώμῃ ὁμότιμον. καταλαβὼν δὲ τὸ πρὸ τοῦ Ἰλίου πεδίον παρὰ τὸν Ἑλλήσποντον ὑπὲρ τὸν Αἴαντος τάφον, οὗ δὴ λέγεται τὸν ναύσταθμον καὶ τὰς σκηνὰς ἐσχηκέναι τοὺς ἐπὶ Τροίαν ποτὲ στρατευσαμένους Ἀχαιούς, οἵαν ἐχρῆν καὶ ὅσην τὴν πόλιν διέγραψε· καὶ πύλας κατεσκεύασεν ἐν περιωπῇ, αἳ δὴ νῦν ἔτι ἀπὸ θαλάσσης φαίνονται τοῖς παραπλέουσι. 3. ταῦτα δὲ αὐτῷ πονοῦντι | νύκτωρ ἐπιφανεὶς ὁ θεὸς | 52
ἔχρησεν ἕτερον ἐπιζητεῖν τόπον. καὶ κινήσας αὐτὸν εἰς τὸ Βυζάντιον τῆς Θρᾴκης πέραν Χαλκηδόνος τῆς Βιθυνῶν, ταύτην αὐτῷ οἰκίζειν ἀπέφηνε πόλιν καὶ τῆς Κωνσταντίνου ἐπωνυμίας ἀξιοῦν. ὁ δὲ τοῖς τοῦ θεοῦ λόγοις πεισθεὶς τὴν πρὶν Βυζάντιον προσαγορευομένην εἰς εὐρυχωρίαν ἐκτείνας μεγίστοις τείχεσι περιέβαλεν. 4. ἐπεὶ δὲ τοὺς αὐτόχθονας οὐχ ἱκανοὺς ἐνόμισεν εἶναι πολίτας τῷ μεγέθει τῆς πόλεως, μεγίστας οἰκίας ἀνὰ τὰς ἀγυιὰς σποράδην οἰκοδομήσας, ἄνδρας ἐν λόγῳ σὺν τοῖς οἰκείοις δεσπότας ποιήσας ἐν ταύταις κατῴκισε, τοὺς μὲν ἐκ τῆς πρεσβυτέρας Ῥώμης, τοὺς δὲ ἐξ ἑτέρων ἐθνῶν μετακαλεσάμενος. 5. φόρους δὲ τάξας,

[b T Cass. (7–21)] 7–8 αὐτῶ κατὰ γνώμην T || 21 ἀξιοῦν Curt. : ἀξίαν b T

3. 1. Der Kaiser trug sorgsam stets zur Förderung der Frömmigkeit bei und errichtete überall herrliche christliche Kirchen, besonders in den Metropolen wie in Nicomedia in Bithynien und in Antiochien am Orontes, und in der Stadt Byzanz[96], die er dazu bestimmte, gleiche Macht wie Rom zu haben und Hauptstadt gleich Rom zu sein. 2. Denn da ihm alles nach Wunsch ging, er auch Erfolge gegen die Fremdvölker teils durch Kriege teils durch Verträge erreicht hatte, beschloß er eine Stadt zu gründen, die seinen Namen tragen und Rom gleichrangig sein sollte. Er begab sich zur Ebene vor Ilion am Hellespont oberhalb des Ajaxgrabes, wo die Achäer, die einst gegen Troja in den Krieg zogen, ihren Hafen und ihre Zelte gehabt haben sollen, und entwarf die rechte Anlage und Größe der Stadt, dann ließ er ringsherum Tore erbauen, die noch jetzt von See aus für die Vorbeifahrenden sichtbar sind. 3. Während dieses Vorhabens erschien ihm des Nachts Gott und hieß ihn, sich nach einem anderen Ort umzusehen. Er brachte ihn (*sc.* im Traum) nach Byzanz in Thrakien gegenüber von Chalcedon in Bithynien und schlug ihm vor, sich diese Stadt neu zu gründen und sie der Benennung nach Konstantin zu würdigen. Er gehorchte den Worten Gottes, dehnte die bisher Byzanz genannte Stadt auf ein weites Gebiet aus und umgab sie mit gewaltigen Mauern. 4. Weil er die Einheimischen als Bürger nicht für zahlreich genug hielt entsprechend der Größe der Stadt, ließ er an den Straßen in aufgelockerter Bebauung riesige Gebäude errichten, machte angesehene Männer mit ihren Angehörigen zu Eigentümern und ließ sie sich in diesen Häusern ansiedeln. Einige ließ er aus Alt-Rom, andere aus anderen Provinzen kommen. 5. Er erhob Sondersteuern,

[96] Von hier an folgt Sozomenos einer unbekannten, nichtchristlichen Vorlage. Auch die Traumerscheinung, die KONSTANTIN eine strategisch günstigere Lage für die neue Stadt eingibt, scheint nicht dem christlichen Gott zugeschrieben zu sein.

τοὺς μὲν εἰς οἰκοδομὰς καὶ κάλλη τῆς πόλεως, τοὺς δὲ εἰς ἀποτροφὴν τῶν πολιτῶν, ἅπασί τε τοῖς ἄλλοις τὰ περὶ τὴν πόλιν διαθεὶς ἱπποδρόμῳ τε καὶ κρήναις καὶ στοαῖς καὶ λοιποῖς οἰκοδομήμασι φιλοτίμως κοσμήσας, Νέαν Ῥώμην Κωνσταντινούπολιν ὠνόμασε, καὶ βασιλίδα κατέστησε τῶν ὅσοι τὴν Ῥωμαίων ὑπήκοον γῆν οἰκοῦσι πρὸς ἄρκτον καὶ νότον καὶ ἥλιον ἀνίσχοντα καὶ τὰ ἐν μέσῳ πελάγη ἐκ τῶν περὶ τὸν Ἴστρον πόλεων καὶ Ἐπιδάμνου τῆς πρὸς τῷ Ἰονίῳ κόλπῳ μέχρι Κυρήνης καὶ τῶν τῇδε Λιβύων παρὰ τὸ Βόρειον καλούμενον. 6. βουλευτήριόν τε μέγα, ἣν σύγκλητον ὀνομάζουσιν, ἕτερον συνεστήσατο, τὰς αὐτὰς τάξας τιμὰς καὶ ἱερομηνίας, ᾗ καὶ Ῥωμαίοις τοῖς πρεσβυτέροις ἔθος.

Ἐν πᾶσι δὲ δεῖξαι σπουδάσας ἐφάμιλλον τῇ παρὰ Ἰταλοῖς Ῥώμῃ τὴν ὁμώνυμον αὐτῷ πόλιν οὐ διήμαρτεν. εἰς τοσοῦτον γάρ, σὺν θεῷ φάναι, ἐπέδωκεν, ὡς καὶ τοῖς σώμασι καὶ τοῖς χρήμασι μείζονα συνομολογεῖσθαι. 7. τούτου δὲ πρόφασιν ἡγοῦμαι τὸ τοῦ οἰκιστῆρος καὶ τὸ τῆς πόλεως θεοφιλὲς καὶ τῶν οἰκητόρων τὸν περὶ τοὺς ἐνδεεῖς ἔλεον καὶ φιλοτιμίαν. εἰς τοσοῦτον γὰρ τῆς εἰς Χριστὸν πίστεως ἐπαγωγός ἐστιν, ὡς πολλοὺς μὲν Ἰουδαίους, Ἕλληνας δὲ σχεδὸν ἅπαντας αὐτόθι χριστιανίζειν. ἀρξαμένη δὲ βασιλεύειν, καθ᾽ ὃν συνέβη χρόνον καὶ τὴν θρησκείαν εἰς πλῆθος ἐπιδιδόναι,

[b T Cass. (14–)] 3 στοαῖς καὶ κρήναις T || 9 τῆς Val. : τῶν b T || 18 τὸ om. T

[97] Die Einweihung fand am 11. Mai 330 statt. Allerdings ist der Name Neues Rom (so im Kanon 3 des Konzils von Konstantinopel 381) nicht von Anfang an gültig („Zweites Rom“: SOCRATES, *h. e.* 1,16,1 [GCS 54], *Alma Roma:* PHILOSTORGIUS, *h. e.* 2,9 [GCS 22]). Die im folgenden angegebene Verwaltungsgrenze läßt die Diözese Dacia unter der Zuständig-

teils für die Bauten und zur Verschönerung der Stadt, teils zur Versorgung der Bürger mit Lebensmitteln, und nachdem er das Stadtprojekt mit allem anderen ausgestattet und mit einem Hippodrom, Brunnen, Säulenhallen und weiteren Gebäuden prachtvoll ausgeschmückt hatte, gab er ihm den Namen Neu-Rom Konstantinopel.[97] Diese Stadt bestimmte er zur Hauptstadt für sämtliche Einwohner im Norden, Süden und Osten des Römischen Reiches sowie für die Bewohner der dazwischen liegenden Meere, von den Städten an der unteren Donau und Epidamnos am Ionischen Meerbusen bis nach Kyrene und zu den dort lebenden Libyern am Kap Boreion. 6. Er konstituierte auch einen zweiten großen Rat, den man Senat nennt, und verlieh ihm die gleichen Ehren und *supplicationes*[98], wie sie auch im älteren Rom üblich sind.

Seine Absicht, die nach ihm benannte Stadt in allem dem italischen Rom ebenbürtig zu machen, verfehlte er nicht. Denn sie wuchs mit Gottes Hilfe so sehr, daß sie sowohl an Einwohnerzahl wie an Reichtum als überlegen anerkannt wurde. 7. Den Grund dafür sehe ich in der Gottesliebe des Gründers und der Stadt und dem Wetteifer ihrer Bewohner im Mitleid gegenüber den Bedürftigen. Sie hat so große Anziehungskraft für den Glauben an Christus, daß viele Juden und die Hellenen fast samt und sonders dort zu Christen geworden sind. Als sie Hauptstadt zu werden begann, zu der Zeit, da auch die Religion massiv anwuchs,

---

keit Roms. Epidamnos (Dyrrhachion, heute Durrës) als nördlichste Stadt der Provinz Epirus nova bezeichnet den Beginn der Diözese Macedonia, von hier an lief die Seegrenze genau nordsüdlich bis zur Trennlinie zwischen den Diözesen Aegyptus (einschließlich der libyschen Provinzen) und Africa im östlichen Winkel der Großen Syrte (Boreion dicht südlich von Berenice).

98 Das Recht, Senatsbeschlüsse für Bitt- und Dankfeiern (zu Ehren des Kaisers) zu erlassen.

οὔτε βωμῶν οὔτε Ἑλληνικῶν ναῶν ἢ θυσιῶν | ἐπειράθη, 53 πλὴν ὅσον παρὰ Ἰουλιανοῦ τοῦ βασιλεύσαντος ὕστερον πρὸς ὀλίγον ἐπεχειρήθη καὶ αὐτίκα ἀπέσβη. ταύτην μὲν οὖν ὡσεί τινα νεοπαγῆ Χριστοῦ πόλιν καὶ ὁμώνυμον ἑαυτῷ γεραίρων Κωνσταντῖνος πολλοῖς καὶ μεγάλοις ἐκόσμησεν εὐκτηρίοις οἴκοις. 8. συνελαμβάνετο δὲ καὶ τὸ θεῖον τῇ προθυμίᾳ τοῦ βασιλέως καὶ ταῖς ἐπιφανείαις ἐπιστοῦτο ἁγίους καὶ σωτηρίους εἶναι τοὺς ἀνὰ τὴν πόλιν εὐκτηρίους οἴκους.

Ἐπισημοτάτην δὲ μάλιστα ξένοις τε καὶ ἀστοῖς ἐξ ἐκείνου γενέσθαι συνωμολόγηται τὴν ἐν ταῖς Ἑστίαις ποτὲ καλουμέναις ἐκκλησίαν. τόπος δὲ οὗτος ὁ νῦν Μιχαήλιον ὀνομαζόμενος ἐν δεξιᾷ καταπλέοντι ἐκ Πόντου εἰς Κωνσταντινούπολιν, διεστὼς αὐτῆς πλωτῆρι μὲν ἀμφὶ τριάκοντα καὶ πέντε στάδια, ἑβδομήκοντα δὲ καὶ πρὸς κύκλῳ περιοδεύοντι τὸν διὰ μέσου πορθμόν. 9. ἔλαχε δὲ τὸ χωρίον τοῦτο τὴν νυνὶ κρατοῦσαν προσηγορίαν, καθότι πεπίστευται ἐνθάδε ἐπιφαίνεσθαι Μιχαὴλ τὸν θεῖον ἀρχάγγελον. τοῦτο δὲ κἀγὼ εὐεργετημένος τὰ μέγιστα ἀληθὲς εἶναι σύμφημι. δεικνύει δὲ τοῦθ᾽ οὕτως ἔχειν καὶ ἀπὸ πολλῶν ἄλλων ἡ τῶν πραγμάτων πεῖρα· οἱ μὲν γὰρ περιπετείαις δειναῖς ἢ κινδύνοις ἀφύκτοις, οἱ δὲ νόσοις ἢ πάθεσιν ἀγνώστοις περιπεσόντες, εὐξάμενοι ἐνταῦθα τῷ θεῷ ἀπαλλαγὴν εὑρήκασιν τῶν συμφορῶν.

[b T Cass.] 14 εἰς τὴν T

---

[99] Dies behauptet EUSEBIUS VON CAESAREA, *v. C.* 3,48,2 (GCS 104), aber die Heiligtümer auf der Akropolis blieben unzerstört. Als Pendant zu den vielen Fortuna-Tempeln in Rom wurden zwei Tyche-Tempel erbaut, für Rom und für die „Betende" RHEA als TYCHE Konstantinopels. Auf dem Konstantinsforum wurde ein kolossales Apollonkultbild durch den Strahlenkranz des HELIOS als Statue KONSTANTINS umgewidmet. Vgl. DAGRON, *Naissance* 37–40; 373–377

kannte sie keine Altäre und keine hellenischen Tempel oder Opfer[99], abgesehen von den durch den späteren Kaiser Julian für kurze Zeit unternommenen und sogleich erloschenen Versuchen. Ihr zu Ehren als einer gleichsam neugebauten Christusstadt, die nach ihm benannt war, schmückte Konstantin sie mit vielen großen Gebetshäusern aus.[100] 8. Auch die Gottheit unterstützte den Eifer des Kaisers und bestätigte durch Erscheinungen die Tatsache, daß die Gebetshäuser in der Stadt heilig und heilbringend sind.

Am allerberühmtesten ist ohne Zweifel bei Fremden und Bürgern seit jener Zeit die in der einst Hestiae genannten Gegend stehende Kirche. Dieser Ort, der jetzt Michaelion heißt, liegt an der rechten Seite, wenn man vom Schwarzen Meer nach Konstantinopel fährt, zu Schiff von der Stadt etwa 35 Stadien entfernt, 70 Stadien und mehr dagegen, wenn man die dazwischen liegende Bucht zu Fuß umgeht.[101] 9. Diese Gegend erhielt den jetzt gebräuchlichen Namen, weil der Glaube besagt, Gottes Erzengel Michael erscheine dort. Das kann auch ich als wahr bestätigen, da ich im höchsten Grade Hilfe erfahren habe. Daß es wirklich an dem ist, zeigt die tatsächlich gemachte Erfahrung auch an vielem anderen: Manche, von schlimmem Unglück oder ausweglosen Gefahren betroffen, andere, von Krankheiten oder unbekannten Leiden befallen, haben dort zu Gott gebetet und Befreiung von ihrem Ungemach gefunden.

---

[100] EUSEBIUS VON CAESAREA, *v. C.* 3,48,1 (GCS 104); vgl. CAMERON/ HALL, *Eusebius* 297.

[101] Der Ort liegt an der Stelle des ehemaligen albanischen Fischerdorfs Arnavutköy, die Entfernung beträgt umgerechnet etwa 6,2 bzw. 12,5 km, die Bucht ist natürlich das Goldene Horn.

10. Ἀλλὰ τὰ μὲν καθ' ἕκαστον ὅπως συνέβη καὶ τίσι, μακρὸν ἂν εἴη λέγειν· οἷον δὲ Ἀκυλίνῳ ὑπῆρξεν, ἀνδρὶ εἰσέτι νῦν ἡμῖν συνδιατρίβοντι καὶ ἐν τοῖς αὐτοῖς δικαστηρίοις δίκας ἀγορεύοντι, τὰ μὲν παρ' αὐτοῦ ἀκούσας, τὰ δὲ καὶ θεασάμενος, ἀναγκαίως ἐρῶ. ἐπεὶ γὰρ λάβρος πυρετὸς ὑπὸ ξανθῆς χολῆς κινηθεὶς ἐπέλαβεν αὐτόν, †ἐπίλυτόν τι† φάρμακον δεδώκασιν αὐτῷ πιεῖν οἱ ἰατροί· καὶ τοῦτο ἐξήμεσεν, ἅμα δὲ τῷ ἐμέτῳ ἐκχυθεῖσα ἡ χολὴ πρὸς ὁμόχροον ἰδέαν ἔβαψε τὴν ἐπιφάνειαν· ἐκ τούτου δὲ πᾶν ὄψον καὶ ποτὸν ἐξήμει. ὡς δὲ ἐπὶ πολλῷ τῷ χρόνῳ τοῦτο ὑπέμενε, μὴ ἠρεμούσης τε ἐν αὐτῷ τῆς τροφῆς ἠπόρει πρὸς τὸ πάθος ἡ | τῶν ἰατρῶν τέχνη, | 54
11. ἤδη ἡμιθανὴς ὢν παρεκελεύσατο τοῖς οἰκείοις φέρειν αὐτὸν εἰς τὸν εὐκτήριον οἶκον, ἰσχυρισάμενος ἢ αὐτόθι ἀποθανεῖσθαι ἢ τῆς νόσου ἀπαλλαγήσεσθαι. κειμένῳ δὲ ἐνθάδε νύκτωρ ἐπιφανεῖσα θεία δύναμις προσέταξε τὰ ἐσθιόμενα πόματι βάπτειν τοιούτῳ, ὃ σύνθετον ἐκ μέλιτος καὶ οἴνου καὶ πεπέρεως ἀναμιγνυμένων ἅμα τὴν κατασκευὴν ἔχει. ὃ δὴ τῆς νόσου ἀπήλλαξε τὸν ἄνθρωπον· καίτοι γε τοῖς ἰατροῖς κατὰ λόγον τῆς τέχνης ἐναντίον ἐδόκει παθήμασι ξανθῆς χολῆς πομάτων τὸ θερμότατον.

12. Ἐπυθόμην δὲ καὶ Προβιανόν, ἄνδρα τῶν ἐν τοῖς βασιλείοις στρατευσαμένων ἰατρῶν, χαλεπῶς ὑπὸ πάθους ποδῶν ὀδυνώμενον ἐνθάδε τῶν ἀλγηδόνων ἀπαλλαγῆναι καὶ παραδόξου θείας ὄψεως ἀξιωθῆναι. ἑλληνίζοντι γὰρ αὐτῷ τὰ πρῶτα, ἐπεὶ χριστιανίζειν ἤρξατο, τὰ μὲν ἄλλα τοῦ δόγματος ἁμωσγέπως πιθανὰ ἐδόκει, τὸ δὲ τῆς πάντων σωτηρίας αἴτιον γενέσθαι τὸν θεῖον σταυρὸν οὐ προσίετο. 13. ὧδε δὴ ἔχοντι γνώμης

[b T Cass.] 7 ἐπήλυτόν τι b : *aestuanti* Cass. || 13 καὶ ἤδη b : ἤδη δὲ T || 21 πόμα b || 29 δὲ b

---

[102] Die vor allem im Asklepioskult verbreitete Inkubation in Verbindung mit einer im Traum dem Patienten offenbarten Therapieempfehlung (vgl. *h. e.* 2,5,5, unten 218 f) wurde von den Christen neben den Heili-

10. Indes zu berichten, wie und an wem sich die Wunder im einzelnen abgespielt haben, würde zu weit führen. Was aber Aquilinus widerfuhr, der bis heute mit mir zusammenlebt und an den gleichen Gerichten Prozeßreden hält, darüber werde ich unbedingt sprechen; teils habe ich es von ihm gehört, teils auch mitangesehen. Als ihn ein heftiges, von der Galle hervorgerufenes Fieber packte, gaben die Ärzte ihm ein [...] Medikament ein. Das brach er wieder aus, und zugleich mit dem Erbrochenen gab er Galle von sich, die seine ganze Körperoberfläche gelb färbte. Von da an erbrach er jede Speise und jedes Getränk. Als dieser Zustand lange Zeit anhielt und die Nahrung in seinem Körper keine Ruhe fand, war die ärztliche Kunst ratlos gegenüber dem Leiden. 11. Schon halbtot, flehte er seine Angehörigen an, ihn in das Gebetshaus zu bringen, wobei er versicherte, er werde entweder dort sterben oder von seiner Krankheit erlöst werden. Als er in dem Gebetshaus lag, erschien ihm nachts eine Macht Gottes, die ihn aufforderte, seine Nahrung in eine Lösung zu tauchen, die als Gemisch aus Honig, Wein und Pfeffer zubereitet wird. Wirklich befreite das den Mann von seiner Krankheit, obwohl den Ärzten nach den Regeln ihrer Kunst bei Leiden der gelben Galle das brennendste Getränk unbekömmlich schien.[102]

12. Auch habe ich erfahren, daß Probianus, der im Kaiserpalast als Arzt Dienst getan hatte, heftig von einem Beinleiden gepeinigt, hier seine Schmerzen loswurde und einer wunderbaren, von Gott gesandten Vision gewürdigt wurde. Zunächst war er Hellene gewesen, und als er Christ zu werden begann, schienen ihm die übrigen Glaubenslehren einigermaßen einleuchtend, die Lehre aber, daß das heilige Kreuz für alle Menschen Ursache der Erlösung ist, mochte er nicht annehmen. 13. In diesem Denken befangen,

---

gen Kosmas und Damian besonders auf Michael übertragen. — Das von den Ärzten verordnete Medikament ist verderbt überliefert, denn ἐπίλυτον bedeutet nicht „aufgelöst“.

θεία προφανεῖσα ὄψις ἔδειξέ τι σταυροῦ σύμβολον τῶν ἀνακειμένων ἐν τῷ θυσιαστηρίῳ τῆς ἐνθάδε ἐκκλησίας, καὶ διαρρήδην ἀπεφήνατο, ἀφ' οὗ ἐσταυρώθη ὁ Χριστός, τῶν ὅσα γέγονεν ἐπ' ὠφελείᾳ κοινῇ τοῦ ἀνθρωπείου γένους ἢ ἰδίᾳ τινῶν, ἄνευ τῆς τοῦ σεβασμίου σταυροῦ δυνάμεως μηδὲν κατορθῶσαι μήτε τοὺς θείους ἀγγέλους μήτε τοὺς εὐσεβεῖς καὶ ἀγαθοὺς ἀνθρώπους.

Ἀλλὰ ταῦτα μέν, ὅτι μὴ πάντα καταλέγειν καιρός, ἐξ ὧν ἔγνων συμβεβηκέναι ἐν τῷδε τῷ νεῷ εἰπεῖν προήχθην. **4.**1. ἀναγκαῖον δὲ διεξελθεῖν καὶ τὰ περὶ τὴν δρῦν τὴν Μαμβρῆ καλουμένην βεβουλευμένα Κων- σταντίνῳ τῷ βασιλεῖ. τόπος δὲ οὗτος, ὃν νῦν Τερέβινθον προσαγορεύουσιν, ἀπὸ δέκα καὶ πέντε σταδίων γείτονα τὴν Χεβρὼν πρὸς μεσημβρίαν ἔχων, Ἱεροσολύμων δὲ διεστὼς ἀμφὶ διακόσια καὶ πεντήκοντα στάδια. 2. οὗ δὴ λόγος ἐστὶν ἀληθὴς ἅμα τοῖς κατὰ Σοδομιτῶν ἀποσταλεῖσιν ἀγγέλοις καὶ τὸν υἱὸν τοῦ θεοῦ φανῆναι τῷ Ἀβραὰμ καὶ προειπεῖν αὐτῷ τοῦ παιδὸς τὴν γέννησιν. ἐνταῦθα δὲ λαμπρὰν εἰσέτι νῦν ἐτήσιον πανήγυριν ἄγουσιν ὥρᾳ θέρους οἱ ἐπιχώριοι καὶ οἱ προσωτέρω Παλαιστῖνοι καὶ Φοίνικες καὶ Ἀράβιοι· 3. συνίασι δὲ πλεῖστοι καὶ ἐμπορείας ἕνεκα πωλή|σοντες καὶ ἀγοράσοντες. | 55 πᾶσι δὲ περισπούδαστος ἡ ἑορτή, Ἰουδαίοις μὲν καθότι πατριάρχην αὐχοῦσι τὸν Ἀβραάμ, Ἕλλησι δὲ διὰ τὴν ἐπιδημίαν τῶν ἀγγέλων, τοῖς δ' αὖ Χριστιανοῖς ὅτι καὶ τότε ἐπεφάνη τῷ εὐσεβεῖ ἀνδρὶ ὁ χρόνοις ὕστερον ἐπὶ σωτηρίᾳ τοῦ ἀνθρωπείου γένους

[b T Cass. (–7)] 11 καλουμένην μαμρῆ T || 23 δὲ T : γὰρ b || 27 ὁ ante ἐπί T : om. b : corr. Val.

103 Die folkloristisch und religionsgeschichtlich höchst bemerkenswerte Schilderung des „multikulturellen“ Festes, vielleicht eines Nachklangs des Erntefests am kultischen Mittelpunkt des judäischen Stammesverbands, scheint auf eigenen Beobachtungen des aus Palästina stammenden Sozomenos zu beruhen. Nimmt man das „noch heute“ ernst, so hätte KONSTANTINS strenges Verbot höchstens vorübergehend

wurde ihm eine gottgesandte Vision zuteil, in der ihm eines der im Altarraum der dortigen Kirche aufbewahrten Kreuzeszeichen gewiesen und zugleich ausdrücklich versichert wurde: Seitdem Christus gekreuzigt wurde, sei von allem, was zum allgemeinen Nutzen des Menschengeschlechts oder zum persönlichen Wohl einzelner geschehen sei, nichts ohne die Kraft des ehrwürdigen Kreuzes, weder von Gottes Engeln noch von gottesfürchtigen und guten Menschen, vollbracht worden.

Dies sah ich mich veranlaßt mitzuteilen als einen Teil von dem, was ich über das Geschehen in dieser Kirche in Erfahrung gebracht habe, da alles aufzuzählen nicht die Gelegenheit ist. **4.** 1. Unumgänglich ist es aber auch, zu berichten, was Kaiser Konstantin mit dem Hain, der Mamre hieß, vorhatte.[103] Dieser Platz, den man jetzt Terebinthus nennt, ist Hebron benachbart, das 15 Stadien (2,7 km) südlich davon liegt, und etwa 250 Stadien (45 km) von Jerusalem entfernt. 2. Dort, so lautet die wahrhafte Kunde (vgl. Gen 18), erschien zusammen mit den gegen die Sodomiter entsandten Engeln auch Gottes Sohn dem Abraham und sagte ihm die Geburt seines Sohnes voraus.[104] Dort begehen noch heute die einheimischen und die weiter entfernt wohnenden Palästiner, Phöniker und Araber alljährlich zur Sommerszeit ein prächtiges Fest; 3. dabei kommen auch sehr viele des Handels wegen zusammen, um zu verkaufen und einzukaufen. Allen ist das Fest sehr wichtig, den Juden, weil sie sich Abrahams als ihres Stammvaters rühmen, den Hellenen wegen der Ankunft der Engel, den Christen, weil schon damals dem gottesfürchtigen Mann derselbe erschien, der viel später zur Erlösung des Menschengeschlechts

---

Wirkung gezeigt. — Unter den Palästinern sind im üblichen Sinne ‚Einwohner der Provinz Palaestina' zu verstehen.

[104] KONSTANTIN, *ep.* bei EUSEBIUS VON CAESAREA, *v. C.* 3,53,3 (GCS 107).

διὰ τῆς παρθένου φανερῶς ἑαυτὸν ἐπιδείξας. προσφόρως δὲ ταῖς θρησκείαις τιμῶσι τοῦτον τὸν χῶρον, οἱ μὲν εὐχόμενοι τῷ πάντων θεῷ, οἱ δὲ τοὺς ἀγγέλους ἐπικαλούμενοι καὶ οἶνον σπένδοντες καὶ λίβανον θύοντες ἢ βοῦν ἢ τράγον ἢ πρόβατον ἢ ἀλεκτρυόνα. 4. ὃ γὰρ ἕκαστος ἐσπουδασμένον καὶ καλὸν εἶχε, διὰ παντὸς τοῦ ἔτους ἐπιμελῶς τρέφων, καθ' ὑπόσχεσιν εἰς εὐωχίαν τῆς ἐνθάδε ἑορτῆς ἐφύλαττεν ἑαυτῷ τε καὶ τοῖς οἰκείοις. τιμῶντες δὲ τὸν τόπον πάντες ἢ διὰ θεομηνίας κακῶς παθεῖν φυλαττόμενοι οὔτε γυναιξὶν ἐνθάδε συνουσιάζουσιν, ὡς ἐν ἑορτῇ κάλλους καὶ κόσμου πλείονος ἐπιμελουμέναις καὶ ᾗ ἔτυχε φαινομέναις τε καὶ προϊούσαις, οὔτε ἄλλως ἀκολασταίνουσι, καὶ ταῦτα ὡς ἐπίπαν ὁμοῦ τὰς σκηνὰς ἔχοντες καὶ ἀναμὶξ καθεύδοντες. 5. αἴθριος γὰρ καὶ ἀρόσιμός ἐστιν ὁ τόπος καὶ οὐκ ἔχων οἰκήματα ἢ μόνον τὰ παρ' αὐτὴν τὴν δρῦν πάλαι τοῦ Ἀβραὰμ γενόμενα καὶ τὸ φρέαρ τὸ παρ' αὐτοῦ κατασκευασθέν· περὶ δὲ τὸν καιρὸν τῆς πανηγύρεως οὐδεὶς ἐντεῦθεν ὑδρεύετο. νόμῳ γὰρ Ἑλληνικῷ οἱ μὲν λύχνους ἡμμένους ἐνθάδε ἐτίθεσαν, οἱ δὲ οἶνον ἐπέχεον ἢ πόπανα ἔρριπτον, ἄλλοι δὲ νομίσματα ἢ μύρα ἢ θυμιάματα. καὶ διὰ τοῦτο, ὥς γε εἰκός, ἀχρεῖον τὸ ὕδωρ ἐγίνετο τῇ μετουσίᾳ τῶν ἐμβαλλομένων.

6. Ταῦτα δὲ τὸν εἰρημένον τρόπον ἀδεῶς ᾗ θέμις Ἕλλησιν ἐπιτελούμενα παραγενομένη ποτὲ ἐνθάδε κατ' εὐχὴν ἡ τῆς γαμετῆς Κωνσταντίνου μήτηρ τῷ βασιλεῖ κατήγγειλεν.

[b T] 3 τῷ ἐπὶ πάντων T || 15 τόπος T : χῶρος b || 18 παρὰ T || 24 ἀδεῶς Hansen : ἡδέως b T || 26 κωνσταντίνου γαμετῆς T

[105] Statt des von den Handschriften allerdings einhellig überlieferten ἡδέως („gern") schreibe ich ἀδεῶς, womit oft die freie Kultausübung bezeichnet wird (vgl. das Wortregister in der Ausgabe von BIDEZ/HANSEN 481; eine wörtliche Parallele *h. e.* 5,2,2, unten 561 f). In KONSTANTINS Brief bei EUSEBIUS VON CAESAREA, *v. C.* 3,53,1 (GCS 107), heißt es συνεχῶς („ständig") ἐπιτελεῖσθαι.

sich selbst durch die Jungfrau offenbar werden ließ. Je nach den Religionen ehren sie diesen Platz, die einen, indem sie zum Gott des Alls beten, die anderen mit Anrufung der Engel, mit Weinspenden und Opfern von Weihrauch oder einem Rind, einem Bock, einem Schaf oder einem Hahn. 4. Was jeder an Wertvollem und Schönen hatte, das zog er das ganze Jahr über sorgsam auf und reservierte es einem Versprechen gemäß zur Schmauserei bei dem Fest an diesem Ort für sich und seine Angehörigen. Weil alle den Platz verehren, oder weil sie sich davor hüten, durch Gottes Zorn bestraft zu werden, verkehren sie dort nicht mit den Frauen, die sich doch zum Fest um mehr Schönheit und Schmuck bemühen und sich unbekümmert sehen lassen und in die Öffentlichkeit gehen. Auch sonst vermeiden sie alle Unzucht, obwohl sie in der Regel ihre Zelte dicht beieinander haben und nicht getrennt schlafen. 5. Der Platz liegt nämlich unter freiem Himmel und wird zum Ackerbau bearbeitet, trägt daher keine Gebäude außer den in alter Zeit dem Abraham gehörenden neben dem Hain selbst, und außer dem von ihm gebauten Brunnen, aus dem allerdings während der Zeit des Festes niemand Wasser schöpfte: Nach hellenischem Brauch nämlich stellten manche dort brennende Lampen auf, andere gossen Wein darauf oder warfen Opferkuchen hinein, andere Münzen oder Salben oder Räucherwerk, und deshalb wurde verständlicherweise durch die Vermengung mit den hineingeworfenen Gaben das Wasser unbrauchbar.

6. Daß dies in der beschriebenen Art und Weise ungehindert[105], wie es bei den Hellenen Brauch ist, begangen wurde, meldete die Schwiegermutter Konstantins[106], die einst zum Gebet dorthin gekommen war, dem Kaiser.

[106] KONSTANTINS Gattin FAUSTA war eine Tochter MAXIMIANS und der aus Syrien stammenden EUTROPIA, die nach 312 in Palästina lebte und Christin war oder wurde.

ὁ δὲ πυθόμενος οὐ μετρίως ᾐτιᾶτο τοὺς ἐπισκόπους Παλαιστίνης ὡς τοῦ προσήκοντος ὀλιγωρήσαντας καὶ τὸν τόπον ἅγιον ὄντα ὑπεριδόντας σπονδαῖς καὶ θύμασι βεβήλοις μιαίνεσθαι. 7. δείκνυσι δὲ αὐτοῦ τὴν εὐσεβῆ μέμψιν ἡ περὶ τούτου γραφεῖσα ἐπιστολὴ Μακαρίῳ τῷ Ἱεροσολύμων ἐπισκόπῳ καὶ Εὐσεβίῳ τῷ Παμφίλου |[56] καὶ τοῖς ἄλλοις Παλαιστίνων ἐπισκόποις· οὓς κατὰ ταὐτὸν συνελθεῖν προσέταξε τοῖς ἐκ Φοινίκης ἐπισκόποις, ὥστε πρότερον τοῦ ἐνθάδε βωμοῦ ἀνακαθαιρομένου ἐκ βάθρων πυρί τε τῶν ξοάνων παραδιδομένων ἐκκλησίαν αὐτόθι διαγράψαι τῆς τοῦ τόπου ἀρχαιότητος καὶ σεμνότητος ἀξίαν, καὶ τοῦ λοιποῦ προνοεῖν ἐλεύθερον σπονδῶν καὶ θυμάτων τοῦτον εἶναι, ὥστε μηδὲν ἕτερον πράττεσθαι ἢ τὸν θεὸν θρησκεύειν κατὰ τὸν τῆς ἐκκλησίας νόμον. 8. εἰ δὲ τὰ πρότερόν τις ἐπιχειρῶν ἁλοίη, τοὺς ἐπισκόπους μηνύειν, ὥστε αὐτῷ μεγίστην τιμωρίαν ἐπαγαγεῖν. κατὰ ταύτην τὴν βασιλέως ἐπιστολὴν ἄρχοντες καὶ ἱερεῖς Χριστοῦ ἔργῳ τὰ προστεταγμένα παρέδοσαν.

5.1. Ἐπειδὴ δὲ πολλοὶ δῆμοι καὶ πόλεις ἀνὰ πᾶσαν τὴν ὑπήκοον, εἰσέτι δεῖμα καὶ σέβας ἔχοντες τῆς περὶ τὰ ξόανα φαντασίας, ἀπεστρέφοντο τὸ δόγμα τῶν Χριστιανῶν, ἀρχαιότητός τε ἐπεμελοῦντο καὶ τῶν πατρίων ἐθῶν καὶ πανηγύρεων, ἀναγκαῖον αὐτῷ ἐφάνη παιδεῦσαι τοὺς ἀρχομένους ἀμελεῖν τῶν θρησκευομένων. εἶναι δὲ τοῦτο εὐπετές, εἰ πρῶτον αὐτοὺς ἐθίσειε καταφρονεῖν τῶν ναῶν καὶ τῶν ἐν αὐτοῖς ἀγαλμάτων. 2. ἐννοηθέντι δὲ ταῦτα στρατιωτικῆς χειρὸς οὐκ ἐδέησεν, ἀλλ' ἄνδρες Χριστιανοὶ ἐν τοῖς βασιλείοις ἐπετέλουν τὰ δόξαντα, διαβάντες τὰς πόλεις ἅμα γράμμασι βασιλικοῖς. οἱ μὲν γὰρ δῆμοι περὶ αὐτῶν καὶ παίδων καὶ γυναικῶν δεδιότες, μή τι κακὸν πάθωσιν ἐναντιούμενοι, ἡσυχίαν ἦγον.

[b T Cass. (30–)] 3 καὶ θύμασι b : τε καὶ θυμιάμασιν T || 6 ἐπισκόπω ἱεροσολύμων T

Als er das erfuhr, beschuldigte er heftig die Bischöfe Palästinas, die ihre Pflicht vernachlässigt und geduldet hätten, daß der Ort, der doch heilig sei, mit profanen Spenden und Opfern entweiht würde. 7. Seine gottesfürchtige Kritik tritt in dem in dieser Sache an Macarius, den Bischof von Jerusalem, Euseb, den Schüler des Pamphilus, und die übrigen Bischöfe Palästinas gerichteten Schreiben deutlich hervor. Er forderte sie auf, sich mit den Bischöfen Phönikiens zu treffen, um nach gründlicher Zerstörung des dortigen Altars und Verbrennung der Kultstatuen an gleicher Stelle eine Kirche zu entwerfen, die der altertümlichen Ehrwürdigkeit des Ortes angemessen sei, und künftig dafür zu sorgen, daß er von Spenden und Opfern frei bleibe, damit nichts anderes geschehe als die Verehrung Gottes nach kirchlicher Sitte. 8. Falls jemand dabei ertappt werde, der die früheren Bräuche fortzusetzen suche, sollten die Bischöfe es ihm melden, damit er ihn mit der Höchststrafe belegen könne.[107] Gemäß diesem Brief des Kaisers setzten Beamte und Priester Christi die Anordnungen in die Tat um.

5. 1. Da aber viele Landgemeinden und Städte im ganzen Reich, noch in Scheu und Ehrfurcht vor den vermeintlichen Kultbildern befangen, den Christenglauben ablehnten und am Alten, den hergebrachten Riten und Feiern festhielten, schien es ihm nötig, die Untertanen zur Gleichgültigkeit gegen deren religiöse Inhalte zu erziehen. Dies aber sei leicht zu erreichen, wenn er sie zunächst daran gewöhnte, die Tempel und die in ihnen stehenden Kultbilder zu mißachten. 2. Für diesen Plan brauchte er keine Militärmacht, sondern im Kaiserpalast dienende Christen führten die Beschlüsse aus, indem sie die Städte mit kaiserlichen Schreiben aufsuchten. Denn die Gemeindebeamten, besorgt um ihre eigene Haut, ihre Kinder und Frauen, im Falle des Widerstands könnte es ihnen schlecht ergehen, verhielten sich ruhig.

---

[107] Eusebius von Caesarea, *v. C.* 3,51–53 (GCS 105–107).

γυμνωθέντες δὲ τῆς τοῦ πλήθους ῥοπῆς οἱ νεωκόροι καὶ οἱ ἱερεῖς προὔδωκαν τὰ παρ᾽ αὐτοῖς τιμιώτατα καὶ τὰ διοπετῆ καλούμενα, καὶ δι᾽ ἑαυτῶν ταῦτα προῆγον ἐκ τῶν ἀδύτων καὶ τῶν ἐν τοῖς ναοῖς κρυφίων μυχῶν. 3. βατά τε λοιπὸν ἦν τοῖς θέλουσι τὰ πρὶν ἄβατα καὶ μόνοις ἱερεῦσιν ἐγνωσμένα· τῶν δ᾽ αὖ ξοάνων τὰ ὄντα τιμίας ὕλης καὶ τῶν ἄλλων, ὅσον ἐδόκει χρήσιμον εἶναι, πυρὶ διεκρίνετο καὶ δημόσια ἐγίνετο χρήματα, τὰ δὲ ἐν χαλκῷ θαυμασίως εἰργασμένα πάντοθεν εἰς τὴν ἐπώνυμον πόλιν τοῦ αὐτοκράτορος μετεκομίσθη πρὸς | κόσμον· 4. καὶ εἰσέτι νῦν δημοσίᾳ ἵδρυνται κατὰ τὰς ἀγυιὰς καὶ τὸν ἱππόδρομον καὶ τὰ βασίλεια τὰ μὲν τοῦ Πυθίασι μαντικοῦ Ἀπόλλωνος καὶ Μοῦσαι αἱ Ἑλικωνιάδες καὶ οἱ ἐν Δελφοῖς τρίποδες καὶ ὁ Πὰν ὁ βοώμενος, ὃν Παυσανίας ὁ Λακεδαιμόνιος καὶ αἱ Ἑλληνίδες πόλεις ἀνέθεντο μετὰ τὸν πρὸς Μήδους πόλεμον. νεῶν δὲ οἱ μὲν θυρῶν, οἱ δὲ ὀρόφων ἐγυμνώθησαν, οἱ δὲ καὶ ἄλλως ἀμελούμενοι ἠρείποντό τε καὶ διεφθείροντο.

5. Κατεσκάφησαν δὲ τότε καὶ ἄρδην ἠφανίσθησαν ὁ ἐν Αἰγαῖς τῆς Κιλικίας Ἀσκληπιοῦ ναὸς καὶ ὁ ἐν Ἀφάκοις τῆς Ἀφροδίτης παρὰ τὸν Λίβανον τὸ ὄρος καὶ Ἄδωνιν τὸν ποταμόν. ἄμφω δὲ ἐπισημοτάτω νεὼ ἐγενέσθην καὶ σεβασμίω τοῖς πάλαι, καθότι Αἰγεᾶται μὲν ηὔχουν τοὺς κάμνοντας τὰ σώματα νόσων ἀπαλλάττεσθαι παρ᾽ αὐτοῖς, ἐπιφαινομένου νύκτωρ καὶ ἰωμένου τοῦ δαίμονος· ἐν Ἀφάκοις δὲ κατ᾽ ἐπίκλησίν τινα καὶ ῥητὴν ἡμέραν ἀπὸ τῆς ἀκρωρείας τοῦ Λιβάνου πῦρ

[b T Cass.] 21 τῆς om.T

108 Nach EUSEBIUS VON CAESAREA, *v. C.* 3,54,2 (GCS 108), wurden die helikonischen Musen im Palast aufgestellt, die delphischen Dreifüße im Hippodrom. Den uns sonst nicht bekannten PAN fügt Sozomenos aus eigener Kenntnis hinzu. Nicht ist hier die Rede von einem anderen berühmten Denkmal: dem gleichfalls von PAUSANIAS und den griechischen Staaten (vgl. THUCYDIDES 1,132,2f [106f LUSCHNAT]) für Delphi

So waren die Tempelhüter und Priester ohne die Unterstützung der Massen und lieferten ihre größten Kostbarkeiten und die angeblich vom Himmel gefallenen Gegenstände ab, die sie persönlich aus den Adyta und aus den versteckten Winkeln der Tempel herbeibrachten. 3. Von jetzt an konnte, wer wollte, die bisher unzugänglichen und nur den Priestern bekannten Räume betreten, und von den Kultstatuen wurden die aus wertvollen Materialien bestehenden, von anderen Sachen, was noch brauchbar erschien, im Feuer geschieden; sie gingen in den Staatsschatz ein. Die künstlerischen Bronzefiguren wurden aus allen Gegenden zur Ausschmückung in die nach dem Kaiser benannte Stadt geschafft, 4. und so stehen noch heute öffentlich an den Straßen, im Hippodrom und im Palast die Statuen des in Pytho (*sc.* Delphi) weissagenden Apollo, die Musen vom Helikon, die delphischen Dreifüße und der berühmte Pan, den der Spartaner Pausanias und die griechischen Städte nach dem Perserkrieg gestiftet hatten.[108] Die Tempel wurden teils der Türen, teils der Dächer beraubt, andere verfielen auch von selbst durch Vernachlässigung und gingen zugrunde.

5. Damals wurden abgerissen und vollständig beseitigt der Asklepios-Tempel im kilikischen Aeg(e)ae[109] und der Tempel der Aphrodite in Aphaca[110] am Libanongebirge und am Fluß Adonis. Beides waren berühmte, den Menschen in alter Zeit ehrwürdige Tempel, weil sich die Einwohner von Aeg(e)ae rühmten, die körperlich Kranken würden bei ihnen von ihren Leiden befreit, indem nachts der Dämon erscheine und heile, während in Aphaca durch eine Beschwörung an einem bestimmten Tag ein Feuer von der Gipfelhöhe des Libanon gleich einer

---

gestifteten goldenen Dreifuß auf einer dreifachen bronzenen Schlangensäule, die noch heute im Hippodrom steht, während die Basis in Delphi geblieben ist.

109 Von STRABO 14,5,18 (3,165 KRAMER) Aigaiai genanntes Hafenstädtchen am Golf von Issos.

110 Etwa 30 km östlich der Hafenstadt Byblus.

διαΐσσον καθάπερ ἀστὴρ εἰς τὸν παρακείμενον ποταμὸν ἔδυνεν. ἔλεγον δὲ τοῦτο τὴν Οὐρανίαν εἶναι, ὧδί τὴν Ἀφροδίτην καλοῦντες.

6. Τούτων οὕτω συμβάντων κατὰ σκοπὸν προὐχώρει τῷ βασιλεῖ τὸ σπουδαζόμενον. οἱ μὲν γὰρ τὰ πρὶν σεμνὰ καὶ φοβερὰ εἰκῇ ἐρριμμένα καὶ καλάμης καὶ φορυτοῦ ἔνδοθεν βεβυσμένα ὁρῶντες εἰς καταφρόνησιν ἦλθον τῶν προτέρων σεβασμίων καὶ πλάνην τοῖς προγόνοις ἐμέμφοντο, οἱ δὲ ζηλώσαντες τοὺς Χριστιανοὺς τῆς παρὰ τῷ βασιλεῖ τιμῆς ἀναγκαῖον ᾠήθησαν τὰ τοῦ κρατοῦντος ἤθη μιμήσασθαι. ἄλλοι δὲ καθέντες ἑαυτοὺς εἰς διάσκεψιν τοῦ δόγματος ἢ σημείοις ἢ ὀνείρασιν ἢ ἐπισκόπων ἢ μοναχῶν συνουσίαις ἐδοκίμασαν ἄμεινον εἶναι χριστιανίζειν.

7. Ἐξ ἐκείνου τε δῆμοι καὶ πόλεις ἑκοντὶ τῆς προτέρας μετέθεντο γνώμης· ἡνίκα δὴ τὸ ἐπίνειον τῆς Γαζαίων πόλεως, ὃ Μαϊουμᾶν προσαγορεύουσιν, εἰσάγαν δεισιδαιμονοῦν καὶ τὰ ἀρχαῖα πρὸ τούτου θαυμάζον εἰς Χριστιανισμὸν ἀθρόον πανδημεὶ μετέβαλεν. 8. ἀμειβόμενος δὲ αὐτοὺς τῆς εὐσεβείας ὁ βασιλεὺς πλείστης | τιμῆς ἠξίωσε καὶ πόλιν οὐ πρότερον ὂν τὸ χωρίον | 58 ἀπέφηνε, καὶ Κωνστάντιαν ἐπωνόμασε, τῷ τιμιωτάτῳ τῶν παίδων γεραίρων τὸν τόπον διὰ τὴν θρησκείαν. ἐκ τοιαύτης δὲ αἰτίας καὶ Κωνσταντίναν τὴν παρὰ Φοίνιξιν ἔγνων ἐπιγράψασθαι τὴν τοῦ βασιλέως ἐπωνυμίαν.

[b T Cass. (–3)] 7 ὁρῶντες b : ἰδόντες T || 22 ἀπεκάλεσεν T

[111] Der aus dem Orient stammende (vgl. HERODOT 1,105 [1,71 ROSÉN], in Ascalon; 131,3 [87 ROSÉN]; PAUSANIAS 1,14,7 [1,33 ROCHA-PEREIRA]) Beiname der APHRODITE, die hier in Gestalt der weitberühmten Fruchtbarkeitsgöttin BA'ALAT GEBAL, ‚Herrin von Byblus' = AŠTART (ASTARTE: PLUTARCH, *Mor.* 1,357b [2,3,17 SIEVEKING]; CICERO, *nat. deor.* 3,59 [1127f PEASE]) auftritt. Ihr Geliebter ist der sterbende und wiedererstehende Vegetationsdämon ADONIS (phönikisch 'Adōn ‚Herr').

[112] Bis hier folgt das 5. Kapitel, in anderer Anordnung und etwas anderer Gewichtung, EUSEBIUS VON CAESAREA, *v. C.* 3,54–57 (GCS 107–111).

Sternschnuppe herabstürzte und in den benachbarten Fluß tauchte. Man sagte, dies sei die Urania[111], wie sie die Aphrodite nennen.

6. Nach diesen Vorgängen verlief das Vorhaben des Kaisers nach seinen Wünschen. Manche sahen die vorher so verehrten und gefürchteten Kultbilder achtlos weggeworfen und innen mit Stroh und Spänen angefüllt, wodurch sie die zuvor ehrwürdigen Dinge verachten lernten und ihren Vorfahren Irreführung vorwarfen[112], andere neideten den Christen ihr Ansehen beim Kaiser und meinten es darum nötig zu haben, die Gewohnheiten des Herrschers zu imitieren. Andere aber ließen sich auf eine Prüfung des Glaubens ein oder wurden durch Zeichen, Träume oder Begegnungen mit Bischöfen oder Mönchen dazu gebracht, das Christsein für besser zu erachten.

7. Seit dieser Zeit gaben ganze Gemeinden und Städte aus freien Stücken ihre frühere Überzeugung auf. Damals[113] wandte sich der Hafenort der Stadt Gaza namens Maûma[114], der überaus abergläubisch war und bis dahin dem alten Glauben anhing, mit einem Male vollzählig dem Christentum zu. 8. Als Dank für ihre Gottesfurcht zeichnete der Kaiser sie mit höchsten Ehrungen aus, erklärte den Ort zur Stadt, was er vorher nicht gewesen war, verlieh ihm den Beinamen Constantia, wodurch er ihn wegen seiner Religion mit dem Namen des höchstrangigen seiner Söhne[115] ehrte. Aus ähnlichem Grunde, habe ich erfahren, legte sich auch Constantina[116] in Phönikien den Namen des Kaisers bei.

---

[113] Bis zum Kapitelende, unten 222f, nach EUSEBIUS VON CAESAREA, *v. C.* 4,37–39 (GCS 134f); vgl. CAMERON/HALL, *Eusebius* 327f.

[114] Aramäisch ‚Wasserort‘, etwa fünf Kilometer von Gaza entfernt.

[115] Nach EUSEBIUS VON CAESAREA, *v. C.* 4,38 (GCS 135), vielmehr mit dem Namen seiner Schwester CONSTANTIA, Sozomenos bleibt aber (aus eigener Kenntnis oder anderer Überlieferung?) auch in *h. e.* 5,3,6, unten 576f, bei seiner Version.

[116] Gemeint ist Antaradus, das neben dem Ehrennamen den traditionellen beibehielt.

9. ἀλλὰ γὰρ ἕκαστα συγγράφειν οὐκ εὐχερές· πλεῖσται γὰρ δὴ καὶ ἄλλαι πόλεις τηνικαῦτα πρὸς τὴν θρησκείαν ηὐτομόλησαν καὶ αὐτόματοι βασιλέως μηδὲν ἐπιτάττοντος τοὺς παρ᾽ αὐτοῖς ναοὺς καὶ ξόανα καθεῖλον καὶ εὐκτηρίους οἴκους ᾠκοδόμησαν.

6.1. Πληθυνούσης δὲ τῆς ἐκκλησίας τοῦτον τὸν τρόπον ἀνὰ πᾶσαν τὴν Ῥωμαίων οἰκουμένην, καὶ δι᾽ αὐτῶν τῶν βαρβάρων ἡ θρησκεία ἐχώρει. ἤδη γὰρ τά τε ἀμφὶ τὸν Ῥῆνον φῦλα ἐχριστιάνιζον, Κελτοί τε καὶ οἳ Γαλατῶν ἔνδον τελευταῖοι τὸν ὠκεανὸν προσοικοῦσι, καὶ Γότθοι, καὶ ὅσοι τούτοις ὅμοροι τὸ πρὶν ἦσαν ἀμφὶ τὰς ὄχθας Ἴστρου ποταμοῦ, πάλαι μετασχόντες τῆς εἰς Χριστὸν πίστεως ἐπὶ τὸ ἡμερώτερον καὶ λογικὸν μεθηρμόσαντο. 2. πᾶσι δὲ βαρβάροις σχεδὸν πρόφασις συνέβη πρεσβεύειν τὸ δόγμα τῶν Χριστιανῶν οἱ γενόμενοι κατὰ καιρὸν πόλεμοι Ῥωμαίοις καὶ τοῖς ἀλλοφύλοις ἐπὶ τῆς Γαλλιήνου ἡγεμονίας καὶ τῶν μετ᾽ αὐτὸν βασιλέων. ἐπεὶ γὰρ τότε πλῆθος ἄφατον μιγάδων ἐθνῶν ἐκ τῆς Θρᾴκης περαιωθὲν τὴν Ἀσίαν κατέδραμεν ἄλλοι τε ἀλλαχῇ βάρβαροι ταὐτὸν εἰργάσαντο τοὺς παρακειμένους Ῥωμαίους, πολλοὶ τῶν ἱερέων τοῦ Χριστοῦ αἰχμάλωτοι γενόμενοι σὺν αὐτοῖς ἦσαν. 3. ὡς δὲ τοὺς αὐτόθι νοσοῦντας ἰῶντο καὶ τοὺς δαιμονῶντας ἐκάθαιρον Χριστὸν μόνον ὀνομάζοντες καὶ υἱὸν θεοῦ ἐπικαλούμενοι, προσέτι δὲ καὶ πολιτείαν ἄμεμπτον ἐφιλοσόφουν καὶ ταῖς ἀρεταῖς τὸν μῶμον ἐνίκων, θαυμάσαντες οἱ βάρβαροι τοὺς ἄνδρας τοῦ βίου καὶ τῶν παραδόξων ἔργων εὖ φρονεῖν συνεῖδον καὶ τὸν θεὸν ἵλεων ἔχειν,

[b T Cass. (18–)] 9 ἐχριστιάνιζεν T

[117] Ein bei den meisten griechischen Autoren noch Jahrhunderte üblicher Archaismus für „Germanen", der in Nachfolge des POSIDONIUS die von CAESAR verfochtene Rheingrenze als ethnische Scheidelinie nicht anerkannte. — „Diesseits" bedeutet wohl diesseits des Ärmelkanals.

9. Aber alles einzelne aufzuschreiben hat seine Schwierigkeiten; denn auch sehr viele andere Städte wechselten damals zu unserer Religion, rissen aus eigenem Antrieb, ohne kaiserliche Anordnung, ihre Tempel und Kultbilder nieder und erbauten stattdessen Gebetshäuser.

6. 1. Als die Kirche sich auf diese Weise im ganzen Römischen Reich füllte, drang die Religion auch zu den Barbaren. Denn schon waren die Stämme am Rhein christlich, Kelten[117] und diejenigen Gallier, die diesseits als letzte am Ozean wohnen, und Goten und ihre früheren Nachbarn[118] an den Ufern der unteren Donau hatten seit langem am Christusglauben Anteil und ließen sich zu friedlicherer und vernunftgemäßer Lebensweise umstimmen. 2. Für fast alle Barbaren ergab sich der Anlaß, sich zum Glauben der Christen zu bekennen, aus den häufigen Kriegen zwischen Römern und Fremdvölkern zur Zeit der Herrschaft des Gallienus und seiner kaiserlichen Nachfolger.[119] Denn als damals eine unermeßliche Menge vermischter Stämme, von Thrakien übersetzend, Kleinasien überrannte und andere Barbaren an anderen Stellen den benachbarten Römern das gleiche antaten, gerieten viele christliche Priester in Gefangenschaft und lebten bei ihnen. 3. Als sie dort die Kranken heilten und die Besessenen reinigten, wobei sie nur den Namen Christi nannten und ihn als Sohn Gottes anriefen, dazu noch ein untadliges Leben nach Art der Philosophen führten und durch ihr vorbildliches Handeln über jede Kritik erhaben waren, da bewunderten die Barbaren die Leute wegen ihrer Lebensweise und ihrer Wundertaten und entschlossen sich, gut gesinnt zu sein und Gottes Gnade zu gewinnen,

---

[118] Gemeint sind vor allem Quaden und Sarmaten.

[119] Seit 258 brachen germanische und nordafrikanische Stämme ins Reich ein und verwüsteten mehr als ein Jahrzehnt lang große Teile der römischen Provinzen. Ein Vorbote der Völkerwanderung, den das durch Usurpatoren bedrohte Kaisertum gerade noch mit äußerster Anstrengung überwinden konnte. Ein Parallelbericht mit Blickrichtung nur auf die Goten bei PHILOSTORGIUS, *h. e.* 2,5 (GCS 17f).

εἰ τοὺς ἀμείνους φανέντας μιμήσαιντο καὶ ὁμοίως αὐτοῖς τὸ κρεῖττον θεραπεύοιεν. προβαλλόμενοι οὖν αὐτοὺς τοῦ πρακτέου καθηγητὰς ἐδιδάσκοντο καὶ ἐβαπτίζοντο, καὶ ἀκολούθως ἐκκλησίαζον.

7.1. Ἐπὶ δὲ τῆς προκειμένης βασιλείας λέγεται τοὺς 59
Ἴβηρας τὸν Χριστὸν ἐπιγνῶναι. ἔθνος δὲ τοῦτο βάρβαρον μέγα τε καὶ μαχιμώτατον, οἰκεῖ δὲ τῆς Ἀρμενίων ἐνδότερον πρὸς ἄρκτον. παρεσκεύασε δὲ αὐτοὺς τῆς πατρῴας θρησκείας ὑπεριδεῖν Χριστιανὴ γυνὴ αἰχμάλωτος· ἣ δὴ πιστοτάτη καὶ θεοσεβὴς ἄγαν οὖσα οὐδὲ παρὰ τοῖς ἀλλοφύλοις καθυφῆκε τῆς συνήθους πολιτείας. φίλον δέ τι αὐτῇ χρῆμα ἐτύγχανε νηστεία καὶ νύκτωρ καὶ μεθ' ἡμέραν εὔχεσθαι καὶ τὸν θεὸν εὐλογεῖν. οἱ δὲ βάρβαροι ἐπυνθάνοντο μὲν ὅτου χάριν τοῦτο ὑπομένοι· τῆς δὲ ἁπλούστερον λεγούσης οὕτω χρῆναι σέβειν τὸν Χριστὸν τὸν υἱὸν τοῦ θεοῦ, ξένον αὐτοῖς ἐδόκει καὶ τοῦ θρησκευομένου τὸ ὄνομα καὶ τῆς θρησκείας ὁ τρόπος. 2. συμβὰν δὲ μειράκιον ἐνταῦθα δεινῶς ἀσθενεῖν, περιφέρουσα καθ' ἕκαστον οἶκον ἡ μήτηρ ἐπεδείκνυ· ἔθος γὰρ Ἴβηρσι τοῦτο ποιεῖν, ἵν' εἴ τις εὑρεθείη τοῦ νοσήματος ἰατρός, εὐπόριστος γένηται τοῖς κάμνουσιν ἡ τοῦ πάθους ἀπαλλαγή. 3. ἐπεὶ δὲ μηδαμοῦ θεραπευθὲν καὶ παρὰ τὴν αἰχμάλωτον ἐκομίσθη τὸ παιδίον, „φαρμάκων μέν", ἔφη, „οὔτε χριστῶν οὔτε ἐπιπλάστων εἴδησιν ἢ πεῖραν ἔχω· πιστεύω δὲ τὸν Χριστὸν ὃν σέβω, τὸν ἀληθινὸν

[b T (–4) Cass. (–4)]

---

[120] Wieder ein Hinweis (vgl. *h. e.* 2,2,2, oben 202 Anm. 93), daß die Bekehrung der Iberer nach RUFIN VON AQUILEIA, *hist.* 10,11 (973–976 MOMMSEN) = GELASIUS VON CAESAREA, *Frg.* 21 (WINKELMANN), erzählt wird.

[121] Die Iberer sind die binnenländischen georgischen Einwohner Transkaukasiens um den Mittellauf des Mtkvari (Kura), deren Hauptstadt damals wahrscheinlich schon Mzcheta westlich von Tbilisi war. Vgl. BRAUND, *Georgia* 246–255.

[122] Nach der georgischen Tradition die aus Kappadokien stammende heilige NINO.

wenn sie es denen nachtäten, die sich als überlegen erwiesen hatten, und ebenso wie sie den Allmächtigen verehrten. Sie erwählten sie also als Lehrer in der Lebensführung, ließen sich unterweisen und taufen, und danach beteiligten sie sich am kirchlichen Gottesdienst.

7.1. Während der uns jetzt beschäftigenden Kaiserherrschaft, so wird berichtet[120], kamen die Iberer zur Erkenntnis Christi. Dies ist ein großes und sehr kriegerisches Barbarenvolk, das jenseits von Armenien im Norden wohnt.[121] Ihre einheimische Religion aufzugeben veranlaßte sie eine christliche Kriegsgefangene[122], die in ihrer starken Gläubigkeit und Gottesverehrung auch bei den Fremden ihre gewohnte Lebensweise nicht einschränkte. Ihre Lieblingsbeschäftigung war Fasten, Beten bei Tag und Nacht und der Lobpreis Gottes. Die Barbaren fragten sie, warum sie das auf sich nähme, und als sie in ihrer Schlichtheit nur antwortete, so müsse man Christus, den Sohn Gottes[123], ehren, kam ihnen der Name des Angebeteten und die Art und Weise seiner Verehrung nur fremd vor. 2. Als nun dort ein kleiner Junge ernsthaft krank war, trug seine Mutter ihn von Haus zu Haus und zeigte ihn vor. Bei den Iberern ist dies nämlich der Brauch, damit die Kranken, falls sich ein Heilkundiger für ihre Krankheit findet, auf einfache Weise von ihrem Leiden befreit werden. 3. Als das Kind, nirgendwo geheilt, auch zu der Gefangenen gebracht wurde, sagte sie: „Von Heilmitteln, ob Salben oder Umschläge, habe ich keine Ahnung und keine Erfahrung. Ich glaube aber daran, daß Christus, den ich verehre,

[123] Dieser uns kaum auffällige Zusatz fehlt bei dem gelegentlich verkürzenden RUFIN VON AQILEIA, *hist.* 10,11 (974 MOMMSEN: *Christum se deum hoc ritu colere*), wie auch bei SOCRATES, *h. e.* 1,20,2 (GCS 63), begegnet aber bei dem ANONYMUS VON CYZICUS, *h. e.* 3,10,2 (GCS 124: „Christus den Sohn Gottes“), der seinerseits auf GELASIUS VON CAESAREA basiert. Sozomenos hat also nicht nur RUFIN, sondern auch dessen Vorlage GELASIUS benutzt, wofür es auch sonst Indizien gibt.

καὶ μέγαν θεόν, σωτῆρα τοῦ σοῦ παιδὸς γενέσθαι, ὦ γύναι.“ παραχρῆμά τε ὑπὲρ αὐτοῦ εὐξαμένη τῆς νόσου ἀπήλλαξεν αὐτὸν ὅσον οὔπω τεθνήξεσθαι προσδοκώμενον.

4. Οὐ πολλῷ δὲ ὕστερον καὶ τὴν γαμετὴν τοῦ κρατοῦντος τοῦ ἔθνους ἀνιάτῳ πάθει διόλλυσθαι μέλλουσαν τῷ ἴσῳ τρόπῳ διέσωσε, καὶ τὴν τοῦ Χριστοῦ γνῶσιν ἐπαίδευσεν, ὑγείας ταμίαν καὶ ζωῆς καὶ βασιλείας καὶ πάντων κύριον αὐτὸν εἰσηγουμένη. καὶ ἡ μὲν τῇ πείρᾳ τοῦ ἐπ᾽ αὐτῇ συμβεβηκότος ἀληθεῖς εἶναι πιστεύσασα τοὺς τῆς αἰχμαλώτου λόγους, τὴν Χριστιανῶν θρησκείαν ἐπρέσβευε καὶ διὰ πολλῆς τιμῆς εἶχε τὴν ἄνθρωπον. 5. ὁ δὲ βασιλεὺς θαυμάσας τὸ ταχὺ καὶ παράδοξον τῆς πίστεως καὶ ἰάσεως ἔμαθε τὴν αἰτίαν παρὰ τῆς γαμετῆς καὶ δώροις ἐκέλευσεν ἀμείβεσθαι τὴν αἰχμάλωτον. „ἀλλὰ τούτων“, ἔφη ἡ βασιλίς, „ὀλίγος αὐτῇ λόγος, κἂν πάνυ τίμια νομίζηται· μόνην δὲ περὶ πολλοῦ ποιεῖται τὴν εἰς τὸν ἴδιον θεὸν θεραπείαν. ἣν οὖν αὐτῇ χαριεῖσθαι βουλοίμεθα καὶ ἀσφαλῶς πράττειν καὶ καλῶς σπουδάζοιμεν, ἄγε δὴ καὶ ἡμεῖς τοῦτον σεβώμεθα, κραταιὸν θεὸν ὄντα καὶ σωτῆρα καὶ βασιλέας, ἣν βούληται, ἐν οἷς εἰσι διαμένειν ποιοῦντα, πάλιν τ᾽ αὖ ἱκανὸν | ῥᾳδίως τοὺς μεγάλους μικροὺς ἀποφαίνειν καὶ | 60
τοὺς ἀδόξους ἐπιφανεῖς καὶ τοὺς ἐν δεινοῖς ὄντας σῴζειν.“ 6. τοιαῦτα πολλάκις εὖ λέγειν δοκούσης τῆς γυναικὸς ἀμφίβολος ἦν ὁ τῆς Ἰβηρίας ἡγούμενος καὶ οὐ πάνυ ἐπείθετο, τοῦ πράγματος τὸ νεώτερον ὑπονοῶν καὶ τὴν πατρῴαν θρησκείαν αἰδούμενος.

Μετ᾽ οὐ πολὺ δὲ ἅμα τοῖς ἀμφ᾽ αὐτὸν εἰς ὕλην ἐλθὼν ἐθήρα. ἐξαπίνης οὖν ἀχλὺς πυκνοτάτη καὶ παχὺς ἀὴρ ἐπιχυθεὶς αὐτοῖς πάντοθεν τὸν οὐρανὸν καὶ τὸν ἥλιον ἐκάλυψε· νὺξ δὲ βαθεῖα καὶ σκότος πολὺ τὴν ὕλην κατεῖχεν. ἐνταῦθα δὲ περὶ ἑαυτῷ δείσας ἕκαστος

---

[b] 1 γενέσθαι παιδὸς C

der wahre große Gott, dein Kind retten wird, liebe Frau.“ Und sogleich betete sie für ihn und befreite ihn von der Krankheit, dessen Tod, wie man annahm, nahe bevorstand.

4. Nicht viel später rettete sie auf gleiche Weise auch die Frau[124] des Stammesfürsten, die an einer unheilbaren Krankheit zu sterben drohte, und unterwies sie in der Erkenntnis Christi, den sie als Spender von Gesundheit und Leben und als Herrn über das Königtum und über alles vorstellte. Aus der Erfahrung des von ihr Erlebten hielt die Königin die Worte der Gefangenen für wahr, und so bekannte sie sich zur Religion der Christen und schätzte die Frau sehr hoch. 5. Der König, der sich über die rasche und unerwartete Bekehrung und Heilung wunderte, erfuhr von seiner Frau den Grund und gab Anweisungen, die Gefangene mit Geschenken zu belohnen. „Nein“, sagte die Königin, „daraus macht sie sich wenig, auch wenn sie als sehr kostbar geschätzt werden. Einzig und allein auf die Verehrung ihres Gottes legt sie Wert. Wenn wir ihr also einen Gefallen tun wollen und uns daran gelegen ist, daß es uns ohne Gefährdung gut ergeht, dann sollten auch wir ihn verehren, der ein mächtiger Gott und Retter ist und, wenn er will, Könige in ihrem Stande bleiben läßt, anderseits auch leicht die Großen klein, die Ruhmlosen angesehen zu machen vermag und die Notleidenden retten kann.“ 6. Mit solchen oft wiederholten Worten schien seine Frau recht zu haben, dennoch blieb der Fürst von Iberien schwankend und ließ sich nicht leicht umstimmen, weil er dem Umwälzenden an der Sache mißtraute und Scheu gegenüber der ererbten Religion empfand.

Kurz danach ging er mit seinen Begleitern in den Wald, um zu jagen. Mit einem Mal senkte sich ein undurchdringlicher Nebel und dicker Dunst über sie und verbarg überall den Himmel und die Sonne; tiefe Nacht und ungeheure Finsternis umfing den Wald. Da ward jeder für sich von Furcht er-

---

[124] In der einheimischen Überlieferung trägt sie den Namen NANA, ihr Mann heißt MIRIAN.

διεσκεδάσθησαν ἀλλήλων. 7. ὁ δὲ βασιλεὺς μόνος ἀλώμενος, οἷα φιλεῖ συμβαίνειν τοῖς ἀνθρώποις ἀμηχανοῦσιν ἐν τοῖς δεινοῖς, ἐνενοήθη τὸν Χριστόν· καὶ θεὸν αὐτὸν ἡγεῖσθαι καὶ τοῦ λοιποῦ σέβειν κατὰ νοῦν ἐδοκίμασεν, εἰ τὸ παρὸν διαφύγοι κακόν. ἔτι δὲ αὐτοῦ ταῦτα ἐνθυμουμένου παραχρῆμα διελύθη ἡ ἀχλὺς καὶ ὁ ἀὴρ εἰς αἰθρίαν μετέβαλεν, ἐμβαλούσης τε τῆς ἀκτῖνος τῇ ὕλῃ διεσώθη ἐνθάδε. 8. καὶ τὸ συμβὰν τῇ γαμετῇ κοινωσάμενος μετεπέμψατο τὴν αἰχμάλωτον καὶ τίνα τρόπον προσήκει τὸν Χριστὸν θρησκεύειν ἐκέλευσε διδάσκειν. τῆς δὲ ὅσα γυναικὶ θέμις λέγειν τε καὶ ποιεῖν εἰσηγησαμένης ἀγείρας τοὺς ὑπηκόους ἐκεῖνος τὰς συμβάσας αὐτῷ τε καὶ τῇ γαμετῇ θείας εὐεργεσίας εἰς κοινὸν ἐξήγγειλε· μήπω δὲ μυηθεὶς τὰ περὶ τοῦ δόγματος μετέδωκε τοῖς ἀρχομένοις· καὶ τὸν Χριστὸν πανδημεὶ σέβειν πείθουσιν, αὐτὸς μὲν τοὺς ἄνδρας, ἡ δὲ βασίλισσα ἅμα τῇ αἰχμαλώτῳ τὰς γυναῖκας.

9. Καὶ ἐν τάχει κοινῇ συνθήκῃ παντὸς τοῦ ἔθνους φιλοτιμότατα παρεσκευάσαντο ἐκκλησίαν οἰκοδομεῖν. ἐπεὶ δὲ κύκλῳ τοῦ νεὼ τὸν περίβολον ἤγειραν, στήσαντες μηχανὰς ἀνίμων τοὺς κίονας καὶ ἐπὶ τῶν βάσεων ἐστήριζον. λέγεται δὲ τοῦ τε πρώτου καὶ δευτέρου ὀρθωθέντος ἐργώδη γενέσθαι τοῦ τρίτου κίονος τὴν στάσιν καὶ μήτε τέχνῃ τῶν ἐπιστημόνων κατορθωθῆναι μήτε ἰσχύι βιασθῆναι, καίπερ πολλῶν ὄντων τῶν ἑλκόντων. 10. ἑσπέρας δὲ ἐπιγενομένης μόνη ἡ αἰχμάλωτος αὐτόθι διενυκτέρευεν ἱκετεύουσα τὸν θεὸν εὐπετῆ γενέσθαι τῶν κιόνων τὴν διόρθωσιν, οἱ δὲ ἄλλοι πάντες ἀνεχώρησαν δυσφοροῦντες καὶ μάλιστα ὁ βασιλεύς· ὀρθωθεὶς γὰρ μέχρι τοῦ μέσου ὁ κίων ἐγκάρσιος ἔμενε καὶ τῷ ἐδάφει ἐμπαγεὶς ἐκ τῆς κάτωθεν ἀρχῆς ἀκίνητος ἦν.

[b] 12 ἐκεῖνος om. C || 14 μήποτε b || 27–28 γενέσθαι B : συμβῆναι C

griffen, und sie wurden voneinander getrennt. 7. Der König, allein umherirrend — so geht es oft Menschen, die in Gefahren nicht ein noch aus wissen — erinnerte sich an Christus, und er beschloß in seinem Herzen, ihn für Gott zu halten und künftig zu verehren, wenn er dem gegenwärtigen Unglück entgehen sollte. Während er noch darüber nachdachte, löste sich plötzlich der Nebel auf, aus Dunst wurde klare Luft, ein Sonnenstrahl drang in den Wald, und der König wurde, wo er war, gerettet. 8. Was ihm widerfahren war, teilte er seiner Frau mit, dann ließ er die Gefangene kommen und forderte sie auf, ihn zu belehren, auf welche Weise man Christus verehren muß. Sie führte ihn ein, soweit es einer Frau zukommt, zu sprechen und zu handeln, und der König versammelte seine Untergebenen und machte in aller Öffentlichkeit die von ihm und seiner Frau erfahrenen Erweise der Gnade Gottes bekannt. Noch nicht getauft, weihte er die von ihm Beherrschten in den Glauben ein, und beide rieten ihnen, als ganzes Volk Christus zu verehren, er selbst den Männern, die Königin mit der Gefangenen den Frauen.

9. Rasch machten sie sich auf gemeinsame Verabredung des ganzen Volkes mit größtem Eifer daran, eine Kirche zu erbauen. Nachdem sie die Umfassungsmauer des Gotteshauses ringsum errichtet hatten, stellten sie Vorrichtungen auf, um die Säulen emporzuziehen und auf ihren Basen zu befestigen. Es wird berichtet, als die erste und die zweite Säule aufgerichtet waren, habe sich die Errichtung der dritten Säule als schwierig erwiesen und sei weder der Technik der Fachleute gelungen noch habe sie sich mit Gewalt erzwingen lassen, obwohl es viele waren, die beim Ziehen halfen. 10. Als der Abend hereinbrach, verbrachte die Gefangene allein dort die ganze Nacht, um Gott anzuflehen, die Aufrichtung der Säulen möge ohne Schwierigkeit vonstatten gehen, die anderen aber zogen alle ärgerlich ab, am bekümmertsten der König. Denn die Säule, zur Hälfte aufgerichtet, blieb schräg: am Boden befestigt war sie von ihrem unteren Ende an nicht zu bewegen.

ἔμελλε δὲ διὰ τοῦτο ἢ τὰ πρὸ τούτου παράδοξα βεβαιοτέρους καὶ περὶ τὸ θεῖον ποιήσειν τοὺς Ἴβηρας. 11. περὶ γὰρ τὴν ἕω παραγενομένων αὐτῶν εἰς τὴν ἐκκλησίαν θαυμάσιόν τι χρῆμα καὶ ὀνείρῳ προσεοικὸς ὀρθὸς ἐφάνη ὁ τῇ προτεραίᾳ ἀκίνητος κίων ἀπὸ μικροῦ διαστήματος ἐπὶ τῆς ἰδίας βάσεως αἰωρούμενος. | 61 καταπλαγέντων δὲ πάντων καὶ μόνον εἶναι θεὸν ἀληθινὸν συνομολογούντων τὸν Χριστόν, θεωμένων πάντων ἡσυχῇ διολισθήσας αὐτομάτως ὡς ἀπὸ τέχνης τῇ βάσει προσηρμόσθη. μετὰ δὲ ταῦτα εὐπετῶς οἱ ἄλλοι ὠρθώθησαν, καὶ προθυμότερον οἱ Ἴβηρες τὰ λοιπὰ ἐπετέλουν. 12. σπουδῇ δὲ τῆς ἐκκλησίας οἰκοδομηθείσης, ὑποθεμένης τῆς αἰχμαλώτου πέμπουσι πρέσβεις πρὸς Κωνσταντῖνον τὸν βασιλέα Ῥωμαίων συμμαχίαν καὶ σπονδὰς φέροντας, ἀντὶ δὲ τούτων ἱερέας τῷ ἔθνει ἀποσταλῆναι δεομένους. διεξελθόντων δὲ τῶν πρέσβεων, οἷα παρ᾽ αὐτοῖς συνέβη, καὶ ὡς τὸ πᾶν ἔθνος ἐν ἐπιμελείᾳ πολλῇ σέβει τὸν Χριστόν, ἥσθη τῇ πρεσβείᾳ ὁ Ῥωμαίων βασιλεύς, καὶ πάντα κατὰ γνώμην πράξαντας τοὺς πρέσβεις ἀπέπεμψεν. ὧδε μὲν Ἴβηρες τὸν Χριστὸν ἐπέγνωσαν, καὶ εἰσέτι νῦν ἐπιμελῶς σέβουσιν.

8.1. Ἐφεξῆς δὲ καὶ διὰ τῶν ὁμόρων φυλῶν τὸ δόγμα διέβη καὶ εἰς πλῆθος ἐπέδωκεν. Ἀρμενίους δὲ πάλιν πρότερον ἐπυθόμην χριστιανίσαι. λέγεται γὰρ Τηριδάτην τὸν ἡγούμενον τότε τοῦ ἔθνους ἔκ τινος παραδόξου θεοσημείας συμβάσης περὶ τὸν αὐτοῦ οἶκον

[b T (23–) Cass. (23–)] 1 διὰ b : διαφανέστερον Primmer || 23 ἀπέδωκεν b

125 Zu der Herkunft des Berichts, durch den iberischen, im römischen Militärdienst stehenden Prinzen BAKUR vermittelt, vgl. RUFIN VON AQUILEIA, *hist.* 10,11 (976 MOMMSEN); ANONYMUS VON CYZICUS 3,10,21 (GCS 127), sowie zu der georgischen Tradition PEETERS, *Débuts;* PÄTSCH, *Kartli;* THÉLAMON, *Rufin* 85–122; BRAUND, *Georgia* 246–254; KETTENHOFEN/SEIBT, *Christianisierung*.

Sie (*sc.* die Gefangene) sollte aber dadurch noch mehr als durch die vorhergehenden Wunder die Iberer auch des Wirkens Gottes gewiß machen. 11. Denn als sie am Morgen in die Kirche kamen, — welch wunderbarer Anblick, man hätte meinen können, man träume — war die am Vortag unbewegliche Säule senkrecht zu sehen, in geringem Abstand über ihrer Basis schwebend. Als alle staunten und Christus gemeinsam als den allein wahren Gott bekannten, glitt die Säule vor aller Augen sacht herab und paßte sich von selbst, als sei Technik beteiligt, ihrer Basis an. Danach wurden die übrigen ohne Mühe aufgerichtet, und eifriger vollendeten die Iberer den Rest der Arbeit. 12. Nachdem die Kirche in aller Eile erbaut war, schickten sie auf Vorschlag der Gefangenen Abgesandte zu dem römischen Kaiser Konstantin, die ihm ein Bündnis und Vertragsverhältnis anbieten sollten, mit der Bitte, als Gegenleistung Priester für ihr Volk schicken zu lassen. Als die Abgesandten berichteten, was sich bei ihnen begeben hatte und daß das ganze Volk in großer Ernsthaftigkeit Christus verehrte, freute sich der römische Kaiser über die Botschaft und schickte die Abgesandten zurück, die alles nach Wunsch erledigt hatten. So kamen die Iberer zur Erkenntnis Christi und verehren ihn noch heute voller Inbrunst.[125]

8. 1. Anschließend gelangte der Glaube auch zu den benachbarten Stämmen und gewann in großer Zahl Anhänger.[126] Über die Armenier wieder habe ich erfahren, daß sie noch früher Christen wurden. Es wird nämlich berichtet, Tiridates, der damalige Führer des Volkes, sei auf Grund einer seiner Familie widerfahrenen wunderbaren Gottesoffenba-

[126] Dieser Satz wird am Beginn des nächsten Absatzes noch einmal wiederholt, nicht durch Schuld der handschriftlichen Überlieferung, sondern weil Sozomenos ihn zweimal schrieb. Beim ersten Mal fielen ihm noch die Armenier ein, den hierbei nicht passenden Satz vergaß er dann wohl zu streichen. Zur Christianisierung der Armenier vgl. KETTENHOFEN/SEIBT, *Christianisierung*.

ἅμα τε Χριστιανὸν γενέσθαι καὶ πάντας τοὺς ἀρχομένους ὑφ᾽ ἑνὶ κηρύγματι προστάξαι ὁμοίως θρησκεύειν.

2. Ἐφεξῆς δὲ καὶ διὰ τῶν ὁμόρων φυλῶν τὸ δόγμα διέβη καὶ εἰς πλῆθος ἐπέδωκε. καὶ Περσῶν δὲ χριστιανίσαι τὴν ἀρχὴν ἡγοῦμαι, ὅσοι προφάσει τῆς Ὀσροηνῶν καὶ Ἀρμενίων ἐπιμιξίας, ὡς εἰκός, τοῖς αὐτόθι θείοις ἀνδράσιν ὡμίλησαν καὶ τῆς αὐτῶν ἀρετῆς ἐπειράθησαν.

9.1. Ἐπεὶ δὲ τῷ χρόνῳ πλεῖστοι ἐγένοντο καὶ ἐκκλησιάζειν ἤρξαντο καὶ ἱερέας καὶ διακόνους εἶχον, ἐλύπει τοῦτο οὐ μετρίως τοὺς μάγους, οἳ τὴν Περσῶν θρησκείαν ὥσπερ τι φῦλον ἱερατικὸν κατὰ διαδοχὴν γένους ἀρχῆθεν ἐπιτροπεύουσιν. ἐλύπει δὲ καὶ Ἰουδαίους, τρόπον τινὰ φύσει ὑπὸ βασκανίας πρὸς τὸ δόγμα τῶν Χριστιανῶν ἐκπεπολεμωμένους. καὶ διαβάλλουσι πρὸς Σαβώρην τὸν τότε βασιλέα Συμεώνην τὸν ἀρχιεπίσκοπον Σελευκείας | [62] καὶ Κτησιφῶντος τῶν ἐν Περσίδι βασιλευουσῶν πόλεων ὡς φίλον ὄντα τῷ Καίσαρι Ῥωμαίων καὶ τὰ Περσῶν πράγματα τούτῳ καταμηνύοντα. 2. πεισθεὶς δὲ ταῖς διαβολαῖς ὁ Σαβώρης τὰ μὲν πρῶτα φόροις ἀμέτροις ἐπέτριβε τοὺς Χριστιανούς, καθότι τοὺς πλείστους ἔγνω ἀκτημοσύνην ἀσκεῖν, καὶ χαλεποῖς ἀνδράσιν ἐπέτρεψε τὴν εἴσπραξιν, ὥστε ἐνδείᾳ χρημάτων καὶ ἀπηνείᾳ τῶν εἰσπρακτόρων βιαζομένους ὑπεριδεῖν τὴν οἰκείαν θρησκείαν· τοῦτο γὰρ αὐτῷ ἐσπουδάζετο.

[b T Cass.] 22 ἐπέτρεψε b : ἐκέλευσε T

---

127 Von hier bis Kapitel 11,2, unten 242f, schließt Sozomenos sich den syrischen Märtyrerakten des SYMEON an, vgl. BHO 1117; DEVOS, *Sozomène;* WIESSNER, *Märtyrerüberlieferung* 148–157; BURGESS, *Dates* 18–21. Zu den Juden vgl. NEUSSNER, *History of the Jews*.

128 ŠĀPŪR II., Perserkönig 309–379, behandelte die Christen in seinem Reich als Fünfte Kolonne der Römer, mit denen er (nach Vorbereitungen KONSTANTINS zu einem Feldzug) von 337 bis 363 Krieg führte, später um

rung Christ geworden und habe zugleich allen von ihm Beherrschten mit einer Verlautbarung befohlen, sich zur gleichen Religion zu bekennen.

2. Anschließend gelangte der Glaube auch zu den benachbarten Stämmen und gewann in großer Zahl Anhänger. Unter den Persern, so nehme ich an, wurden anfangs diejenigen zu Christen, die wegen des Verkehrs mit den Bewohnern der Provinzen Osrhoëne und Armenia (minor), wie es natürlich ist, mit den dort wirkenden heiligen Männern zusammenkamen und ihre sittliche Leistung kennenlernten.

9.1. Als sie jedoch mit der Zeit sehr zahlreich wurden, Gottesdienste zu halten begannen und eigene Priester und Diakone hatten, bekümmerte das nicht wenig die Magier, die wie ein Priesterstamm in familiärer Erbfolge von Anfang an die persische Religion verwalten. Es bekümmerte auch die Juden[127], die gewissermaßen von Natur aus durch Mißgunst dem Glauben der Christen feindlich gegenüberstehen. So verleumdeten sie bei dem damaligen König Šabor (Schapur)[128] den Erzbischof Symeon von Seleucia und Ctesiphon, den persischen Hauptstädten[129], als Freund des römischen Kaisers, der diesem persische Angelegenheiten verrate. 2. Šabor glaubte den Verleumdungen und bedrängte die Christen zunächst mit unerträglichen Steuerlasten, weil er wußte, daß die meisten von ihnen freiwillig Besitzlosigkeit praktizierten, und beauftragte unnachsichtige Leute mit der Erhebung, damit die Christen aus Geldmangel und unter dem Druck der unerbittlichen Eintreiber ihre Religion aufgäben; denn dies war seine Absicht.

die Einflußsphären in Armenien rivalisierte. Der Exkurs 2,9–14 greift zeitlich sehr weit aus.

129 Beide Städte waren um 300 v. Chr. gegründet und lagen, durch den Tigris getrennt, nur etwa vier Kilometer voneinander entfernt. Seleucia, seit 141 v. Chr. in parthischem Besitz, verlor seine Bedeutung im 2. Jahrhundert n. Chr., Ctesiphon war zunächst Winterresidenz der parthischen Könige, dann Hauptstadt, auch des Sasanidenreiches (bis 637). Vgl. MÜLLER, *Katholikos-Patriarch*.

μετὰ δὲ ταῦτα τοὺς ἱερέας καὶ λειτουργοὺς τοῦ θεοῦ ἀναιρεθῆναι ξίφει προσέταξε, τὰς δὲ ἐκκλησίας κατασκαφῆναι καὶ τὰ κειμήλια δημόσια γενέσθαι, τὸν δὲ Συμεώνην ἄγεσθαι, ὡς προδότην τῆς Περσῶν βασιλείας καὶ θρησκείας γεγενημένον.

3. Οἱ μὲν οὖν μάγοι, συλλαμβανομένων αὐτοῖς τῶν Ἰουδαίων, σπουδῇ τοὺς εὐκτηρίους οἴκους καθεῖλον. Συμεώνης δὲ συλληφθεὶς σιδηροδεσμώτης ὡς βασιλέα ἤχθη· ἔνθα δὴ γίνεται ἀνὴρ ἀγαθὸς καὶ ἀνδρεῖος. ἐπεὶ γὰρ βασανίσων αὐτὸν εἰσάγεσθαι προσέταξεν ὁ Σαβώρης, οὔτε ἔδεισεν οὔτε προσεκύνησεν. 4. ἐφ᾽ ᾧ σφόδρα χαλεπήνας ὁ βασιλεὺς ἐπύθετο· „τί δή ποτε νῦν οὐ προσεκύνησας, πρότερον τοῦτο ποιῶν;“ „ὅτι πρότερον“, ἔφη ὁ Συμεώνης, „οὐ δεσμώτης ἠγόμην ἐπὶ προδοσίᾳ τοῦ ἀληθοῦς θεοῦ, καὶ μηδὲν διαφερόμενος τὰ νενομισμένα περὶ τὴν βασιλείαν ἐπλήρουν· νῦν δέ μοι οὐ θέμις τοῦτο ποιεῖν· ἥκω γὰρ ἀγωνιούμενος ὑπὲρ τῆς εὐσεβείας καὶ τοῦ ἡμετέρου δόγματος.“ 5. τοιαῦτα εἰπόντα παρεκελεύσατο ὁ βασιλεὺς προσκυνῆσαι τὸν ἥλιον, καὶ πειθομένῳ μὲν πολλὰ δῶρα δώσειν ὑπισχνεῖτο καὶ ἐν τιμῇ ἕξειν, ἀπειθοῦντα δὲ ἀπολέσειν ἠπείλησεν αὐτόν τε καὶ πᾶν τὸ Χριστιανῶν φῦλον. ἐπεὶ δὲ οὔτε ταῖς ἀπειλαῖς κατεκτύπει τὸν Συμεώνην οὔτε ταῖς ἐπαγγελίαις ἐμάλασσεν, ἀλλ᾽ ἀνδρείως ἔμενεν ἰσχυριζόμενος μήποτε προσκυνήσειν τὸν ἥλιον μηδὲ προδότης φανήσεσθαι τῆς αὐτοῦ θρησκείας, προσέταξεν αὐτὸν τέως ἐν δεσμοῖς εἶναι, λογισάμενος ὡς εἰκὸς αὐτὸν μεταμεληθήσεσθαι.

6. Ἀπαγόμενον δὲ εἰς τὸ δεσμωτήριον ἰδὼν Οὐσθαζάδης πρεσβύτης τις εὐ|νοῦχος, τροφεὺς Σαβώρου καὶ | 63 μείζων τῆς βασιλέως οἰκίας, προσεκύνησεν αὐτὸν ἀναστάς· ἔτυχε γὰρ πρὸ τῶν βασιλείων θυρῶν καθήμενος. ὁ δὲ Συμεώνης ὑβριστικῶς ἐπετίμησεν αὐτῷ

[b T Cass.] 10 εἰσάγεσθαι αὐτὸν T

Danach ließ er die Priester und Diener Gottes mit dem Schwert hinrichten, die Kirchen zerstören und den Kirchenschmuck enteignen, Symeon aber als erwiesenen Verräter am Reich und an der Religion der Perser verhaften.

3. Die Magier rissen mit Hingabe unter Beihilfe der Juden die Gebetshäuser ab, und der verhaftete Symeon wurde in Ketten zum König gebracht, wo er sich als anständiger und tapferer Mann erwies. Als Šabor seine Vorführung zur Folterung anordnete, zeigte er keine Furcht und verweigerte die Proskynese.[130] 4. Darüber wurde der König sehr wütend und fragte: „Warum hast du denn jetzt die Proskynese nicht vollzogen, was du doch früher getan hast?“ „Weil ich früher“, entgegnete Symeon, „nicht als Verhafteter vorgeführt wurde, um den wahren Gott preiszugeben, konnte ich auch ohne Bedenken die am Königshof üblichen Zeremonien erfüllen. Jetzt aber darf ich das nicht tun, denn ich bin hier, um für die Gottesfurcht und unsern Glauben zu kämpfen.“ 5. Nach diesen Worten forderte der König ihn auf, der Sonne die Proskynese zu erweisen; käme er dem nach, versprach er ihm viele Geschenke zu machen und ihn zu achten, im Falle der Verweigerung aber drohte er ihm und der ganzen Christenheit die Vernichtung an. Als er Symeon aber weder mit Drohungen einschüchtern noch mit Verlockungen umstimmen konnte, dieser vielmehr mutig bei seiner Versicherung blieb, auch der Sonne werde er niemals die Proskynese darbringen und sich nicht als Verräter seiner Religion erweisen, ließ der König ihn zunächst weiter in Haft, offenbar in der Annahme, er werde seine Haltung ändern.

6. Als er ins Gefängnis abgeführt wurde, sah ihn Usthazad, ein greiser Eunuch, der Erzieher Šabors und Verwalter des Königspalastes. Er erhob sich — er saß gerade vor dem Palastportal — und grüßte ihn mit der Proskynese. Symeon aber machte ihm schmähliche Vorwürfe, schrie ihn zornig

---

130 Die speziell persische Unterwerfungs- und Verehrungsgeste (vgl. HERODOT 3,86,2 [1,310 ROSÉN]) des Fußfalls.

καὶ θυμωθεὶς ἀνεβόησε καὶ ἀποστραφεὶς παρήμειψε· Χριστιανὸς γὰρ ὢν οὐ πρὸ πολλοῦ ἐβιάσθη προσκυνῆσαι τὸν ἥλιον. 7. αὐτίκα δὲ δακρύσας μετ᾽ οἰμωγῆς ὁ εὐνοῦχος, ἣν μὲν ἠμφίεστο λαμπρὰν ἐσθῆτα ἀπέθετο, οἷα δὲ πενθῶν μέλαιναν περιβαλλόμενος πρὸ τῆς βασιλέως οἰκίας ἐκαθέζετο κλαίων καὶ στένων, „οἴμοι ἐγώ", λέγων, „οἷον χρὴ προσδοκᾶν εἶναι περὶ ἐμὲ ὃν ἠρνησάμην θεόν, ὅπου γε τούτου χάριν ἐντεῦθεν ἤδη πάλαι μοι συνήθης γεγονὼς Συμεώνης, οὐδὲ λόγου μεταδούς, ὧδέ με ἀπεστράφη καὶ παρέδραμεν." ἐπεὶ δὲ ἔγνω ταῦτα Σαβώρης, μετακαλεσάμενος αὐτὸν ἐπυνθάνετο τὴν αἰτίαν τοῦ πένθους, καὶ εἰ συμφορᾷ τινι περὶ τὸν οἶκον ἐχρήσατο. 8. ὑπολαβὼν δὲ Οὐσθαζάδης εἶπεν· „ὦ βασιλεῦ, οὐδὲν περὶ τὸν ἐνθάδε οἶκον ἠτύχησα· εἴθε γὰρ ἀντὶ τοῦ συμβεβηκότος μοι παντοδαπαῖς ἀλλοίαις περιπέπτωκα συμφοραῖς, καὶ ῥᾷον ἦν. πενθῶ δὲ νῦν ὅτι ζῶ καὶ πάλαι τεθνάναι ὀφείλων ὁρῶ τὸν ἥλιον, ὃν σοὶ χαριζόμενος, οὐκ ἀπὸ γνώμης, προσεκύνησα τῷ δοκεῖν, ὥστε κατ᾽ ἀμφότερον δίκαιον εἶναί με ἀποθανεῖν, προδότην Χριστοῦ γεγενημένον καὶ περὶ σὲ ἀπατεῶνα." καὶ ὁ μὲν τοιάδε εἰπὼν ὤμοσεν οὐρανοῦ καὶ γῆς δημιουργὸν μὴ μεταθήσεσθαι λοιπὸν τῆς γνώμης. 9. Σαβώρης δὲ πρὸς τὸ παράδοξον τῆς μεταβολῆς τοῦ εὐνούχου τεθηπὼς ἔτι μᾶλλον ἐχαλέπαινε τοῖς Χριστιανοῖς ὡς γοητείαις τὰ τοιαῦτα κατορθοῦσι. φειδοῖ δὲ τῇ περὶ τὸν πρεσβύτην πῇ μὲν πρᾶος, πῇ δὲ ἀπηνὴς φαινόμενος παντὶ σθένει μεταπείθειν αὐτὸν ἐπειρᾶτο. 10. ὡς δὲ οὐδὲν ἤνυεν, ἰσχυριζομένου Οὐσθαζάδου μήποτε τοσοῦτον εὐήθη ἔσεσθαι, ὡς ἀντὶ τοῦ πάντων δημιουργοῦ θεοῦ τὰ πρὸς αὐτοῦ δεδημιουργημένα σέβειν, τότε δὴ πρὸς ὀργὴν κινηθεὶς προσέταξεν αὐτοῦ ξίφει τὴν κεφαλὴν ἀποτμηθῆναι. ἐπὶ τοῦτο δὲ ἀγόμενος παρὰ τῶν δημίων,

[b T Cass.]

an, wandte sich dann ab und ging an ihm vorbei; denn der Eunuch war als Christ vor kurzem gezwungen worden, der Sonne die Proskynese zu entbieten. 7. Da brach dieser sogleich unter Klagen in Tränen aus, legte das helle Gewand ab, das er trug, kleidete sich wie ein Trauernder in Schwarz und ließ sich weinend und seufzend vor dem Königspalast nieder. „Wehe mir“, sagte er, „wie muß ich erwarten, daß Gott, den ich verleugnet habe, sich zu mir stellt, wenn deswegen schon hier auf Erden mein alter Vertrauter Symeon, ohne mich zu Wort kommen zu lassen, sich so von mir abgewandt hat und an mir vorbeigegangen ist.“ Als Šabor davon erfuhr, ließ er ihn kommen und fragte nach dem Grund seiner Trauer, und ob ihm etwa ein Unglück in seiner Familie zugestoßen sei. 8. Usthazad entgegnete: „Mein König, in meinem irdischen Haus ist mir nichts Böses widerfahren. Wäre mir doch statt dessen, was mir geschehen ist, vielfaches sonstiges Unheil begegnet, mir wäre leichter ums Herz. Ich traure jetzt vielmehr darüber, daß ich noch am Leben bin und – eigentlich müßte ich längst tot sein – das Licht der Sonne erblicke, der ich nur dir zuliebe, nicht aus freien Stücken, zum Schein die Proskynese erwiesen habe. So habe ich aus beiden Gründen den Tod verdient, weil ich Christus verraten und weil ich dich betrogen habe.“ Nach diesen Worten schwor er beim Schöpfer des Himmels und der Erde, künftig nicht mehr von seiner Meinung ablassen zu wollen. 9. Šabor war von der unerwarteten Wandlung des Eunuchen betroffen und wurde noch wütender auf die Christen, die solches vermeintlich durch Zauberkünste erreichten. Mit Rücksicht auf den Greis freilich gab er sich bald mild bald unerbittlich und versuchte mit aller Macht ihn umzustimmen. 10. Als er nichts erreichte, Usthazad vielmehr beteuerte, nie wieder werde er so töricht sein, statt Gott, den Schöpfer aller Dinge, dessen Geschöpfe anzubeten, wurde er zum Jähzorn gereizt und befahl, ihm mit dem Schwert den Kopf abzuschlagen. Von den Scharfrichtern zur Hinrichtung geführt,

ἐπισχεῖν μικρὸν αὐτῶν ἐδεήθη, ὡς περί του βασιλεῖ δηλώσων. 11. καὶ προσκαλεσάμενός τινα τῶν πιστοτάτων εὐνούχων ἐκέλευσε τάδε εἰπεῖν Σαβώρῃ· „ἣν μὲν ἐκ νέου μέχρι τοῦ νῦν εὔνοιαν ἔσχον, ὦ βασιλεῦ, περὶ τὸν ὑμέτερον οἶκον, πατρί τε σῷ καὶ σοὶ σπουδῇ τῇ προσηκούσῃ διακονούμενος, οὔ μοι δοκεῖ μαρτύρων παρὰ σοὶ εὖ ταῦτα ἐπισταμένῳ δεῖσθαι. ἀντὶ πάντων δὲ ὧν πώποτε κεχαρισμένος ὑμῖν ἐγενόμην, ἀπόδος μοι ταύτην τὴν ἀμοιβήν, τὸ μὴ δόξαι με τοῖς ἀγνοοῦσι τιμωρίαν ὑπέχειν ὡς ἄπιστον περὶ τὴν βασιλείαν ἢ | ἄλλως κακοῦργον | 64
ἁλόντα. 12. καὶ ὥστε δῆλον τοῦτο γενέσθαι, κῆρυξ βοῶν σημανεῖ πᾶσιν ὅτι Οὐσθαζάδης τὴν κεφαλὴν ἀποτέμνεται μοχθηρὸς μὲν οὐδαμῶς ἔν τινι ἐν τοῖς βασιλείοις φανείς, Χριστιανὸς δὲ ὢν καὶ τὸν ἴδιον θεὸν ἀπαρνεῖσθαι τῷ βασιλεῖ μὴ πειθόμενος.“

13. Καὶ ὁ μὲν εὐνοῦχος ἤγγειλε ταῦτα. Σαβώρης δὲ κατὰ τὴν αἴτησιν Οὐσθαζάδου κήρυκα βοῆσαι προσέταξεν. ᾤετο γὰρ τοὺς ἄλλους ἑτοίμως παύεσθαι χριστιανίζειν, εἰ κατὰ νοῦν λάβοιεν ὡς οὐδενὸς Χριστιανοῦ φείσεται πρεσβύτην τροφέα καὶ οἰκεῖον εὔνουν ἀνελών. Οὐσθαζάδης δὲ ἐσπούδαζεν ἀνακηρυχθῆναι τὴν αἰτίαν τῆς αὐτοῦ τιμωρίας, λογισάμενος ὡς, ἡνίκα εὐλαβηθεὶς προσεκύνησε τὸν ἥλιον, πολλοὺς Χριστιανῶν εἰς δέος κατέστησε, νυνὶ δὲ εἰ μάθοιεν αὐτὸν ὑπὲρ τῆς θρησκείας ἀναιρεθέντα, μιμητὰς πολλοὺς ποιήσει τῆς οἰκείας ἀνδρείας.

10.1. ˀΩδε μὲν Οὐσθαζάδης ἐνδοξότατα τὴν ἐνθάδε βιοτὴν κατέλιπε· Συμεώνης δὲ μαθὼν ἐν τῷ δεσμωτηρίῳ

[b T Cass.] 9 με om. b || 11 τοῦτο δῆλον T || 13 ἐν om. T || 27 μὲν

bat er (*sc.* Usthazad) sie, kurz innezuhalten, da er dem König noch eine Mitteilung zu machen habe. 11. Er rief einen der treuesten Eunuchen und gab ihm den Auftrag, Šabor folgendes zu sagen: „Welche Redlichkeit ich seit meiner Jugend bis heute gegen euer Haus gewahrt habe, mein König, indem ich deinem Vater und dir mit dem gehörigen Eifer gedient habe, dafür brauche ich bei dir, der du das sehr gut weißt, wohl keine Zeugen. Für alles aber, was ich euch je zu Gefallen tat, gewähre mir diesen einen Lohn, daß es bei denen, die nicht Bescheid wissen, nicht so aussieht, als würde ich bestraft, weil ich als treulos gegenüber dem Königtum oder sonst als Schurke überführt wäre. 12. Und damit dies deutlich wird, möge ein Herold mit lauter Stimme allen verkünden: Usthazad wird enthauptet, der sich keineswegs in irgendeiner Sache im Palast als belastet erwiesen hat, sondern als Christ, der dem König den Gehorsam darin verweigert, seinen Gott zu verleugnen."

13. Der Eunuch machte diese Meldung, und Šabor ließ einen Herold die Erklärung gemäß der Bitte des Usthazad abgeben. Denn er meinte, die Übrigen würden bereitwillig vom Christentum lassen, wenn sie sich klar machten, daß keinen Christen verschonen wird, wer seinen alten Erzieher und redlichen Diener hat hinrichten lassen. Usthazad aber war darum bemüht, den Grund seiner Bestrafung bekannt werden zu lassen, weil er daran dachte, daß er viele Christen in Furcht und Schrecken versetzt hatte, als er aus Angst der Sonne die Proskynese darbrachte, daß er nunmehr aber, wenn sie hörten, daß er um der Religion willen umgebracht wurde, viele zu Nacheiferern seines Mutes machen werde.

10.1. So verließ Usthazad ruhmreich das irdische Leben. Symeon, der im Gefängnis davon hörte, richtete

---

οὖν T Cass. || 27–28 ἐνδοξοτάτην ἐνθάδε βιωτὴν (βιοτὴν ἐνθάδε b) b T : corr. Bidez (Val.)

εὐχαριστήρια περὶ αὐτοῦ τῷ θεῷ ηὔξατο. τῇ δὲ ἑξῆς ἡμέρᾳ (ἔτυχε δὲ ἕκτην τῆς ἑβδομάδος εἶναι, καθ' ἣν πρὸ τῆς ἀναστασίμου πανηγύρεως ἡ ἐτήσιος τοῦ σωτηρίου πάθους ἀνάμνησις ἐπιτελεῖται) καὶ τὸν Συμεώνην ἐψηφίσατο ὁ βασιλεὺς ξίφει ἀναιρεθῆναι. προαχθεὶς γὰρ αὖθις ἐκ τοῦ δεσμωτηρίου εἰς τὰ βασίλεια γενναίως μάλα προσδιελέχθη Σαβώρῃ περὶ τοῦ δόγματος καὶ οὔτε αὐτὸν οὔτε τὸν ἥλιον προσκυνῆσαι ἠνέσχετο. 2. κατὰ δὲ τὴν αὐτὴν ἡμέραν ὁμοίως ἀναιρεθῆναι προσετάχθησαν καὶ ἄλλοι ἑκατὸν ἐν τῷ δεσμωτηρίῳ ὄντες, τελευταῖον δὲ αὐτοῖς ἐπισφαγῆναι Συμεώνην τὸν πάντων θάνατον θεασάμενον. ἦσαν δὲ τούτων οἱ μὲν ἐπίσκοποι, οἱ δὲ πρεσβύτεροι καὶ ἄλλοι ἄλλων κληρικῶν ταγμάτων. 3. ὡς δὲ πάντες τὴν ἐπὶ θανάτῳ ἤγοντο, παραγενόμενος ὁ μέγας ἀρχίμαγος ἤρετο αὐτούς, εἰ βούλοιντο ζῆν καὶ βασιλεῖ παραπλησίως θρησκεύειν καὶ τὸν ἥλιον σέβειν. οὐδενὸς δὲ τὴν ἐπὶ τούτοις ζωὴν ἑλομένου, ὡς εἰς τὸν τόπον ἤχθησαν οὗ κτείνεσθαι ἔμελλον, οἱ μὲν δήμιοι ἔργου εἴχοντο καὶ περὶ τὴν σφαγὴν τῶν μαρτύρων ἐπόνουν, 4. Συμεώνης δὲ παρεστὼς αὐτοῖς ἀναιρουμένοις παρεκελεύετο θαρρεῖν, καὶ περὶ θανάτου καὶ περὶ ἀναστάσεως | [65] καὶ περὶ εὐσεβείας διελέγετο· καὶ ἐκ τῶν ἱερῶν γραφῶν πιστούμενος ἐδείκνυ ζωὴν μὲν ἀληθῶς εἶναι τὸ ὧδε ἀποθανεῖν, τὸ δὲ διὰ δειλίαν προδοῦναι θεὸν ὁμολογουμένως θάνατον· μετ' οὐ πολὺ γὰρ καὶ μηδενὸς ἀποκτέννοντος αὐτομάτως τεθνήξονται· τοῦτο γὰρ ἄφυκτον παντὶ τικτομένῳ τέλος. τὰ μετὰ ταῦτα δὲ διηνεκῆ ὄντα οὐ πᾶσιν ἀνθρώποις ὁμοίως ἀπαντήσει, ἀλλ' ὡς ἀπὸ στάθμης τινὸς ἀκριβῆ λόγον δώσουσι τῆς

[b T Cass.] 1 τῶ θεῶ περὶ αὐτοῦ T || 14 θάνατον T || 22 περὶ[2] om. T

---

[131] Am 13. April 344, vgl. FIEY, *Jalons* 88; BLUM, *Situation* 29; BURGESS, *Dates*; die radikale Christenverfolgung hatte erst 340, nach KONSTANTINS Tod, begonnen.

Dankgebete seinetwegen an Gott. Am folgenden Tage – es war der sechste der Woche, an dem, einen Tag vor dem Auferstehungsfest, das alljährliche Gedenken an das Leiden des Erlösers begangen wird[131] – beschloß der König auch Symeon mit dem Schwert hinrichten zu lassen. Wieder aus dem Gefängnis in den Palast überstellt, debattierte er nämlich sehr mutig mit Šabor über den Glauben und weigerte sich, für ihn oder die Sonne die Proskynese auszuführen. 2. Am gleichen Tag sollten auf die gleiche Weise weitere hundert Gefängnisinsassen hingerichtet, als letzter nach ihnen sollte Symeon umgebracht werden, nachdem er den Tod aller mitangesehen hatte. Von ihnen waren einige Bischöfe, manche Presbyter und andere Angehörige anderer Ränge des Klerus. 3. Als sie alle den Weg zur Richtstatt geführt wurden, kam der Großmagier[132] und fragte sie, ob sie am Leben bleiben, sich zur Religion des Königs bekennen und die Sonne verehren wollten. Niemand wählte unter solchen Bedingungen das Leben. Als sie an den Ort geschafft waren, wo sie umgebracht werden sollten, machten sich die Scharfrichter ans Werk und betrieben den Mord an den Märtyrern. 4. Symeon aber stand bei den Todeskandidaten, sprach ihnen Mut zu und predigte über Tod und Auferstehung und über die Gottesfurcht. Mit Beweisen aus der heiligen Schrift zeigte er, daß so zu sterben in Wahrheit Leben sei, Gott aus Feigheit zu verraten unzweifelhaft der Tod. Denn nicht lange, so werden sie, auch ohne daß jemand sie tötet, von allein sterben, da dieses Ende für jeden, der geboren wird, unvermeidlich ist. Das Leben danach aber, das ewig währt, wird nicht allen Menschen in gleicher Weise zuteil werden, sondern wie auf einer Waage werden sie genaue Rechenschaft über ihr hiesiges Leben ablegen. Ohne

[132] Mit dem iranischen Titel Mogbedan Mogbed an der Spitze der zoroastrischen Hierarchie stehend, doch wohl dasselbe Amt wie *h. e.* 2,13,3, unten 246f. Großmagier in offenbar beträchtlicher Menge werden in *h. e.* 2,12,4, unten 246f, genannt.

ἐνθάδε βιοτῆς. καὶ ἀθανάτους ὧν ἕκαστος εὖ ἐποίησε τὰς ἀμοιβὰς λήψεται καὶ τὰς εὐθύνας τῶν ἐναντίων ὑφέξει. μεῖζον δὲ πάντων ἐν ἀγαθοῖς καὶ μακαριώτατον ὑπὲρ θεοῦ ἑλέσθαι ἀποθανεῖν. 5. τοιαῦτα Συμεώνου διεξιόντος, οἷα παιδοτρίβου παρακελευομένου ἐν τοῖς ἀγῶσιν ὃν χρὴ τρόπον ἐλθεῖν, ἕκαστος ἐπαΐων προθύμως ἐπὶ τὴν σφαγὴν ἐχώρει. ἐπεὶ δὲ τοὺς ἑκατὸν διῆλθεν ὁ δήμιος, τελευταῖον καὶ αὐτὸν Συμεώνην ἔκτεινε καὶ Ἀβεδεχαλάαν καὶ Ἀννίναν. ἀμφότεροι δὲ γηραλέοι πρεσβύτεροι τῆς ὑπ᾽ αὐτὸν ἐκκλησίας ἅμα αὐτῷ συνελήφθησαν καὶ ἐν δεσμοῖς ἦσαν.

11.1. Τηνικαῦτα δὲ Πουσίκης, ὃς πάντων ἦρχε τῶν τοῦ βασιλέως τεχνιτῶν, αὐτόθι ἑστώς, ἰδὼν Ἀννίναν τρέμοντα ὡς ηὐτρεπίζετο ἐπὶ τὴν σφαγήν, „πρὸς βραχύ", ἔφη, „ὦ γέρον, μῦσον τοὺς ὀφθαλμούς σου καὶ θάρρει· αὐτίκα γὰρ ὄψει τοῦ Χριστοῦ τὸ φῶς." ἅμα δὲ τοῦτο εἰπὼν συνελήφθη καὶ ὡς βασιλέα ἤχθη. 2. καὶ Χριστιανὸς εἶναι ὁμολογήσας, καθότι ἐλευθεροστομῶν ὑπὲρ τοῦ δόγματος καὶ τῶν μαρτύρων προσδιελέχθη τῷ βασιλεῖ, ὡς οὐ δέον παρρησιασάμενον παραξένῳ καὶ ὠμοτάτῳ τρόπῳ ἀποθανεῖν προσέταξεν. περὶ γὰρ τὸν τένοντα διορύξαντες αὐτοῦ τὸν αὐχένα οἱ δήμιοι τῇδε αὐτοῦ τὴν γλῶτταν ἐξείλκυσαν· ἐκ διαβολῆς δέ τινων καὶ θυγάτηρ αὐτοῦ παρθένος ἱερὰ συλληφθεῖσα τότε ἀνῃρέθη.

3. Τοῦ δὲ ἐπιγενομένου ἔτους κατὰ τὴν ἡμέραν, ᾗ τοῦ μὲν πάθους τοῦ Χριστοῦ ἡ ἀνάμνησις ἐπετελεῖτο, τῆς δὲ ἐκ νεκρῶν ἀναστάσεως ἡ πανήγυρις | προσεδοκᾶτο, | 66
ὠμοτάτη Σαβώρου πρόσταξις ἀνὰ πᾶσαν τὴν Περσῶν γῆν ἐφοίτα καταδικάζουσα θάνατον τῶν ἑαυτοὺς

[b T Cass.] 8–9 ἀβεδεχανάαν C : ἀβεδεχαδδὰν T : *Abedechallam* Cass. || 15 τῶ ὀφθαλμῶ T (σου om.) || 17 ὡς b : πρὸς T || 20–21 παρρησιασάμενος … προσετάχθη b || 25 ἐν ᾗ T

[133] Die Kapitelgrenze wäre besser am Ende des nächsten Absatzes anzusetzen.

Ende wird der Lohn sein, den ein jeder für seine guten Taten erhalten wird, und ebenso wird er die Strafe für das Gegenteil erdulden. Das Allergrößte aber im Guten und das Glückseligste ist es, für Gott den Tod auf sich zu nehmen. 5. Während Symeon darüber sprach, gleich einem Trainer im Wettkampf Hinweise gebend, auf welche Weise man (ans Ziel) gelangen muß, ging ein jeder, der das hörte, bereitwillig zur Schlachtbank. Als der Scharfrichter die hundert hinter sich hatte, brachte er als letzten auch Symeon selbst um, ferner Abedechalaas und Anninas. Diese beiden waren greise Presbyter aus seiner Kirche, die mit ihm zusammen verhaftet und im Gefängnis gewesen waren.

11.1.[133] Damals stand Pusik dabei, der die Aufsicht über alle Handwerker des Königs führte. Er sah, wie Anninas zitterte, als er zur Hinrichtung vorbereitet wurde, und sagte zu ihm: „Für kurze Zeit, verehrter Greis, schließ die Augen und habe Mut, denn bald wirst du das Licht Christi erblicken." Kaum hatte er das ausgesprochen, da wurde er festgenommen und zum König gebracht. 2. Dort bekannte er sich dazu, Christ zu sein, und weil er im freimütigen Gespräch mit dem König sich für den Glauben und die Märtyrer einsetzte, ließ dieser ihn wegen ungebührlicher Offenheit auf eine ungewöhnliche und höchst grausame Art ums Leben bringen. Die Henker schnitten ihm den Nacken an der Sehne auf und zogen dort seine Zunge heraus. Auf Grund einer Denunziation wurde auch seine Tochter, eine heilige Jungfrau, festgenommen und umgebracht.

3. Im folgenden Jahr[134], an dem Tag, an dem das Gedächtnis an das Leiden Christi begangen und das Fest der Auferstehung von den Toten erwartet wurde[135], erging im ganzen persischen Reich der brutale Befehl Šabors mit dem Todes-

---

[134] Gemeint ist das Jahr 345. Bis *h. e.* 2,14,3, unten 250f, benutzt Sozomenos jetzt die *Acta sanctorum marytrum orientalium et occidentalium* (1,45–50 Assemani).

[135] Zu beachten ist wieder der Sonnabend als alter Gedächtnistag der Kreuzigung.

Χριστιανοὺς εἶναι ὁμολογούντων· ἡνίκα δὴ λέγεται ἀριθμοῦ κρείττονα πληθὺν Χριστιανῶν ὑπὸ ξίφους πεσεῖν. 4. οἵ τε γὰρ μάγοι κατὰ πόλεις καὶ κώμας ἐπιμελῶς ἐθήρων τοὺς λανθάνοντας, οἱ δὲ καὶ αὐτόματοι μηδενὸς ἄγοντος ἑαυτοὺς κατεμήνυον, ὥστε μὴ τῇ σιγῇ δόξαι τὸν Χριστὸν ἀπαρνεῖσθαι. ἀφειδῶς δὲ πάντων Χριστιανῶν κτιννυμένων πλεῖστοι καὶ ἐν αὐτοῖς τοῖς βασιλείοις ἀνῃρέθησαν καὶ Ἀζάδης ὁ εὐνοῦχος, τὰ μάλιστα βασιλεῖ κεχαρισμένος ὤν. 5. ὃν ἐπείπερ ἀποθανεῖν ὁ Σαβώρης ἐπύθετο, περίλυπος εἰσάγαν ἐγένετο, καὶ τὴν δημώδη ταύτην σφαγὴν ἔστησε, μόνους δὲ τοὺς καθηγητὰς τῆς θρησκείας ἀναιρεῖσθαι προσέταξε.

12.1. Κατ' ἐκεῖνο δὲ καιροῦ νόσῳ περιπεσούσης τῆς βασιλίδος συλλαμβάνεται ἡ Συμεώνου τοῦ ἐπισκόπου ἀδελφή, Ταρβούλα τοὔνομα, ἱερὰ παρθένος, σὺν θεραπαίνῃ τὸν αὐτὸν μετιούσῃ βίον καὶ ἀδελφῇ μετὰ θάνατον ἀνδρὸς γάμῳ ἀπαγορευσάσῃ καὶ ὁμοίως ἀγομένῃ. ἐγένετο δὲ αὐτῶν ἡ σύλληψις ἐκ διαβολῆς τῶν Ἰουδαίων, ἐπαιτιωμένων ὡς φαρμάκοις τῇ κρατούσῃ ἐπεβούλευσαν διὰ τὸν Συμεώνου θάνατον μηνιῶσαι. 2. ἡ δὲ βασιλίς (φιλεῖ γάρ πως τὸ νοσοῦν τοῖς ἀπευκταίοις παρέχειν τὴν ἀκοήν) ὑπέλαβεν ἀληθῆ εἶναι τὴν διαβολὴν καὶ μάλιστα παρὰ Ἰουδαίων γεγενημένην, ἐπεὶ τὰ αὐτῶν ἐφρόνει καὶ Ἰουδαϊκῶς ἐβίω καὶ ἀψευδεῖς αὐτοὺς ἡγεῖτο καὶ εὔνους αὐτῇ. παραλαβόντες δὲ οἱ μάγοι Ταρβούλαν καὶ τὰς ἄλλας καταδικάζουσιν αὐτῶν θάνατον· καὶ πρίονι διχῇ τεμόντες ἀνεσκολόπισαν, καὶ ὡς ἀποτρόπαιον νόσου διὰ μέσου τῶν σκολόπων τὴν βασιλίδα παρελθεῖν ἐποίησαν. 3. λέγεται δὲ Ταρβούλαν ταύτην εὐπρεπῆ καὶ μάλα καλὴν τὸ εἶδος γενέσθαι, ἐρασθῆναί τε αὐτῆς τινας τῶν μάγων καὶ περὶ συνουσίας λάθρα προσπέμψασθαι μισ|θὸν ἐπαγγειλαμένους, εἰ πεισθείη, | 67 σωτηρίαν αὐτῇ καὶ ταῖς συνούσαις· τὴν δὲ μήτε ἀσελγοῦς

[b T Cass.] 8 *Azanis* Cass. | ὁ om. T || 9 ὤν om. T || 22 ὑπέχειν b || 31 τινὰ b T || 32 ἐπαγγειλάμενον b T : corr. Bidez

urteil für alle, die sich als Christen bekannten. Damals, so wird berichtet, starb eine nicht mehr zu zählende Menge von Christen unter dem Richtschwert. 4. Denn die Magier spürten in Städten und Dörfern gründlich die Versteckten auf, andere zeigten sich selbst an, ohne daß sie jemand verhaftete, um nicht durch Stillschweigen Christus scheinbar zu verleugnen. Während schonungslos alle Christen ermordet wurden, fielen auch im Palast selbst sehr viele dem Tode anheim, darunter der Eunuch Azad, der höchste Gnade beim König genoß. 5. Als Šabor von seinem Tode erfuhr, wurde er überaus traurig, so daß er jenes Massenmorden einstellte und nur noch die Lehrer der Religion umbringen ließ.

12.1. Zu dieser Zeit verfiel die Königin in eine Krankheit, und die Schwester des Bischofs Symeon, namens Tarbula, eine heilige Jungfrau, wurde verhaftet, zusammen mit einer Dienerin, die das gleiche asketische Leben führte, und mit ihrer Schwester, die nach dem Tod ihres Mannes der Ehe abgeschworen hatte und in ähnlicher Weise lebte. Ihre Verhaftung erfolgte auf Grund einer Verleumdung der Juden, die ihnen den Vorwurf machten, sie hätten aus Zorn über Symeons Tod der Königin durch Gift nach dem Leben getrachtet. 2. Die Königin hielt die Verleumdung für wahr – wie Kranke gern Scheußlichkeiten ihr Ohr leihen –, zumal sie von Juden ausging; denn sie war ihnen gleichgesinnt, lebte nach jüdischem Brauch und hielt sie für wahrheitsliebend und ihr gegenüber loyal. Die Magier nahmen Tarbula und die anderen in Gewahrsam und verurteilten sie zum Tode. Sie zerlegten sie mit einer Säge in zwei Hälften und spießten sie auf Pfählen auf, und die Königin ließen sie, zur Abwehr gegen die Krankheit, zwischen den Pfählen hindurchgehen. 3. Es wird berichtet, jene Tarbula sei hübsch und sehr schön anzuschauen gewesen, einige Magier hätten sich in sie verliebt und ihr heimlich ein Zusammensein vorgeschlagen, wobei sie als Belohnung, falls sie einwillige, ihr und ihren Begleiterinnen die Rettung in Aussicht stellten. Sie aber, die nicht einmal ein unanständiges

ἀκοῆς ἀνασχομένην ἐνυβρίσαι μὲν αὐτοῖς καὶ ἀκολασίαν ὀνειδίσαι, προθυμότατα δὲ μᾶλλον ἑλέσθαι ἀποθανεῖν ἢ τὴν παρθενίαν προδοῦναι.

4. Κρατήσαντος δὲ κατὰ τὴν Σαβώρου πρόσταξιν, ὡς ἐν τοῖς πρόσθεν εἴρηται, τοὺς ἄλλους ἐᾶν, μόνους δὲ συλλαμβάνεσθαι τοὺς ἱερέας καὶ τοὺς ὑφηγητὰς τοῦ δόγματος, περιιόντες μάγοι τε καὶ ἀρχίμαγοι ἀνὰ τὴν Περσῶν γῆν ἐπιμελῶς ἐκακούργουν τοὺς ἐπισκόπους καὶ πρεσβυτέρους, καὶ μάλιστα κατὰ τὴν Ἀδιαβηνῶν χώραν· κλίμα δὲ τοῦτο Περσικὸν ὡς ἐπίπαν χριστιανίζον.

13.1. Ὑπὸ δὲ τοῦτον τὸν χρόνον καὶ Ἀκεψιμᾶν τὸν ἐπίσκοπον συνελάβοντο καὶ πολλοὺς τῶν ὑπ᾽ αὐτὸν κληρικῶν. ἐπιλογισάμενοι δὲ τῇ ἄγρᾳ τοῦ ἡγουμένου ἠρκέσθησαν, τοὺς δὲ ἄλλους ἀφῆκαν τὰς οὐσίας αὐτῶν ἀφελόμενοι. 2. Ἰάκωβος δέ τις πρεσβύτερος ἑκοντὴς εἵπετο τῷ Ἀκεψιμᾷ, καὶ δεηθεὶς τῶν μάγων ὑπὸ τὸν αὐτὸν ἐγένετο δεσμόν· καὶ οἷα γηραλέῳ προθύμως ὑπηρετεῖτο καὶ τὰς συμφορὰς αὐτῷ ἐκούφιζεν, ὡς ἐνῆν, καὶ τὰς πληγὰς ἐθεράπευε. μετ᾽ οὐ πολὺ γὰρ τῆς συλλήψεως ἱμᾶσιν ὠμοῖς χαλεπῶς αὐτὸν ἐβασάνισαν οἱ μάγοι βιαζόμενοι προσκυνῆσαι τὸν ἥλιον· ὡς δὲ οὐκ εἶξε, πάλιν αὐτὸν ἐν δεσμοῖς εἶχον. 3. κατ᾽ ἐκεῖνο δὲ καιροῦ καὶ Ἀειθαλᾶς καὶ Ἰάκωβος πρεσβύτεροι, Ἀζαδάνης τε καὶ Ἀβδιησοῦς διάκονοι διὰ τὸ δόγμα δεσμωτήριον ᾤκουν, χαλεπώτατα ὑπὸ τῶν μάγων μαστιγωθέντες. χρόνου δὲ πολλοῦ παρελθόντος ἐκοινώσατο περὶ αὐτῶν βασιλεῖ ὁ μέγας ἀρχίμαγος. καὶ ἐπιτραπεὶς ὡς βούλεται τιμωρήσασθαι αὐτούς, εἰ μὴ τὸν ἥλιον προσκυνήσουσι, δήλην τοῖς ἐν τῷ δεσμωτηρίῳ ἐποιήσατο τὴν Σαβώρου πρόσταξιν. 4. ὡς δὲ ἀναφανδὸν ἀπεκρίναντο μήποτε σφᾶς προδότας

[bTCass.] 2 ἑλέσθαι TCass. || 9 διαβηνῶν bT || 19 γὰρ b : δὲ TCass.

---

136 Landschaft östlich des Tigris (das alte Assyrien), die sasanidische Provinz Nōdšīragān, auch von jüdischen Exulanten besiedelt, mit dem

Wort ertrug, habe ihre Verehrer verhöhnt, ihnen Schamlosigkeit vorgeworfen und mit größter Entschlossenheit den Tod der Preisgabe ihrer Jungfräulichkeit vorgezogen.

4. Nach der Anordnung Šabors galt, wie oben berichtet, der Grundsatz, die anderen Christen zu verschonen und nur die Priester und Lehrer des Glaubens festzunehmen. Magier und Großmagier zogen danach durch das Perserreich und drangsalierten mit Eifer die Bischöfe und Presbyter, vor allem in der Adiabene[136]; diese persische Region ist großenteils christlich.

13.1. Zu dieser Zeit[137] verhafteten sie auch den Bischof Acepsimas und viele der ihm unterstellten Kleriker. Nach nochmaligem Überdenken begnügten sie sich mit der Gefangennahme des Leiters und ließen die anderen laufen, nachdem sie ihnen ihr Eigentum abgenommen hatten. 2. Ein Presbyter Jacobus aber folgte freiwillig dem Acepsimas und kam auf sein Ersuchen bei den Magiern in das gleiche Gefängnis. Er leistete dem alten Bischof bereitwillig Hilfsdienste, erleichterte ihm so gut es ging die Unbilden und pflegte seine Wunden. Bald nach seiner Verhaftung folterten ihn die Magier böse mit grausamen Riemenpeitschen, um ihn zur Proskynese für die Sonne zu zwingen. Als er aber nicht nachgab, brachten sie ihn wieder ins Gefängnis. 3. Zu dieser Zeit waren auch die Presbyter Aeithalas und Jacobus und die Diakone Azadan und Abdiesus um des Glaubens willen im Gefängnis, auf das schlimmste von den Magiern ausgepeitscht. Nach langer Zeit machte der Großmagier beim König Meldung über sie. Mit der Erlaubnis versehen, sie nach seinem Belieben zu bestrafen, wenn sie der Sonne die Proskynese verweigern sollten, gab er den Gefangenen die Entscheidung Šabors bekannt. 4. Als sie offen antworteten, niemals würden sie sich als Verräter

---

Hauptort und Metropolitensitz Arbela (syr. Arbīl) und mehreren Bistümern.

[137] Erst im Jahr 375. Als Tag seines Martyriums gilt der 10. Oktober 378.

φανήσεσθαι τοῦ Χριστοῦ μηδὲ τὸν ἥλιον προσκυνήσειν, ἀφειδῶς αὐτοὺς ἐβασάνισε. καὶ Ἀκεψιμᾶς | μὲν ἐν ταῖς (68) τοῦ δόγματος ὁμολογίαις ἀνδρεῖος διαμείνας ἐτελεύτησε. τινὲς δὲ τῶν ἐξ Ἀρμενίας παρὰ Πέρσαις ὁμήρων τὸ λείψανον αὐτοῦ λάθρα ἀνελόμενοι ἔθαψαν. 5. οἱ δὲ ἄλλοι, καίπερ οὐχ ἧττον μαστιγωθέντες, παραδόξως ἔζων· καὶ μὴ μεταθέμενοι τῆς γνώμης πάλιν ἐν δεσμοῖς ἐγένοντο. σὺν αὐτοῖς δὲ ἦν καὶ Ἀειθαλᾶς, ὃς ἐν τῷ τύπτεσθαι τεινόμενος, ὑπὸ τοῦ ἄγαν ἑλκυσμοῦ ἀπὸ τῶν ὤμων διεσπάσθη τοὺς βραχίονας καὶ νεκρὰς καὶ μόνον ᾐωρημένας τὰς χεῖρας περιέφερεν, ὡς ἄλλους τῷ στόματι αὐτοῦ τὴν τροφὴν προσάγειν.

6. Ἐπὶ ταύτης τῆς ἡγεμονίας μαρτυρίᾳ τοῦ βίου περιέστησαν πρεσβυτέρων τε καὶ διακόνων καὶ μοναχῶν καὶ ἱερῶν παρθένων καὶ τῶν ἄλλως περὶ τὰς ἐκκλησίας ὑπηρετουμένων καὶ περὶ τὸ δόγμα διακειμένων πλῆθος ἀναρίθμητον, 7. ἐπίσκοποι δὲ ὧν ἐπυθόμην Βαρβασύμης καὶ Παῦλος καὶ Γαδδιάβης καὶ Σαβῖνος καὶ Μαρέας καὶ Μώκιμος καὶ Ἰωάννης καὶ Ὁρμίσδας καὶ Βουλιδᾶς, Πάπας τε καὶ Ἰάκωβος καὶ Ῥώμας καὶ Μαάρης καὶ Ἄγας καὶ Βόχρης καὶ Ἀβδᾶς καὶ Ἀβδιησοῦς, Ἰωάννης τε καὶ Ἀβράμιος καὶ Ἀβδελᾶς καὶ Σαβώρης καὶ Ἰσαὰκ καὶ Δαυσᾶς, ὃς αἰχμάλωτος μὲν ἦν γενόμενος ὑπὸ Περσῶν ἀπὸ Ζαβδαίου χωρίου ὧδε προσαγορευομένου, κατ᾽ ἐκεῖνο δὲ καιροῦ ὑπὲρ τοῦ δόγματος τέθνηκεν ἅμα Μαρεάβῃ χωρεπισκόπῳ καὶ κληρικοῖς τῶν ὑπ᾽ αὐτὸν ἀμφὶ διακοσίοις πεντήκοντα, οἳ παρὰ Περσῶν αἰχμάλωτοι σὺν αὐτῷ συνελήφθησαν.

14.1. Ὑπὸ τοῦτον τὸν χρόνον καὶ Μίλης ἐμαρτύρησεν· ὃς τὰ μὲν πρῶτα παρὰ Πέρσαις ἐστρατεύετο, μετὰ δὲ

[b T Cass.] 10 μόνον καὶ b

---

[138] Vgl. DEVOS, *Notes* 229–237.

[139] Bezabde (Bēt Zabdai), stark befestigte Stadt am rechten Tigrisufer in

Christi erweisen und die Sonne anbeten, ließ er sie ohne Schonung foltern. Acepsimas starb, nachdem er im Bekennen seines Glaubens tapfer geblieben war. Einige der aus Armenien den Persern gestellten Geiseln holten heimlich seinen Leichnam und bestatteten ihn. 5. Die übrigen, obwohl nicht minder ausgepeitscht, blieben wider Erwarten am Leben und kamen, da sie ihre Meinung nicht aufgegeben hatten, wieder ins Gefängnis. Zu ihnen gehörte auch Aeithalas, der zum Prügeln auf ein Streckbett gespannt wurde, wodurch bei dem übermäßigen Zerren die Arme aus den Schultergelenken ausgerenkt wurden und er seine Hände leblos und nur noch herabhängend herumtrug, so daß andere ihm die Nahrung zum Munde führen mußten.

6. Während dieser Herrschaft kam im Martyrium eine unzählbare Menge von Presbytern, Diakonen, Mönchen, heiligen Jungfrauen und sonst im Dienst der Kirchen Stehenden und dem Glauben Ergebenen ums Leben, 7. ferner die Bischöfe, soweit ich es erfahren habe, Barbasymes, Paulus, Gaddiabes, Sabinus, Mareas, Mocimus, Johannes, Hormisdas, Bulidas, Papas, Jacobus, Romas, Maares, Agas, Bochres, Abdas, Abdiesus, Johannes, Abramius, Abdelas, Šabor, Isaak und Dausas.[138] Der letzte war von den Persern als Kriegsgefangener von einem Ort namens Zabdaion[139] weggeführt worden und starb zu jener Zeit für den Glauben zusammen mit dem Landbischof Mareabes und etwa 250 ihm unterstehenden Klerikern, die mit ihm gemeinsam von den Persern gefangengenommen waren.

14.1. Um diese Zeit[140] erlitt auch Miles das Martyrium, der zunächst Soldat bei den Persern war, dann aber

der 197 errichteten römischen Provinz Mesopotamia, etwa 80 km nordöstlich von deren Hauptstadt Nisibis, im Herbst 360 von Šabor im Krieg gegen die Römer unter Constantius II. nach vergeblichen Vermittlungsversuchen des Bischofs erobert, vgl. Ammianus Marcellinus 20,7 (1,196–200 Seyfahrt).

[140] Diese relative Chronologie bezieht sich auf das Martyrium der Tarbula (*h.e.* 2,12, oben 244–247), also das Jahr 345 (342).

ταῦτα καταλιπὼν τὴν στρατείαν τὴν ἀποστολικὴν πολιτείαν ἐζήλωσε. λέγεται δὲ πόλεως Περσικῆς ἐπίσκοπος χειροτονηθεὶς πολλὰ πολλάκις παθεῖν καὶ πληγὰς ὑπομεῖναι καὶ ἑλκυσμούς. ὡς | δὲ οὐδένα ἔπεισε χριστιανί- 69 σαι, χαλεπῶς ἐνεγκὼν κατηράσατο τῇ πόλει καὶ ἀνεχώρησε. 2. μετ' οὐ πολὺ δὲ τῶν ἐνθάδε πρωτευόντων ἐξαμαρτόντων εἰς βασιλέα παραγενομένη στρατιὰ μετὰ τριακοσίων ἐλεφάντων τὴν πόλιν κατέστρεψαν καὶ οἷα ἄρουραν γεωργήσαντες ἔσπειραν. 3. Μίλης δὲ μόνον πήραν ἐπιφερόμενος, ἐν ᾗ τὴν ἱερὰν βίβλον τῶν εὐαγγελίων εἶχεν, εἰς Ἱεροσόλυμα ἀπῆλθεν εὐξόμενος, κἀκεῖθεν εἰς Αἴγυπτον ἐπὶ θέᾳ τῶν αὐτόθι μοναχῶν. οἵων δὲ τοῦτον τὸν ἄνδρα θεσπεσίων καὶ παραδόξων ἔργων δημιουργὸν γενέσθαι παρειλήφαμεν, μαρτυροῦσι Σύρων παῖδες, οἳ τὰς αὐτοῦ πράξεις καὶ τὸν βίον ἀνεγράψαντο.

4. Ἐμοὶ δὲ ἀρκεῖν ἡγοῦμαι ταῦτα τέως περὶ αὐτοῦ διεξελθεῖν καὶ τῶν ἐν Περσίδι μαρτυρησάντων ἐπὶ τῆς Σαβώρου βασιλείας. σχολῇ γὰρ ἄν τις ἅπαντα τὰ ἐπ' αὐτοῖς γεγενημένα ἀπαριθμήσαι, τίνες τε ἦσαν καὶ πόθεν ἢ πῶς τὴν μαρτυρίαν ἐπετέλεσαν καὶ ποίας τιμωρίας ὑπέμειναν· παντοδαποὶ γὰρ τῶν τοιούτων τρόποι παρὰ Πέρσαις εἰς ὠμότητα φιλοτιμουμένοις. 5. ὡς ἔνι δὲ συλλήβδην εἰπεῖν, λέγεται τῶν τότε μαρτύρων τοὺς ὀνομαστὶ φερομένους, ἄνδρας τε καὶ γυναῖκας, εἶναι εἰς μυρίους ἑξακισχιλίους, τὴν δὲ ἐκτὸς τούτων πληθὺν κρείττω ἀριθμοῦ, καὶ διὰ τοῦτο ἐργῶδες φανῆναι τὰς αὐτῶν προσηγορίας ἀπαριθμήσασθαι Πέρσαις τε καὶ Σύροις καὶ τοῖς ἀνὰ τὴν Ἔδεσσαν οἰκοῦσιν, οἳ πολλὴν τούτου ἐπιμέλειαν ἐποιήσαντο.

15.1. Ἐπεὶ δὲ ὧδε πολεμεῖσθαι τοὺς ἐν Περσίδι Χριστιανοὺς ἔγνω Κωνσταντῖνος ὁ Ῥωμαίων βασιλεύς, ἤσχαλλέ τε καὶ σφόδρα ἐδυσφόρει. καὶ βοηθεῖν αὐτοῖς σπουδάζων ἠπόρει ὅ τι ποιήσοι, ὡς ἂν καὶ

[b T Cass. (–5.23–26)] 23 φιλοτιμουμένων b T : corr. Hansen

den Heeresdienst verließ und das apostolische Leben anstrebte. Es wird berichtet, daß er, zum Bischof einer persischen Stadt geweiht, oftmals vieles erleiden mußte und Schläge und Folter ertrug. Als er aber niemanden für das Christentum gewinnen konnte, wurde er ungehalten, verfluchte die Stadt und verließ sie. 2. Bald danach ließen sich dort die Oberen etwas gegen den König zuschulden kommen. Daraufhin erschien ein Heer mit dreihundert Elefanten, zerstörte die Stadt, bearbeitete das Gebiet wie Ackerland und nahm eine Aussaat vor. 3. Miles nahm nur einen Tornister mit, in dem er das heilige Evangelienbuch hatte, und ging nach Jerusalem, um zu beten, und von dort nach Ägypten, um die dortigen Mönche kennenzulernen. Welche heiligen und wundersamen Leistungen dieser Mann nach der Tradition vollbrachte, das bezeugen die Syrer, die seine Taten und sein Leben aufgezeichnet haben.

4. Ich aber bin der Meinung, es reiche aus, was ich bisher über ihn und über die Märtyrer während der Königsherrschaft Šabors berichtet habe. Denn nur mit Mühe könnte man alles aufzählen, was an ihnen geschah, wer sie waren und woher sie stammten oder wie sie das Martyrium vollendeten und welche Strafen sie auf sich nahmen. Denn vielfältig sind deren Arten bei den Persern, die in Grausamkeit wetteifern. 5. Um es möglichst knapp zu sagen, es wird angegeben, daß damals die namentlich bekannten Märtyrer, Männer wie Frauen, an die 16000 ausmachten, daß die Menge der Namenlosen nicht zu zählen ist und daß es daher Persern, Syrern und den Bewohnern von Edessa, die sich große Mühe darum gegeben haben, schwierig erschienen ist, ihre Namen aufzuzählen.

15. 1. Als der römische Kaiser Konstantin erfuhr, daß in dieser Weise gegen die Christen in Persien Krieg geführt wurde, geriet er in Zorn und war sehr ärgerlich. Er wollte ihnen helfen, wußte aber nicht, wie er es anfangen sollte, daß

αὐτοὶ βεβαίως διάγοιεν. καὶ συμβὰν κατ᾽ ἐκεῖνο καιροῦ πρέσβεις παρ᾽ αὐτὸν ἐλθεῖν τοῦ Περσῶν βασιλέως, ἐπινεύσας τοῖς αἰτουμένοις κατὰ γνώμην πράξαντας ἀπέπεμψεν. 2. εὔκαιρον δὲ τότε νομίσας παραθέσθαι Σαβώρῃ τοὺς ἐν Περσίδι Χριστιανούς, ἔγραψε πρὸς αὐτόν, μεγίστην καὶ ἀνάγραπτον ἀεὶ χάριν ὁμολογῶν ἕξειν, | εἰ φιλάνθρωπος γένοιτο περὶ τοὺς ὑπ᾽ αὐτὸν τὸ | 70 δόγμα τῶν Χριστιανῶν θαυμάζοντας· ἐπεὶ καὶ τῷ τρόπῳ, φησί, τῆς θρησκείας οὐδὲν ἐγκαλεῖν ἔστιν, εἴ γε μόναις εὐχαῖς ἀναιμάκτοις πρὸς ἱκεσίαν θεοῦ ἀρκοῦνται. οὐ γὰρ αὐτῷ φίλον αἱμάτων χύσις, μόνῃ δὲ χαίρει ψυχῇ καθαρᾷ πρὸς ἀρετὴν καὶ εὐσέβειαν ὁρώσῃ, ὥστε καὶ ἐπαινεῖν χρῆναι τοὺς ὧδε πιστεύοντας. 3. ἔπειτα δὲ τῇ περὶ τὸ δόγμα προνοίᾳ ἵλεω καὶ αὐτὸ ἕξειν τὸ θεῖον ὑπισχνεῖτο, τεκμηρίοις χρώμενος τοῖς Οὐαλλεριανῷ καὶ αὐτῷ συμβεβηκόσιν. αὐτὸς μὲν γὰρ διὰ τὴν εἰς Χριστὸν πίστιν συμμάχῳ χρώμενος τῇ θεόθεν ῥοπῇ ἐκ τοῦ πρὸς δύσιν ὠκεανοῦ ἀρξάμενος τὴν πᾶσαν Ῥωμαίων οἰκουμένην ὑφ᾽ ἑαυτὸν ἐποιήσατο καὶ πολλοὺς πολέμους κατώρθωσε, πρὸς ἀλλοφύλους καὶ τοὺς τότε τυράννους μαχόμενος· καὶ μὴ δεηθῆναι σφαγίων ἢ μαντείων τινῶν, ἀλλ᾽ ἀποχρῆσαι αὐτῷ εἰς νίκην τὸ τοῦ σταυροῦ σύμβολον τῶν οἰκείων στρατευμάτων προηγούμενον καὶ εὐχὴν καθαρὰν αἱμάτων καὶ ῥύπου. 4. ὁ δὲ Οὐαλλεριανός, ἐφ᾽ ὅσον οὐκ ἐκακούργει τὰς ἐκκλησίας, εὐημερῶν

[b T (–11)] 1 καὶ συμβὰν b : συμβᾶν δὲ T || 10 τὴν τοῦ θεοῦ ἱκεσίαν T || 13–14 τῆς … προνοίας b : corr. Bidez

[141] Das Folgende bis zum Kapitelende stammt aus EUSEBIUS VON CAESAREA, *v. C.* 4,8–13 (GCS 122–125; vgl. CAMERON/HALL, *Eusebius* 313–315), der den Brief KONSTANTINS übersetzt, aber kein Wort über eine Verfolgung verlauten läßt, die in der Tat ja erst einige Jahre nach KONSTANTINS Tod einsetzte. Der Brief ist von Sozomenos irrtümlich auf die Verfolgung bezogen.

auch sie in Sicherheit leben könnten.[141] Als nun gerade zu dieser Zeit Gesandte des Perserkönigs zu ihm kamen, gab er ihren Anliegen statt und entließ sie nach wunschgemäßer Erfüllung ihrer Aufträge. 2. Da er dies für eine gute Gelegenheit hielt, Šabor die Christen im Perserreich ans Herz zu legen, schrieb er ihm, indem er beteuerte, er werde ihm stets zu höchstem und bemerkenswertem[142] Dank verpflichtet sein, wenn er sich denen gegenüber menschenfreundlich erweise, die in seinem Reich dem Christenglauben huldigen. Denn auch an der Art und Weise der Religion, so drückte er sich aus, ist nichts auszusetzen, wenn sie sich mit bloßen unblutigen Gebeten zur Verehrung Gottes begnügen. Gott liebt kein Blutvergießen, er hat seine Freude nur an einer reinen Seele, die auf sittliches Handeln und Gottesfurcht bedacht ist, so daß man die auf diese Weise Gläubigen geradezu loben muß. 3. Ferner verhieß er ihm, durch Fürsorge für den Glauben werde ihm auch die Gottheit selbst gnädig sein, wofür er als Beweise heranzog, was Valerian und ihm selbst widerfahren sei. Denn er selbst habe wegen des Glaubens an Christus die Hilfe Gottes auf seiner Seite, habe so, vom westlichen Ozean beginnend, das gesamte Römische Reich gewonnen und sei in vielen Kriegen erfolgreich gewesen, die er gegen Fremdvölker und gegen die damaligen Usurpatoren zu bestehen hatte. Dazu habe er keine Schlachtopfer oder irgendwelche Orakel gebraucht, vielmehr habe ihm zum Siege das Kreuzessymbol genügt, das seine Heerscharen anführe, und ein von schmutzigem Blut reines Gebet. 4. Valerian[143] dagegen war anfangs dauerhaft vom Glück begünstigt, solange er den Kirchen kein Leid

---

[142] Besser paßt das bei EUSEBIUS VON CAESAREA, *v. C.* 4,13 (GCS 125,11), erhaltene Adjektiv ἀπερίγραπτον ‚unendlichem'.

[143] Römischer Kaiser 253–260, der in Mesopotamien eine katastrophale Niederlage erlitt.

διετέλει τὴν ἀρχήν· ἐπεὶ δὲ διωγμὸν ἐγείρειν ἐβουλεύσατο κατὰ τῶν Χριστιανῶν, θεία μῆνις ἐλάσασα αὐτὸν ὑπὸ Πέρσας ἐποίησε, παρ' ὧν αἰχμάλωτος ληφθεὶς ἐλεεινῶς τὸν βίον κατέπαυσε. 5. τοιαῦτα Σαβώρῃ γράψας Κωνσταντῖνος ἐπειρᾶτο πείθειν αὐτὸν εὐνοεῖν τῇ θρησκείᾳ. πλείστῃ γὰρ ἐχρῆτο κηδεμονίᾳ περὶ τοὺς πανταχοῦ Χριστιανούς, Ῥωμαίους καὶ ἀλλοφύλους.

16.1. Οὐ πολλῷ δὲ ὕστερον τῆς ἐν Νικαίᾳ συνόδου Ἄρειος μὲν ἐπὶ τὴν ἐξορίαν ἀπαγόμενος ἀνεκλήθη, Ἀλεξανδρείας δὲ ἔτι ἐπιβαίνειν κεκώλυτο. ἀμέλει τοι ὕστερον ἡ εἰς Αἴγυπτον αὐτῷ κάθοδος ἐσπουδάσθη, ὡς ἐν καιρῷ λελέξεται. 2. οὐκ εἰς μακρὰν δὲ τὰς αὐτῶν ἐκκλησίας ἀπέλαβον Εὐσέβιός τε ὁ Νικομηδείας, Ἀμφίωνα τὸν ἀντ' αὐτοῦ χειροτονηθέντα ἐκβαλών, καὶ Θεόγνιος δὲ ὁ Νικαίας, Χρῆστον. ἀνεκλήθησαν δὲ μετανοίας βιβλίον ὧδε ἔχον τοῖς ἐπισκόποις ἐπιδόντες·

3. „Ἤδη μὲν καταψηφισθέντες πρὸ κρίσεως παρὰ τῆς 71
εὐλαβείας ὑμῶν, ὀφείλομεν σιωπᾶν τὰ κεκριμένα παρὰ τῆς εὐλαβείας ὑμῶν. ἀλλ' ἐπειδὴ ἄτοπον καθ' ἑαυτῶν δοῦναι τῶν συκοφαντούντων τὴν ἀπόδειξιν τῇ σιωπῇ, τούτου ἕνεκεν ἀναφέρομεν, ὡς ἡμεῖς καὶ τῇ πίστει συνεδράμομεν καὶ τὴν ἔννοιαν ἐξετάσαντες ἐπὶ τῷ ὁμοουσίῳ ὅλοι ἐγενόμεθα τῆς εἰρήνης, μηδαμοῦ τῇ αἱρέσει ἐξακολουθήσαντες. 4. ὑπομνήσαντες δὲ ἐπὶ ἀσφαλείᾳ τῶν ἐκκλησιῶν, ὅσα τὸν λογισμὸν ἡμῶν ὑπέτρεχε, καὶ πληροφορηθέντες καὶ πληροφορήσαντες τοὺς δι' ἡμῶν πεισθῆναι ὀφείλοντας, ὑπεσημηνάμεθα τῇ πίστει· τῷ δὲ

[bT(8–9.15–)] 18 ὠφείλομεν σιωπᾶν : ἐν ἡσυχίᾳ φέρειν T Socr. | ὑμῶν : ὠφείλαμεν add. T

[144] Socrates, *h. e.* 1,14 (GCS 52f); Urkunde 31 (Opitz) aus dem Jahr 327, deren Echtheit trotz mancher Unklarheiten nicht mehr bestritten werden sollte, vgl. Lorenz, *Nachsynode*.

zufügte. Als er aber eine Christenverfolgung einzuleiten beschloß, trieb ihn Gottes Zorn, so daß er in die Hände der Perser fiel, bei denen er, in Gefangenschaft geraten, in elender Lage sein Leben beendete. 5. In dieser Art schrieb Konstantin an Šabor in dem Versuch, auch ihn zur Duldung der Religion zu bewegen, denn er war von tiefer Fürsorge für die Christen in aller Welt erfüllt, Römer wie Ausländer.

16. 1. Nicht lange nach der Synode in Nicaea wurde der ins Exil vertriebene Arius zurückgerufen, Alexandrien zu betreten war ihm jedoch noch verboten. Allerdings wurde später seine Rückkehr nach Ägypten betrieben, wie zu gegebener Zeit berichtet werden wird. 2. Kurz danach erhielten Eusebius von Nicomedia und Theognius von Nicaea ihre Gemeinden zurück, womit sie die an ihrer Stelle Ordinierten, Amphion und Chrestus, vertrieben. Zurückgerufen wurden sie, nachdem sie den Bischöfen die folgende Urkunde ihrer Reue eingereicht hatten:[144]

3. „Bereits vor einer Untersuchung durch Eure Hochwürden[145] verurteilt, mußten wir zu dem Urteilsspruch eurer Hochwürden stillschweigen.[146] Da es aber unangebracht ist, gegen sich selbst durch Stillschweigen den Beweis für die Verleumder zu liefern, deswegen teilen wir mit, daß wir mit dem Glaubensbekenntnis einverstanden waren und nach Prüfung des Begriffes bei dem ‚wesensgleich' uns vollkommen dem Frieden anschlossen, da wir in keinem Punkte der Häresie gefolgt sind. 4. Nachdem wir zur Vergewisserung der Kirchen daran erinnert hatten, was unser Denken beeinflußt hat[147], und belehrt worden sind und diejenigen belehrt haben, die durch unsere Vermittlung überzeugt werden müssen,

---

145 Der auf uns gestelzt wirkende Ausdruck vertritt das im kirchlichen Zeremoniell verbindliche „eure Frömmigkeit".

146 Bei SOCRATES, *h. e.* 1,14,2 (GCS 52,11f), „den Urteilsspruch eurer heiligen Instanz in Ruhe auf uns nehmen".

147 Vgl. SOCRATES, *h. e.* 1,8,32 (GCS 23).

ἀναθεματισμῷ οὐχ ὑπεγράψαμεν, οὐχ ὡς τῆς πίστεως κατηγοροῦντες, ἀλλ᾽ ὡς ἀπιστοῦντες τοιοῦτον εἶναι τὸν κατηγορηθέντα, ἐκ τῶν ἰδίᾳ πρὸς ἡμᾶς παρ᾽ αὐτοῦ διά τε ἐπιστολῶν καὶ τῶν εἰς πρόσωπον διαλέξεων πεπληροφορημένοι μὴ τοιοῦτον εἶναι. 5. εἰ δὲ ἐπείσθη ἡ ἁγία ὑμῶν σύνοδος, οὐκ ἀντιτείνοντες, ἀλλὰ συντιθέμενοι τοῖς παρ᾽ ὑμῶν κεκριμένοις καὶ διὰ τοῦ γράμματος πληροφοροῦμεν τὴν συγκατάθεσιν, οὐ τὴν ἐξορίαν βαρέως φέροντες, ἀλλὰ τὴν ὑπόνοιαν τῆς αἱρέσεως ἀποδυόμενοι. 6. εἰ γὰρ καταξιώσητε νῦν γοῦν εἰς πρόσωπον ἐπαναλαβεῖν ἡμᾶς, ἕξετε ἐν ἅπασι συμψύχους, ἀκολουθοῦντας τοῖς παρ᾽ ὑμῖν κεκριμένοις, καὶ μάλιστα ὅτε αὐτὸν τὸν ἐπὶ τούτοις ἐναγόμενον ἔδοξεν ὑμῶν τῇ εὐλαβείᾳ φιλανθρωπεύσασθαι καὶ ἀνακαλέσασθαι. 7. ἄτοπον δὲ τοῦ δοκοῦντος εἶναι ὑπευθύνου ἀνακεκλημένου καὶ ἀπολογησαμένου ἐφ᾽ οἷς διεβάλλετο, ἡμᾶς ἐπισιωπᾶν καθ᾽ ἑαυτῶν διδόντας τὸν ἔλεγχον. καταξιώσατε οὖν, ὡς ἁρμόζει τῇ φιλοχρίστῳ ὑμῶν εὐλαβείᾳ, καὶ τὸν θεοφιλέστατον βασιλέα ὑπομνῆσαι καὶ τὰς δεήσεις ἡμῶν ἐγχειρίσαι καὶ θᾶττον βουλεύσασθαι τὰ ὑμῖν ἁρμόζοντα ἐφ᾽ ἡμῖν."

Ὧδε μὲν αὐτοῖς Εὐσέβιός τε καὶ Θεόγνιος μετεμελήθησαν καὶ τὰς αὐτῶν ἐκκλησίας ἀπέλαβον.

17.1. Ὑπὸ δὲ τοῦτον τὸν χρόνον μέλλων τὸν βίον μεταλλάσσειν Ἀλέξανδρος Ἀλεξανδρείας ἐπίσκοπος διάδοχον αὐτοῦ κατέλιπεν Ἀθανάσιον, θείαις | προσ- | 72
τάξεσιν, ὡς ἡγοῦμαι, ἐπ᾽ αὐτὸν ἐνέγκας τὴν ψῆφον·

[b T] 12 μάλιστα ὅτι T : ὅτε b || 27 ἐνέγκας T : ἀγαγὼν b

---

[148] Im Griechischen scheint ein leichtes Anakoluth vorzuliegen, denn bei ἐκ τῶν ἰδίᾳ fehlt ein Bezugswort, vielleicht bei aller gedrechselten Diplomatie Zeichen einer gewissen Hast.

[149] FESTUGIÈRE, *Sozomène* 1,294 Anm. 1, versteht das nicht ohne weiteres klare ἐπείσθη als „sich (nunmehr, auf der Nachsynode) überzeugen ließ, Arius zu rehabilitieren".

haben wir das Glaubensbekenntnis unterzeichnet. Die Verfluchung jedoch haben wir nicht unterschrieben, nicht als ob wir gegen das Glaubensbekenntnis etwas vorbringen wollten, sondern weil wir nicht der Meinung sind, daß der Angeschuldigte so geartet ist, auf Grund des uns von ihm brieflich und in persönlichen Gesprächen (*sc.* Mitgeteilten)[148] darüber belehrt, daß er nicht so geartet ist. 5. Wenn aber eure heilige Synode überzeugt war[149], so wollen wir nicht widerstreben, sondern schließen uns eurem Urteil an, und wir geben auch durch dieses Schreiben unsere Zustimmung bekannt, nicht weil wir unsere Verbannung[150] als belastend empfinden, sondern weil wir den Verdacht der Häresie loswerden wollen. 6. Denn wenn ihr euch dazu versteht, uns wenigstens jetzt persönlich wiederaufzunehmen, werdet ihr an uns in allem Gleichgesinnte haben, die sich den in Euerm Kreis gefällten Urteilen anschließen, zumal jetzt, nachdem es Euer Hochwürden richtig schien, dem in dieser Sache Angeschuldigten selbst Gnade zu erzeigen und ihn zurückzurufen. 7. Unangebracht wäre es, nachdem der vermeintlich Schuldige zurückgerufen ist und sich gegen die Verleumdungen verteidigt hat, wenn wir dazu schweigen und damit gegen uns selbst den Beweis liefern wollten. Geruht also, wie es Euer christusliebenden Hochwürden zukommt, auch den gottwohlgefälligen Kaiser zu erinnern, ihm unsere Bitten zu übermitteln und möglichst rasch über uns den Euch angemessenen Beschluß zu fassen."

So drückten ihnen Eusebius und Theognius ihre Reue aus und erhielten ihre Gemeinden zurück.

17.1. Um diese Zeit war Alexander, der Bischof von Alexandrien, im Begriff, aus dem Leben zu scheiden. Dabei hinterließ er als seinen Nachfolger Athanasius, dem er, wie ich meine, im Auftrag Gottes seine Stimme gab.

---

150 Nach PHILOSTORGIUS, *h. e.* 2,1 b (GCS 12), waren sie nach Gallien verbannt.

ἐπεὶ τόν γε Ἀθανάσιόν φασιν ἀποφυγεῖν πειραθῆναι καὶ ἄκοντα βιασθῆναι πρὸς Ἀλεξάνδρου τὴν ἐπισκοπὴν ὑποδέξασθαι. 2. καὶ μαρτυρεῖ Ἀπολινάριος ὁ Σύρος ὧδε λέγων·

„Οὐκ ὤκνει δὲ καὶ μετὰ ταῦτα πολεμεῖν ἡ δυσσέβεια, ἀλλὰ πρῶτον μὲν ἐπὶ τὸν μακάριον διδάσκαλον τοῦ ἀνδρὸς ὡπλίζετο, ᾧ καὶ οὗτος παρῆν συνήγορος ὡς πατρὶ παῖς, ἔπειτα καὶ ἐπ᾽ αὐτόν, ὡς ἧκεν ἐπὶ τὴν τῆς ἐπισκοπῆς διαδοχήν, πολλῇ μὲν ἀποφυγῇ χρησάμενος, κατὰ θεὸν δὲ ἀνευρεθείς, ὡς καὶ τῷ μακαρίῳ ἀνδρὶ τῷ τὴν ἐπισκοπὴν ἐγχειρίσαντι προδεδήλωτο θείαις δηλώσεσιν οὐχ ἕτερον ἔσεσθαι τὸν διάδοχον ἢ τοῦτον. 3. ἐκαλεῖτο μὲν γὰρ ἐκ τοῦ βίου· ἤδη δὲ πρὸς ἀπαλλαγὴν τυγχάνων Ἀθανάσιον ὀνομαστὶ μὴ παρόντα ἐκάλει. καὶ ὡς ὁ παρὼν ὁμώνυμος ὑπήκουε τῇ κλήσει, πρὸς μὲν τοῦτον ἀπεσιώπα, ὡς οὐ τοῦτον καλῶν. αὖθις δὲ ἐχρῆτο τῇ κλήσει· καὶ ὡς ταὐτὸ πολλάκις ἐγίνετο, ἀπεσιωπᾶτο μὲν ὁ παρών, ἐδηλοῦτο δὲ ὁ μὴ παρών. καὶ προφητικῶς ἔλεγεν ὁ μακάριος Ἀλέξανδρος· Ἀθανάσιε, νομίζεις ἐκπεφευγέναι· οὐκ ἐκφεύξῃ δέ, δηλῶν ὡς πρὸς τὸν ἀγῶνα ἐκαλεῖτο."

4. Ταῦτα μὲν Ἀπολινάριος γράφει περὶ Ἀθανασίου. οἱ δὲ ἀπὸ τῆς Ἀρείου αἱρέσεως λέγουσιν, ὡς Ἀλεξάνδρου τελευτήσαντος ἐκοινώνουν ἀλλήλοις οἱ τὰ Ἀλεξάνδρου καὶ Μελιτίου φρονοῦντες, συνελθόντες τε ἐκ Θηβαΐδος καὶ τῆς ἄλλης Αἰγύπτου πεντήκοντα καὶ τέσσαρες ἐπίσκοποι ἐνωμότως συνέθεντο κοινῇ ψήφῳ αἱρεῖσθαι τὸν ὀφείλοντα τὴν Ἀλεξανδρέων ἐκκλησίαν ἐπιτροπεύειν· ἐπιορκήσαντας δὲ ἑπτά τινας τῶν ἐπισκόπων παρὰ τὴν πάντων γνώμην κλέψαι τὴν Ἀθανασίου χειροτονίαν,

---

[b T] 28 τὴν τῶν T || 29 δέ : τε T

Denn Athanasius jedenfalls, sagt man, habe dem zu entgehen versucht und sei gegen seinen Willen von Alexander gezwungen worden, das Bischofsamt zu übernehmen. 2. Das bezeugt der Syrer Apollinaris mit diesen Worten:

„Der Irrglaube zögerte auch danach nicht, seinen Krieg zu führen, sondern rüstete sich zuerst gegen den seligen Lehrer dieses Mannes (*sc.* des Athanasius), dem auch dieser als Anwalt zur Seite stand wie ein Sohn seinem Vater, dann auch gegen ihn selbst, als er die Nachfolge im Bischofsamt antrat, sich heftig dagegen wehrend, jedoch nach Gottes Willen erkoren, wie denn auch dem seligen Mann, der ihm das Bischofsamt übergab, durch von Gott kommende Andeutungen im voraus verkündet war, kein anderer als dieser werde sein Nachfolger sein. 3. Er ward aus diesem Leben abberufen, und als er schon im Sterben lag, rief er den nicht anwesenden Athanasius beim Namen. Als ein Anwesender gleichen Namens auf den Ruf hin sich meldete, verstummte er diesem gegenüber, den er nicht meinte. Noch einmal rief er, und als das noch mehrfach geschah, wurde der Anwesende mit Schweigen übergangen, der Abwesende war gemeint. Dann sagte der selige Alexander in prophetischer Weise: ‚Athanasius, du meinst davongekommen zu sein, aber du wirst nicht davonkommen', womit er sagen wollte, daß er zum Kampf gerufen wurde." [151]

4. So lautet der Bericht des Apollinaris über Athanasius. Die Arianer aber behaupten, nach Alexanders Tod[152] hätten die Anhänger des Alexander und des Melitius Gemeinschaft miteinander gehalten, und 54 Bischöfe, die aus der Thebaïs und dem übrigen Ägypten zusammengekommen seien, hätten unter Eid vereinbart, in gemeinsamer Abstimmung den zu wählen, der die Kirche von Alexandrien leiten sollte. Sieben der Bischöfe aber hätten unter Verletzung des Eides gegen den Beschluß aller heimlich Athanasius geweiht,

---

151 APOLLINARIS VON LAODICEA, *Frg.* 168 (LIETZMANN).
152 Am 17. April 328.

καὶ διὰ τοῦτο πολλοὺς τοῦ λαοῦ καὶ τῶν ἀνὰ τὴν Αἴγυπτον κληρικῶν ἀποφυγεῖν τὴν πρὸς αὐτὸν κοινωνίαν.

5. Ἐγὼ δὲ πείθομαι τὸν ἄνδρα τοῦτον οὐκ ἀθεεὶ 73
παρελθεῖν ἐπὶ τὴν ἀρχιερωσύνην, λέγειν τε καὶ νοεῖν ἱκανὸν καὶ πρὸς ἐπιβουλὰς ἀντέχειν, οἵου μάλιστα ὁ κατ' αὐτὸν ἐδεῖτο καιρός. ἐγένετο δὲ ἐκκλησιαστικὸς ὅτι μάλιστα καὶ περὶ τὸ ἱερᾶσθαι ἐπιτηδειότατος, ἐκ νέου, ὡς εἰπεῖν, αὐτοδίδακτος τοιοῦτος φανείς. 6. ἀμέλει τοι οὔπω προσήβῳ γενομένῳ τόδε φασὶν ἐπ' αὐτῷ συμβεβηκέναι. δημοτελῆ καὶ σφόδρα λαμπρὰν πανήγυριν εἰσέτι νῦν ἄγουσιν Ἀλεξανδρεῖς τὴν ἐτησίαν ἡμέραν τῆς μαρτυρίας Πέτρου τοῦ γενομένου παρ' αὐτοῖς ἐπισκόπου. ταύτην τε ἐπιτελῶν Ἀλέξανδρος ὁ τότε τῆς ἐκκλησίας ἡγούμενος, ἤδη τὴν λειτουργίαν πληρώσας, περιέμενε τοὺς ἅμα αὐτῷ μέλλοντας ἀριστᾶν. 7. καθ' ἑαυτὸν δὲ διάγων τοὺς ὀφθαλμοὺς εἶχεν ἐπὶ τὴν θάλασσαν. ἰδὼν δὲ πόρρωθεν παρὰ τὸν αἰγιαλὸν παῖδας παίζοντας καὶ ἐπίσκοπον μιμουμένους καὶ τὰ τῆς ἐκκλησίας ἔθη, ἐφ' ὅσον ἀκίνδυνον ἑώρα τὴν μίμησιν, ἥδετο τῇ θέᾳ καὶ τοῖς γινομένοις ἔχαιρεν. ἐπεὶ δὲ καὶ τῶν ἀπορρήτων ἥψαντο, ἐταράχθη· καὶ μετακαλεσάμενος τοὺς ἐν τέλει τοῦ κλήρου ἐπέδειξε τοὺς παῖδας, καὶ συλληφθέντας αὐτοὺς ἀχθῆναι κελεύσας ἐπυνθάνετο, τίς αὐτοῖς ἦν ἡ παιδιὰ καὶ ποδαποὶ οἱ ἐπὶ ταύτῃ λόγοι καὶ πράξεις. 8. οἱ δὲ δείσαντες τὰ πρῶτα ἠρνοῦντο, ἐπιμείναντος δὲ αὐτοῦ τῇ βασάνῳ κατεμήνυσαν ἐπίσκοπον μὲν καὶ ἀρχηγὸν γενέσθαι τὸν Ἀθανάσιον, βαπτισθῆναι δὲ παρ' αὐτοῦ τινας τῶν ἀμυήτων παίδων.

[b T (–8)] 2 φεύγειν T || 22 ἥψατο b

[153] Zum ersten Mal mußten nach Kanon 4 von Nicaea die Bischöfe Ägyptens den alexandrinischen Bischof wählen. Die Rechtmäßigkeit des angewendeten Verfahrens wird sicher mit Recht auf der Synode von Tyrus

und deswegen mieden viele Laien und ägyptische Kleriker die Gemeinschaft mit ihm.[153]

5. Ich bin aber überzeugt, daß dieser Mann nicht ohne Gottes Willen zum Oberpriestertum gelangt ist, ein befähigter Redner und Denker, der allen Intrigen gewachsen war, wie ihn gerade sein Zeitalter brauchte. Er war ein Kirchenmann wie kaum ein zweiter und für das Priesteramt hochbegabt, wie er sich sozusagen von frühester Jugend an ohne Anleitung durch andere erwiesen hatte. 6. Zum Beispiel habe sich, so heißt es[154], als er noch Kind war, folgendes mit ihm begeben. Als ein prächtiges Volksfest begehen noch jetzt die Alexandriner den alljährlichen Gedenktag an das Martyrium[155] ihres ehemaligen Bischofs Petrus. Diesen Tag feierte der damalige Lenker der Kirche, Alexander, der den Gottesdienst schon beendet hatte und nun auf die Gäste wartete, die mit ihm gemeinsam eine Mahlzeit einnehmen sollten. 7. Während er noch allein war, richtete er seine Blicke aufs Meer. Er sah in der Ferne am Strand Kinder spielen, es war ein Rollenspiel um den Bischof und die kirchlichen Gebräuche. Solange er die Darstellung als harmlos erkannte, genoß er den Anblick und freute sich über das Geschehen. Als sie aber auch an Geheimes rührten, wurde er unruhig. Er ließ die diensthabenden Kleriker kommen, zeigte ihnen die Kinder und gab ihnen den Auftrag, sie zu greifen und herzubringen. Dann erkundigte er sich, was das für ein Spiel sei und woher sie die dabei gebrauchten Worte und Handlungen kannten. 8. Die Kinder stritten erst aus Angst alles ab, als er aber bei der Befragung blieb, gaben sie an, Bischof und Anführer sei Athanasius gewesen, und er habe auch einige ungetaufte Kinder getauft.

(*h. e.* 2,25,6, unten 290f) und von PHILOSTORGIUS, *h. e.* 2,11 (GCS 22–24), bestritten.

[154] Die Kindheitsepisode ist nach RUFIN VON AQUILEIA, *hist.* 10,15 (980–982 MOMMSEN) = GELASIUS VON CAESAREA, *Frg.* 27 (WINKELMANN), mit viel Detailfreude erzählt.

[155] 24. November 311.

9. οὓς ἐπιμελῶς ἀνέκρινεν Ἀλέξανδρος, τί μὲν αὐτοὺς ἤρετο ἢ ἐποίησεν ὁ τῆς παιδιᾶς ἱερεύς, τί δὲ αὐτοὶ ἀπεκρίναντο ἢ ἐδιδάχθησαν. ἀνευρὼν δὲ πᾶσαν τὴν ἐκκλησιαστικὴν τάξιν ἀκριβῶς ἐπ' αὐτοῖς φυλαχθεῖσαν, ἐδοκίμασεν ἅμα τοῖς ἀμφ' αὐτὸν ἱερεῦσι βουλευσάμενος μὴ χρῆναι ἀναβαπτίσαι τοὺς ἅπαξ ἐν ἁπλότητι τῆς θείας χάριτος ἀξιωθέντας· τὰ δὲ ἄλλα περὶ αὐτοὺς ἐπλήρου, ἃ θέμις μόνους τοὺς ἱερωμένους μυσταγωγοῦντας ἐπιτελεῖν.

10. Ἀθανάσιον δὲ καὶ τοὺς ἄλλους παῖδας, οἳ πρεσβύτεροι καὶ διάκονοι ἐν τῷ παίζειν ἐτύγχανον, ὑπὸ μάρτυρι τῷ θεῷ τοῖς οἰκείοις παρέδωκεν ἀναθρέψαι τῇ ἐκκλησίᾳ καὶ ἀγαγεῖν ἐφ' ὃ ἐμιμήσαντο. μετ' οὐ πολὺ δὲ ὁμοδίαιτον καὶ ὑπογραφέα τὸν Ἀθανάσιον εἶχεν. εὖ δὲ ἀχθείς, γραμματικοῖς τε καὶ ῥήτορσι φοιτήσας, ἤδη εἰς ἄνδρας τελῶν, καὶ πρὸ τῆς ἐπισκοπῆς πεῖραν ἔδωκε τοῖς ὁμιλήσασιν αὐτῷ σοφοῦ καὶ ἐλλογίμου ἀνδρός. 11. ἐπεὶ δὲ ἐτελεύτησεν Ἀλέξανδρος διά|δοχον [74] αὐτὸν καταλιπών, ἔτι μᾶλλον ἐπέδωκεν ἡ περὶ αὐτοῦ δόξα βεβαιουμένη ταῖς οἰκείαις ἀρεταῖς καὶ τῇ μαρτυρίᾳ Ἀντωνίου τοῦ μεγάλου μοναχοῦ. μετακαλουμένου γὰρ αὐτοῦ ὑπήκουε καὶ ταῖς πόλεσιν ἐφοίτα καὶ εἰς τὰς ἐκκλησίας συνῄει καὶ οἷς ἐδόξαζε περὶ θεοῦ συνεψηφίζετο, καὶ φίλον ἐν πᾶσιν εἶχεν αὐτὸν καὶ τοὺς ἐναντιουμένους ἢ ἀπεχθανομένους αὐτῷ ἀπεστρέφετο.

18.1. Μάλιστα δὲ ἐνδοξότατον αὐτὸν κατέστησαν οἱ τὰ Ἀρείου καὶ Μελιτίου φρονοῦντες, ἀεὶ μὲν ἐπιβουλεύσαντες, οὐδέποτε δὲ δικαίως αὐτὸν ἑλεῖν δόξαντες. 2. τὰ μὲν οὖν πρῶτα δι' ἐπιστολῆς ἐπειράθη αὐτοῦ Εὐσέβιος δέχεσθαι τοὺς περὶ Ἄρειον· εἰ δὲ ἀπειθήσει,

---

[b]

---

[156] Wohl die (postbaptismale?) Stirnsalbung und Versiegelung, die ANONYMUS VON CAESAREA, *h. e.* 3,15,12 (GCS 137), nennt.

[157] Zum letzten Satz vgl. ATHANASIUS VON ALEXANDRIEN, *v. Anton.* 68–71 (SCh 400,314–320).

[158] Von hier bis *h. e.* 2,19,2, unten 266f, folgt Sozomenos SOCRATES,

9. Alexander fragte diese nun genau aus, was der Spielpriester sie gefragt und mit ihnen gemacht habe und was sie selbst geantwortet oder gelernt hätten. Als er herausfand, daß die gesamte kirchliche Ordnung bei ihnen peinlich eingehalten worden war, entschied er nach Beratung mit den Priestern seiner Begleitung, die einmal in aller Schlichtheit der Gnade Gottes gewürdigten Kinder brauchten nicht wiedergetauft zu werden, das andere aber vollzog er an ihnen, was nur die Priester als Mystagogen vollenden dürfen.[156]

10. Athanasius aber und die anderen Jungen, die im Spiel Presbyter und Diakone gewesen waren, übergab er vor Gott als Zeugen ihren Familien, um sie für die Kirche aufzuziehen und zu dem zu leiten, was sie imitiert hatten. Nach kurzer Zeit hatte er Athanasius als Hausgenossen und Sekretär. Wohlerzogen, nach dem Unterricht bei Lehrern der Grammatik und Rhetorik, nunmehr schon ein Mann, lieferte er auch schon vor seinem Bischofsamt denen, die mit ihm sprachen, Proben seiner Klugheit und Bildung. 11. Als Alexander nach seinem Tode ihn als Nachfolger hinterließ, wuchs sein Ruhm noch, bekräftigt durch seine eigenen Leistungen und durch das Zeugnis des großen Mönchs Antonius. Denn sooft er diesen kommen ließ, leistete er ihm Folge, er kam in die Städte und ging mit dem Bischof in die Kirchen, stimmte mit dessen Gotteslehren überein und betrachtete ihn in allem als Freund, und von seinen Widersachern oder Feinden wandte er sich ab.[157]

18.1. Am berühmtesten aber machten ihn die Anhänger des Arius und Melitius, die immer Ränke gegen ihn schmiedeten, aber ihn offenbar niemals nach Recht und Gesetz fassen konnten. 2. Zuerst[158] legte sich Eusebius mit ihm an, indem er ihn brieflich aufforderte, die Anhänger des Arius aufzunehmen; sollte er dem nicht nachkommen,

---

h. e. 1,23,4 – 1,24,6 (GCS 69–71), dessen Vorlage uns und wohl auch Sozomenos unbekannt ist. Kapitel 18,2 ist noch etwas aus ATHANASIUS VON ALEXANDRIEN, *apol. sec.* 59,4 f (139 f OPITZ), bereichert.

κακῶς αὐτὸν ποιήσειν ἀγράφως ἠπείλει. ὡς δὲ οὐκ εἶξε, μὴ δεκτοὺς εἶναι ἐνιστάμενος τοὺς ἐπὶ νεωτερισμῷ τῆς ἀληθείας αἵρεσιν εὑρόντας καὶ παρὰ τῆς ἐν Νικαίᾳ συνόδου ἀποκηρυχθέντας, ἐσπούδαζεν ὅπως αὐτὸς ὁ βασιλεὺς προσδέξηται τὸν Ἄρειον καὶ κάθοδον αὐτῷ παράσχῃ.

Ἀλλὰ ταῦτα μὲν ὡς ἐγένετο, οὐκ εἰς μακρὰν ἐρῶ. 3. ἐν δὲ τῷ τότε πάλιν πρὸς ἑαυτοὺς ἐστασίαζον οἱ ἐπίσκοποι ἀκριβολογούμενοι περὶ τὸ ὁμοούσιον ὄνομα. οἱ μὲν γὰρ τοὺς τοῦτο προσδεχομένους βλασφημεῖν ᾤοντο, ὡς ὑπάρξεως ἐκτὸς τὸν υἱὸν δοξάζοντας καὶ τὰ Μοντανοῦ καὶ Σαβελλίου φρονοῦντας, οἱ δ᾽ αὖ πάλιν ὡς Ἑλληνιστὰς τοὺς ἑτέρους ἐξετρέποντο καὶ πολυθεΐας εἰσάγειν διέβαλλον. 4. κατετρίβοντο δὲ μάλιστα περὶ τὰ τοιαῦτα Εὐσέβιός τε ὁ Παμφίλου καὶ Εὐστάθιος ὁ Ἀντιοχεύς. ἀμφότεροι μὲν γὰρ τὸν υἱὸν τοῦ θεοῦ ἐν ὑποστάσει εἶναι ὡμολόγουν, ὥσπερ δὲ ἀλλήλων μὴ ἐπαΐοντες ἀλλήλους διέβαλλον. καὶ Εὐστάθιος μὲν ἐπῃτιᾶτο Εὐσέβιον ὡς τὰ ἐν Νικαίᾳ δόξαντα περὶ τοῦ δόγματος καινοτομοῦντα, ὁ δὲ ταῦτα μὲν ἐπαινεῖν φησιν, Εὐσταθίῳ δὲ τὴν Σαβελλίου ὀνειδίζειν δόξαν.

19.1. Συνόδου δὲ ἐν Ἀντιοχείᾳ γενομένης ἀφαιρεῖται Εὐστάθιος τὴν Ἀντιοχέων ἐκκλησίαν, τὸ μὲν ἀληθές, ὡς ὁ πολὺς ἔχει λόγος, καθότι τὴν ἐν Νικαίᾳ πίστιν ἐπῄνει καὶ τοὺς ἀμφὶ τὸν Εὐσέβιον καὶ Παυλῖνον τὸν Τύρου | ἐπίσκοπον καὶ Πατρόφιλον τὸν Σκυ- | 75
θοπόλεως, ὧν τῇ γνώμῃ οἱ ἀνὰ τὴν ἕω ἱερεῖς εἵποντο, οἷά γε τὰ Ἀρείου φρονοῦντας ἀπεστρέφετο καὶ φανερῶς διέβαλλε, πρόφασιν δέ, ὡς οὐχ ὁσίαις πράξεσι τὴν ἱερωσύνην αἰσχύνας ἐφωράθη. 2. μεγίστη δὲ διὰ τὴν αὐτοῦ καθαίρεσιν ἀνεκινήθη στάσις κατὰ τὴν Ἀντιόχειαν, ὡς μικροῦ δεῖν ξιφῶν ἅψασθαι τὸ πλῆθος

[b T (30–)] 6 παράσχοι b || 19 ὡς Christ. : εἰς b

so werde er ihn schlecht behandeln, wie er ihm mündlich androhen ließ. Als Athanasius nicht nachgab und darauf bestand, daß Leute nicht aufgenommen werden könnten, die zur Verfälschung der Wahrheit eine Häresie erfunden hätten und von der Synode in Nicaea ausgestoßen seien, bemühte sich Eusebius darum, daß der Kaiser selbst Arius empfänge und für seine Rückkehr sorgte.

Wie das vonstatten ging, werde ich sehr bald berichten. 3. Damals aber entzweiten sich die Bischöfe von neuem durch exakte Erörterungen über das Wort ‚wesensgleich'. Die einen nämlich glaubten, daß diejenigen, die diesen Begriff akzeptierten, Lästerer seien, weil sie den Sohn ohne eigene Existenz dächten und die Ansicht des Montanus und des Sabellius verträten, die anderen wiederum lehnten die Gegner als Hellenisten ab und verleumdeten sie als Fürsprecher des Polytheismus. 4. Vor allem rieben sich mit solchen Fragen Euseb der Schüler des Pamphilus und Eustathius von Antiochien auf. Beide stimmten darin überein, daß der Sohn Gottes in einer (*sc.* eigenen) Hypostase sei, sie verleumdeten sich aber gegenseitig, als verstünden sie sich nicht. Eustathius warf Euseb Abweichung von den in Nicaea getroffenen dogmatischen Entscheidungen vor, Euseb aber behauptete, diese zu billigen, dem Eustathius aber werfe er die Ansicht des Sabellius vor.

19. 1. Auf einer in Antiochien zusammengetretenen Synode wird Eustathius die Kirche von Antiochien abgenommen, in Wahrheit, wie die verbreitete Version lautet, weil er das Glaubensbekenntnis von Nicaea unterstützte und Leute wie Eusebius, Paulinus den Bischof von Tyrus und Patrophilus von Scythopolis, deren Meinung die orientalischen Bischöfe folgten, als Anhänger des Arius ablehnte und öffentlich angriff, dem Vorwand nach aber, weil er überführt sei, das Priestertum durch ungebührliche Handlungen entehrt zu haben. 2. Wegen seiner Amtsenthebung kam es in Antiochien zu einer heftigen Auseinandersetzung, so daß die Masse fast zum Schwert gegriffen hätte

καὶ πᾶσαν κινδυνεῦσαι τὴν πόλιν. ἔβλαψε δὲ αὐτὸ τοῦτο οὐ μετρίως αὐτὸν πρὸς βασιλέα. ὡς γὰρ ἔγνω ταῦτα συμβεβηκέναι καὶ τὸν λαὸν τῆς ἐκκλησίας εἰς δύο διῃρῆσθαι, σφόδρα ἐχαλέπαινε καὶ ἐν ὑπονοίᾳ αὐτὸν εἶχεν ὡς αἴτιον τῆς στάσεως. πέμπει δὲ ὅμως τινὰ τῶν ἀμφ' αὐτὸν λαμπρῶς στρατευομένων, ἐντειλάμενος εἰς δέος καταστῆσαι τὸ πλῆθος καὶ δίχα ταραχῆς καὶ βλάβης καταπαῦσαι τὴν στάσιν.

3. Λογισάμενοι δὲ οἱ καθελόντες Εὐστάθιον, οἳ δὴ τούτου χάριν εἰς Ἀντιόχειαν συνηγμένοι ἐτύγχανον, ὡς εἰ τῶν ὁμοδόξων αὐτοῖς προστήσαιντό τινα τῆς ἐνθάδε ἐκκλησίας βασιλεῖ γνώριμον καὶ ἐπὶ λόγων ἐπιστήμῃ εὐδόκιμον, ῥᾳδίως ἕξουσι πειθομένους τοὺς ἄλλους, εὖ ἔχειν ἐνόμισαν ἐπιτρέψαι τὸν Ἀντιοχέων θρόνον Εὐσεβίῳ τῷ Παμφίλου. καὶ γράφουσι περὶ τούτου τῷ βασιλεῖ δηλώσαντες καὶ τῷ λαῷ ὑπερφυῶς τοῦτο κεχαρισμένον εἶναι. ὧδε γὰρ ἐξῄτησαν καὶ ὅσοι τοῦ κλήρου καὶ τοῦ πλήθους ἀπεχθῶς εἶχον πρὸς Εὐστάθιον. 4. ὅ γε μὴν Εὐσέβιος ἔγραψε βασιλεῖ παραιτούμενος. ἐπαινέσας δὲ αὐτοῦ τὴν παραίτησιν ὁ βασιλεύς (νόμος γὰρ ἐκκλησιαστικὸς ἐκώλυε τὸν ἅπαξ ἡγησάμενον ἐκκλησίας ἐπισκοπὴν ἄλλην μὴ μετιέναι) ἔγραψε [δὲ καὶ τῷ λαῷ] καὶ αὐτῷ Εὐσεβίῳ ἀποδεχόμενος αὐτὸν τῆς γνώμης καὶ μακάριον ἀποκαλῶν ὡς οὐ μιᾶς πόλεως, ἀλλὰ πάσης τῆς οἰκουμένης ἄξιον ὄντα ἐπισκοπεῖν. 5. ἔγραψε δὲ καὶ τῷ λαῷ τῆς Ἀντιοχέων ἐκκλησίας περί τε ὁμονοίας καὶ τοῦ μὴ δεῖν ἐφίεσθαι τοῦ παρ' ἄλλοις ἐπισκοποῦντος, ὡς οὐκ ἀγαθοῦ ὄντος τῶν ἀλλοτρίων ἐπιθυμεῖν. 6. ἰδίᾳ δὲ παρὰ ταύτας ἄλλην ἐπιστολὴν τῇ συνόδῳ διεπέμψατο· καὶ Εὐσέβιον | μὲν ὁμοίως τῆς παραιτήσεως ἐθαύμαζεν ἐν | 76

[b T] 10 εἰς b : κατὰ τὴν T || 17 ἐξήτησαν C T || 22–23 καὶ ἔγραψεν οὖν εὐσεβίῳ T

159 Strategius Musonianus, von Ammianus Marcellinus 15,13,1f (1,68 Seyfarth) charakterisiert.

und die ganze Stadt in Gefahr geriet. Eben dies schadete ihm nicht wenig beim Kaiser. Als dieser nämlich erfuhr, was geschehen und daß das Kirchenvolk in zwei Parteien gespalten war, war er sehr zornig und vermutete in ihm den Schuldigen des Aufruhrs. Dennoch entsandte er einen hochstehenden Militär[159] seines Hofs mit dem Auftrag, die Masse einzuschüchtern und den Aufruhr ohne weitere Unruhe und Schäden zu beenden.[160]

3. Die Bischöfe, die Eustathius abgesetzt hatten und eben deswegen in Antiochien zusammengekommen waren, überlegten sich, wenn sie einen der ihnen Gleichgesinnten an die Spitze der dortigen Kirche setzten, der dem Kaiser vertraut und wegen literarischer Bildung berühmt sei, würden sie die übrigen leicht auf ihrer Seite haben. Darum hielten sie es für gut, den Bischofssitz von Antiochien dem Euseb, dem Schüler des Pamphilus, anzutragen. Darüber schrieben sie an den Kaiser und erklärten, dies sei auch der Gemeinde überaus willkommen. Denn so lautete auch die Forderung der Feinde des Eustathius im Klerus und in der Gemeinde. 4. Euseb allerdings schrieb dem Kaiser im ablehnenden Sinne. Der Kaiser lobte seine Ablehnung – ein kirchliches Gesetz verbot nämlich, daß ein Mann, der einmal eine Kirche geleitet hatte, sich um ein anderes Bistum bewarb – und schrieb an [die Gemeinde und] Euseb selbst, wobei er seine Meinung akzeptierte und ihn ‚glückselig' nannte; verdiene er doch, Bischof nicht nur einer Stadt, sondern des ganzen Reichs zu sein. 5. Auch an die Kirchengemeinde von Antiochien schrieb er über die Eintracht: man dürfe nicht nach einem bei anderen tätigen Bischof trachten, da es nicht gut sei, den Besitz anderer zu begehren. 6. Außerdem schickte er gesondert noch einen weiteren Brief an die Synode. Eusebs Ablehnung akzeptierte er in gleicher Weise in

160 EUSEBIUS VON CAESAREA, *v. C.* 3,59 (GCS 111f); vgl. CAMERON/HALL, *Eusebius* 305.

τοῖς πρὸς αὐτοὺς γράμμασιν, ὡς δοκίμους δὲ τὴν πίστιν εἶναι πυθόμενος Εὐφρόνιον Καππαδόκην πρεσβύτερον καὶ Γεώργιον Ἀρεθούσιον, ἐκέλευσε τούτων, ὃν ἂν κρίνωσιν, ἢ ἕτερον, ὃς ἄξιος, φησί, φανείη, χειροτονῆσαι τῆς Ἀντιοχέων ἐκκλησίας προστάτην.

Ἐπεὶ δὲ τὰ βασιλέως ἐδέξαντο γράμματα, Εὐφρόνιον ἐχειροτόνησαν. 7. Εὐστάθιος δέ, ὡς ἐπυθόμην, ἡσυχῇ τὴν συκοφαντίαν ἤνεγκεν ὧδέ πῃ κρίνας εἶναι ἄμεινον, ἀνὴρ τά τε ἄλλα καλὸς καὶ ἀγαθὸς καὶ ἐπὶ εὐγλωττίᾳ δικαίως θαυμαζόμενος, ὡς ἐκ τῶν φερομένων αὐτοῦ λόγων συνιδεῖν ἔστιν ἀρχαιότητι φράσεως καὶ σωφροσύνῃ νοημάτων καὶ ὀνομάτων κάλλει καὶ χάριτι ἀπαγγελίας εὐδοκιμούντων.

20.1. Ὑπὸ δὲ τοῦτον τὸν χρόνον Ἰούλιος μέν, Μάρκου μετὰ Σίλβεστρον ἐπ᾽ ὀλίγῳ χρόνῳ ἐπισκοπήσαντος, τὸν ἐν Ῥώμῃ διεῖπε θρόνον, Μάξιμος δὲ μετὰ Μακάριον τὸν Ἱεροσολύμων. τοῦτον δὲ λόγος ἐπίσκοπον ὑπὸ Μακαρίου χειροτονηθῆναι τῆς ἐν Διοσπόλει ἐκκλησίας, ἐπισχεθῆναι δὲ παρὰ τῶν ἐν Ἱεροσολύμοις κατοικούντων· ὁμολογητὴς γὰρ ὢν καὶ ἄλλως ἀγαθὸς τῇ δοκιμασίᾳ τοῦ λαοῦ ὑποψήφιος ἦν μετὰ τὴν Μακαρίου τελευτὴν εἰς τὴν ἐνθάδε ἐπισκοπήν. 2. ἐπεὶ δὲ χαλεπῶς τὸ πλῆθος ἔφερεν οὗ τῆς ἀρετῆς ἐπειράθη ἀποστερούμενον, καὶ στάσις ἠπειλεῖτο, ἔδοξεν εὖ ἔχειν Διοσπολίταις μὲν ἕτερον αἱρεῖσθαι ἐπίσκοπον, Μάξιμον δὲ ἐν Ἱεροσολύμοις μεῖναι καὶ Μακαρίῳ συνιερᾶσθαι, μετὰ δὲ τὴν αὐτοῦ τελευτὴν ἡγεῖσθαι τῆς ἐκκλησίας. ἰστέον μέντοι ὡς οἱ τάδε ἠκριβωκότες κατὰ γνώμην Μακαρίου γενέσθαι τε καὶ σπουδασθῆναι τῷ πλήθει ταῦτα ἰσχυρίζονται· φασὶ γὰρ αὐτὸν μεταμεληθῆναι ἐπὶ τῇ Μαξίμου χειροτονίᾳ,

---

[b T (–13)] 8 εἶναι om. b

---

161 Eusebius von Caesarea, *v. C.* 3,60–62 (GCS 112–117), mit dem Wortlaut der drei kaiserlichen Schreiben. Mit dem „kirchlichen Gesetz" ist Kanon 15 von Nicaea gemeint.

dem Brief an diese; als im Glauben bewährt habe er den kappadokischen Presbyter Euphronius erkannt sowie Georg aus Arethusa, und einen von diesen, den sie auswählten, oder auch einen anderen, der würdig erschiene, wie er schrieb, sollten sie als Vorsteher der Kirche von Antiochien weihen.[161]

Als sie das kaiserliche Schreiben erhalten hatten, weihten sie Euphronius. 7. Eustathius aber, wie ich erfahren habe, ertrug die Verleumdung schweigend, weil er es so wohl für besser hielt, ein Mann, der auch sonst vorbildlich war und wegen seines guten Stils mit Recht bewundert wurde, wie man an seinen erhaltenen Schriften feststellen kann, die sich durch altertümliche Sprache, besonnene Gedanken, Schönheit und Anmut des Ausdrucks auszeichnen.

20. 1. Zu dieser Zeit verwaltete Julius das Bischofsamt in Rom[162], nachdem Marcus nach Silvester kurze Zeit Bischof gewesen war; Maximus war Nachfolger des Macarius in Jerusalem. Von ihm heißt es, er sei von Macarius als Bischof der Kirche von Diospolis[163] geweiht, aber von den Bewohnern Jerusalems zurückgehalten worden, denn als Bekenner und auch sonst vortrefflicher Mann war er nach Ansicht der Gemeinde Kandidat für das dortige Bischofsamt nach dem Tode des Macarius. 2. Da die Menge es nicht ertragen mochte, sich von dem Mann zu trennen, dessen Tüchtigkeit sie erfahren hatte, und es zu Auseinandersetzungen zu kommen drohte, schien es besser, für Diospolis einen anderen Bischof auszusuchen und Maximus in Jerusalem bleiben zu lassen, um mit Macarius zu amtieren und nach dessen Tod die Kirche zu leiten. Man sollte wissen, daß die Kenner der Verhältnisse versichern, dies sei im Sinne des Macarius geschehen und von der Menge angestrebt worden. Sie erklären nämlich, er habe die Weihe des Maximus bedauert,

---

162 Seit dem 6. Februar 337, also erst kurz vor KONSTANTINS Tod. MAXIMUS wurde 334 Bischof von Jerusalem.

163 Früher Lydda.

ἐπιλογισάμενον ὡς ὀρθῶς περὶ θεοῦ δοξάζων καὶ διὰ τὴν ὁμολογίαν τῷ λαῷ κεχαρισμένος ἀναγκαίως φυλακτέος ἐστὶν εἰς τὴν αὐτοῦ διαδοχήν. 3. ἐδεδίει γάρ, μὴ τελευτήσαντος αὐτοῦ καιρὸν εὑρόντες οἱ ἀμφὶ τὸν Εὐσέβιον καὶ Πατρόφιλον, οἱ δὴ τὰ Ἀρείου φρονοῦντες, ὁμοδόξῳ τὸν ἐνθάδε θρόνον ἐπιτρέψουσιν· ἐπεὶ καὶ Μακαρίου περιόντος νεωτερίσαι ἐπεχείρησαν, ἀφορισθέντες δὲ παρ' αὐτοῦ διὰ τοῦτο ἡσυχίαν ἦγον.

21.1. Ἐν τούτῳ δὲ Αἰγυπτίοις οὔπω τέλος εἶχεν ἡ ἐξ ἀρχῆς αὐτοῖς πρὸς ἀλλήλους κινηθεῖσα φιλονικία. ἐπεὶ γὰρ ἐν τῇ συνόδῳ τῇ κατὰ Νίκαιαν ἡ | μὲν Ἀρειανὴ | 77 αἵρεσις παντάπασιν ἀπεκηρύχθη, οἱ δὲ τὰ Μελιτίου φρονοῦντες ἐπὶ τοῖς εἰρημένοις ἐδέχθησαν, ἐπανελθόντι Ἀλεξάνδρῳ εἰς Αἴγυπτον παρέδωκε Μελίτιος τὰς ἐκκλησίας, ἃς παρανόμως ὑφ' ἑαυτὸν ἐποιήσατο, καὶ ἐν τῇ Λυκῷ διῆγε. 2. μετ' οὐ πολὺ δὲ μέλλων τὸν βίον τελευτᾶν Ἰωάννην τινὰ τῶν αὐτῷ συνήθων παρὰ τὸ δόγμα τῆς ἐν Νικαίᾳ συνόδου κατέστησεν ἀντ' αὐτοῦ καὶ πάλιν αἴτιος ἀταξίας ταῖς ἐκκλησίαις ἐγένετο. 3. ἰδόντες δὲ οἱ Ἀρείου τοὺς Μελιτίου νεωτερίζοντας συνετάραττον καὶ αὐτοὶ τὰς ἐκκλησίας. οἷα γὰρ φιλεῖ ἐν ταῖς τοιαύταις ταραχαῖς, οἱ μὲν τὴν Ἀρείου δόξαν ἐθαύμαζον, οἱ δὲ ἐδικαίουν τοὺς ὑπὸ Μελιτίου χειροτονηθέντας χρῆναι τῶν ἐκκλησιῶν ἡγεῖσθαι, καὶ τούτοις προσετίθεντο. πρότερον δὲ διαφερόμενοι πρὸς ἑαυτοὺς ἑκάτεροι, ὡς εἶδον τὸ πλῆθος ἑπόμενον τοῖς ἱερεῦσι τῆς καθόλου ἐκκλησίας, εἰς φθόνον κατέστησαν. 4. καὶ πρὸς ἀλλήλους ἐσπείσαντο καὶ κοινὴν τὴν ἔχθραν ἀνεδέξαντο πρὸς τὸν κλῆρον Ἀλεξανδρείας. ἐπιμὶξ τε πρὸς οὓς διελέγοντο τὰ ἐγκλήματα προέφερον καὶ τὰς ἀπολογίας ἐποιοῦντο ἐπὶ τοσοῦτον, ὡς προϊόντος τοῦ χρόνου

[b T (10–)] 14 παραδέδωκε T || 17 τελευτᾶν T : καταλιμπάνειν b | αὐτοῦ b : αὐτῷ T

da er sich sagte, daß dieser, als theologisch rechtgläubiger und wegen seines Bekennertums bei der Gemeinde beliebter Mann, unbedingt für seine Nachfolge reserviert werden sollte. 3. Denn Macarius fürchtete, nach seinem Tode könnten die Arianer um Eusebius und Patrophilus Gelegenheit finden, einem Gesinnungsgenossen den dortigen Stuhl zuzuschieben, denn sie hatten schon zu Lebzeiten des Macarius Veränderungen beabsichtigt, seien aber deswegen von ihm exkommuniziert worden und dann ruhig geblieben.

21. 1. Unterdessen hatte bei den Ägyptern die ursprünglich bei ihnen aufgebrochene gegenseitige Streitlust noch kein Ende gefunden. Denn als auf der Synode von Nicaea die arianische Häresie gänzlich verworfen wurde, die Anhänger des Melitius jedoch unter den genannten Bedingungen aufgenommen wurden, übergab Melitius dem nach Ägypten zurückkehrenden Alexander die Kirchen, die er sich widerrechtlich angeeignet hatte, und hielt sich in Lycopolis auf. 2. Als er bald darauf im Sterben lag, setzte er entgegen der in Nicaea getroffenen Entscheidung Johannes, einen seiner Vertrauten, an seiner Stelle ein und wurde damit wiederum schuld an Unordnung in den Kirchen. 3. Die Arianer sahen, daß die Melitianer revoltierten, und beteiligten sich daraufhin ihrerseits an der Verwirrung der Kirchen. Denn wie es bei derlei Wirren zugeht, empfanden die Melitianer Sympathien für die Lehre des Arius, während die Arianer sich dafür einsetzten, daß die von Melitius Ordinierten die Kirchen leiten sollten, und sich diesen anschlossen. Waren früher beide Parteien miteinander verfeindet, so wurden sie neidisch, als sie bemerkten, daß die Mehrzahl den Priestern der katholischen Kirche folgte. 4. Daher verständigten sie sich miteinander und machten in der Feindschaft gegen den Klerus von Alexandrien gemeinsame Sache. Vermengt trugen sie ihren Gesprächspartnern die Vorwürfe vor und verteidigten sich, was so weit ging, daß mit der Zeit die Anhänger des Arius

Μελιτιανοὺς ἐν Αἰγύπτῳ παρὰ τῶν πολλῶν ὀνομάζεσθαι τοὺς τὰ Ἀρείου φρονοῦντας· καίτοι γε προστασίας μόνης ἕνεκεν ἐκκλησιῶν διεφέροντο, Ἀρειανοὶ δὲ ὁμοίως Ἀρείῳ περὶ θεοῦ ἐδόξαζον. 5. ἀλλ᾽ ὅμως ἰδίᾳ τὰ παρ᾽ ἀλλήλων ἀναινόμενοι, ὑποκρίνεσθαι σφᾶς παρὰ γνώμην καὶ συμφωνεῖν ὑπέμενον ἐν τῇ κοινωνίᾳ τῆς ἔχθρας, ἕκαστοι προσδοκῶντες ῥᾳδίως κρατήσειν ὧν ἐβούλοντο. τῷ δὲ χρόνῳ, ὡς εἰκός, ἐκ τῶν περὶ ταῦτα διαλέξεων ἕξιν λαβόντες τῶν Ἀρείου δογμάτων ὁμοίως περὶ θεοῦ ἐδόξαζον. ἐντεῦθέν τε πάλιν εἰς τὴν προτέραν ταραχὴν ἐπανῆλθε τὰ κατὰ τὸν Ἄρειον, καὶ λαοὶ καὶ κλῆροι τῆς πρὸς ἀλλήλους ἀπεσχίζοντο κοινωνίας.

6. Οὐ μὴν ἀλλὰ καὶ ἐν ἄλλαις πόλεσιν καὶ μάλιστα παρὰ Βιθυνοῖς καὶ Ἑλλησποντίοις καὶ ἐν τῇ Κωνσταντινουπόλει αὖθις ἀνερριπίζετο τὰ περὶ | [78] τῶν Ἀρείου δογμάτων. ἀμέλει τοι λέγεται, ὡς Εὐσέβιος ὁ Νικομηδείας ἐπίσκοπος καὶ Θεόγνιος ὁ Νικαίας παραπείσαντες τὸν ὑπὸ τοῦ βασιλέως ἐπιτραπέντα φυλάττειν τὴν γραφὴν τῆς ἐν Νικαίᾳ συνόδου ἀπήλειψαν τὰς ἑαυτῶν ὑπογραφὰς καὶ εἰς τὸ φανερὸν ἐπεχείρουν διδάσκειν μὴ χρῆναι ὁμοούσιον εἶναι τῷ πατρὶ τὸν υἱὸν δοξάζειν. 7. περὶ δὲ τούτου ἐγκαλούμενον Εὐσέβιον ὧδε ἄντικρυς πρὸς βασιλέα παρρησιάσασθαι καὶ εἰπεῖν ἐπιδείξαντά τι ὧν ἠμφίεστο, ὡς „εἰ τοῦτο τὸ ἱμάτιον ἐμοῦ θεωμένου διαιρεθείη, οὔποτε ἂν φαίην τῆς αὐτῆς οὐσίας ἑκάτερον". ἐπὶ τούτοις δὲ χαλεπῶς ἄγαν ἔφερεν ὁ βασιλεύς· οἰόμενος γὰρ μετὰ τὴν ἐν Νικαίᾳ σύνοδον πεπαῦσθαι τὰς τοιαύτας ζητήσεις, παρ᾽ ἐλπίδας αὖθις ἀνακινουμένας ἑώρα.

8. Οὐχ ἥκιστα δὲ αὐτὸν ἐλύπησεν Εὐσέβιος καὶ Θεόγνιος Ἀλεξανδρεῦσί τισι κοινωνήσαντες, οὓς εἰς μεταμέλειαν ἡ σύνοδος τετηρήκει ὡς μὴ ὀρθῶς δοξάζοντας,

[b T] 11 τὸν om. T

in Ägypten von den meisten Melitianer genannt wurden, obwohl diese doch nur um die Kirchenleitung stritten, während die Arianer wie Arius über Gott dachten. 5. Mochten sie auch persönlich ihre gegenseitigen Ansichten ablehnen, so duldeten sie doch, daß sie entgegen ihrer Überzeugung sich etwas vormachten und in der gemeinsamen Gegnerschaft übereinstimmten, womit alle erwarteten, leicht ihre Ziele durchsetzen zu können. Mit der Zeit, wie sich denken läßt, gewannen die Melitianer aus den Gesprächen darüber eine Vertrautheit mit den Dogmen des Arius und ähnliche theologische Ansichten. Aus dieser Ursache mündete die arianische Frage wieder in die frühere Wirrnis ein, und Gemeinden und Kleriker spalteten sich von der gegenseitigen Gemeinschaft ab.

6. Aber auch in anderen Städten, vor allem in den Provinzen Bithynia und Hellespontus und in Konstantinopel, wurde der Streit über die Dogmen des Arius wieder entfacht. So wird zum Beispiel behauptet, Eusebius, der Bischof von Nicomedia, und Theognius von Nicaea hätten den vom Kaiser beauftragten Hüter der Niederschrift der Synode von Nicaea beschwätzt und ihre Unterschriften getilgt und dann in aller Öffentlichkeit sich an die Lehre gewagt, man dürfe nicht der Meinung sein, der Sohn sei dem Vater wesensgleich. 7. Darüber zur Rede gestellt, habe Eusebius sich so unverblümt dem Kaiser gegenüber geäußert, daß er eines seiner Kleidungsstücke vorzeigte und sprach: „Wenn dieses Gewand vor meinen Augen zerrissen würde, könnte ich nie und nimmer sagen, beide Stücke seien gleichen Wesens.“ Darüber wurde der Kaiser sehr ärgerlich, hatte er doch angenommen, nach der Synode in Nicaea sei es mit solchen Problemen vorbei, und mußte nun sehen, daß sie wider Erwarten neu aufgegriffen wurden.

8. Am meisten Kummer machten ihm Eusebius und Theognius, die mit einigen Alexandrinern Gemeinschaft hielten. Diese hatte die Synode in Erwartung ihrer Reue als nicht rechtgläubig unter Beobachtung gestellt, Kon-

αὐτὸς δὲ ὡς αἰτίους τῆς διχονοίας καὶ ἐπὶ τούτῳ τῆς πατρίδος ἐκδημοῦντας ἐκπεμφθῆναι προσέταξεν. ἐκ ταύτης δὲ τῆς αἰτίας εἰσὶν οἳ λέγουσιν ὀργισθέντα τὸν βασιλέα καταδικάσαι φυγὴν Εὐσεβίου καὶ Θεογνίου. ἀλλὰ περὶ μὲν τούτου ἐν τοῖς πρόσθεν ἔγραψα, ἅπερ παρὰ ἀκριβῶς ἐπισταμένων ἀκήκοα.

22.1. Ἀθανασίῳ δὲ τῶν ἐπιγενομένων δυσχερῶν πρῶτοι γεγόνασιν αἴτιοι. πλείστην γὰρ ἔχοντες παρὰ βασιλεῖ παρρησίαν καὶ δύναμιν τὸν Ἄρειον μὲν ὡς ὁμόδοξον καὶ φίλον κατάγειν εἰς τὴν Ἀλεξάνδρειαν ἐσπούδαζον, τὸν δὲ τῆς ἐκκλησίας ἐκβαλεῖν ὡς ἐναντίον αὐτοῖς γινόμενον. διαβάλλουσιν οὖν αὐτὸν πρὸς Κωνσταντῖνον ὡς στάσεων καὶ θορύβων αἴτιον τῇ ἐκκλησίᾳ γενόμενον καὶ εἴργοντα τοὺς βουλομένους εἰς τὴν ἐκκλησίαν εἰσιέναι, ἐξὸν πάντας ὁμονοεῖν, εἰ τοῦτο μόνον συγχωρηθείη. 2. ἐπιστοῦντο δὲ ἀληθεῖς εἶναι τὰς κατ᾽ αὐτοῦ διαβολὰς πολλοὶ τῶν μετὰ Ἰωάννου ἐπισκόπων καὶ κληρικῶν, συνεχῶς βασιλεῖ προσιόντες ὀρθοδόξους τε σφᾶς εἶναι λέγοντες καὶ φόνων δὲ καὶ δεσμῶν καὶ πληγῶν ἀδίκων καὶ τραυμάτων καὶ ἐμπρησμῶν | ἐκκλησιῶν κατηγοροῦντες αὐτοῦ καὶ τῶν ὑπ᾽ αὐτὸν ἐπισκόπων. 3. ἐπεὶ δὲ καὶ Ἀθανάσιος ἐδήλωσε τῷ βασιλεῖ, παρανόμους χειροτονίας ἐγκαλῶν τοῖς ἀμφὶ τὸν Ἰωάννην καὶ νεωτερισμὸν τῶν ἐν Νικαίᾳ δοξάντων καὶ πίστιν οὐχ ὑγιᾶ καὶ | 79

[b T (–2)] 1 τῆς[1] om. b || 13 ἐκκλησία B : θρησκεία C

164 In diesem Absatz steckt ein merkwürdiges Mißverständnis einer Passage in KONSTANTINS Brief nach Nicomedia (Urkunde 27 [OPITZ] bei THEODORET VON CYRRHUS, *h. e.* 1,20,8f [GCS 68f]). Der Kaiser schreibt: „Einige Alexandriner (ARIUS und Genossen), die von unserm Glauben abgewichen sind, hatte ich dorthin (nach Nicomedia) zu schicken befohlen, weil durch ihr Wirken die Fackel der Zwietracht erhoben wurde. Aber diese trefflichen Bischöfe (EUSEBIUS und THEOGNIUS), welche ein für allemal die Synode untrüglich in Erwartung ihrer Reue unter Beobachtung gestellt hatte, nahmen sie nicht nur auf ..., sondern teilten auch ihre charakterliche Verkommenheit. Deshalb habe ich mich

stantin aber ließ sie als an der Zwietracht Schuldige, die deshalb ihre Heimatstadt verlassen hatten, zurückschicken. Aus diesem Grunde, so sagen manche, sei der Kaiser in Zorn geraten und habe Eusebius und Theognius zur Verbannung verurteilt. Aber darüber habe ich im Vorhergehenden geschrieben, was ich von den genau Unterrichteten gehört habe.[164]

22. 1. Für Athanasius aber waren sie die ersten Schuldigen an den kommenden Unbilden. Denn da sie über größte Redefreiheit und Geltung beim Kaiser verfügten, bemühten sie sich, Arius als ihren Gesinnungsgenossen und Freund nach Alexandrien zurückzubringen, Athanasius aber als ihren Gegner aus der Kirche zu entfernen. So verleumdeten sie ihn bei Konstantin als Schuldigen an den kirchlichen Zwistigkeiten und Unruhen, der die, welche in die Kirche zu kommen entschlossen seien, ausschließe, obwohl alle einmütig sein könnten, wenn nur dies gestattet werde. 2. Zur Bestätigung für die Wahrheit dieser gegen Athanasius gerichteten Verleumdungen dienten viele der zu Johannes gehörenden (*sc.* melitianischen) Bischöfe und Kleriker, die ständig beim Kaiser vorsprachen, sich als orthodox[165] bezeichneten und Athanasius und die ihm unterstehenden Bischöfe wegen Ermordungen, Verhaftungen, ungerechtfertigten Schlägen, Verletzungen und Brandstiftungen in Kirchen anklagten. 3. Als aber auch Athanasius dem Kaiser schrieb, wobei er Johannes und seinen Anhängern widerrechtliche Weihen vorwarf, Verstoß gegen das in Nicaea Beschlossene, unkorrekten Glauben und

---

entschieden, mit diesen Undankbaren so zu verfahren: Ich habe angeordnet, sie festzunehmen und so weit wie möglich (nach Gallien) zu verbannen." Sprachlich und sachlich hat Sozomenos (oder seine Vorlage?) alles falsch bezogen, dann diese Version verworfen und auf seine frühere Darstellung (*h. e.* 1,21,5, oben 186f; 2,16, oben 252f) verwiesen.

[165] Das Adjektiv meidet Sozomenos wie SOCRATES. Nur hier begegnet es als schlagwortartige Selbstbezeichnung der Melitianer.

στάσεις καὶ ὕβρεις κατὰ τῶν ὀρθῶς περὶ θεοῦ δοξαζόντων, οὐκ εἶχε λοιπὸν ὅτῳ πιστεύσειεν ὁ Κωνσταντῖνος. 4. τοιαῦτα δὲ αὐτῶν ἐγκαλούντων ἀλλήλοις καὶ πολλάκις πολλῶν κατηγόρων ἑκατέρωθεν ὀχλούντων, ἐπεὶ σφόδρα αὐτῷ ἔμελε τῆς ὁμονοίας τῶν λαῶν, γράφει Ἀθανασίῳ μηδένα τῆς ἐκκλησίας εἴργεσθαι· εἰ δὲ τοῦτο καὶ εἰς ὕστερον μηνυθείη, πέμπειν ἀμελλητὶ τὸν ἐξελάσοντα αὐτὸν τῆς Ἀλεξανδρέων πόλεως. εἴ τῳ δὲ φίλον καὶ αὐτῇ τῇ τοῦ βασιλέως ἐντυχεῖν ἐπιστολῇ, ὧδε ἔχει τὸ περὶ τούτου μέρος·

5. „Ἔχων τοίνυν τῆς ἐμῆς βουλήσεως τὸ γνώρισμα πᾶσι τοῖς βουλομένοις εἰς τὴν ἐκκλησίαν εἰσελθεῖν ἀκώλυτον παράσχου τὴν εἴσοδον. ἐὰν γὰρ γνῶ, ὡς κεκώλυκας αὐτῶν τινας τῆς ἐκκλησίας μεταποιουμένους ἢ ἀπεῖρξας τῆς εἰσόδου, ἀποστελῶ παραχρῆμα τὸν καθαιρήσοντά σε ἐξ ἐμῆς κελεύσεως καὶ τῶν τόπων μεταστήσοντα.“

6. Ἐπεὶ δὲ γράφων Ἀθανάσιος καὶ τὸν βασιλέα ἔπειθε μὴ μεταδοτέον κοινωνίας τοῖς Ἀρείου πρὸς τὴν καθόλου ἐκκλησίαν, συνιδὼν Εὐσέβιος ὡς οὐκ ἐπιτεύξεται τοῦ σκοποῦ, Ἀθανασίου τἀναντία σπουδάζοντος, ᾠήθη δεῖν πάσῃ μηχανῇ ἐκποδὼν αὐτὸν ποιῆσαι. πρόφασιν δὲ μὴ ἔχων ἱκανὴν πρὸς τοσαύτην ἐπιβουλήν, ὑπέσχετο τοῖς Μελιτίου συλλαμβάνεσθαι πρὸς βασιλέα <καὶ> τοὺς ἀμφ' αὐτὸν δυναμένους, ἢν ἐθέλωσιν Ἀθανασίου κατηγορεῖν. 7. ἐντεῦθέν τε πρώτην ὑπομένει γραφὴν ὡς χιτωνίων λινῶν φόρον ἐπιθεὶς Αἰγυπτίοις καὶ παρὰ τῶν κατηγόρων τοιοῦτον δασμὸν εἰσπραξάμενος. παρατυχόντες <δὲ> αὐτόθι Ἄπις καὶ Μακάριος, πρεσβύτεροι τῆς Ἀλεξανδρέων ἐκκλησίας, ψευδῆ τὴν κατηγορίαν ἐσπούδασαν διελέγξαι.

[b] 26 ἐπιτιθεὶς b : corr. Bidez

166 Das Brieffragment steht bei SOCRATES, *h. e.* 1,27,4 (GCS 75).

167 Die zweite Hälfte des Kapitels schöpft Sozomenos aus ATHANASIUS VON ALEXANDRIEN, *apol. sec.* 60–63 (140–143 OPITZ).

Anfeindungen wie Beschimpfungen der am rechten Glauben Festhaltenden, wußte Konstantin nicht mehr, wem er glauben solle. 4. Während sie sich gegenseitig derartige Vorwürfe machten und oftmals zahlreiche Ankläger von beiden Parteien dem Kaiser lästig fielen, schrieb er, da ihm sehr an der Eintracht der Gemeinden gelegen war, an Athanasius, er dürfe niemanden von der Kirche fernhalten. Falls ihm dergleichen auch künftig gemeldet werde, schicke er ohne Verzug einen, der ihn aus der Stadt Alexandrien vertreiben werde. Wenn jemand den Brief des Kaisers im Wortlaut lesen möchte, so lautet der betreffende Abschnitt:

5. „In Kenntnis meines Entschlusses also gewähre allen, die in die Kirche kommen wollen, ungehinderten Zutritt. Denn wenn ich erfahre, daß du einige von ihnen, die auf Kirchenzugehörigkeit bestehen, gehindert oder sie vom Betreten ausgeschlossen hast, werde ich unverzüglich jemand schicken, der dich auf mein Geheiß absetzen und aus dem Gebiet entfernen wird.“ [166]

6. Als Athanasius brieflich auch den Kaiser zu überzeugen vermochte, daß den Anhängern des Arius keine Gemeinschaft mit der katholischen Kirche gewährt werden dürfe, merkte Eusebius, daß er sein Ziel nicht erreichen werde, solange Athanasius das Gegenteil betrieb. Darum hielt er es für notwendig, ihn mit jedem Mittel aus dem Wege zu räumen.[167] Weil er aber keinen hinreichenden Vorwand für eine so umfangreiche Intrige hatte, versprach er den Melitianern, ihnen beim Kaiser und bei den Einflußreichen in seiner Umgebung beizustehen, wenn sie sich entschließen könnten, Athanasius anzuklagen. 7. Daraufhin wurde die erste Anklage gegen ihn erhoben, er habe den Ägyptern eine Steuer in Form von Leinenröcken auferlegt und von den Anklägern eine solche Abgabe erhoben. Zufällig waren dort (*sc.* in Nicomedia) Apis und Macarius, zwei Presbyter der Kirche von Alexandrien, anwesend und bemühten sich, die Anklage als unwahr zu erweisen.

8. ἐκ ταύτης τε τῆς αἰτίας μετακληθέντα Ἀθανάσιον πάλιν ἐγράψαντο, ὡς ἐπιβουλεύων τῷ κρατοῦντι λάρνακα χρυσίου Φιλουμενῷ τινι πέπομφεν. | ἐπεὶ δὲ | 80
συκοφαντίαν κατέγνω τῶν κατηγόρων ὁ βασιλεύς, ἐπέτρεψεν Ἀθανασίῳ ἐπανελθεῖν οἴκαδε· καὶ τῷ λαῷ τῆς Ἀλεξανδρείας ἔγραψε μαρτυρήσας αὐτῷ πολλὴν ἐπιείκειαν καὶ πίστιν ὀρθήν, ἀσμένως τε αὐτῷ συντετυχηκέναι καὶ θεῖον εἶναι ἄνδρα πεπεῖσθαι· φθόνου τε χάριν τὴν γραφὴν ὑπομείναντα κρείττω φανῆναι τῶν αὐτοῦ κατηγόρων. 9. πυθόμενός τε πολλοὺς ἔτι ἀπὸ τῶν Αἰγυπτίων ζυγομαχεῖν ἐκ τῆς Ἀρείου καὶ Μελιτίου προφάσεως, διὰ τῆς αὐτοῦ ἐπιστολῆς παρεκάλεσε τὸ πλῆθος εἰς θεὸν ἀπιδεῖν καὶ τὴν παρ' αὐτοῦ κρίσιν εἰς νοῦν λαβεῖν, εὐνοεῖν τε ἀλλήλοις καὶ τοὺς ἐπιβουλεύοντας τῇ αὐτῶν ὁμονοίᾳ παντὶ σθένει διώκειν. καὶ ὁ μὲν βασιλεὺς ὧδέ πῃ γράφων εἰς τὸ κοινόν, πάντας εἰς ὁμόνοιαν ἐκάλει, καὶ μὴ διασπᾶσθαι τὴν ἐκκλησίαν ἐσπούδαζε.

23.1 Μελιτιανοὶ δὲ τῆς προτέρας ἀποτυχόντες πείρας ἑτέρας ὕφαινον κατὰ Ἀθανασίου γραφάς, τὴν μὲν ὡς ποτήριον ἱερὸν συνέτριψε, τὴν δὲ ὡς Ἀρσένιόν τινα κτείνας ἐξέτεμεν αὐτοῦ τὸν βραχίονα καὶ παρ' ἑαυτῷ ἔχει γοητείας ἕνεκεν. οἷα δὲ κληρικὸς ἐλέγετο ὁ Ἀρσένιος οὗτος ἁμαρτήματι περιπεσὼν κρύπτεσθαι· δίκην γὰρ ὑφωρᾶτο δώσειν παρὰ τῷ ἐπισκόπῳ εὐθυνόμενος. 2. τὸ δὲ συμβὰν οὕτως εἰς ἐσχάτην διαβολὴν διεσκεύασαν οἱ ἐπιβουλεύοντες Ἀθανασίῳ. καὶ τὸν μὲν Ἀρσένιον ἐπιμελῶς ἀναζητήσαντες εὗρον, καὶ

[b T (22–)]

168 PHILUMENUS war Magister officiorum zur Zeit der Synode von Nicaea.
169 ATHANASIUS VON ALEXANDRIEN, *apol. sec.* 63 (142 f OPITZ).

8. Athanasius war gerade auf Grund dieser Anschuldigung vorgeladen, da brachten die gleichen Leute als weitere Anklage vor, er habe im Zusammenhang mit einer Verschwörung gegen den Herrscher einem gewissen Philumenus[168] ein Kästchen mit Goldmünzen zukommen lassen. Nachdem der Kaiser gegen die Ankläger auf Verleumdung erkannt hatte, gestattete er Athanasius die Rückkehr nach Haus und richtete an die Gemeinde in Alexandrien ein Schreiben, in dem er ihm volle Ehrenhaftigkeit und rechten Glauben bescheinigte. Er sei mit Freuden mit ihm zusammengekommen und habe sich überzeugt, daß er ein Mann Gottes sei. Aus Mißgunst sei er angeklagt worden und habe sich den Anklägern überlegen gezeigt. 9. Weil er erfahren hatte, daß sich noch viele Ägypter wegen der Sache des Arius und des Melitius stritten, ermahnte er die Menge in seinem Brief, auf Gott zu blicken, wegen dessen Urteil einander wohlgesonnen zu sein und die Leute, die es auf ihre Eintracht abgesehen hätten, mit aller Kraft zu verjagen. In diesem Sinne schrieb der Kaiser an die Gemeinde, womit er alle zur Eintracht aufrufen wollte und sich bemühte, die Kirche nicht spalten zu lassen.

23. 1. Die Melitianer, beim ersten Versuch gescheitert, zimmerten noch weitere Anklagen gegen Athanasius, zum einen, er habe einen sakralen Kelch zerbrochen[169], zum andern, er habe einen gewissen Arsenius umgebracht und ihm den einen Arm abgeschnitten, den er nun zu magischen Zwecken mit sich führe. Es hieß, dieser Arsenius habe sich als Kleriker eine Verfehlung zuschulden kommen lassen und halte sich deswegen versteckt, weil er bei einer Verhandlung vor dem Bischof Bestrafung befürchten mußte.[170] 2. Diesen Umstand arrangierten die Gegner des Athanasius zu einer extremen Verleumdung. Sie suchten sorgfältig nach Arsenius und fanden ihn auch, behan-

---

170 SOCRATES, *h. e.* 1,27,15 (GCS 78), bzw. GELASIUS VON CAESAREA, *Frg.* 35 (WINKELMANN).

φιλοφρονησάμενοι καὶ πᾶσαν εὔνοιαν καὶ ἀσφάλειαν παρέξειν αὐτῷ ὑποσχόμενοι ἄγουσι λάθρα πρός τινα τῶν αὐτοῖς συνήθων καὶ τὰ αὐτὰ σπουδαζόντων· Πρίνης ὄνομα αὐτῷ ἦν, πρεσβύτερος μοναστηρίου· ἐνταῦθά τε τὸν Ἀρσένιον κρύψαντες σπουδῇ περιήεσαν κατὰ τὰς ἀγορὰς καὶ τοὺς συλλόγους τῶν ἐν τέλει, λογοποιοῦντες τοῦτον πεφονεῦσθαι παρὰ Ἀθανασίου. παρεσκεύαστο δὲ πρὸς τοιαύτην κατηγορίαν καὶ Ἰωάννης μοναχός τις ὁ | Ἀρχὰφ λεγόμενος. | 81

3. Ταύτης δὲ τῆς αἰσχρᾶς φήμης εἰς πολλοὺς διασπαρείσης ἐπὶ τοσοῦτον, ὡς καὶ βασιλέως ἀκοὰς φθάσαι, ὁρῶν Ἀθανάσιος ὡς, εἰ συμβαίη αὐτὸν καὶ ἐπὶ ταύτῃ τῇ αἰτίᾳ γραφὴν ὑπομεῖναι, χαλεπόν ἐστιν ἀπολογήσασθαι παρὰ δικασταῖς τοιαύταις φήμαις προκατειλημμένοις, ἀντεστρατήγει ταῖς τῶν ἐναντίων τέχναις, καὶ ὡς ἐνεδέχετο πάντας πιστούμενος ἐπόνει μὴ καλύπτεσθαι τὴν ἀλήθειαν ταῖς αὐτῶν διαβολαῖς. 4. ἦν δὲ ἄρα τοὺς πολλοὺς πείθειν ἐργῶδες Ἀρσενίου μὴ φαινομένου. λογισάμενος οὖν ὡς οὐκ ἂν ἄλλως ἑαυτὸν καθαροῖ τῆς ὑπονοίας, εἰ μὴ ζῆν ἀπελέγξειε τὸν τεθνάναι λεγόμενον, πέμπει τῶν ἀμφ' αὐτὸν πιστότατόν τινα διάκονον ἀναζητήσοντα τοῦτον. ὁ δὲ παραγενόμενος εἰς Θηβαΐδα ἐξαγγειλάντων τινῶν μοναχῶν ἔγνω ὅπου διῆγεν. ἐπεὶ δὲ ἧκε πρὸς Πρίνην, παρ' ᾧ ἐκρύπτετο, αὐτὸν μὲν Ἀρσένιον οὐ καταλαμβάνει· προμαθόντες γὰρ τὴν ἄφιξιν τοῦ διακόνου μετέστησαν τοῦτον εἰς τὴν κάτω Αἴγυπτον. 5. παραλαβὼν δὲ τὸν Πρίνην ἤγαγεν εἰς Ἀλεξάνδρειαν, ἅμα δὲ καὶ Ἠλίαν, ἕνα τῶν αὐτῷ συνόντων, ὃς ἐλέγετο τὸν Ἀρσένιον ἑτέρωθι μεταστῆσαι.

[b T] 2 λάθρα om. T || 4 ἦν om. T || 5 ἐνταῦθά τε b : πρὸς ὃν T || 8 δὲ om. T || 9 τις μοναχὸς T | Ἀρχὰφ λεγόμενος Val. : γραφόμενος || 20 καθάροι b T : corr. Primmer || 21 πιστοτάτων T

delten ihn freundlich, verhießen ihm alle Gunst und Sicherheit zu garantieren und brachten ihn insgeheim zu einem ihrer Vertrauten, der sich für die gleichen Ziele einsetzte. Er[171] hieß Prines und war Presbyter eines Klosters. Als sie Arsenius dort versteckt hatten, trieben sie sich auf Marktplätzen und auf den Zusammenkünften der Behörden herum, wo sie das Gerücht streuten, dieser Mann sei von Athanasius umgebracht worden. Eingeweiht war in eine solche Anklage auch ein Mönch Johannes mit dem Beinamen Archaph.

3. Als dieses üble Gerücht schon so weit unter vielen Menschen verbreitet war, daß es auch dem Kaiser zu Ohren kam, erkannte Athanasius, wenn er auch noch unter dieser Beschuldigung eine Anklage erhielte, werde es schwierig sein, sich bei Richtern zu verteidigen, die von derartigen Gerüchten voreingenommen waren. So entwickelte er eine Gegenstrategie gegen die Tücken seiner Widersacher und versicherte sich möglichst aller in dem Bemühen, die Wahrheit nicht durch ihre Verleumdungen verdunkeln zu lassen. 4. Nun war es mühsam, viele zu überzeugen, solange Arsenius sich nicht sehen ließ. Er überlegte sich also, daß er sich kaum anders von dem Verdacht befreien könnte, als indem er den Totgesagten als lebend nachwiese. So schickte er einen seiner zuverlässigsten Diakone auf die Suche nach Arsenius. Dieser kam in die Thebaïs und erfuhr durch Aussage einiger Mönche den Aufenthaltsort. Als er jedoch zu Prines kam, bei dem er sich versteckt hatte, traf er Arsenios selbst nicht an. Denn sie hatten vorher von der Ankunft des Diakons erfahren und den Gesuchten nach Unterägypten gebracht. 5. Er nahm Prines mit und brachte ihn nach Alexandrien, mit ihm zusammen auch Elias, einen von dessen Gefährten, von dem es hieß, er habe Arsenius an einen anderen Ort gebracht.

---

[171] Von hier bis zum Kapitelende nach ATHANASIUS VON ALEXANDRIEN, *apol. sec.* 65–71 (144–151 OPITZ).

ἄμφω τε προσαχθέντες τῷ ἄρχοντι τῶν ἐν Αἰγύπτῳ στρατιωτικῶν ταγμάτων ὡμολόγησαν ἐν ζῶσιν εἶναι Ἀρσένιον, λαθεῖν δὲ παρ᾽ αὐτοῖς πρότερον κρυπτόμενον, καὶ νῦν ἐν Αἰγύπτῳ διάγειν.

6. Ταῦτα οὕτω συμβάντα δῆλα γενέσθαι Κωνσταντίνῳ ἐσπούδασεν Ἀθανάσιος. τῷ δὲ βασιλεὺς ἀντέγραψεν ἔχεσθαι τῆς ἱερωσύνης ἐπιμελῶς καὶ τῆς τοῦ λαοῦ εὐταξίας καὶ εὐσεβείας προνοεῖν, παρ᾽ οὐδὲν δὲ ἡγεῖσθαι τὰς τῶν Μελιτιανῶν ἐπιβουλάς, ὡς καὶ αὐτοῦ εὖ εἰδότος φθόνον αὐτοὺς ἐγείρειν εἰς τοιαύτας ψευδεῖς καὶ πεπλασμένας γραφὰς καὶ τοὺς κατὰ τῆς ἐκκλησίας θορύβους. 7. αὐτόν τε τοῦ λοιποῦ μὴ συγχωρεῖν τὰ τοιαῦτα, ἀλλὰ δικαστὴν ἔσεσθαι κατὰ τοὺς πολιτικοὺς νόμους, εἰ μὴ ἡσυχίαν ἄγοιεν, καὶ δίκην λαβεῖν παρ᾽ αὐτῶν ὡς οὐ μόνον ἀδίκως τοῖς ἀθῴοις ἐπιβουλευόντων, ἀλλ᾽ ἀδίκως τῇ εὐταξίᾳ τῆς ἐκκλησίας καὶ τῇ εὐσεβείᾳ λυμαινομένων. τοιαῦτα γράψας ὁ βασιλεὺς Ἀθανασίῳ προσέταξεν εἰς τὸ κοινὸν ἀναγνωσθῆναι τὴν ἐπιστολήν, ἵν᾽ εἰδέναι πάντες ἔχοιεν τὴν αὐτοῦ προαίρεσιν. 8. τὸ δὲ ἐξ ἐκείνου περιδεεῖς γενόμενοι οἱ τὰ Μελιτίου φρονοῦντες τέως ἠρέμουν ὑφορώμενοι τὴν τοῦ κρατοῦντος ἀπειλήν. εἰρηνευομένη δὲ ἡ κατὰ πᾶσαν Αἴγυπτον ἐκκλησία καὶ ὑπὸ | τοσούτου ἱερέως προστα- | 82
σίᾳ ἰθυνομένη πολυπλασίων ὁσημέραι ἐγίνετο, πολλῶν προστιθεμένων ἐκ τοῦ Ἑλληνικοῦ πλήθους καὶ τῶν ἄλλων αἱρέσεων.

24.1 Ὑπὸ δὲ τοῦτον τὸν χρόνον παρειλήφαμεν καὶ τοὺς ἔνδον τῶν καθ᾽ ἡμᾶς Ἰνδῶν, ἀπειράτους μείναντας

[b T (–6)]

[172] So unklar die geographischen und ethnographischen Angaben, auch in den Quellen- und Parallelberichten, sein mögen (RUFIN VON AQUILEIA, *hist.* 10, 9 [971 MOMMSEN]: *inter quam (citeriorem Indiam) Parthiamque media, sed longo interior tractu India ulterior;* ANONYMUS VON

Beide wurden dem Kommandanten der in Ägypten stationierten Militärabteilungen vorgeführt und gaben zu, Arsenius sei am Leben, habe sich bei ihnen zuvor verborgen gehalten und befinde sich jetzt in (*sc.* Unter-)Ägypten.

6. Diese Vorgänge Konstantin zur Kenntnis zu bringen beeilte sich Athanasius. Der Kaiser schrieb ihm zurück, er möge sich sorgfältig an sein Bischofsamt halten und für Wohlverhalten und Frömmigkeit der Gemeinde sorgen, dagegen die Machenschaften der Melitianer nicht beachten, da auch er sehr wohl wisse, daß nur Mißgunst sie zu solch falschen und erfundenen Anklagen und zu Tumulten gegen die Kirche verleite. 7. Auch werde er selbst dergleichen künftig nicht hinnehmen, sondern als Richter nach den staatlichen Gesetzen eingreifen, wenn sie sich nicht ruhig verhielten, und werde sie bestrafen, da sie nicht nur Unschuldige widerrechtlich schikanierten, sondern widerrechtlich die Ordnung der Kirche und die Frömmigkeit zerstörten. Nach diesen Worten gab der Kaiser Athanasius den Auftrag, den Brief in der Öffentlichkeit verlesen zu lassen, damit alle seine Entschlossenheit zur Kenntnis nehmen könnten. 8. Seitdem wurden die Melitianer sehr kleinlaut und verhielten sich einstweilen ruhig, weil sie die Drohung des Herrschers respektierten. In ganz Ägypten lebte die Kirche in Frieden und wurde, unter der Führung eines so bedeutenden Priesters geleitet, täglich größer, weil sich ihr viele aus der hellenischen Menge und aus den anderen Glaubensrichtungen anschlossen.

24.1. Um diese Zeit, so haben wir der Überlieferung entnommen, fanden auch die Inder, die diesseits der uns bekannten Inder lebten[172] und nichts erfahren hatten

---

CYZICUS, *h. e.* 3,9,2 [GCS 121]: „den fern von den Parthern lebenden Indern"; SOCRATES, *h. e.* 1,19,1 [GCS 60]: „der inneren Inder"), so sicher ist doch das Reich von Aksum in Abessinien gemeint; vgl. DIHLE, *Daten* 36–64; BRAKMANN, *Aksum* 3–9.29–35.51–67.117–122.

τῶν Βαρθολομαίου κηρυγμάτων, μετασχεῖν τοῦ δόγματος ὑπὸ Φρουμεντίῳ, ἱερεῖ καὶ καθηγητῇ γενομένῳ παρ' αὐτοῖς τῶν ἱερῶν μαθημάτων. ἵνα δὲ γνοίημεν καὶ ἐν τῷ παραδόξῳ τοῦ συμβάντος περὶ τοὺς Ἰνδοὺς οὐκ ἐξ ἀνθρώπων, ὥς τισι τερατολογεῖσθαι δοκεῖ, τὴν σύστασιν λαβεῖν τὸ τῶν Χριστιανῶν δόγμα, ἀναγκαῖον καὶ τὴν αἰτίαν τῆς Φρουμεντίου χειροτονίας διεξελθεῖν· ἔχει δὲ ὧδε.

2. Περὶ πολλοῦ τοῖς παρ' Ἕλλησιν εὐδοκιμωτάτοις φιλοσόφοις ἐγίνετο πόλεις καὶ τόπους ἀγνῶτας ἱστορεῖν. οὕτω γοῦν Πλάτων ὁ Σωκράτους ἑταῖρος Αἰγυπτίοις ἐνεδήμησε τὰ παρ' αὐτοῖς μαθησόμενος, ἔπλευσε δὲ καὶ εἰς Σικελίαν ἐπὶ θέᾳ τῶν αὐτόθι κρατήρων, ἐν οἷς ἀεὶ μὲν ὡς ἀπὸ πηγῆς ἀναδιδόμενον αὐτόματον παφλάζει πῦρ, πολλάκις δὲ ὑπερχέον ποταμοῦ δίκην ῥεῖ καὶ τὴν γείτονα γῆν ἐπιβόσκεται τοσοῦτον, ὡς ἔτι νῦν πολλοὺς ἀγροὺς φαίνεσθαι κατακεκαυμένους καὶ μήτε σπόρον δέχεσθαι μήτε φυτείαν δένδρων, οἷά γε περὶ τῆς Σοδομιτῶν χώρας καταγγέλλουσι. τούτους δὲ τοὺς κρατῆρας καὶ Ἐμπεδοκλῆς ἱστόρησεν, ἀνὴρ λαμπρῶς παρ' Ἕλλησι φιλοσοφήσας καὶ ἐν ἔπεσιν ἡρῴοις τὴν ἐπιστήμην πραγματευσάμενος· διαπορούμενος δὲ περὶ τῆς ἀναδόσεως τοῦ πυρός, ἢ τούτῳ τῷ τρόπῳ ἄμεινον ἀποθανεῖν δοκιμάσας, ἤ (τό γε ἀληθέστερον εἰπεῖν) οὐδὲ αὐτὸς ἴσως εἰδὼς οὗ χάριν πρὸ καιροῦ τὴν τοιαύτην εὗρεν ἑαυτῷ τοῦ βίου ἀπαλλαγήν, ἥλατο εἰς τὸ πῦρ καὶ διεφθορη. 4. οὐ μὴν ἀλλὰ καὶ Δημόκριτος ὁ Κῷος πλείστας ἱστόρησε πόλεις, ἀέρα τε καὶ χώρας καὶ ἔθνη· καὶ ἐπὶ ἔτεσιν ὀγδοήκοντα διαγαγεῖν ἐπὶ ξένης αὐτός που περὶ ἑαυτοῦ φησιν. ἄλλοι τε ἐπὶ τούτοις μυρίοι τῶν παρ' Ἕλλησι σοφῶν, ἀρχαῖοι καὶ νεώτεροι, τοῦτο ἐσπούδασαν.

[b]

von der Missionspredigt des Bartholomäus[173], zum Glauben dank Frumentius, der bei ihnen Bischof und Prediger der heiligen Lehren wurde. Damit wir auch an dem Wunder, das sich bei den Indern ereignete, erkennen können, daß der Christenglaube seine Festigung nicht durch Menschen erfährt, wie es manchen zu fabulieren beliebt, ist es erforderlich, auch die Ursache für die Ordination des Frumentius darzustellen. Es verhält sich damit folgendermaßen.

2. Die berühmtesten Philosophen bei den Griechen legten großen Wert darauf, unbekannte Städte und Regionen zu erforschen. So besuchte Plato, der Gefährte des Sokrates, die Ägypter, um ihre Wissenschaft kennenzulernen. Auch fuhr er nach Sizilien zur Besichtigung der dortigen Krater, in denen stets, wie von einer Quelle gespeist, ein selbständiges Feuer kocht, das häufig überläuft und wie ein Strom herabfließt und dabei die Nachbarschaft so nachhaltig verzehrt, daß noch heute viele Äcker völlig zerstört erscheinen und weder Saatgut noch Baumpflanzungen annehmen, ähnlich wie es vom Land der Sodomiter berichtet wird. 3. Diese Krater erforschte auch Empedokles, ein glänzender Philosoph bei den Griechen, der in Hexametern seine Lehre dargelegt hat. In Unklarheit darüber, wie das Feuer nach oben kommt, oder weil er auf diese Art zu sterben besser fand oder — die wahrscheinlichste Annahme — weil er vielleicht selbst nicht recht wußte, weshalb er vorzeitig solch ein Ende seines Lebens suchte, sprang er in die Glut und kam darin um. 4. Aber auch Demokrit von Kos erforschte zahlreiche Städte, das Klima, Länder und Völker, und er sagt selbst von sich irgendwo, er habe achtzig Jahre in der Fremde gelebt. Außerdem haben sich unzählige andere griechische Denker in alter wie in neuer Zeit darum gemüht.

---

173 Bei dem ANONYMUS VON CYZICUS, *h. e.* 3,9,2 (GCS 120), ist BARTHOLOMÄUS für die Äthiopen zuständig (THOMAS für „Groß-Indien").

5. Οὓς ζηλώσας Μερόπιός τις φιλόσοφος Τύριος τῆς Φοινίκης παρεγένετο εἰς Ἰνδούς. εἵποντο δὲ αὐτῷ παῖδες δύο, Φρουμέντιός τε καὶ Ἐδέσιος, ἄμφω δὲ γένει αὐτῷ προσήκοντες· οὓς διὰ λόγων ἦγε καὶ ἐλευθερίως ἐπαίδευεν. ἱστορήσας δὲ τῆς Ἰνδικῆς | ὅσα γε αὐτῷ ἐξεγένετο, τῆς ἐπανόδου εἴχετο νηὸς ἐπιτυχὼν στελλομένης εἰς Αἴγυπτον. συμβὰν δὲ κατὰ χρείαν ὕδατος ἢ τῶν ἄλλων ἐπιτηδείων εἰς ὅρμον τινὰ προσσχεῖν τὴν ναῦν, καταδραμόντες οἱ τῇδε Ἰνδοὶ κτείνουσι πάντας καὶ τὸν Μερόπιον· ἔτυχον γὰρ τότε λύσαντες τὰς πρὸς Ῥωμαίους σπονδάς. 6. τοὺς δὲ παῖδας νέους ὄντας οἰκτείραντες ἐζώγρησαν καὶ βασιλεῖ τῷ ἑαυτῶν προσήγαγον. ὁ δὲ τὸν μὲν νεώτερον οἰνοχόον κατέστησε, μείζονα δὲ τῆς αὐτοῦ οἰκίας τὸν Φρουμέντιον καὶ τῶν χρημάτων ἐπίτροπον· ἔγνω γὰρ αὐτὸν ἐχέφρονα καὶ διοικεῖν ἱκανώτατον. | 83

Ἐπὶ πολὺν δὲ χρόνον χρησίμους σφᾶς καὶ πιστοὺς παρασχομένους, τελευτῶν ἐπὶ παιδὶ καὶ γαμετῇ, ἐλευθερίᾳ τῆς εὐνοίας αὐτοὺς ἠμείψατο καὶ ᾗ βούλοιντο διάγειν ἐπέτρεψε. 7. καὶ οἱ μὲν εἰς Τύρον πρὸς τοὺς οἰκείους ἐπανελθεῖν ἐσπούδαζον· ἔτι δὲ τοῦ βασιλέως υἱοῦ νέου κομιδῇ ὄντος ἐδεήθη ἡ τούτου μήτηρ ἐπ' ὀλίγον χρόνον περιμεῖναι ἄμφω τὴν βασιλείαν ἐπιτροπεύοντας, ἄχρις ἂν ὁ παῖς ἀνδρωθείη. ἀντιβολοῦσαν δὲ τὴν βασιλίδα ᾐδέσθησαν, καὶ τὰ βασίλεια καὶ τὴν ἡγεμονίαν Ἰνδῶν διῴκουν. 8. ὁ δὲ Φρουμέντιος θείαις ἴσως προτραπεὶς ἐπιφανείαις ἢ καὶ αὐτομάτως τοῦ θεοῦ κινοῦντος ἐπυνθάνετο, εἴ τινες εἶεν Χριστιανοὶ παρ' Ἰνδοῖς ἢ Ῥωμαῖοι τῶν εἰσπλεόντων ἐμπόρων. ἐπιμελῶς δὲ τούτους ἀναζητῶν μετεκαλεῖτο πρὸς ἑαυτόν· ἀμφαγαπάζων τε καὶ φιλοφρονούμενος εὐχῆς ἕνεκεν συνιέναι ἐποίει καὶ ᾗ Ῥωμαίοις ἔθος ἐκκλησιάζειν,

---

[b] 19 βούλονται b

5. Ihnen wollte es Meropius, ein Philosoph aus Tyrus in Phönikien, gleichtun und kam so zu den Indern. Ihm folgten zwei Jungen, Frumentius und Edesius, beide mit ihm verwandt, die er in die Wissenschaft einführte und, wie es freien Leuten gebührt, erzog. Nachdem er von Indien, soviel er vermochte, erforscht hatte, machte er sich auf den Rückweg, als er ein Schiff bekam, das nach Ägypten fuhr. Es ergab sich, daß er im Bedarf nach Wasser oder anderen Lebensmitteln das Schiff einen Hafen anlaufen ließ, da überfielen ihn die dort hausenden Inder, töteten alle und auch Meropius, denn sie hatten damals gerade den Vertrag mit den Römern gebrochen. 6. Mit den noch jungen Knaben hatten sie Mitleid, sie nahmen sie gefangen und brachten sie zu ihrem König. Der machte den jüngeren zu seinem Mundschenk, Frumentius aber zu seinem Majordomus und zum Bevollmächtigten für die Finanzen, denn er merkte, daß er gescheit und als Verwalter sehr geeignet war.

Lange Zeit hatten sie sich als nützlich und zuverlässig erwiesen, da starb er unter Hinterlassung eines Sohnes und seiner Frau. Die beiden jungen Leute belohnte er für ihre treuen Dienste mit der Freiheit und gestattete ihnen zu leben, wo sie wollten. 7. Ihr Bestreben war es, nach Tyrus zu ihren Angehörigen zurückzukehren. Weil aber der Königssohn noch sehr jung war, bat seine Mutter sie, noch eine kurze Zeit zu bleiben und gemeinsam das Königreich zu leiten, bis der Sohn zum Mann würde. Sie mochten sich den Bitten der Mutter nicht verschließen und verwalteten Palast und Königreich der Inder. 8. Frumentius, vielleicht durch gottgesandte Erscheinungen gemahnt oder auch von selbst nach Gottes Antrieb, erkundigte sich, ob es Christen bei den Indern gäbe oder Römer unter den einlaufenden Händlern. Diese suchte er mit Eifer und ließ sie zu sich kommen, begrüßte und behandelte sie freundlich und ließ sie zum Gebet zusammenkommen und Gottesdienst nach Art der Römer abhalten, und mit

καὶ διὰ πάντων προὐτρέπετο τὸ θεῖον πρεσβεύειν, εὐκτηρίους οἴκους οἰκοδομήσας. 9. ἤδη δὲ τοῦ βασιλέως υἱοῦ εἰς ἐφήβους τελοῦντος, παραιτησάμενοι αὐτὸν καὶ τὴν βασιλίδα οὐκ ἀνεκτὸν ἡγουμένους χωρίζεσθαι σφῶν, πείσαντες καὶ φίλοι ἀπαλλαγέντες, παρεγένοντο εἰς τὴν Ῥωμαίων ὑπήκοον. καὶ Ἐδέσιος μὲν τοὺς οἰκείους ὀψόμενος εἰς Τύρον ἦλθεν, ἔνθα δὴ μετὰ ταῦτα πρεσβυτερίου ἠξιώθη. Φρουμέντιος δὲ τὴν ἐπὶ Φοινίκην ὁδὸν τέως ἀναβαλλόμενος ἀφίκετο εἰς Ἀλεξάνδρειαν· ἔδοξε γὰρ αὐτῷ οὐ καλῶς ἔχειν πατρίδος καὶ γένους δευτερεύειν τὴν περὶ τὰ θεῖα σπουδήν. 10. συντυχὼν δὲ Ἀθανασίῳ τῷ προϊσταμένῳ τῆς Ἀλεξανδρέων ἐκκλησίας τὰ κατ' Ἰνδοὺς διηγήσατο καὶ ὡς ἐπισκόπου δέοι αὐτοῖς τῶν αὐτόθι Χριστιανῶν ἐπιμελησομένου. ὁ δὲ Ἀθανάσιος τοὺς ἐνδημοῦντας ἱερέας ἀγείρας ἐβουλεύσατο περὶ τούτου· καὶ χειροτονεῖ αὐτὸν τῆς Ἰνδικῆς ἐπίσκοπον, λογισάμενος ἐπιτηδειότατον εἶναι τοῦτον καὶ ἱκανὸν πολλὴν ποιῆσαι τὴν θρησκείαν παρ' οἷς πρῶτος αὐτὸς ἔδειξε τὸ Χριστιανῶν ὄνομα καὶ σπέρμα παρέσχετο τῆς τοῦ δόγματος μετουσίας. 11. ὁ δὲ Φρουμέντιος πάλιν εἰς Ἰνδοὺς ὑποστρέψας λέγεται τοσοῦτον εὐκλεῶς τὴν ἱερωσύνην μετελθεῖν, ὡς ἐπαινεθῆναι παρὰ πάντων τῶν αὐτοῦ πειρα|θέντων, οὐχ ἧττον ἢ τοὺς | 84 ἀποστόλους θαυμάζουσι, καθότι καὶ ἐπισημότατον αὐτὸν ὁ θεὸς ἀπέφηνε, πολλὰς καὶ παραδόξους ἰάσεις καὶ σημεῖα καὶ τέρατα δι' αὐτοῦ δημιουργήσας. ἡ μὲν δὴ παρ' Ἰνδοῖς ἱερωσύνη ταύτην ἔσχεν ἀρχήν.

25.1 Ἀθανασίῳ δὲ πάλιν αἱ τῶν ἐναντίων ἐπιβουλαὶ ἀνεκίνουν πράγματα καὶ μῖσος παρὰ τῷ βασιλεῖ κατεσκεύαζον καὶ κατηγόρων ἐπήγειρον πλῆθος. παρ' ὧν

[b] 14 ἐπιμελησόμενον b || 29–30 κατεσκεύαζε b || 30 ἐπήγειρε b

[174] Die beabsichtigte Missionierung der „Inder" in einer zweiten Phase tritt auffällig in den Hintergrund, man könnte vermuten, daß mit dem „sie" gerade die Einheimischen gemeint waren, was durch die knappe

allem ermutigte er sie[174], die Gottheit zu verehren, wobei er auch Gebetshäuser erbauen ließ. 9. Als dann der Königssohn schon ein junger Mann war, baten sie ihn und die Königin um ihren Abschied. Die mochten es kaum ertragen, sich von ihnen zu trennen, gleichwohl überzeugten sie sie, schieden als Freunde und kamen ins Römische Reich. Edesius ging, um seine Familie wiederzusehen, nach Tyrus, wo er danach auch zum Presbyteramt berufen wurde. Frumentius aber schob die Fahrt nach Phönikien vorerst auf und kam nach Alexandrien, schien es ihm doch nicht recht, den Eifer um die Gottheit hinter Heimat und Familie an die zweite Stelle zu setzen. 10. Er hatte eine Begegnung mit Athanasius, dem Leiter der Kirche von Alexandrien, berichtete ihm von den Indern und davon, daß sie einen Bischof brauchten, der für die dortigen Christen sorgen sollte. Athanasius versammelte die anwesenden Bischöfe und beriet sich mit ihnen über die Sache. Dann weihte er Frumentius zum Bischof des Landes der Inder, da er annahm, er sei der am ehesten Geeignete und fähig, die Religion bei denen zu fördern, bei denen er als erster den Christennamen bekannt machte und den Samen für die Teilhabe am Glauben streute. 11. Frumentius, wieder zu den Indern zurückgekehrt, soll das Priesteramt so ehrenvoll wahrgenommen haben, daß er von allen gepriesen wurde, die ihn erlebten, nicht minder als man die Apostel bewundert. Denn auch ihn machte Gott höchst angesehen, indem er viele Wunderheilungen, Zeichen und Wunder durch ihn bewirkte. Das Priestertum bei den Indern nahm damit also seinen Anfang.

25.1. Athanasius aber schufen die Machenschaften seiner Widersacher erneut Schwierigkeiten. Sie versuchten Haß beim Kaiser zu erzeugen und setzten eine Fülle von Anklägern in Bewegung. Von ihnen bedrängt,

---

Darstellung verdunkelt wäre. Deutlicher drückt Sozomenos sich in § 10f aus.

ὀχλούμενος ὁ βασιλεὺς σύνοδον γενέσθαι προσέταξεν ἐν Καισαρείᾳ τῆς Παλαιστίνης. εἰς ἣν κληθεὶς οὐχ ὑπήκουσεν, Εὐσεβίου τοῦ τῇδε ἐπισκόπου καὶ τοῦ Νικομηδείας καὶ τῶν ἀμφ' αὐτοὺς δείσας τὴν σκαιωρίαν. ἀλλὰ τότε μὲν καίτοι συνελθεῖν ἀναγκαζόμενος ἀμφὶ τοὺς τριάκοντα μῆνας ἀνεβάλλετο· 2. μετὰ δὲ ταῦτα σφοδρότερον βιασθεὶς ἧκεν εἰς Τύρον.

Ἔνθα δὴ συνελθόντες πολλοὶ τῶν ἀνὰ τὴν ἕω ἐπισκόπων ἐκέλευον αὐτὸν τὰς εὐθύνας ὑπέχειν τῶν κατηγορουμένων. 3. κατηγόρουν δὲ αὐτοῦ τοῦ μέρους Ἰωάννου Καλλίνικος ἐπίσκοπος καὶ Ἰσχυρίων τις, ὡς μυστικὸν ποτήριον συνέτριψε καὶ ἐπισκοπικὸν καθεῖλε θρόνον καὶ Ἰσχυρίωνα τοῦτον πρεσβύτερον ὄντα πολλάκις καθεῖρξε καὶ συκοφαντήσας πρὸς Ὑγῖνον τὸν Αἰγύπτου ὕπαρχον, ὡς βασιλικὰς εἰκόνας λιθάσαντα, δεσμωτήριον οἰκεῖν παρεσκεύασε, 4. Καλλίνικον δὲ ὡς ἐπίσκοπον ὄντα ἐν Πηλουσίῳ τῆς καθόλου ἐκκλησίας καὶ μετὰ Ἀλεξάνδρου συναγόμενον καθεῖλεν, ὅτι γέ, φησι, παρῃτεῖτο κοινωνεῖν αὐτῷ, εἰ μὴ πεισθείη περὶ τοῦ συντετρῖφθαι ὑπονοουμένου μυστικοῦ ποτηρίου, Μάρκῳ δέ τινι πρεσβυτερίου ἀφῃρημένῳ τὴν Πηλουσίου ἐκκλησίαν ἐπέτρεψεν, αὐτὸν δὲ Καλλίνικον στρατιωτικῆς φρουρᾶς καὶ αἰκισμῶν καὶ δικαστηρίων πειραθῆναι ἐποίησε. 5. καὶ Εὔπλος δὲ καὶ Παχώμιος καὶ Ἰσαὰκ καὶ Ἀχιλλεὺς καὶ Ἑρμαίων, τῶν ἀμφ' Ἰωάννην ἐπίσκοποι, πληγῶν αὐτοῦ κατηγόρουν, 6. κοινῇ δὲ πάντες, ὡς δι' ἐπιορκίας τινῶν εἰς τὴν ἐπισκοπὴν παρῆλθεν, συνθεμένων πάντων μηδένα χειροτονεῖν, πρὶν τὰ ἐν αὐτοῖς ἐγκλήματα διαλύσωσιν· ἀποστῆναι δὲ διὰ τοῦτο αὐτοὺς ἀπατηθέντας τῆς πρὸς αὐτὸν κοινωνίας· τὸν δὲ μὴ ἀξιῶσαι πεῖσαι, ἀλλὰ βιάζεσθαι, καὶ δεσμωτηρίοις αὐτοὺς ἐμβαλεῖν.

---

[b] 27 παρῆλθον b : corr. Christ., Val.

---

[175] Im Jahre 333 oder 334, nach dem Dokument in § 17, unten 296f, im Vorjahr der Synode von Tyrus.

berief der Kaiser eine Synode nach Caesarea in Palästina ein.[175] Der Einladung dorthin leistete Athanasius nicht Folge, weil er die Intrigen Eusebs, des Ortsbischofs, und des Bischofs von Nicomedia und seiner Anhänger fürchtete. Damals zögerte er fast dreißig Monate, obwohl er zur Teilnahme gezwungen werden sollte. 2. Danach aber, heftiger genötigt, kam er nach Tyrus.[176]

Dort zusammengetreten forderten viele der orientalischen Bischöfe, er solle sich in den Anklagepunkten verantworten. 3. Von der Partei des Johannes warfen ihm der Bischof Callinicus und ein gewisser Ischyrion vor, er habe einen sakralen Kelch zerbrochen und einen Bischofsstuhl umgeworfen, ferner habe er den besagten Ischyrion, einen Presbyter, oftmals eingesperrt und durch die bei Hyginus, dem Praefectus Aegypti, vorgebrachte Verleumdung, er habe Kaiserbilder mit Steinen beworfen, ins Gefängnis gebracht. 4. Den Callinicus, der Bischof der katholischen Kirche in Pelusium sei und mit Alexander Gemeinschaft hielt, habe er abgesetzt, weil er, so hieß es, die Gemeinschaft mit ihm ablehnte, falls er sich nicht in der Sache des mutmaßlich zerbrochenen sakralen Kelchs überzeugen lasse. Einem abgesetzten Presbyter Marcus habe er die Kirche von Pelusium anvertraut, Callinicus selbst habe er militärische Bewachung, Foltern und Prozesse eingebracht. 5. Weiter warfen ihm Euplus, Pachomius, Isaak, Achilleus und Hermaeon, Bischöfe von der Partei des Johannes, Schläge vor, 6. und alle gemeinsam trugen vor, er sei durch die Wortbrüchigkeit einzelner ins Bischofsamt gekommen, nachdem alle vereinbart hatten, niemanden zu wählen, bevor sie die gegenseitigen Vorwürfe geklärt hätten. Deswegen seien sie als Geprellte von der Gemeinschaft mit ihm abgerückt, er aber habe es nicht für nötig gehalten, sie zu überzeugen, sondern Gewalt angewendet und sie ins Gefängnis gesteckt.

---

[176] Im Juli 335, die 30 Monate sind also übertrieben.

7. Ἐπὶ τούτοις τε καὶ τὰ κατὰ Ἀρσένιον ἀνεκινεῖτο. 85
καὶ οἷα φιλεῖ ἐν σπουδαζομέναις ἐπιβουλαῖς, ἀπροσδόκητοι καὶ τῶν νομιζομένων φίλων ἀνεφύοντο κατήγοροι. καὶ γραμματεῖον ἀνεγινώσκετο δημοτικῶν ἐκβοήσεων, ὡς τῶν ἀνὰ τὴν Ἀλεξάνδρειαν λαῶν δι' αὐτὸν ἐκκλησιάζειν μὴ ἀνεχομένων. 8. ὁ δὲ Ἀθανάσιος ἀπολογήσασθαι προσταχθείς, προελθὼν πολλάκις εἰς τὸ δικαστήριον τὰ μὲν τῶν ἐγκλημάτων ἀπελύσατο, τῶν δὲ πρὸς ἐπίσκεψιν ὑπέρθεσιν ᾔτησεν. ἠπόρει δὲ λίαν καὶ τοὺς κατηγόρους τοῖς δικασταῖς ὁρῶν κεχαρισμένους καὶ μάρτυρας πολλοὺς κατ' αὐτοῦ παρεσκευασμένους ἐκ τῶν τὰ Ἀρείου καὶ Μελιτίου φρονούντων καὶ τοὺς συκοφάντας, ἐφ' οἷς ἐγκλήμασιν ἐκράτει, συγγνώμης ἀξιουμένους, καὶ μάλιστα ἐπὶ τῇ κατὰ Ἀρσένιον γραφῇ, οὗ γοητείας ἕνεκα κατηγορεῖτο τὸν βραχίονα ἐκτεμεῖν, καὶ <τῇ κατὰ> γυναῖκά τινα, ᾗ δῶρα ἐπὶ ἀσελγείᾳ δεδωκέναι καὶ νύκτωρ ἀκούσῃ συνδιαφθαρῆναι ἐνεκαλεῖτο.

9. Ἑκατέρα γραφὴ γελοία ἐφωράθη καὶ συκοφαντίας ἀνάπλεως. ἐπεὶ γὰρ συνειλεγμένων ἐπισκόπων κατηγόρει ταῦτα ἡ γυνή, παρεστὼς Ἀθανασίῳ Τιμόθεος Ἀλεξανδρεὺς πρεσβύτερος, ὡς αὐτοῖς λάθρα συνεδόκει, ὑπολαβὼν πρὸς τὸ γύναιον „ἐγώ σε", ἔφη, „ἐβιασάμην, ὦ γύναι;" ἡ δέ· „ἀλλ' οὐ σύ;" καιρὸν λέγουσα καὶ τόπον ἐν ᾧ δῆθεν βεβίαστο. 10. Ἀρσένιον δὲ εἰς μέσον παρήγαγε καὶ ἀμφοτέρας ἀρτίους αὐτοῦ χεῖρας ἐπέδειξε τοῖς δικασταῖς, καὶ ἐδεῖτο αὐτῶν εὐθύνας ὑπέχειν τοὺς κατηγόρους οὗ ἐπεφέροντο βραχίονος. ἔτυχε γὰρ Ἀρσένιος οὗτος, ἢ θειόθεν ἐλαυνόμενος ἤ, ὡς λέγεται, ὑπὸ τῶν

[b] 16 suppl.

[177] Beruhte der bisherige Bericht, ebenso wie die Fortsetzung von § 11 an auf Auszügen aus den offiziellen Akten der Synode von Tyrus, so ist in diesem Absatz die kolportagehafte, fiktive Darstellung des GELASIUS

7. Danach kam auch die Angelegenheit des Arsenius auf die Tagesordnung. Wie es bei abgekarteten Intrigen zu gehen pflegt, tauchten unerwartet auch in den Reihen vermeintlicher Freunde Ankläger auf. Ein Aktenstück mit Akklamationen der Massen wurde verlesen, wonach die Gemeinden in Alexandrien es seinethalben ablehnten, Gottesdienst zu halten. 8. Athanasius, zur Verteidigung aufgefordert, erschien häufig vor dem Gericht und widerlegte einen Teil der Anschuldigungen, für andere erbat er sich Bedenkzeit und Vertagung. Er war in großer Verlegenheit, weil er sah, daß die Ankläger mit den Richtern befreundet waren, daß viele Zeugen aus den Reihen der Arianer und Melitianer gegen ihn aufgeboten waren und daß die Verleumder in den Anklagepunkten, in denen er siegreich war, auf Verzeihung rechnen konnten, besonders in Sachen der Anklageschrift wegen Arsenius, dessen Arm er gemäß der Anklage zu Zauberzwecken abgeschnitten hatte, und in der eine gewisse Dame betreffenden Anklage, der er, so der Vorwurf, Geschenke zum Zwecke der Unzucht gemacht und die er bei Nacht vergewaltigt hatte.

9. Beide Anklagen[177] erwiesen sich als lächerlich und von Verleumdungen strotzend. Als nämlich vor den versammelten Bischöfen die Dame diese Anklage vorbrachte, wandte sich der neben Athanasius stehende alexandrinische Presbyter Timotheus an die Dame – so hatten sie es heimlich verabredet – und fragte sie: „Ich habe dich vergewaltigt, Frau?" Darauf sie: „Etwa nicht du?", wobei sie Zeit und Ort der angeblichen Vergewaltigung anführte. 10. Den Arsenius führte Athanasius vor, zeigte den Richtern dessen beide vollständige Hände und bat sie, die Ankläger für den von ihnen vorgezeigten Arm zur Rechenschaft zu ziehen. Der bewußte Arsenius war nämlich, ob von Gott getrieben oder, wie berichtet wird, von den

---

VON CAESAREA, *Frg.* 30f (WINKELMANN), bzw. RUFIN VON AQUILEIA, *hist.* 10,18 (983–985 MOMMSEN), herangezogen.

ἐπιβούλων Ἀθανασίου κρυπτόμενος, ἀναγγείλαντός του δι' αὐτὸν κινδυνεύειν τὸν ἐπίσκοπον, ἀποδρὰς νύκτωρ καὶ πρὸ μιᾶς τοῦ δικαστηρίου κατάρας εἰς Τύρον.

11. Ἑκατέρου δὲ ἐγκλήματος ὧδε λυθέντος, ὡς μηδὲν ἀπολογίας προσδεηθῆναι, τὸ μὲν πρῶτον, ὡς οἶμαι, ἐπὶ προφάσει δῆθεν τοῦ μὴ χρῆναι οὕτως αἰσχρὸν καὶ γελοιῶδες πρᾶγμα ἐπὶ συνόδου ἀναγράφεσθαι, οὐκ ἐμφέρεται τοῖς πεπραγμένοις. 12. πρὸς δὲ τὸ δεύτερον ἤρκεσεν εἰς ἀπολογίαν τοῖς κατηγόροις εἰπεῖν, ὡς Πλουσιανός τις ἐπίσκοπος τῶν ὑπὸ Ἀθανάσιον κατὰ πρόσταξιν αὐτοῦ τὴν Ἀρσενίου οἰκίαν κατέφλεξε, καὶ κίονι προσδήσας καὶ ἱμᾶσιν αἰκισάμενος ἐν οἰκίσκῳ καθεῖρξε· | διὰ θυρίδος δὲ ἀποδρᾶσαι τοῦτον καί, ἐπειδὴ | 86 ζητητέος ἦν, ἐπὶ χρόνον λαθεῖν κρυπτόμενον, μὴ φαινόμενον δὲ εἰκότως ἀποθανεῖν νομισθῆναι· καὶ οἷά γε ἐπιφανῆ ἄνδρα καὶ ὁμολογητὴν οἱ ἀμφὶ τὸν Ἰωάννην ἐπίσκοποι ἐζήτουν αὐτὸν προσιόντες τοῖς ἄρχουσι.

13. Ταῦτ' οὖν λογιζόμενος Ἀθανάσιος περιδεὴς ἦν· ἅμα δὲ ὑφωρᾶτο, μὴ καιρὸν εὑρόντες οἱ ἐπιβουλεύοντες λάθρα ἀνέλωσιν αὐτόν. μετὰ πολλὰς δὲ συνόδους, θορύβου καὶ ταραχῆς ἐμπλησθέντος τοῦ συλλόγου, κεκραγότων τε τῶν κατηγόρων καὶ τοῦ περὶ τὸ δικαστήριον πλήθους πάσῃ μηχανῇ χρῆναι αὐτὸν ἐκποδὼν ποιεῖν ὡς γόητα καὶ βίαιον καὶ ἱερωσύνης ἀνάξιον, δείσαντες οἱ παρὰ τοῦ βασιλέως προστεταγμένοι παρεῖναι τῇ συνόδῳ εὐταξίας ἕνεκα, μή, ὡς εἰκὸς ἐν στάσει, καταδραμόντες αὐτόχειρες αὐτοῦ γένωνται, λάθρα αὐτὸν ὑπεξήγαγον τοῦ δικαστηρίου. 14. ὁ δὲ λογισάμενος οὐκ ἀκίνδυνον αὐτῷ διατρίβειν ἐν Τύρῳ οὔτε ἀσφαλὲς

[b] 17 ἐζήτουν αὐτὸν post ἄρχουσιν C

178 Wieder eine Einlage aus GELASIUS VON CAESAREA, *Frg.* 31 (WINKELMANN), vgl. auch RUFIN VON AQUILEIA, *hist.* 10,18 (985 MOMMSEN).

Ränkeschmieden gegen Athanasius versteckt, auf jemandes Mitteilung hin, der Bischof sei seinetwegen in Gefahr, nachts entflohen und einen Tag vor dem Prozeß nach Tyrus gesegelt.

11. Von diesen beiden Vorwürfen, die damit so erledigt waren, daß sie keiner zusätzlichen Verteidigung bedurften, ist der erste nicht in den Akten enthalten, wie ich vermute unter dem Vorwand, eine so unanständige und lächerliche Sache dürfe nicht auf einer Synode niedergeschrieben werden. 12. Was den zweiten Vorwurf angeht, so genügte den Anklägern zur Verteidigung die Erklärung, Plusianus, ein Athanasius unterstehender Bischof, habe auf dessen Weisung das Haus des Arsenius niedergebrannt, ihn selbst an eine Säule gefesselt und mit Riemen ausgepeitscht und dann in einer Kammer eingesperrt. Er sei jedoch durch das Fenster entkommen und habe sich, weil nach ihm gefahndet wurde, eine Zeitlang verborgen gehalten. Weil er sich nicht sehen ließ, habe man mit einem gewissen Recht angenommen, er sei tot. Die Bischöfe um Johannes wandten sich an die Beamten und forderten seine Freilassung, da er ein angesehener Mann und Bekenner sei.

13. Dies bedenkend war Athanasius sehr besorgt, und zugleich hatte er den Verdacht, seine Gegner könnten ihn bei passender Gelegenheit insgeheim umbringen. Nach vielen Synodensitzungen, bei denen die Versammlung voller Lärm und Unruhe war, weil die Ankläger ebenso wie die rings um das Gerichtsgebäude versammelte Menschenmenge schrien, man müsse ihn als Zauberer und Gewalttäter, der des Priestertums unwürdig sei, auf jede mögliche Weise entfernen, fürchteten die vom Kaiser zur Wahrung der Ordnung mit der Teilnahme an der Synode beauftragten Beamten, sie könnten, bei Aufruhr nicht abwegig, ihn angreifen und ermorden, und brachten ihn deshalb heimlich aus dem Gerichtsgebäude.[178] 14. Athanasius sagte sich, daß es für ihn nicht ungefährlich war, in Tyrus zu bleiben, und es auch keine Sicherheit bedeutete,

δικάσασθαι πρὸς πλῆθος κατηγόρων παρὰ δικασταῖς ἐχθροῖς, φεύγει εἰς Κωνσταντινούπολιν.

15. Καταδικάζουσι δὲ αὐτοῦ ἐρήμην ἡ σύνοδος καὶ καθαιροῦσι τῆς ἐπισκοπῆς· καὶ ψηφίζονται αὐτὸν μηκέτι τὴν Ἀλεξάνδρειαν οἰκεῖν, ἵνα μή, φησι, θορύβους καὶ στάσεις παρὼν ἐργάζηται. Ἰωάννην δὲ καὶ τοὺς σὺν αὐτῷ πάντας ὡς οὐ δικαίως κακῶς παθόντας εἰς κοινωνίαν προσίενται, καὶ τὸ ἐν τῷ κλήρῳ ἀξίωμα ἑκάστῳ διέδωκαν. 16. δηλοῦσι δὲ τὰ πεπραγμένα τῷ βασιλεῖ καὶ γράφουσι τοῖς πανταχῇ ἐπισκόποις μὴ μεταδοῦναι αὐτῷ κοινωνίας μήτε γράφειν μήτε γράμματα παρ' αὐτοῦ δέχεσθαι, ὡς ἐληλεγμένου ἐν οἷς διήκουσαν καὶ διὰ τῆς φυγῆς καὶ ἐπὶ ταῖς μὴ ἀγωνισθείσαις γραφαῖς ἁλόντος. 17. ἐδήλουν δὲ διὰ τῆς ἐπιστολῆς ἐπὶ τοιαύτην προῆχθαι ψῆφον πρῶτον μὲν ὅσα χαλεπαίνοντες, καθότι τοῦ βασιλέως προστάξαντος ἐν τῷ παρελθόντι ἐνιαυτῷ συνελθεῖν αὐτοῦ χάριν εἰς Καισάρειαν τοὺς ἀνὰ τὴν ἕω ἐπισκόπους οὐκ ἀπήντησεν, ἐπὶ μακρῷ χρόνῳ ταλαιπωρουμένην τὴν σύνοδον ἰδὼν καὶ τῶν τοῦ κρατοῦντος προσταγμάτων καταφρονήσας. 18. πλειόνων δὲ συνελθόντων εἰς Τύρον ἅμα πλήθει ἀφίκετο καὶ ταραχὰς καὶ θορύβους ἐνεποίει τῇ συνόδῳ, πῇ μὲν τὰς ἀπολογίας παρακρουόμενος, πῇ δὲ τῶν ἐπισκόπων ἕκαστον προ|πηλακίζων, ἄλλοτε δὲ καλού- | 87
μενος ὑπ' αὐτῶν μὴ ὑπακούων, ποτὲ δὲ κρίνεσθαι μὴ ἀξιῶν. 19. περιφανῶς δὲ πεφωρᾶσθαι αὐτὸν ἐπὶ τοῦ μυστικοῦ ποτηρίου τῇ συντριβῇ κατήγγελλον, μάρτυρας ἐπὶ τούτῳ προϊσχόμενοι Θεόγνιον τὸν Νικαίας ἐπίσκοπον καὶ Μάριν τὸν Χαλκηδόνος καὶ Θεόδωρον τὸν Ἡρακλείας, Οὐάλεντά τε καὶ Οὐρσάκιον καὶ Μακεδόνιον· οὓς ἀπέστειλαν εἰς Αἴγυπτον, ὥστε παραγενομένους εἰς τὴν κώμην, ἔνθα συντετρῖφθαι τὸ ποτήριον ἐλέγετο, τὸ ἀληθὲς ἀνευρεῖν. τοιαῦτα ἔγραψαν,

---

[b] 15 ὅσω : corr. Bidez

gegen eine Unmenge von Anklägern vor ihm feindlichen Richtern zu prozessieren, und floh nach Konstantinopel.

15. Die Synode verurteilte ihn in Abwesenheit, entband ihn von seinem Bischofsamt und befand auch, er dürfe sich nicht mehr in Alexandrien aufhalten, um nicht, so die Begründung, durch seine Anwesenheit Unruhe und Aufruhr zu stiften. Johannes und seine Anhänger nahmen sie samt und sonders in ihre Gemeinschaft auf, da sie ungerecht behandelt seien, und teilten jedem seinen Rang im Klerus zu. 16. Sie schickten die Akten an den Kaiser und schrieben an die Bischöfe im Reich, sie sollten Athanasius die Gemeinschaft verweigern, ihm nicht schreiben und keine Briefe von ihm annehmen, da er in den zur Verhandlung gekommenen Punkten überführt sei und durch seine Flucht auch bei den nicht behandelten Anklagen sich ins Unrecht gesetzt habe. 17. In dem Brief erklärten sie ferner, sie seien zu einem solchen Urteil veranlaßt erstens aus Verärgerung, weil er sich nicht einfand, als der Kaiser im Vorjahr seinetwegen in Caesarea die orientalischen Bischöfe zusammenkommen ließ, obwohl er doch sehen mußte, daß die Synode lange Zeit belästigt wurde, und obwohl er damit kaiserliche Anordnungen mißachtete. 18. Als dann noch mehr in Tyrus zusammengekommen waren, erschien er mit großem Gefolge und brachte Unruhe und Lärm in die Synode, indem er bald den Verteidigungen auswich, bald jeden der Bischöfe beschimpfte, ein andermal, von ihnen vorgeladen, nicht Folge leistete, manchmal den Prozeß gegen ihn nicht anerkennen wollte. 19. Offensichtlich überführt sei er der Zerstörung des sakralen Kelchs, teilten sie mit, wofür sie als Zeugen Theognius, den Bischof von Nicaea, Maris von Chalcedon und Theodor von Heraclea, Valens, Ursacius und Macedonius anführten. Diese hatten sie nach Ägypten entsandt mit dem Auftrag, das Dorf aufzusuchen, wo der Kelch zerbrochen worden sein sollte, und die Wahrheit herauszufinden. Dies war der Inhalt des Schreibens,

καθ' ἕκαστον ἔγκλημα δικανικῶς ἐφαψάμενοι καὶ οἷον ἐκ τέχνης τινὸς διαβολὴν κατασκευάσαι σπουδάζοντες.

20. Οὐχ ὑγιῶς δὲ ταύτην τὴν κρίσιν ἔχειν καὶ πολλοῖς τῶν παρόντων ἱερέων κατεφαίνετο. λέγεται γοῦν Παφνούτιον τὸν ὁμολογητὴν τῇ συνόδῳ ταύτῃ παραγενόμενον, λαβόμενον τῆς χειρὸς ἐξαναστῆσαι Μάξιμον τὸν Ἱεροσολύμων ἐπίσκοπον, ὡς οὐ δέον συλλόγου κοινωνεῖν πονηρῶν ἀνθρώπων ὁμολογητὰς αὐτοὺς ὄντας καὶ δι' εὐσέβειαν τοὺς ὀφθαλμοὺς αὐτῶν κεκομμένους καὶ τὰς ἀγκύλας πεπηρωμένους.

26.1. Ἐν τούτῳ δὲ ἀμφὶ τὴν τρίτην δεκάδα τῆς Κωνσταντίνου ἡγεμονίας ἐξεργασθέντος τοῦ ἐν Ἱεροσολύμοις νεὼ περὶ τὸν Κρανίου χῶρον, ὃ μέγα μαρτύριον προσαγορεύεται, παραγενόμενος εἰς Τύρον Μαριανός, ἀνὴρ τῶν ἐν ἀξίᾳ βασιλικῶν ταχυγράφων, ἀπέδωκε τῇ συνόδῳ βασιλέως ἐπιστολὴν παρακελευομένην ἐν τάχει τὰ Ἱεροσόλυμα καταλαβεῖν καὶ τὸν νεὼ καθιερῶσαι. 2. τοῦτο δὲ καὶ πρὶν βεβουλευμένος ἀναγκαῖον ἐνόμισε πρότερον ἐν Τύρῳ συνελθόντας τοὺς ἐπισκόπους διαθεῖναι τὰς πρὸς ἀλλήλους διαφοράς, οὕτω τε κεκαθαρμένους διχονοίας καὶ λύπης ἐπὶ τὴν ἀφιέρωσιν τοῦ νεὼ χωρῆσαι· πρόσφορον γὰρ εἶναι τῇ τοιαύτῃ πανηγύρει τὴν ὁμόνοιαν τῶν ἱερέων. 3. καὶ οἱ μὲν ἧκον εἰς Ἱεροσόλυμα καὶ τὸν ναὸν καθιέρωσαν καὶ τὰ παρὰ τοῦ βασιλέως ἀποσταλέντα κειμήλιά τε καὶ ἀναθήματα,

[b T (14–)]

[179] Von RUFIN VON AQUILEIA, *hist.* 10,18 (983f MOMMSEN).

[180] Martyrion („Zeugnis") heißt der Komplex der Grabeskirche auch bei EUSEB, weil die Örtlichkeit das Ereignis der Auferstehung bezeugen kann (vgl. CAMERON/HALL, *Eusebius* 281.285.287), Großes Martyrium wohl nur hier und *h. e.* 2,33,2, unten 326f, zur Unterscheidung von Märtyrerkapellen.

[181] *H. e.* 2,26,1–3 beruht auf der Darstellung bei EUSEBIUS VON CAESAREA, *v. C.* 4,40. 43–46 (GCS 135f.138f); vgl. CAMERON/HALL, *Eusebius* 330–332. Die Einweihung der Grabeskirche im Nordwesten der Jerusa-

in dem sie jeden Vorwurf juristisch ansprachen und wie durch einen Kunstgriff eine Verleumdung zu konstruieren bemüht waren.

20. Daß dieses Urteil nicht korrekt war, leuchtete auch vielen der anwesenden Priester ein. So wird berichtet[179], der Bekenner Paphnutius, der bei dieser Synode zugegen war, habe den Bischof Maximus von Jerusalem an der Hand genommen und zum Aufstehen bewogen, da es nicht in Ordnung sei, wenn sie als Bekenner, denen um der Gottesfurcht willen die Augen herausgeschlagen und die Arme verstümmelt seien, sich an einer Versammlung böser Menschen beteiligten.

26. 1. Um diese Zeit war zur Feier des dritten Dezenniums von Konstantins Herrschaft die als Großes Martyrium[180] bezeichnete Kirche in Jerusalem bei der Schädelstätte vollendet worden.[181] Daraufhin erschien in Tyrus Marianus, ein angesehener kaiserlicher Notarius[182], und übergab der Synode ein Schreiben des Kaisers mit der Aufforderung, alsbald nach Jerusalem zu kommen und die Kirche einzuweihen. 2. Diesen Plan hatte der Kaiser bereits früher gehegt, jetzt hatte er es für nötig erachtet, daß die Bischöfe zuvor in Tyrus zusammentraten, um ihre internen Differenzen beizulegen, und dann, von Zwietracht und Beschwernissen befreit, zur Einweihung der Kirche kamen; denn die Eintracht der Priester sei einem so bedeutenden Fest förderlich. 3. Die Bischöfe kamen nach Jerusalem und weihten die Kirche mitsamt dem vom Kaiser gestifteten Kirchenschmuck und Weihgeschenken,

---

lemer Altstadt fand am 17. September 335 statt. Die konstantinischen Kirchenanlagen wurden von den Kreuzfahrern (1140–1149) in eine bis heute bestehende romanische Kirche einbezogen (Grundriß bei CAMERON/HALL, *Eusebius* 288).

[182] Die Notarii waren Protokollführer bei den Sitzungen des kaiserlichen Konsistoriums und wurden auch mit amtlichen Missionen beauftragt. MARIANUS genoß als bekennender Christ, der er schon während der Verfolgung gewesen war, besonderes Ansehen bei KONSTANTIN.

ἃ εἰσέτι νῦν ἐν τῷδε τῷ ἱερῷ οἴκῳ ἀνάκειται καὶ πολὺ παρέχει θαῦμα τοῖς θεωμένοις πολυτελείας τε καὶ μεγέθους ἕνεκα. 4. ἐξ ἐκείνου δὲ ἐτήσιον ταύτην τὴν ἑορτὴν λαμπρῶς μάλα ἄγει ἡ Ἱεροσολύμων ἐκκλησία, ὡς καὶ μυήσεις | ἐν αὐτῇ τελεῖσθαι, καὶ ὀκτὼ ἡμέρας ἐφεξῆς ἐκκλησιάζειν, συνιέναι τε πολλοὺς σχεδὸν ἐκ πάσης τῆς ὑφ' ἥλιον, οἳ καθ' ἱστορίαν τῶν ἱερῶν τόπων πάντοθεν συντρέχουσι κατὰ τὸν καιρὸν ταύτης τῆς πανηγύρεως. | 88

27.1 Τηνικαῦτα δὲ καιροῦ λαβόμενοι οἱ τὰ Ἀρείου φρονοῦντες τῶν ἐπισκόπων ἐσπούδασαν γενέσθαι ἐν Ἱεροσολύμοις σύνοδον καὶ κοινωνίας αὐτῷ μεταδοῦναι καὶ Εὐζωΐῳ· ἐθάρρησαν δὲ ταῦτα κατὰ πρόφασιν τοιάνδε. 2. πρεσβύτερός τις ἦν συνήθης τῇ ἀδελφῇ τοῦ βασιλέως, ἐπαινέτης τῶν Ἀρείου δογμάτων. καὶ ὅτι τάδε ἐφρόνει, τὰ πρῶτα ἐλάνθανεν. ὡς δὲ πολλοῖς προσελθὼν χρόνοις οἰκειότερον ἑαυτὸν κατέστησε Κωνσταντίᾳ (τοῦτο γὰρ ὄνομα ἦν τῇ ἀδελφῇ Κωνσταντίνου), ἀδείας λαβόμενος ἐπαρρησιάσατο πρὸς αὐτήν, καὶ κατεμέμφετο μὴ δικαίως Ἄρειον τὴν πατρίδα φεύγειν καὶ τῆς ἐκκλησίας ἐκβεβλῆσθαι, διὰ φθόνον καὶ ἰδίας ἔχθρας ἐκβληθέντα παρὰ Ἀλεξάνδρου τοῦ ἐπιτροπεύσαντος τὴν Ἀλεξανδρέων ἐκκλησίαν· εὐδοκιμοῦντα γάρ, ἔφη, παρὰ τῷ πλήθει ὁρῶν αὐτὸν ἐζηλοτύπησεν. 3. ἀληθῆ δὲ ταῦτα πεισθεῖσα Κωνσταντία,

[b T (–8)] 1 ἀνάκεινται b T : corr. Primmer || 7 τόπων πάντοθεν b : ἐκεῖσε τόπων T || 16 προελθὼν b : corr. Hansen

183 Zusatz des Sozomenos.

184 In Wirklichkeit war dies das erklärte Ziel des Kaisers, der das mit Nicaea begonnene Einigungswerk bei diesem festlichen Anlaß krönen wollte; vgl. SCHWARTZ, *Athanasius* 256 f.

185 Zur Motivierung des Umschwungs am Hofe übernimmt Sozomenos (wie SOCRATES, *h. e.* 1,25 [GCS 72 f]) die Version eines familiären Einflusses über CONSTANTIA, die Halbschwester des Kaisers und Witwe des LICINIUS, aus GELASIUS VON CAESAREA, *Frg.* 22 (WINKELMANN), bzw.

die bis heute in diesem heiligen Bauwerk aufgestellt sind und bei den Betrachtern ihrer Pracht und Größe wegen starke Bewunderung erwecken. 4. Seit jener Zeit begeht die Kirche von Jerusalem dieses alljährliche Fest mit großem Glanz, wobei Taufen in ihr vollzogen werden und acht Tage nacheinander Gottesdienst gefeiert wird. Dazu kommen viele Menschen aus nahezu der ganzen Welt zusammen, die zur Besichtigung der heiligen Stätten aus allen Himmelsrichtungen zur Zeit dieses Festes zusammenströmen.[183]

27. 1. Damals ergriffen die Arianer unter den Bischöfen die Gelegenheit und bemühten sich um die Abhaltung einer Synode in Jerusalem und die Herstellung der Gemeinschaft mit Arius und Euzoïus.[184] Sie fühlten sich dazu durch den folgenden Umstand ermutigt.[185] 2. Es stand ein Presbyter auf vertrautem Fuße mit des Kaisers Schwester, der die Dogmen des Arius befürwortete. Seine Einstellung blieb zunächst unerkannt, als er sich aber bei häufigen Besuchen[186] noch mehr mit Constantia — so hieß Konstantins Schwester — anfreundete, faßte er sich ein Herz und sprach ihr gegenüber frei heraus über seine Kritik, daß Arius zu Unrecht aus seiner Vaterstadt verbannt und aus der Kirche ausgestoßen sei, aus Mißgunst und persönlicher Feindschaft von Alexander verstoßen, dem Vorsteher der Kirche von Alexandrien. Denn als der seine Beliebtheit bei der Menge bemerkte, so drückte der Presbyter sich aus, wurde er eifersüchtig. 3. Obwohl Constantia sich von der Wahrheit dieser Darstellung überzeugen ließ,

---

RUFIN VON AQUILEIA, *hist.* 10,12 (976–978 MOMMSEN).

186 Mit dem (praktisch nur durch eine Handschrift, b) überlieferten προελθὼν (es könnte bedeuten ‚Fortschritte machend', sagt aber nicht worin) ist der Text kaum verständlich. FESTUGIÈRE („avec le temps") übergeht es, aber πολλοῦ προελθόντος χρόνου wäre keine akzeptable Lösung. ‚Besuche' setzt die leichte Konjektur προσελθὼν voraus, vgl. *multa familiaritas:* RUFIN VON AQUILEIA, *hist.* 10,12 (977 MOMMSEN); διὰ τῶν συχνοτέρων συντυχιῶν: ANONYMUS VON CYZICUS, *h. e.* 3,12,3 (GCS 131).

ἐν ᾧ μὲν περιῆν, οὐδὲν ἔφθασε νεωτερίσαι τῶν ἐν Νικαίᾳ δοξάντων· ἐπεὶ δὲ νόσῳ περιέπεσε καὶ ὑφωρᾶτο τελευτᾶν, [καὶ] παραγενόμενον ὡς αὐτὴν τὸν ἀδελφὸν ἐκέλευσε τελευταίαν αὐτῇ δοῦναι χάριν, ἣν ἂν αἰτήσειεν. ἐδεῖτο δὲ οἰκεῖον ἔχειν τὸν εἰρημένον πρεσβύτερον καὶ ὡς ὀρθῶς δοξάζοντι περὶ τὸ θεῖον πείθεσθαι· ἑαυτὴν μὲν γάρ, ἔφη, οἴχεσθαι καὶ λοιπὸν τῆς ἐνταῦθα βιοτῆς μηδὲν φροντίζειν· περὶ αὐτοῦ δὲ ὀρρωδεῖν, μή τι πάθοι ὑπὸ θεομηνίας ἢ αὐτὸς κακῶς πράξας ἢ τὴν ἡγεμονίαν αἰσχρῶς ἀποβαλών, ἐπεὶ δικαίους, ἔφη, καὶ ἀγαθοὺς ἄνδρας ἀδίκως πεισθείς τισιν ἀιδίῳ φυγῇ ἐζημίωσεν. 4. ἐντεῦθεν ὁ βασιλεὺς οἰκειότατα διετέθη περὶ τὸν πρεσβύτερον τοῦτον· καὶ παρρησίας αὐτῷ μεταδοὺς καὶ κοινωσάμενος περὶ ὧν ἐνετείλατο ἡ ἀδελφή, ᾠήθη χρῆναι πάλιν πειραθῆναι τῶν κατὰ τὸν Ἄρειον, ὡς εἰκὸς ὑποτοπήσας ἀληθεῖς εἶναι τὰς διαβολὰς ἢ τῇ | ἀδελφῇ χαριζόμενος. οὐκ εἰς μακράν τε μετ- | 89
εκαλέσατο Ἄρειον ἀπὸ τῆς φυγῆς, καὶ γραφὴν ἐκέλευσεν ἐκδοῦναι ὧν πιστεύει περὶ θεοῦ. 5. ὁ δὲ τὸ καινὸν ἐκκλίνας ὧν πρότερον εὗρεν ὀνομάτων, ἑτέραν ὕφανεν ἔκθεσιν ἁπλοῖς ῥητοῖς καὶ ἐγνωσμένοις ταῖς ἱεραῖς βίβλοις χρησάμενος, καὶ ὅρκον ὤμοσεν ἦ μὴν ὧδε πιστεύειν καὶ κατὰ νοῦν ταῦτα φρονεῖν καὶ μηδὲν ἕτερον ἐννοεῖν παρὰ ταῦτα. ἔχει δὲ ὧδε·

6. „Τῷ εὐσεβεστάτῳ καὶ θεοφιλεστάτῳ δεσπότῃ ἡμῶν βασιλεῖ Κωνσταντίνῳ Ἄρειος καὶ Εὐζώιος πρεσβύτεροι.

Καθὼς προσέταξεν ἡ θεοφιλής σου εὐσέβεια, δέσποτα βασιλεῦ, ἐκτιθέμεθα τὴν ἑαυτῶν πίστιν <καὶ>

[b Cass. (17–)] 2 καθυφωρᾶτο b : corr. Niceph. || 15 τὸν om. C || 28 *et* Cass.

187 Urkunde 30 (OPITZ) aus dem Jahr 335, auch bei SOCRATES, *h.e.* 1, 26 (GCS 74 f). Die Verfasser ignorieren selbstbewußt ihre Exkommunikation, wenn sie sich als Presbyter bezeichnen.

hütete sie sich zu Lebzeiten, etwas gegen die Beschlüsse von Nicaea zu unternehmen. Als sie aber einer Krankheit erlag und ihren Tod befürchtete, bat sie ihren Bruder, als er zu ihr kam, ihr einen letzten Gefallen zu erweisen, um den sie ihn bitten möchte. Dann bat sie ihn, den betreffenden Presbyter als Vertrauensperson zu betrachten und auf ihn als rechtgläubigen Theologen zu hören. Sie selbst, sagte sie, verlasse die Welt und kümmere sich hinfort nicht um das diesseitige Leben. Um ihn aber mache sie sich Sorgen, daß ihm durch Gottes Zorn etwas zustoßen könnte, sei es daß es ihm persönlich schlecht ergehe oder daß er seine Herrschaft mit Schimpf und Schande einbüße, weil er rechtschaffene – so drückte sie sich aus – und brave Männer zu Unrecht, auf Einflüsterungen gewisser Leute hörend, mit ewiger Verbannung bestraft habe. 4. Daraufhin wurde der Kaiser auf das engste für diesen Presbyter eingenommen, er gewährte ihm das Recht offener Rede und tauschte sich mit ihm über den letzten Wunsch seiner Schwester aus. Schließlich hielt er es für nötig, es noch einmal mit Arius und seinen Freunden zu versuchen, wohl weil er argwöhnte, es sei etwas dran an den Verleumdungen, oder auch nur, um seiner Schwester den Gefallen zu tun. Nicht lange danach rief er Arius aus der Verbannung zurück und forderte ihn auf, ein Bekenntnis seines Glaubens zu verfassen. 5. Arius vermied das Ungewohnte der früher von ihm geprägten Formulierungen und fabrizierte ein anderes Credo, in dem er einfache und in der heiligen Schrift vorkommende Ausdrücke benutzte, und dazu schwor er einen Eid, wahrhaftig in dieser Weise zu glauben und auch im Geist so zu urteilen und nichts anderes als dies zu denken. Sein Bekenntnis lautete so[187]:

6. „An unseren gottesfürchtigsten und gottwohlgefälligen Herrn Kaiser Konstantin die Presbyter Arius und Euzoïus.

Wie deine gottgefällige Frömmigkeit, Herr Kaiser, es angeordnet hat, legen wir hiermit unseren Glauben dar und

ἐγγράφως ὁμολογοῦμεν ἐπὶ θεοῦ οὕτως πιστεύειν, καὶ αὐτοὶ <καὶ> πάντες οἱ σὺν ἡμῖν, ὡς ὑποτέτακται.

7. Πιστεύομεν εἰς ἕνα θεὸν πατέρα παντοκράτορα καὶ εἰς κύριον Ἰησοῦν Χριστὸν τὸν υἱὸν αὐτοῦ, τὸν ἐξ αὐτοῦ πρὸ πάντων τῶν αἰώνων γεγεννημένον θεὸν λόγον, δι' οὗ τὰ πάντα ἐγένετο, τά τε ἐν οὐρανῷ καὶ τὰ ἐπὶ τῆς γῆς, τὸν ἐλθόντα καὶ σάρκα ἀναλαβόντα καὶ παθόντα καὶ ἀναστάντα καὶ ἀνελθόντα εἰς τοὺς οὐρανοὺς καὶ πάλιν ἐρχόμενον κρῖναι ζῶντας καὶ νεκρούς. καὶ εἰς ἅγιον πνεῦμα καὶ σαρκὸς ἀνάστασιν, καὶ εἰς ζωὴν τοῦ μέλλοντος αἰῶνος, καὶ εἰς βασιλείαν οὐρανῶν, καὶ εἰς μίαν ἐκκλησίαν καθολικὴν τοῦ θεοῦ τὴν ἀπὸ περάτων ἕως περάτων.

8. Ταύτην δὲ τὴν πίστιν παρειλήφαμεν ἐκ τῶν ἁγίων εὐαγγελίων λέγοντος τοῦ κυρίου τοῖς ἑαυτοῦ μαθηταῖς „πορευθέντες μαθητεύσατε πάντα τὰ ἔθνη, βαπτίζοντες αὐτοὺς εἰς τὸ ὄνομα τοῦ πατρὸς καὶ τοῦ υἱοῦ καὶ τοῦ ἁγίου πνεύματος." 9. εἰ δὲ μὴ ταῦτα οὕτως πιστεύομεν καὶ ἀποδεχόμεθα ἀληθῶς πατέρα καὶ υἱὸν καὶ ἅγιον πνεῦμα, ὡς πᾶσα ἡ καθολικὴ ἐκκλησία καὶ αἱ ἅγιαι γραφαὶ διδάσκουσιν, αἷς κατὰ πάντα πιστεύομεν, κριτὴς ἡμῶν ἔσται ὁ θεὸς καὶ νῦν καὶ ἐν τῇ μελλούσῃ ἡμέρᾳ.

10. Διὸ | παρακαλοῦμέν σου τὴν εὐσέβειαν, θεο- | 90
φιλέστατε ἡμῶν βασιλεῦ, ἐκκλησιαστικοὺς ἡμᾶς ὄντας καὶ τὴν πίστιν καὶ τὸ φρόνημα τῆς ἐκκλησίας καὶ τῶν ἁγίων γραφῶν ἔχοντας ἑνοῦσθαι ἡμᾶς διὰ τῆς εἰρηνοποιοῦ σου καὶ θεοσεβοῦς εὐσεβείας τῇ μητρὶ ἡμῶν, τῇ ἐκκλησίᾳ δηλαδή, περιῃρημένων τῶν ζητημάτων καὶ τῶν ἐκ τῶν ζητημάτων περισσολογιῶν, ἵνα καὶ ἡμεῖς καὶ ἡ ἐκκλησία μετ' ἀλλήλων εἰρηνεύσαντες τὰς συνήθεις εὐχὰς ὑπὲρ τῆς εἰρηνικῆς σου καὶ εὐσεβοῦς βασιλείας καὶ παντὸς τοῦ γένους σου κοινῇ πάντες ποιώμεθα."

[b Cass.] 2 *et* Cass. || 21 αἷς Cass. Socr. : ὡς b || 30 εἰρηνεύοντες B

bekennen schriftlich vor Gott, so zu glauben, und zwar wir selbst und alle, die zu uns halten, wie im folgenden dargelegt.

7. Wir glauben an einen Gott, den allmächtigen Vater, und an den Herrn Jesus Christus, seinen Sohn, den von ihm vor allen Äonen gezeugten Gott Logos, durch den alles geschaffen ist, was im Himmel und auf Erden ist, der gekommen ist und Fleisch angenommen hat, der gelitten hat, auferstanden und in den Himmel aufgefahren ist und wiederkommt, Lebende und Tote zu richten. Und an den heiligen Geist, die Auferstehung des Fleisches, an das Leben des zukünftigen Äons, an das Reich des Himmels und an eine katholische Kirche Gottes, die von einem Ende der Erde bis zum anderen reicht.

8. Diesen Glauben haben wir aus den heiligen Evangelien übernommen, in denen der Herr zu seinen Jüngern sagt: ‚Geht und macht alle Völker zu Jüngern, indem ihr sie auf den Namen des Vaters und des Sohnes und des heiligen Geistes tauft.' (Mt 28,19) 9. Falls wir dies nicht so glauben und nicht in Wahrheit Vater und Sohn und heiligen Geist annehmen, wie es die gesamte katholische Kirche und die heilige Schrift lehren, denen wir in allen Dingen glauben, so wird Gott unser Richter sein jetzt sowohl wie am künftigen Tage.

10. Deshalb bitten wir deine Frömmigkeit, unser gottwohlgefälliger Kaiser, daß wir als Kirchenmänner, die am Glauben und der Denkweise der Kirche und der heiligen Schrift festhalten, mit Hilfe deiner friedenstiftenden und gottesfürchtigen Frömmigkeit mit unserer Mutter, das heißt der Kirche, vereint werden, nachdem die Streitfragen und die aus den Streitfragen erwachsenen überflüssigen Erörterungen beseitigt sind. Sodann können sowohl wir wie die Kirche in gegenseitigem Einvernehmen die gewohnten Gebete für dein friedliches und frommes Kaisertum und für deine ganze Familie alle gemeinsam verrichten."

11. Ταύτης τῆς πίστεως τὴν γραφὴν οἱ μὲν ἔλεγον τεχνικῶς συγκεῖσθαι καὶ τῷ δοκεῖν τοῖς ῥητοῖς διαλλάσσειν, συμφέρεσθαι δὲ καὶ οὕτως τοῖς Ἀρείου δόγμασι κατὰ τὴν ἐκδοχὴν τῶν ὀνομάτων, ἄδειαν παρεχόντων ἐπαμφοτερίζειν καὶ πρὸς ἑκατέραν διάνοιαν ταῦτα ἐκλαμβάνειν. 12. ὑπολαβὼν δὲ ὁ βασιλεὺς παραπλήσια δοξάζειν Ἄρειόν τε καὶ Εὐζώιον τοῖς ἐν Νικαίᾳ συνεληλυθόσιν ἥσθη τῷ πράγματι. οὐ μὴν ἑαυτῷ ἐπέτρεψεν εἰς κοινωνίαν αὐτοὺς δέξασθαι πρὸ κρίσεως καὶ δοκιμασίας τῶν τούτου κυρίων κατὰ τὸν νόμον τῆς ἐκκλησίας.

13. Πέμπει δὲ αὐτοὺς πρὸς τοὺς ἐν Ἱεροσολύμοις τότε συνελθόντας ἐπισκόπους, γράψας σκοπηθῆναι αὐτῶν τὴν ἔκθεσιν τῆς πίστεως, φιλάνθρωπον δὲ ψῆφον ἐνεγκεῖν ἐπ᾽ αὐτοῖς τὴν σύνοδον, ἤν τε ὀρθῶς φανεῖεν δοξάζοντες καὶ φθόνου χάριν ἐπιβουλευθέντες ἤν τε μηδὲν ἔχοντες μέμφεσθαι τοῖς ἤδη ἐπ᾽ αὐτοῖς κεκριμένοις μεταμεληθεῖεν. 14. καιροῦ δὲ λαβόμενοι οἱ ταῦτα πάλαι σπουδάζοντες προφάσει τῶν βασιλέως γραμμάτων ἐδέξαντο αὐτοὺς εἰς κοινωνίαν. καὶ ὅτε τοῦτο ἐποίησαν, αὐτῷ τε τῷ βασιλεῖ ἔγραψαν καὶ τῇ ἐκκλησίᾳ Ἀλεξανδρείας καὶ τοῖς ἀνὰ τὴν Αἴγυπτον καὶ Θηβαΐδα καὶ Λιβύην ἐπισκόποις καὶ κληρικοῖς, παρακελευσάμενοι προθύμως αὐτοὺς δέξασθαι, ὡς καὶ τοῦ βασιλέως μαρτυρήσαντος ὀρθὴν εἶναι τὴν αὐτῶν πίστιν, ἣν καὶ τῇ οἰκείᾳ ἐπιστολῇ ὑπέταξαν, καὶ τῆς | συνόδου | 91 ἐπιψηφισαμένης τῇ τοῦ βασιλέως κρίσει. καὶ τὰ μὲν ὧδε ἐν Ἱεροσολύμοις ἐσπουδάζετο.

28.1 Ἀθανάσιος δὲ φεύγων ἐκ Τύρου εἰς Κωνσταντινούπολιν ἦλθε, καὶ προσελθὼν Κωνσταντίνῳ τῷ

[b T (12–27) Cass.] 2 τῷ Parmentier : τὸ b || 14 ἐξενεγκεῖν Nicet. : *proferre* Cass. || 25 ὑπέταξεν?

---

[188] In den §§ 11–13 folgt Sozomenos RUFIN VON AQUILEIA, *hist.* 10,12 (977 MOMMSEN). Die in § 14 erwähnten beiden Synodalschreiben re-

11. Von diesem Glaubensbekenntnis behaupteten manche, es sei mit einem Kunstgriff verfaßt und unterscheide sich (*sc.* von den früheren) nur scheinbar in den Aussagen, entspreche aber dennoch den Dogmen des Arius je nach der Auffassung der Worte, die der Doppeldeutigkeit alle Freiheit ließen und die Deutung der Worte in beiderlei Sinn ermöglichten. 12. Der Kaiser indessen freute sich über den Erfolg, weil er meinte, Arius und Euzoïus hätten ähnliche Auffassungen wie die in Nicaea zusammengekommenen Bischöfe. Allerdings erlaubte er sich nicht, sie in die Gemeinschaft aufzunehmen, bevor die nach kirchlicher Satzung dazu Berechtigten sie beurteilt und überprüft hätten.

13. Er schickte sie also zu den damals in Jerusalem versammelten Bischöfen, denen er schrieb, ihr Glaubensbekenntnis solle untersucht werden, die Synode möge jedoch ein mildes Urteil über sie fällen, ob sie sich nun als rechtgläubig erwiesen und aus Mißgunst Opfer einer Konspiration geworden seien oder ob sie mit den bereits über sie ergangenen Urteilen einverstanden seien und Reue zeigten.[188] 14. Die das längst betrieben hatten, ergriffen die Gelegenheit und nahmen sie unter Berufung auf das kaiserliche Schreiben in die kirchliche Gemeinschaft auf. Dies getan, schrieben sie einerseits an den Kaiser selbst, anderseits an die Gemeinde von Alexandrien und an die Bischöfe und Kleriker in Ägypten, der Thebaïs und Libyen, denen sie empfahlen, die beiden bereitwillig aufzunehmen, als hätte auch der Kaiser ihr Glaubensbekenntnis, das sie ihrem Brief beigaben, als korrekt bezeugt und als hätte die Synode dem Urteil des Kaisers zugestimmt. Das wurde in diesem Sinne in Jerusalem betrieben.

28. 1. Athanasius aber kam auf seiner Flucht von Tyrus nach Konstantinopel[189], wandte sich an den Kaiser

---

feriert auch SOCRATES, *h. e.* 1,33 (GCS 82f).

189 Am 30. Oktober 335, vgl. SCHWARTZ, *Athanasius* 257.

βασιλεῖ, ἃ πέπονθεν ἀπωδύρετο παρόντων τῶν καταδικασάντων αὐτοῦ ἐπισκόπων, καὶ ἐδεῖτο τῶν ἐν Τύρῳ κεκριμένων γενέσθαι τὴν ἐξέτασιν ἐπὶ αὐτοῦ βασιλέως. Κωνσταντῖνος δὲ εὔλογον εἶναι δοκιμάσας τὴν αἴτησιν τάδε ἔγραψε τοῖς ἐν Τύρῳ συνελθοῦσιν ἐπισκόποις·

2. „Ἐγὼ μὲν ἀγνοῶ, τίνα ἐστὶ τὰ ὑπὸ τῆς ὑμετέρας συνόδου μετὰ θορύβου καὶ χειμῶνος κριθέντα, δοκεῖ δέ πως ὑπό τινος ταραχώδους ἀταξίας ἡ ἀλήθεια διεστράφθαι, ὑμῶν δηλαδὴ διὰ τὴν πρὸς τοὺς πέλας ἐρεσχελίαν, ἣν ἀήττητον εἶναι βούλεσθε, τὰ τῷ θεῷ ἀρέσκοντα μὴ συνορώντων. 3. ἀλλὰ ἔσται τῆς θείας προνοίας ἔργον καὶ τὰ τῆς φιλονικίας ταύτης κακὰ φανερῶς ἁλόντα διασκεδάσαι καὶ ἡμῖν διαρρήδην ἐπιδεῖξαι, εἴ τινα τῆς ἀληθείας αὐτόθι συνελθόντες ἐποιήσασθε φροντίδα καὶ εἰ τὰ κεκριμένα χωρίς τινος χάριτος καὶ ἀπεχθείας ἐκρίνατε. 4. τοιγαροῦν ἠπειγμένως πάντας ὑμᾶς πρὸς τὴν ἐμὴν ἐλθεῖν εὐλάβειαν βούλομαι, ἵνα τὴν τῶν πεπραγμένων ὑμῖν ἀκρίβειαν καὶ <ἐφ’> ἡμῶν αὐτῶν παραστήσητε. 5. τίνος δὲ ἕνεκεν ταῦτα γράψαι πρὸς ὑμᾶς ἐδικαίωσα καὶ ὑμᾶς πρὸς ἐμαυτὸν διὰ τοῦ γράμματος καλῶ, ἐκ τῶν ἑπομένων γνώσεσθε. ἐπιβαίνοντί μοι λοιπὸν τῆς ἐπωνύμου ἡμῶν καὶ πανευδαίμονος πατρίδος τῆς Κωνσταντινουπόλεως (συνέβαινε δέ με τηνικαῦτα ἐφ’ ἵππου ὀχεῖσθαι) ἐξαίφνης Ἀθανάσιος ὁ ἐπίσκοπος ἐν μέσῳ τῆς λεωφόρου μετὰ ἑτέρων τινῶν, οὓς περὶ αὐτὸν εἶχεν, ἀπροσδοκήτως οὕτω προσῆλθεν, ὡς καὶ παρασχεῖν ἐκπλήξεως ἀφορμήν. | 6. μαρτυ- | 92
ρεῖ μοι γὰρ ὁ πάντων ἔφορος θεός, ὡς οὐδὲ ἐπιγνῶναι αὐτὸν ὅστις ἦν <παρὰ τὴν πρώτην ὄψιν ἠδυνήθην,

[b Cass. (–5)] 18 ἐφ ἡμῶν : ὑμῶν b || 28 ἐπέγνων b

[190] Sie sind bei SOCRATES, *h. e.* 1,35,2 (GCS 85), aufgezählt.

Konstantin, beschwerte sich in Gegenwart der Bischöfe[190], die ihn verurteilt hatten, über das, was ihm widerfahren war, und ersuchte ihn darum, daß eine Untersuchung der in Tyrus gefällten Entscheidungen vor dem Kaiser selbst geführt werde. Konstantin, der diese Bitte für begründet hielt, schrieb Folgendes an die Bischöfe, die in Tyrus zusammengekommen waren[191]:

2. „Mir ist zwar nicht bekannt, was die von eurer Synode unter Tumult und stürmischen Umständen gefällten Urteile besagen, doch scheint die Wahrheit irgendwie durch verwirrende Unordnung entstellt zu sein, weil ihr nämlich wegen der Rechthaberei gegenüber den Nächsten, die nach euerm Willen nicht nachgeben soll, nicht zu erkennen vermögt, was Gott gefällt. 3. Aber es wird Sache der Vorsehung Gottes sein, sowohl die aus dieser Halsstarrigkeit entstandenen Schäden offenzulegen und zu beseitigen als auch mir ausführlich zu zeigen, ob ihr, dort zusammengetreten, der Wahrheit die Ehre gegeben und ob ihr die Urteile unvoreingenommen gefällt habt. 4. Daher wünsche ich, daß ihr unverzüglich sämtlich bei meiner gottesfürchtigen Person erscheint, um den genauen Hergang eurer Verhandlungen auch mir persönlich gegenüber darzulegen. 5. Weswegen ich euch dies zu schreiben geruht habe und Euch mit diesem Brief zu mir einlade, werdet ihr aus dem Folgenden entnehmen können. Als ich soeben die nach mir benannte, glückselige Heimatstadt Konstantinopel aufsuchte, zufällig war ich damals hoch zu Roß, da trat mir plötzlich der Bischof Athanasius mitten auf der Straße zusammen mit einigen anderen, die er bei sich hatte, so unversehens entgegen, daß er mir sogar zu Verwirrung Anlaß bot. 6. Denn Gott, der alles sieht, ist mein Zeuge, daß ich auf den ersten Blick nicht einmal hätte erkennen können, wer er war, hät-

[191] Der Brief steht bei ATHANASIUS VON ALEXANDRIEN, *apol. sec.* 86 (164–166 OPITZ), aus dem auch SOCRATES, *h. e.* 1,34 (GCS 83–85), und der ANONYMUS VON CYZICUS, *h. e.* 3,18 (GCS 150–152), zitieren.

εἰ μὴ τῶν ἡμετέρων τινές, καὶ ὅστις ἦν> καὶ τὴν ἀδικίαν ἣν πέπονθε, πυνθανομένοις, ὥσπερ εἰκός, ἀπήγγειλαν ἡμῖν. 7. ἐγὼ μὲν οὖν οὐ διειλέχθην αὐτῷ κατ᾽ ἐκεῖνο καιροῦ οὔτε ὁμιλίας ἐκοινώνησα. ὡς δὲ ἐκεῖνος μὲν ἠξίου, ἐγὼ δὲ παρῃτούμην καὶ μικροῦ δεῖν ἀπελαύνεσθαι αὐτὸν ἐκέλευον, μετὰ πλείονος παρρησίας οὐδὲν ἕτερον παρ᾽ ἡμῶν ᾔτει ἢ τὴν ὑμετέραν ἄφιξιν ἠξίωσεν ὑπάρξαι, ἵν᾽ ὑμῶν παρόντων, ἃ πέπονθεν ἀναγκαίως, ἀποδύρασθαι δυνηθείη. 8. ὅπερ ἐπειδὴ εὔλογον εἶναι καὶ τοῖς καιροῖς πρέπον κατεφαίνετο, ἀσμένως ταῦτα γραφῆναι πρὸς ὑμᾶς προσέταξα, ἵνα πάντες, ὅσοι τὴν σύνοδον τὴν ἐν Τύρῳ γενομένην ἐπληρώσατε, ἀνυπερθέτως εἰς τὸ στρατόπεδον τῆς ἡμετέρας ἡμερότητος ἐπειχθῆτε, τοῖς ἔργοις αὐτοῖς ἐπιδείξοντες τὸ τῆς ὑμετέρας κρίσεως καθαρόν τε καὶ ἀδιάστροφον, ἐπ᾽ ἐμοῦ, ὃν τοῦ θεοῦ γνήσιον εἶναι θεράποντα οὐκ ἂν ἀρνηθείητε. 9. τοιγαροῦν διὰ τῆς ἐμῆς πρὸς τὸν θεὸν λατρείας τὰ πανταχοῦ εἰρηνεύεται, καὶ τῶν βαρβάρων αὐτῶν τὸ τοῦ θεοῦ ὄνομα γνησίως εὐλογούντων, οἳ μέχρι νῦν τὴν ἀλήθειαν ἠγνόουν· δῆλον δὲ ὅτι ὁ τὴν ἀλήθειαν ἀγνοῶν οὐδὲ τὸν θεὸν ἐπιγινώσκει. 10. πλὴν ὅμως, καθὰ προείρηται, καὶ οἱ βάρβαροι νῦν δι᾽ ἐμὲ τὸν τοῦ θεοῦ θεράποντα γνήσιον ἐπέγνωσαν τὸν θεὸν καὶ εὐλαβεῖσθαι μεμάθηκαν, ὃν ὑπερασπίζειν μου πανταχοῦ καὶ προνοεῖσθαι τοῖς ἔργοις αὐτοῖς ᾔσθοντο· ὅθεν μάλιστα καὶ ἴσασι τὸν θεόν, ὃν ἐκεῖνοι μὲν διὰ τὸν πρὸς ἡμᾶς φόβον εὐλαβοῦνται, 11. ἡμεῖς δὲ οἱ τὰ μυστήρια τῆς εὐμενείας αὐτοῦ δοκοῦντες προβάλλεσθαι (οὐδὲ γὰρ ἂν εἴποιμι φυλάττειν), ἡμεῖς, φημί, οὐδὲν πράττομεν ἢ τὰ πρὸς διχόνοιαν καὶ μῖσος συντείνοντα καί, ἁπλῶς εἰπεῖν, τὰ πρὸς ὄλεθρον τοῦ ἀνθρωπίνου γένους ἔχοντα τὴν ἀναφοράν. 12. ἀλλ᾽ ἐπείχθητε, καθὰ προείρηται, καὶ πρὸς ἡμᾶς σπεύσατε πάντες ᾗ τάχος, πεπεισμένοι ὡς παντὶ σθένει κατορθῶσαι πειράσομαι,

[b] 2 ἀπήγγειλεν b || 12 ἐπλήρωσαν b || 23 ὃν : θεὸν b

ten nicht Leute aus meinem Gefolge auf meine verständliche Frage hin mir gemeldet, wer er war und welches Unrecht ihm geschehen war. 7. Was mich betrifft, so ließ ich mich in dieser Situation auf kein Gespräch mit ihm ein und gewährte ihm keine Audienz. Als er aber seine Forderung vorbrachte, ich sie ablehnte und ihn fast hätte wegscheuchen lassen, da ersuchte er mit größerer Bestimmtheit mich um nichts anderes als um euer Erscheinen, damit er in eurer Anwesenheit sich über die ihm unter Zwang zuteilgewordene Behandlung beschweren könne. 8. Da dies berechtigt und den Umständen angemessen erschien, habe ich bereitwilligst euch diesen Brief zu schreiben angeordnet, damit ihr alle, soweit ihr an der Synode zu Tyrus teilgenommen habt, euch unverzüglich in die Residenz meiner huldvollen Güte begebt, um an Hand der Fakten die Ehrlichkeit und Unanfechtbarkeit eures Urteils nachzuweisen, mir gegenüber, dem ihr nicht bestreiten werdet, daß ich ein wirklicher Diener Gottes bin. 9. Denn dank meines Dienstes für Gott herrscht allenthalben Frieden, da selbst die Barbaren den Namen Gottes ehrlich preisen, die bisher die Wahrheit nicht kannten. Es versteht sich, daß, wer die Wahrheit nicht kennt, auch Gott nicht erkennt. 10. Jedoch, wie schon gesagt, haben auch die Barbaren jetzt durch mich, den wirklichen Diener Gottes, Gott erkannt und den zu verehren gelernt, von dem sie durch reale Erfahrung wahrnahmen, daß er allenthalben mein Helfer und Beschützer ist. Eben daher wissen sie auch von Gott, den sie aus Respekt vor mir verehren, 11. während wir, die wir die Geheimnisse seiner Güte im Munde zu führen scheinen — daß wir sie hüten, wage ich nicht zu behaupten —, wir, behaupte ich, unternehmen nichts als was zu Zwietracht und Haß beiträgt und, um es deutlich zu sagen, was zum Verderben des Menschengeschlechts in Beziehung steht. 12. So beeilt euch, wie ich schon sagte, und kommt alle schleunigst zu mir. Ihr könnt überzeugt sein, daß ich nach allen Kräften zu erreichen versuchen werde,

ὅπως ἐν τῷ νόμῳ τοῦ θεοῦ | ταῦτα ἐξαιρέτως φυλάττωνται, οἷς οὔτε ψόγος οὔτε κακοδοξία τις δυνήσεται προσπλακῆναι, διασκεδασθέντων δηλαδὴ καὶ συντριβέντων ἄρδην καὶ παντελῶς ἀφανισθέντων τῶν ἐχθρῶν τοῦ νόμου, οἵτινες ἐπὶ προσχήματι τοῦ <ἁγίου> ὀνόματος ποικίλας καὶ διαφόρους βλασφημίας παρέχουσι." | 93

13. Τάδε τοῦ βασιλέως γράψαντος οἱ μὲν ἄλλοι δείσαντες οἴκαδε ἀνεχώρησαν, οἱ δὲ ἀμφὶ τὸν Εὐσέβιον τὸν Νικομηδείας ἐπίσκοπον παραγενόμενοι πρὸς βασιλέα δίκαια ψηφίσασθαι ἐπὶ Ἀθανασίῳ τὴν ἐν Τύρῳ σύνοδον διισχυρίζοντο. καὶ μάρτυρας παραγαγόντες εἰς μέσον Θεόγνιον καὶ Μάριν καὶ Θεόδωρον, Οὐάλεντά τε καὶ Οὐρσάκιον ἔπεισαν ὡς μυστικὸν ποτήριον συνέτριψεν, ἄλλα τε πολλὰ λοιδορησάμενοι ἐκράτησαν ταῖς διαβολαῖς. 14. ὁ δὲ βασιλεὺς ἢ ἀληθῆ τάδε πιστεύσας ἢ λοιπὸν ὁμονοεῖν τοὺς ἐπισκόπους ὑπολαβών, εἰ ἐκποδὼν γένηται Ἀθανάσιος, προσέταξεν αὐτὸν ἐν Τριβέρει τῶν πρὸς δύσιν Γαλατῶν οἰκεῖν. καὶ ὁ μὲν ἀπήχθη.

29.1. Μετὰ δὲ τὴν ἐν Ἱεροσολύμοις σύνοδον ἧκεν Ἄρειος εἰς Αἴγυπτον. μὴ κοινωνούσης δὲ αὐτῷ τῆς Ἀλεξανδρέων ἐκκλησίας πάλιν ἦλθεν εἰς Κωνσταντινούπολιν. ἐπίτηδες δὲ συνδραμόντων τῶν τὰ αὐτὰ φρονούντων ἰδίᾳ καὶ τῶν πειθομένων Εὐσεβίῳ τῷ Νικομηδείας ἐπισκόπῳ, καὶ σύνοδον ποιῆσαι παρασκευαζομένων, αἰσθόμενος τῆς αὐτῶν σπουδῆς Ἀλέξανδρος ὁ τότε τὸν ἐν Κωνσταντινουπόλει διέπων θρόνον ἐπειράθη διαλῦσαι τὴν σύνοδον. 2. ὡς δὲ τοῦτο

[b Cass. (19–)]

192 Nach der Darstellung des ATHANASIUS VON ALEXANDRIEN, *apol. sec.* 87,1f (166f OPITZ), war eine neue Beschuldigung entscheidend (er habe die Getreideversorgung aus Ägypten für Konstantinopel zu unterbinden gedroht).

193 Wörtlich „im Gebiet der westlichen Galater", zur Unterscheidung vom kleinasiatischen Galatien.

daß in Gottes Gebot dasjenige in besonderem Maße eingehalten wird, an dem sich weder Kritik noch irgendein Irrglaube wird festmachen können, nachdem nämlich die Feinde des Gebotes vereinzelt und völlig aufgerieben und gänzlich beseitigt sind, die unter dem Vorwand des heiligen Namens vielfältige, unterschiedliche Blasphemien vorbringen."

13. Nach diesem Schreiben des Kaisers kehrten die übrigen eingeschüchtert nach Haus zurück, Eusebius aber, der Bischof von Nicomedia, und seine Anhänger gingen zum Kaiser und behaupteten, die Synode in Tyrus habe eine gerechte Entscheidung über Athanasius gefällt. Als Zeugen führten sie Theognius, Maris, Theodor, Valens und Ursacius vor, mit deren Aussage sie nachwiesen, daß er einen Abendmahlskelch zerbrochen habe, und mit vielen anderen Schmähungen triumphierten sie durch ihre Verleumdungen.[192] 14. Der Kaiser, der diese Anklagen für wahr hielt oder annahm, künftig würden die Bischöfe einig sein, wenn Athanasius aus dem Wege geräumt sei, wies ihm einen Wohnsitz in Trier im zum Westreich gehörenden Gallien[193] zu, und er wurde deportiert.[194]

29.1. Nach der Synode in Jerusalem kam Arius nach Ägypten.[195] Da die Kirche von Alexandrien jedoch keine Gemeinschaft mit ihm hielt, kehrte er wieder nach Konstantinopel zurück. Hier kamen nach einem Plan seine Anhänger gesondert mit den Parteigängern des Bischofs Eusebius von Nicomedia zusammen und bereiteten sich darauf vor, eine Synode abzuhalten. Als Alexander, der damals den Bischofssitz in Konstantinopel innehatte, ihr Vorhaben erkannte, versuchte er die Synode aufzulösen. 2. Da dies

---

[194] Am 7. 11. 335. Zum Ablauf der dramatischen acht Tage in Konstantinopel vgl. SCHWARTZ, *Athanasius* 57–260.

[195] Zu *h.e.* 2,29 vgl. SOCRATES, *h. e.* 1,37 (GCS 87f); GELASIUS VON CAESAREA, *Frg.* 34 (WINKELMANN); RUFIN VON AQUILEIA, *hist.* 10,13 (979 MOMMSEN), und die in *h.e.* 2,30, unten 316–319, zitierte Darstellung des ATHANASIUS.

οὐκ ἐξεγένετο, ἄντικρυς ἀπηγόρευε ταῖς πρὸς Ἄρειον σπονδαῖς, μὴ θεμιτὸν μηδὲ ἐκκλησιαστικὸν εἶναι λέγων σφῶν αὐτῶν τὴν ψῆφον ἄκυρον ποιεῖν καὶ τῶν ἅμα αὐτοῖς ἐκ πάσης σχεδὸν τῆς ὑφ᾽ ἥλιον συνεληλυθότων εἰς Νίκαιαν. οἱ δὲ ἀμφὶ τὸν Εὐσέβιον, ὡς τὰ πρῶτα λόγοις οὐκ ἔπειθον τὸν Ἀλέξανδρον, ἐμπαροινήσαντες αὐτῷ μετὰ ἀπειλῆς διεμαρτύραντο, εἰ μὴ προσδέξεται τὸν Ἄρειον εἰς ῥητὴν ἡμέραν, αὐτὸν μὲν ὑπερ|ορίαν οἰκήσειν ἐκβληθέντα τῆς ἐκκλησίας, Ἀρείῳ [94] δὲ κοινωνήσειν τὸν μετ᾽ αὐτόν. 3. ἐπὶ τούτοις τε ἀπηλλάγησαν τότε ἀλλήλων, οἱ μὲν τῇ προθεσμίᾳ περιμένοντες ἐπιτελέσαι τὰς ἀπειλάς, ὁ δὲ Ἀλέξανδρος προσευχόμενος μὴ εἰς ἔργον ἐκβῆναι τοὺς Εὐσεβίου λόγους. μάλιστα δὲ αὐτὸν περιδεᾶ ἐποίει καὶ ὁ βασιλεὺς ἐνδιδόναι τρόπον τινὰ συμπεισθείς. τῇ δὲ πρὸ τῆς προθεσμίας ἡμέρᾳ εἰσδὺς ὑπὸ τὸ θυσιαστήριον παννύχιος ἔκειτο πρηνὴς τοῦ θεοῦ δεόμενος ἐμποδισθῆναι τὸ τέλος τῶν κατ᾽ αὐτοῦ βεβουλευμένων. 4. κατὰ δὲ ταύτην τὴν ἡμέραν ἀπιών που περὶ δείλην ὀψίαν Ἄρειος, ἐξαπίνης ἀνακινησάσης αὐτὸν τῆς γαστρός, τοῦ κατεπείγοντος ἐγίνετο καὶ εἰς δημόσιον τόπον πρὸς τοιαύτην χρείαν ἀφωρισμένον ἦλθεν. ὡς δὲ ἐπὶ πολλῷ οὐκ ἐξῄει, εἰσελθόντες τινὲς τῶν ἔξω προσδεχομένων αὐτὸν καταλαμβάνουσι νεκρὸν ἐπὶ τῆς καθέδρας κείμενον. 5. ἐπεὶ δὲ τοῦτο δῆλον ἐγένετο, οὐ ταὐτὰ πάντες ἐνόμιζον περὶ τῆς αὐτοῦ τελευτῆς. ἐδόκει δὲ τοῖς μὲν ἀθρόᾳ νόσῳ ληφθεὶς περὶ τὴν καρδίαν, ἢ πάρεσιν ὑπομείνας ὑφ᾽ ἡδονῆς τῶν κατὰ γνώμην ἀπαντησάντων πραγμάτων, αὐθωρὸν τεθνάναι, τοῖς δὲ ὡς δυσσεβήσας δεδωκέναι δίκην. οἱ δὲ τὰ αὐτοῦ φρονοῦντες γοητείαις ἐλογοποίουν ἀνῃρῆσθαι τὸν ἄνδρα. οὐκ ἄτοπον δὲ τὰ

[b T (30–) Cass. (–18)]

nicht gelang, verwarf er ausdrücklich jedes Einvernehmen mit Arius unter Berufung darauf, daß es kirchenrechtlich nicht gestattet sei, ihr eigenes Urteil und das der mit ihnen aus nahezu der ganzen Welt in Nicaea zusammengekommenen Synodalen für ungültig zu erklären. Als ihre anfänglichen Versuche, Alexander mit Worten zu überreden, vergeblich blieben, wurden Eusebius und seine Genossen ausfällig gegen ihn und warnten ihn unter Drohungen, wenn er Arius nicht bis zu einem bestimmten Termin aufnähme, würde er aus der Kirche verstoßen und ins Exil vertrieben werden, und sein Nachfolger werde dann mit Arius Gemeinschaft halten. 3. Dann trennten sie sich voneinander auf dieser Grundlage, die eine Seite in der Erwartung, an dem festgelegten Termin ihre Drohungen wahr zu machen, Alexander im Gebet darum, die Ankündigungen des Eusebius möchten nicht in Erfüllung gehen. Am meisten beunruhigte ihn, daß auch der Kaiser irgendwie zum Nachgeben umgestimmt war. Am Tage vor dem Termin warf er sich vor den Altar und blieb die ganze Nacht ausgestreckt liegen, während er Gott darum bat, daß die Verwirklichung der gegen ihn geschmiedeten Pläne verhindert würde. 4. An diesem Tage ging Arius gegen Abend aus, bekam plötzlich eine Magenverstimmung, mußte dem Bedürfnis nachgeben und suchte eine für solche Zwecke bestimmte öffentliche Anstalt auf. Als er nun längere Zeit nicht wieder herauskam, gingen einige von den Leuten hinein, die draußen auf ihn warteten, und fanden ihn tot auf der Latrine liegend. 5. Als das bekannt wurde, waren nicht alle einer Meinung über sein Ende: Manche vermuteten, er sei einem plötzlichen Herzanfall erlegen oder habe vor Freude über den erwünschten Fortschritt seines Vorhabens einen Schlaganfall erlitten, an dem er augenblicklich starb, andere meinten, das sei die Strafe für seine gottlose Haltung gewesen. Seine Anhänger verbreiteten das Gerücht, der Mensch sei durch magische Praktiken umgebracht worden. So ist es nicht abwegig,

περὶ αὐτοῦ εἰρημένα Ἀθανασίῳ τῷ ἐπισκόπῳ Ἀλεξανδρείας εἰς μέσον ἀγαγεῖν· ἔχει δὲ ὧδε·

30.1 „Καὶ γὰρ καὶ αὐτὸς Ἄρειος ὁ τῆς μὲν αἱρέσεως ἔξαρχος, Εὐσεβίου δὲ κοινωνός, κληθεὶς ἐκ σπουδῆς τότε τῶν περὶ Εὐσέβιον παρὰ τοῦ μακαρίτου Κωνσταντίνου τοῦ Αὐγούστου, ἀπαιτούμενος ἐγγράφως εἰπεῖν τὴν ἑαυτοῦ πίστιν, ἔγραψεν ὁ δόλιος κρύπτων τὰς ἀναιδεῖς τῆς δυσσεβείας λέξεις, ὑποκρινόμενος καὶ αὐτὸς ὡς ὁ διάβολος τὰ τῶν γραφῶν ῥήματα ἁπλᾶ καὶ ὥς ἐστι γεγραμμένα. 2. εἶτα λέγοντος τοῦ μακαρίου Κωνσταντίνου ‚εἰ μηδὲν ἕτερον ἔχεις παρὰ ταῦτα ἐν τῇ διανοίᾳ, μάρτυρα τὴν ἀλήθειαν δός· ἀμυνεῖται γὰρ ἐπιορκήσαντά σε αὐτὸς ὁ κύριος‘, ὤμοσεν ὁ ἄθλιος μήτ’ ἔχειν μήτ’ ἄλλα παρὰ τὰ νῦν γραφέντα φρονεῖν, κἂν εἰρῆσθαι πώποτε εἴη παρ’ | αὐτοῦ. ἀλλ’ εὐθὺς ἐξελθὼν ὥσπερ δίκην δοὺς κατ- | 95
έπεσε ‚καὶ πρηνὴς γενόμενος ἐλάκησε μέσος‘. 3. πᾶσι μὲν οὖν ἀνθρώποις κοινὸν τοῦ βίου τέλος θάνατός ἐστιν, καὶ οὐ δεῖ τινος ἐπεμβαίνειν, κἂν ἐχθρὸς ᾖ ὁ τελευτήσας, ἀδήλου ὄντος, μὴ ἕως ἑσπέρας καὶ αὐτὸν τοῦτο καταλάβῃ. τὸ δὲ τέλος Ἀρείου, ἐπειδὴ οὐχ ἁπλῶς γέγονε, διὰ τοῦτο καὶ διηγήσεώς ἐστιν ἄξιον. 4. τῶν γὰρ περὶ Εὐσέβιον ἀπειλούντων εἰσαγαγεῖν αὐτὸν εἰς τὴν ἐκκλησίαν, ὁ μὲν ἐπίσκοπος τῆς Κωνσταντινουπόλεως Ἀλέξανδρος ἀντέλεγεν, ὁ δὲ Ἄρειος ἐθάρρει τῇ βίᾳ καὶ ταῖς ἀπειλαῖς Εὐσεβίου· σάββατον γὰρ ἦν, καὶ προσεδόκα τῇ ἑξῆς συνάγεσθαι· πολὺς δὲ καὶ νῦν ἀγὼν ἦν ἐκείνων μὲν ἀπειλούντων, Ἀλεξάνδρου δὲ εὐχομένου. ἀλλ’ ὁ κύριος κριτὴς γενόμενος ἐβράβευσε κατὰ τῶν

[b T] 15 φρονεῖν om. T

[196] ATHANASIUS VON ALEXANDRIEN, *ep. Aeg. Lib.* 18,6 – 19,5 (59f METZLER), verfaßt 356 und vielleicht 361 überarbeitet.

[197] Der Text ist richtiger erhalten in den ATHANASIUS-Handschriften: „noch sei etwas anderes als was er jetzt geschrieben habe, jemals von ihm

mitzuteilen, was Athanasius, der Bischof von Alexandrien, über ihn gesagt hat. Es lautet so[196]:

30. 1. „Denn auch Arius selbst, der Urheber der Ketzerei und Genosse des Eusebius, damals auf Betreiben der Eusebius-Partei von dem seligen Augustus Konstantin (*sc.* an den Hof) berufen und aufgefordert, schriftlich seinen Glauben zu formulieren, verwendete bei der Abfassung, der Betrüger, der die schamlosen Ausdrücke seiner Gottlosigkeit versteckte, ebenso heuchelnd wie der Teufel, die schlichten Worte der Schrift, die so lauten, wie es ist. 2. Darauf sagte der selige Konstantin: ‚Wenn du nichts anderes daneben in deinem Denken hegst, so rufe die Wahrheit als Zeugen an; denn hast du einen Meineid geleistet, wird der Herr selbst dich strafen.' So schwor der Elende, weder anderes zu hegen noch zu denken als was er jetzt geschrieben habe, noch sei es jemals von ihm geäußert worden.[197] Aber kaum war er hinausgegangen, so ereilte ihn gleichsam die Strafe, er fiel nieder ‚und stürzte vornüber und platzte in der Mitte' (Apg 1,18). 3. Alle Menschen zwar haben den Tod als Ende des Lebens gemein, und man darf über keinen frohlocken, auch wenn der Verstorbene ein Gegner ist, da man nie weiß, ob der Tod einen selbst nicht noch vor Abend ereilt. Da das Ende des Arius aber nicht auf alltägliche Weise eintrat, ist es eben deshalb auch berichtenswert. 4. Die Anhänger des Eusebius drohten ihn in die Kirche hineinzubringen, der Bischof von Konstantinopel Alexander widersprach, Arius aber baute auf die Gewalttätigkeit und die Drohungen des Eusebius. Es war Samstag, und er rechnete damit, am nächsten Tage am Gottesdienst teilzunehmen, doch immer noch war ein heftiger Kampf im Gange: Jene drohten, Alexander aber betete. Doch der Herr erwies sich als Richter und entschied gegen die un-

---

geäußert oder gedacht worden", ATHANASIUS VON ALEXANDRIEN, *ep. Aeg. Lib.* 18,7 (59 METZLER).

ἀδικούντων. οὔπω γὰρ ὁ ἥλιος ἔδυ, καὶ χρείας αὐτὸν ἑλκυσάσης εἰς τόπον ἐκεῖ κατέπεσε, καὶ ἀμφοτέρων, τῆς τε κοινωνίας καὶ τοῦ ζῆν, εὐθὺς ἐστερήθη. 5. καὶ ὁ μὲν μακαρίτης Κωνσταντῖνος ἀκούσας ἐθαύμασεν εἰδὼς ἐλεγχθέντα τοῦτον ἐπίορκον, πᾶσι δὲ τότε γέγονε φανερόν, ὅτι τῶν μὲν περὶ Εὐσέβιον ἠσθένησαν αἱ ἀπειλαὶ καὶ ἡ ἐλπὶς δὲ ᾿Αρείου ματαία γέγονεν. ἐδείχθη δὲ πάλιν, ὅτι παρὰ τοῦ σωτῆρος ἀκοινώνητος γέγονεν ἡ ᾿Αρειανὴ μανία καὶ ὧδε καὶ ἐν τῇ τῶν πρωτοτόκων ἐν οὐρανοῖς ἐκκλησίᾳ. τίς οὖν οὐ θαυμάσειεν ὁρῶν τούτους δικαιῶσαι φιλονικοῦντας, ὃν ὁ κύριος κατέκρινε, καὶ βλέπων αὐτοὺς ἐκδικοῦντας τὴν αἵρεσιν, οὓς ἀκοινωνήτους ἤλεγξεν ὁ κύριος, μὴ ἀφεὶς τὸν αὐτῆς ἔξαρχον εἰς τὴν ἐκκλησίαν εἰσελθεῖν.“

6. Ὧδε μὲν Ἄρειον ἀποθανεῖν παρειλήφαμεν. λόγος οὖν ἐπὶ πολλῷ χρόνῳ μηδένα χρήσασθαι τῇ καθέδρᾳ ἐφ’ ᾗ τέθνηκεν· οἷα δὲ εἰς δημόσιον χῶρον διὰ τὴν χρείαν ὀχλουμένων, ὡς φιλεῖ ἐν πλήθει γίνεσθαι, καὶ παρακελευομένων ἀλλήλοις τῶν εἰσιόντων φυλάττεσθαι τὴν καθέδραν, ἀποτρόπαιος ἦν καὶ τοῖς μετὰ ταῦτα ὁ τόπος, ὡς ἀσεβείας ποινὰς αὐτόθι δεδωκότος ᾿Αρείου. 7. χρόνῳ δὲ ὕστερον τῶν τὰ αὐτοῦ φρονούντων τις πλούσιός τε <καὶ> ἐν δυνάμει σπουδῇ χρησάμενος ἐπρίατο τοῦτον τὸν τόπον παρὰ τοῦ | [96] δημοσίου καὶ οἰκίαν κατεσκεύασε καθελὼν τὴν προτέραν ὄψιν, ὥστε λήθην γενέσθαι τῷ δήμῳ καὶ μὴ τῇ διαδοχῇ τῆς τοιαύτης ἀναμνήσεως τὸν ᾿Αρείου θάνατον κωμῳδεῖσθαι.

[b T (–14) Cass. (21–27)] 10 θαυμάσει T || 23 *ac* Cass.

[198] ATHANASIUS VON ALEXANDRIEN hatte einen früheren Bericht in *ep.*

recht Handelnden. Noch war die Sonne nicht untergegangen, da zog Arius ein Bedürfnis zum Abort, dort fiel er nieder und verlor alsbald beide Güter, die Gemeinschaft wie das Leben. 5. Als der selige Konstantin davon hörte, staunte er, wußte er doch, daß Arius als Meineidiger erwiesen war, allen aber wurde es damals offensichtlich, daß die Drohungen des Eusebius kraftlos blieben und die Hoffnung des Arius nichtig gewesen war. Ferner zeigte es sich, daß der arianische Wahn durch den Heiland exkommuniziert war sowohl hier wie in der ‚Kirche der Erstgeborenen im Himmel' (Hebr 12,23). Wer sollte sich nicht wundern, wenn er ansehen muß, daß diese Leute ihren Ehrgeiz daran setzen, den zu rechtfertigen, den der Herr verurteilt hat, und wenn er beobachtet, wie sie die Ketzerei verteidigen, die der Herr als exkommuniziert erwiesen hat, indem er ihren Urheber nicht in die Kirche kommen ließ."

6. So ist uns der Tod des Arius überliefert.[198] Es wird erzählt, daß lange Zeit niemand den Platz benutzte, auf dem er gestorben war. Da die Leute aus natürlichem Bedürfnis zur öffentlichen Anstalt strömen und die Hereinkommenden sich gegenseitig warnten, sich vor dem Platz zu hüten, war dieser Ort auch bei späteren Generationen verrufen, weil Arius dort die Strafe für seine Gottlosigkeit bekommen hatte. 7. Später kaufte ein reicher, mächtiger Mann aus dem Kreise seiner Anhänger, der daran interessiert war, dieses Grundstück von der öffentlichen Hand und ließ dort ein Wohnhaus errichten, nachdem er den alten Zustand beseitigt hatte, damit die Bevölkerung ihn vergaß und der Tod des Arius nicht durch die Weitergabe einer solchen Erinnerung zum Gespött wurde.

---

mort. Ar. 2f (179 OPITZ), gegeben; vgl. FERRARINI, *La morte;* MARTIN, *Le fil.* Zu § 6 vgl. SOCRATES, *h. e.* 1,38,9 (GCS 89f).

31.1. Ἀλλὰ γὰρ οὐδὲ τούτου τελευτήσαντος τέλος ἔσχεν ἡ ζήτησις ὧν ηὗρεν δογμάτων, οὐδὲ ἐπαύσαντο οἱ τὰ αὐτοῦ φρονοῦντες τοῖς τἀναντία δοξάζουσιν ἐπιβουλεύοντες. 2. ἀμέλει τοι καὶ τοῦ Ἀλεξανδρέων δήμου συνεχῶς ἐκβοῶντος καὶ ἐν λιταῖς ἱκετεύοντος περὶ τῆς Ἀθανασίου καθόδου καὶ Ἀντωνίου τοῦ μεγάλου μοναχοῦ πολλάκις περὶ αὐτοῦ γράψαντος καὶ ἀντιβολοῦντος μὴ πείθεσθαι τοῖς Μελιτιανοῖς, ἀλλὰ συκοφαντίας ἡγεῖσθαι τὰς αὐτῶν κατηγορίας, οὐκ ἐπείσθη ὁ βασιλεύς, ἀλλὰ τοῖς μὲν Ἀλεξανδρεῦσιν ἔγραψεν ἄνοιαν καὶ ἀταξίαν ἐγκαλῶν, κληρικοῖς δὲ καὶ ταῖς ἱεραῖς παρθένοις ἡσυχίαν ἐπιτάττων· καὶ μὴ μετατεθήσεσθαι τῆς γνώμης ἰσχυρίζετο μηδὲ μετακαλεῖσθαι τὸν Ἀθανάσιον, ὡς στασιώδη καὶ ἐκκλησιαστικῇ καταδεδικασμένον κρίσει. 3. Ἀντωνίῳ δὲ ἀντεδήλωσε μὴ οἷός τε εἶναι τῆς συνόδου ὑπεριδεῖν τὴν ψῆφον. εἰ γὰρ καὶ ὀλίγοι, φησί, πρὸς ἀπέχθειαν ἢ χάριν ἐδίκασαν, οὐ δήπου πιθανὸν τοσαύτην πληθὺν ἐλλογίμων καὶ ἀγαθῶν ἐπισκόπων τῆς ὁμοίας γενέσθαι γνώμης· τὸν γὰρ Ἀθανάσιον ὑβριστήν τε εἶναι καὶ ὑπερήφανον καὶ διχονοίας καὶ στάσεως αἴτιον. οἱ γὰρ ἐναντίως ἔχοντες πρὸς αὐτὸν περὶ ταῦτα μάλιστα διέβαλλον αὐτόν, καθότι ὑπερφυῶς τοὺς τοιούτους ὁ βασιλεὺς ἀπεστρέφετο. 4. τότε γοῦν πυθόμενος διχῇ μεμερίσθαι τὴν ἐκκλησίαν καὶ τοὺς μὲν Ἀθανάσιον, τοὺς δὲ Ἰωάννην θαυμάζειν, σφόδρα ἠγανάκτησε καὶ αὐτὸν Ἰωάννην ἐξώρισεν. ἦν δὲ οὗτος ὁ Μελίτιον διαδεξάμενος καὶ παρὰ τῆς ἐν Τύρῳ συνόδου προσταχθεὶς

[b T (1–)] 2 ἔσχηκεν T || 21 στάσεων T

---

[199] SCHWARTZ, *Athanasius* 3,261 Anm.1: „Ein ausgezeichneter Bericht ... steht bei Sozom. 2,31; er wird besonders dadurch empfohlen, daß die Melitianer, nicht die von Athanasius beständig an die Wand ge-

31. 1. Aber auch nach seinem Tode fand die Erörterung der von ihm erfundenen Dogmen kein Ende, und die Arianer hörten nicht auf, gegen die Vertreter der entgegengesetzten Glaubensrichtung zu intrigieren. 2. Obwohl zum Beispiel die Gemeinde von Alexandrien ständig demonstrierte und in Prozessionen für die Rückkehr des Athanasius betete und der große Mönch Antonius häufig über ihn (*sc.* an den Kaiser) schrieb und darum ersuchte, nicht den Melitianern zu glauben, sondern ihre Anklagen als Verleumdungen anzusehen[199], ließ sich der Kaiser nicht überzeugen, warf vielmehr den Alexandrinern in seinem Brief Unverstand und Disziplinlosigkeit vor, forderte die Kleriker und heiligen Jungfrauen auf, Ruhe zu halten, und erklärte, er werde sich nicht umstimmen lassen und Athanasius nicht zurückrufen, der ein Unruhestifter und nach kirchlichem Prozeß verurteilt sei. 3. Dem Antonius antwortete er, er sehe sich nicht in der Lage, das Urteil der Synode zu übergehen. Mögen auch einige wenige — so wörtlich — voreingenommen geurteilt haben, so sei es doch wohl kaum wahrscheinlich, daß eine so große Mehrheit bedeutender und tüchtiger Bischöfe sich von einer ähnlichen Stimmung habe leiten lassen; denn Athanasius sei unverschämt, überheblich und an Uneinigkeit und Unruhe schuldig. Seine Gegner verleumdeten ihn nämlich besonders gern in diesem Punkte, weil der Kaiser solche Leute ungemein verabscheute. 4. Jedenfalls, als er damals erfuhr, die Kirche sei in zwei Parteien gespalten, von denen die eine Athanasius anhing, die andere Johannes, wurde er sehr zornig und verbannte Johannes persönlich. Dies war der Nachfolger des Melitius, der von der Synode zu Tyrus beauftragt

malten Arianer, als die Gegner erscheinen. ... Athanasius schweigt von alle dem vollständig, um die Fiktion nicht zu zerstören, daß Konstantin ihn habe zurückrufen wollen ...“

τῇ ἐκκλησίᾳ κοινωνεῖν καὶ τὰς τιμὰς τῶν ἰδίων κλήρων ἔχειν αὐτός τε καὶ οἱ τὰ αὐτοῦ φρονοῦντες. 5. καίτοι γε παρὰ γνώμην τοῦτο ἀπέβη τοῖς Ἀθανασίου ἐχθροῖς, ἀλλ᾽ ὅμως ἐγένετο, καὶ οὐδὲν ὤνησεν Ἰωάννην τὰ δεδογμένα τοῖς ἐν Τύρῳ συνεληλυθόσι. κρείττων γὰρ ἦν ὁ βασιλεὺς ἱκεσίας καὶ παντοδαπῆς παραιτήσεως πρὸς τὸν ὑπονοούμενον εἰς στάσιν ἢ διχόνοιαν ἐγείρειν τὰ πλήθη τῶν Χριστιανῶν.

32.1. Τὸ δὲ Ἀρείου δόγμα, εἰ καὶ πολλοῖς ἐν ταῖς διαλέξεσιν ἐσπουδάζετο, οὔπω εἰς ἴδιον διεκέκριτο λαὸν ἢ ὄνομα τοῦ εὑρόντος, ἀλλὰ πάντες ἅμα | 97 ἐκκλησίαζον καὶ ἐκοινώνουν, πλὴν Ναυατιανῶν καὶ τῶν ἐπικαλουμένων Φρυγῶν, Οὐαλεντίνων τε καὶ Μαρκιωνιστῶν καὶ Παυλιανῶν, καὶ εἴ τινες ἕτεροι ἑτέρας ἤδη ηὑρημένας αἱρέσεις ἐπλήρουν. 2. κατὰ τούτων δὲ πάντων νόμον θέμενος ὁ βασιλεὺς προσέταξεν ἀφαιρεθῆναι αὐτῶν τοὺς εὐκτηρίους οἴκους καὶ ταῖς ἐκκλησίαις συνάπτεσθαι, καὶ μήτε ἐν οἰκίαις ἰδιωτῶν μήτε δημοσίᾳ ἐκκλησιάζειν. κάλλιον δὲ τῇ καθόλου ἐκκλησίᾳ κοινωνεῖν εἰσηγεῖτο καὶ εἰς ταύτην συνιέναι συνεβούλευε. διὰ τοῦτον δὲ τὸν νόμον τούτων τῶν αἱρέσεων οἶμαι τὴν πολλὴν ἀφανισθῆναι μνήμην. 3. ἐπὶ μὲν γὰρ τῶν πρὶν βασιλέων, ὅσοι τὸν Χριστὸν ἔσεβον, εἰ καὶ ταῖς δόξαις διεφέροντο, πρὸς τῶν Ἑλληνιστῶν οἱ αὐτοὶ ἐνομίζοντο καὶ κακῶς ὁμοίως ἔπασχον. σφᾶς δὲ αὐτοὺς πολυπραγμονεῖν διὰ τὰς κοινὰς συμφορὰς οὐκ ἠδύναντο, καὶ διὰ τοῦτο ῥᾳδίως καθ᾽ ἑαυτοὺς ἕκαστοι συνιόντες ἐκκλησίαζον καὶ συνεχῶς ὁμιλοῦντες ἀλλήλοις, εἰ καὶ ὀλίγοι ἦσαν, οὐ διελύθησαν. 4. μετὰ δὲ τοῦτον τὸν νόμον οὔτε δημοσίᾳ ἐκκλησιάζειν ἠδύναντο

[b T Cass. (9–)]

[200] Vgl. *h. e.* 2,25,15, oben 296f.

[201] Eusebius von Caesarea, *v. C.* 3,64f (GCS 117–119), mit dem Wortlaut des Edikts, vgl. Cameron/Hall, *Eusebius* 306f.

war, mit der Kirche Gemeinschaft zu halten und zusammen mit seinen Anhängern die Ehrenstellungen ihres jeweiligen Ranges im Klerus einzunehmen.[200] 5. Gewiß ging dies den Gegnern des Athanasius gegen den Strich, trotzdem traf es so ein, und dem Johannes halfen die Beschlüsse der in Tyrus Versammelten nichts. Denn der Kaiser war nicht zugänglich für Bittgesuche und allerlei Entschuldigungen gegenüber einem, der im Verdacht stand, die Massen der Christen zu Unruhe oder Zwietracht aufzuhetzen.

32. 1. Die Glaubensrichtung des Arius, mochte sie auch von vielen in Debatten unterstützt werden, war noch nicht zu einer eigenen, nach dem Namen ihres Begründers benannten Gemeinde abgespalten, vielmehr hielten alle zusammen Gottesdienst und Gemeinschaft, abgesehen von den Novatianern, denen, die den Beinamen „Phryger" trugen, den Valentinern, Markionisten und Paulianern, und wer sich sonst noch zu einer schon etablierten Häresie hielt. 2. Gegen diese alle erließ der Kaiser ein Gesetz, in dem er anordnete, daß ihre Gottesdienststätten ihnen weggenommen und den Kirchen zugewiesen würden und daß sie weder in Privathäusern noch in der Öffentlichkeit Versammlungen abhalten dürften. Als besser empfahl er es, sich der katholischen Kirche anzuschließen, und er riet ihnen, in diese einzutreten.[201] Dank diesem Gesetz, glaube ich, ist die Erinnerung an diese Häresien großenteils geschwunden. 3. Denn unter den früheren Kaisern wurden die Verehrer Christi, mochten sie sich auch in ihren Ansichten unterscheiden, von den Hellenen als dieselben betrachtet und in gleicher Weise schlecht behandelt. Sich gegenseitig zu prüfen war ihnen wegen der gemeinsamen Bedrängnisse nicht möglich, und deswegen hielten sie ihre Gottesdienste, da sie jeweils leicht untereinander zusammenkamen, und durch den ständigen Umgang miteinander trennten sie sich nicht, wenn sie auch nur wenige waren. 4. Nach dem Erlaß dieses Gesetzes aber konnten sie sich weder in der Öffentlichkeit versammeln, da dies

κωλυόμενοι οὔτε λάθρα τῶν κατὰ πόλιν ἐπισκόπων καὶ κληρικῶν παρατηρούντων. ἐντεῦθεν δὲ περιδεεῖς οἱ πλείους γενόμενοι τῇ καθόλου ἐκκλησίᾳ προσέθεντο. οἱ δὲ καὶ ἐπὶ τῆς αὐτῆς μείναντες γνώμης οὐκέτι διαδόχους τῆς αὐτῶν αἱρέσεως καταλιπόντες ἐτελεύτησαν, ὡς μήτε εἰς ταὐτὸν συνιέναι συγχωρούμενοι μήτε ἀδεῶς ὁμοδόξους ἐκδιδάσκειν δυνάμενοι. ἐπεὶ καὶ τὴν ἀρχὴν αἱ μὲν ἄλλαι αἱρέσεις ὀλίγους τοὺς ζηλώσαντας ἔσχον ἢ διὰ σκαιότητα δογμάτων ἢ φαυλότητα τῶν εὑρόντων καὶ καθηγητῶν τούτων γενομένων. 5. οἱ δὲ τὰ Ναυάτου φρονοῦντες, ὡς ἀγαθῶν ἡγεμόνων ἐπιτυχόντες καὶ τὰ αὐτὰ περὶ τὸ θεῖον τῇ καθόλου ἐκκλησίᾳ δοξάζοντες, πολλοί τε ἦσαν ἐξ ἀρχῆς καὶ διέμειναν, οὐδὲν μέγα βλαβέντες ὑπὸ τούτου τοῦ νόμου. ὡς γὰρ οἶμαι, καὶ ὁ βασιλεὺς ἑκὼν καθυφίει, φοβῆσαι μόνον, οὐ λυμήνασθαι τοὺς ὑπηκόους προθέμενος. καὶ Ἀκέσιος δὲ ὁ τότε ἐν Κωνσταντινουπόλει τῆς αὐτῶν αἱρέσεως ἐπίσκοπος, βασιλεῖ κεχαρισμένος ὢν διὰ τὸν βίον, ὡς εἰκός, ἐβοήθει τῇ ὑπ᾽ αὐτὸν | ἐκκλησίᾳ. 6. Φρύγες δὲ κατὰ τὴν ἄλλην | 98
ἀρχομένην παραπλήσια τοῖς ἄλλοις ὑπέμειναν, πλὴν Φρυγίας καὶ τῶν ἄλλων ἐθνῶν τῶν ἐκ γειτόνων, ἔνθα δὴ ἐκ τῶν κατὰ Μοντανὸν χρόνων πλῆθος ἀρξάμενοι καὶ νῦν εἰσι.

7. Περὶ δὲ τοῦτον τὸν χρόνον οἱ ἀμφὶ τὸν Εὐσέβιον τὸν Νικομηδείας ἐπίσκοπον καὶ Θεόγνιον τὸν Νικαίας ἐγγράφως ἤρξαντο νεωτερίζειν περὶ τὴν ἔκθεσιν τῶν ἐν Νικαίᾳ συνεληλυθότων. καὶ ἀναφανδὸν μὲν ἐκβάλλειν τὸ ὁμοούσιον εἶναι τῷ πατρὶ τὸν υἱὸν οὐκ ἐθάρρησαν (ᾔδεσαν γὰρ βασιλέα ὧδε δοξάζοντα), 8. ἑτέραν δὲ ἐκθέμενοι γραφὴν ἐπὶ ῥηταῖς ἑρμηνείαις καταδεδέχθαι τὰ ὀνόματα τοῦ ἐν Νικαίᾳ δόγματος ἐμήνυσαν τοῖς ἀνὰ τὴν ἕω ἐπισκόποις. ἐκ τούτου δὲ τοῦ ῥητοῦ

[b T (–32) Cass. (–5)] 6–7 ἐκδιδάσκειν ὁμοδόξους T || 24 τὸν[2] om. T || 30–31 καταδέχεσθαι T

verboten war, noch etwa heimlich, da die örtlichen Bischöfe und Kleriker sie überwachten. Daraufhin wurde die Mehrzahl ängstlich und schloß sich der katholischen Kirche an. Andere, die bei ihrer Meinung verharrten, starben, ohne Nachfolger ihrer Häresie zu hinterlassen, da sie sich ja nicht versammeln durften und auch nicht frei Glaubensgenossen unterweisen konnten. Übrigens hatten die anderen Häresien von Anfang an wenige Anhänger, sei es wegen der Abwegigkeit ihrer Dogmen oder wegen der Untauglichkeit derer, die sie ersonnen hatten und sich als ihre Propagandisten betätigten. 5. Nur die Anhänger des Novatus, die tüchtige Leiter hatten und die gleichen theologischen Ansichten vertraten wie die katholische Kirche, waren von Anfang an zahlreich und blieben es auch, ohne durch dieses Gesetz größere Einbußen zu erfahren. Meiner Meinung nach war auch der Kaiser absichtsvoll nachgiebig, da er die Untertanen nur einschüchtern, nicht aber ihnen schaden wollte. Auch Acesius, der damalige Bischof ihrer Häresie in Konstantinopel, der beim Kaiser wegen seiner Lebensführung Ansehen genoß, war dadurch natürlich eine Hilfe für seine Kirche. 6. Die Phryger erlitten im übrigen Reich ein ähnliches Schicksal wie die anderen Häretiker, abgesehen von Phrygien und den anderen benachbarten Provinzen, wo sie seit den Zeiten Montans von Anfang an eine Massenerscheinung waren und bis jetzt sind.

7. Um diese Zeit begann die Partei des Bischofs Eusebius von Nicomedia und des Theognius von Nicaea schriftlich an dem Glaubensbekenntnis der in Nicaea Zusammengekommenen Neuerungen anzubringen. Zwar wagten sie nicht offen die Wesensgleichheit des Sohnes mit dem Vater zu beseitigen, wußten sie doch, daß dies die Ansicht des Kaisers war, 8. sie faßten aber eine andere Schrift ab, in der sie den orientalischen Bischöfen mitteilten, sie hätten die Begriffe des Bekenntnisses von Nicaea unter der Voraussetzung bestimmter Deutungen angenommen. Auf Grund dieses Konfliktes

καὶ διανοίας εἰς διάλεξιν πεσοῦσα ἡ προτέρα ζήτησις καὶ δόξασα πεπαῦσθαι πάλιν ἀνεκινεῖτο.

33.1. Ἐν δὲ τῷ τότε καὶ Μάρκελλον τὸν Ἀγκύρας ἐπίσκοπον τῆς Γαλατῶν, ὡς καινῶν δογμάτων εἰσηγητὴν καὶ τὸν υἱὸν τοῦ θεοῦ λέγοντα ἐκ Μαρίας τὴν ἀρχὴν εἰληφέναι καὶ τέλος ἕξειν τὴν αὐτοῦ βασιλείαν, καὶ γραφήν τινα περὶ τούτου συντάξαντα, συνελθόντες ἐν Κωνσταντινουπόλει καθεῖλον καὶ τῆς ἐκκλησίας ἐξέβαλον· καὶ Βασιλείῳ δεινῷ λέγειν καὶ ἐπὶ παιδεύσει ὑπειλημμένῳ ἐπιτρέπουσι τὴν ἐπισκοπὴν τῆς Γαλατῶν παροικίας. καὶ ταῖς αὐτόθι ἐκκλησίαις ἔγραψαν ἀναζητῆσαι τὴν Μαρκέλλου βίβλον καὶ ἐξαφανίσαι καὶ τοὺς τὰ αὐτὰ φρονοῦντας, εἴ τινας εὕροιεν, μεταβάλλειν. 2. καὶ διὰ μὲν τὸ πολύστιχον τῆς γραφῆς μὴ τὸ πᾶν ὑποτάξαι βιβλίον ἐδήλωσαν, ῥητὰ δέ τινα ἐνέθηκαν τῇ αὐτῶν ἐπιστολῇ πρὸς ἔλεγχον τοῦ δοξάζειν αὐτὸν τάδε. ἐλέγετο δὲ πρός τινων ταῦτα ὡς ἐν ζητήσει εἰρῆσθαι Μαρκέλλῳ καὶ ὡς ὡμολογημένα διαβεβλῆσθαι καὶ αὐτῷ τῷ βασιλεῖ παρὰ τῶν ἀμφὶ τὸν Εὐσέβιον, καθότι ὑπερφυῶς ἐχαλέπαινον αὐτῷ μήτε ἐν τῇ κατὰ Φοινίκην συνόδῳ συντεθειμένῳ τοῖς ὑπ᾽ αὐτῶν ὁρισθεῖσι μήτε ἐν Ἱεροσολύμοις ἐπὶ Ἀρείῳ μήτε τῆς ἀφιερώσεως τοῦ μεγάλου μαρτυρίου μετασχόντι δι᾽ ἀποφυγὴν τῆς πρὸς αὐτοὺς κοινωνίας. 3. ἀμέλει τοι γράφοντες περὶ αὐτοῦ τῷ βασιλεῖ καὶ ταῦτα εἰς διαβολὴν προὔφερον, ὡς καὶ αὐτοῦ ὑβρισμένου ὑπ᾽ | αὐτοῦ μὴ ἀξιώσαντος τὴν ἀφιέρωσιν τιμῆσαι τοῦ ἐν Ἱεροσολύμοις νεὼ οἰκοδομηθέντος. | 99

[b]

[202] Die Chronologie ist unsicher: SOCRATES, *h. e.* 1,36,1 (GCS 86), berichtet die Absetzung des MARCELLUS durch „die in Konstantinopel versammelten Bischöfe“ unmittelbar nach dem Exil des ATHANASIUS (November 335), nachdem die Untersuchung schon in Jerusalem begonnen war (1,36,5f); richtig wurde er nach EUSEBIUS VON CAESAREA, *Marcell.* 2,4,29 (GCS 58), auf einer eigens nach Konstantinopel berufenen Synode abgesetzt, umstritten ist, wann (Ende 336 oder Anfang 337).

zwischen Wortlaut und Sinn gelangte das frühere Problem in die Diskussion, und nachdem es beendet geschienen hatte, wurde es erneut aufgerührt.

33. 1. Damals[202] kamen sie in Konstantinopel zusammen und setzten Marcellus, den Bischof von Ancyra in Galatien, ab und schlossen ihn aus der Kirche aus, weil er neue Dogmen eingeführt habe, indem er behauptete, der Sohn Gottes habe aus Maria seinen Anfang genommen und seine Herrschaft werde ein Ende haben, und weil er eine Schrift darüber verfaßt habe. Das Bistum für die Parochie Galatien übertrugen sie dem begabten Redner Basilius, der auch den Ruf eines gebildeten Mannes genoß. Den Kirchen der Provinz schrieben sie, sie sollten die Schrift des Marcellus aufstöbern und beseitigen und seine Anhänger, falls sie solche fänden, bekehren. 2. Zwar hätten sie, so teilten sie mit, wegen des großen Umfangs der Schrift nicht das ganze Buch angefügt, einige Formulierungen aber zitierten sie in ihrem Brief zum Beweis dafür, daß er so denke. Allerdings wurde von einigen behauptet, diese Lehren seien von Marcellus nur im Rahmen einer Untersuchung aufgestellt und von den Anhängern des Eusebius auch dem Kaiser persönlich gegenüber als (*sc.* von Marcellus) anerkannt ausgegeben worden[203], weil sie sehr wütend über Marcellus waren, nachdem er weder ihren Beschlüssen auf der Synode in Phönikien (*sc.* Tyrus) noch in Jerusalem denen für Arius zugestimmt und aus Abneigung gegen die Gemeinschaft mit ihnen auch nicht an der Einweihung des Großen Martyriums teilgenommen hatte. 3. Übrigens, als sie über ihn an den Kaiser schrieben, brachten sie außerdem zur Diskreditierung vor, der Kaiser selbst sei von ihm beleidigt worden, als Marcellus es nicht für nötig erachtete, die Einweihung der in Jerusalem erbauten Kirche zu beehren.

---

[203] Diese Schutzbehauptung stammt wörtlich aus dem Schreiben der Synode von Serdica; vgl. ATHANASIUS VON ALEXANDRIEN, *apol. sec.* 45,1 (121 f OPITZ).

4. πρόφασις δὲ γέγονε Μαρκέλλῳ ταύτης τῆς γραφῆς Ἀστέριός τις ἐκ Καππαδοκίας σοφιστής, ὃς καὶ περὶ τοῦ δόγματος λόγους συγγράφων τῇ Ἀρείου δόξῃ συμφερομένους περιιὼν τὰς πόλεις ἐπεδείκνυτο καὶ τοῖς ἐπισκόποις καὶ ταῖς γινομέναις συνόδοις ὡς ἐπίπαν παρεγίνετο. ἀντιλέγων γὰρ αὐτῷ Μάρκελλος ἢ ἑκὼν ἢ οὐχ οὕτω νοήσας εἰς τὴν Παύλου τοῦ Σαμοσατέως ἐξεκυλίσθη δόξαν. ἀλλ᾽ ὁ μὲν <ἐν> τῇ ἐν Σαρδοῖ συνόδῳ ὕστερον τὴν ἐπισκοπὴν ἀνείληφε μὴ φρονεῖν ὧδε λογισάμενος.

34.1. Ὁ δὲ βασιλεὺς ἤδη πρότερον εἰς τοὺς παῖδας Καίσαρας ὄντας τὴν ἀρχὴν διελών, καὶ Κωνσταντίνῳ μὲν καὶ Κώνσταντι τὰ πρὸς δύσιν ἀπονείμας, Κωνσταντίῳ δὲ τὰ πρὸς ἕω, μαλακισθεὶς τὸ σῶμα ὡς αὐτομάτοις λουτροῖς χρησόμενος ἧκεν εἰς Ἑλενόπολιν Βιθυνῶν. χαλεπώτερον δὲ διατεθεὶς διεκομίσθη εἰς Νικομήδειαν, ἔνθα δὴ ἐν προαστείῳ διάγων ἐμυήθη τὴν ἱερὰν βάπτισιν· ἐπὶ τούτῳ τε σφόδρα ἡσθεὶς χάριν ὡμολόγει τῷ θεῷ. 2. διαθήκην τε ποιήσας τοῖς μὲν παισὶ διένειμε τὴν ἀρχὴν ὡς πρότερον, πρεσβεῖα δὲ τὰ μὲν τῇ πρεσβυτέρᾳ Ῥώμῃ, τὰ δὲ τῇ ἐπωνύμῳ αὐτοῦ καταλιπὼν ἔδωκε τὴν διαθήκην τῷ πρεσβυτέρῳ, ὃν ἐπαινέτην ὄντα Ἀρείου, ἀγαθὸν δὲ τῷ βίῳ, παρέθετο αὐτῷ τελευτῶσα Κωνσταντία ἡ ἀδελφή, καὶ ὅρκον προσθεὶς ἐνετείλατο Κωνσταντίῳ δοῦναι ἐπειδὰν ἀφίκηται· οὔτε γὰρ οὗτος οὔτε ἄλλος τῶν Καισάρων παρῆν τῷ πατρὶ τελευτῶντι. 3. καὶ ὁ μὲν ταῦτα ἐντειλάμενος ὀλίγας ἐπεβίω ἡμέρας· καὶ ἐτελεύτησεν ἀμφὶ πέντε καὶ ἑξήκοντα ἔτη γεγονώς, ἐν τούτοις δὲ τριάκοντα καὶ ἓν βασιλεύσας,

[b] 2 τις Socr. : τε b || 8 suppl. Bidez

[204] *H. e.* 2,33,4 ist verkürzt aus SOCRATES, *h. e.* 1,36,2–4.9 (GCS 86f), entnommen.

4. Den Anlaß zur Abfassung dieser Schrift gab Marcellus ein gewisser Asterius, ein Sophist aus Kappadokien, der auch Reden über den Glauben abfaßte, die sich mit der Anschauung des Arius deckten, die er, von Stadt zu Stadt ziehend, auch vor Bischöfen vortrug, und der gewöhnlich an den jeweils stattfindenden Synoden teilnahm. In der Polemik gegen ihn glitt Marcellus, ob willentlich oder ohne es zu merken, in die Ansichten des Paulus von Samosata ab. Später erhielt er auf der Synode von Serdica sein Bistum zurück, nachdem er argumentiert hatte, dies entspräche nicht seinem Denken.[204]

34. 1. Der Kaiser hatte schon vorher sein Reich auf seine Söhne, die im Rang von Cäsaren standen, aufgeteilt, und zwar hatte er Constantinus und Constans den Westteil zugewiesen, Constantius den Ostteil. Körperlich geschwächt ging er zur Anwendung der natürlichen Thermalquellen nach Helenopolis in Bithynien. Als es ihm noch schlechter ging, ließ er sich nach Nicomedia bringen, wo er in einer Villa vor der Stadt weilend die heilige Taufe empfing, und darüber wurde er sehr froh und bekannte Gott seine Dankbarkeit. 2. Dann errichtete er sein Testament, in dem er das Reich unter seine Söhne wie vorher aufteilte und Alt-Rom und der nach ihm benannten Stadt Privilegien verlieh. Dieses Testament übergab er dem Presbyter, den seine Schwester Constantia ihm auf dem Sterbebett als Verteidiger des Arius, aber vorbildlichen Menschen ans Herz gelegt hatte, und gab ihm den durch Eidesleistung zu bestätigenden Auftrag, es Constantius auszuhändigen, sobald er erscheine. Denn weder dieser noch ein anderer der Cäsaren war in der Sterbestunde des Vaters anwesend. 3. Nach Erteilung dieses Auftrags lebte er noch wenige Tage, dann starb er[205] im Alter von etwa 65 Jahren, in denen er 31 Jahre lang Kaiser gewesen war,

---

[205] Am 22. Mai 337 (SOCRATES, *h. e.* 1,40,3 [GCS 91]) = Pfingstsonntag (EUSEBIUS VON CAESAREA, *v. C.* 4,64 [GCS 146 f]).

ἀνὴρ ἐς τὰ μάλιστα τῆς Χριστιανῶν θρησκείας ἐπαινέτης, ὡς καὶ πρῶτος βασιλέων ἄρξαι τῆς περὶ τῆς ἐκκλησίας σπουδῆς καὶ εἰς ἄκρον ἀγαγεῖν ἐπιδόσεως, 4. ἐπιτευκτικὸς δὲ ὡς οὐκ οἶδ' εἴ τις ἕτερος ἐν οἷς ἐπεχείρησεν· ἄνευ γὰρ θεοῦ, ἐμοὶ δοκεῖν, οὐκ ἐπεχείρει, ὅς γε πολέμων τε τῶν ἐπ' αὐτῷ συμβάντων πρός τε Γότθους καὶ Σαυρομάτας περιεγένετο καὶ τὴν πολιτείαν πρὸς τὸ δόξαν αὐτῷ οὕτω ῥᾳδίως μετεσχημάτισεν, ὡς ἑτέραν καταστῆσαι βουλὴν καὶ βασιλίδα πόλιν τὴν ἐπώνυμον αὐτοῦ, τὴν δὲ Ἑλληνικὴν θρησκείαν ἅμα τε ἐπεχείρησε καὶ ἐν ὀλίγῳ | [100] καθεῖλεν ὑπό τε ἀρχόντων καὶ ἀρχομένων ἐκ τοσούτου χρόνου σπουδασθεῖσαν. 5. ἐπεὶ δὲ ἐτελεύτησε, διεκομίσθη αὐτοῦ τὸ σῶμα εἰς Κωνσταντινούπολιν ἐν λάρνακι χρυσῇ καὶ ἐπὶ βήματός τινος ἐν τοῖς βασιλείοις ἀπετέθη. τιμὴ δὲ καὶ τάξις ὥσπερ εἰς ζῶντα ἡ αὐτὴ ἐγένετο παρὰ τῶν ἐν τοῖς βασιλείοις. ὡς δὲ τὴν τοῦ πατρὸς τελευτὴν θᾶττον αὐτῷ μηνυθεῖσαν ἔγνω Κωνστάντιος ἐν τῇ ἕῳ διατρίβων, σπουδῇ τὴν Κωνσταντινούπολιν κατέλαβε· καὶ βασιλικῶς κηδεύσας αὐτὸν ἔθαψεν ἐν τῇ ἐπωνύμῳ τῶν ἀποστόλων ἐκκλησίᾳ, ἔνθα δὴ περιὼν αὐτὸς Κωνσταντῖνος ἑαυτῷ τάφον κατεσκεύασεν, 6. ἀπὸ τούτου δὲ ὡς ἔκ τινος ἀρχῆς ἔθους γενομένου καὶ οἱ μετὰ ταῦτα τελευτήσαντες ἐν Κωνσταντινουπόλει βασιλεῖς Χριστιανοὶ κεῖνται, οὐ μὴν ἀλλὰ καὶ ἐπίσκοποι, ὡς καὶ τῆς ἱερωσύνης ὁμοτίμου οἶμαι τῇ βασιλείᾳ οὔσης, μᾶλλον μὲν οὖν ἐν τοῖς ἱεροῖς τόποις καὶ τὰ πρῶτα ἐχούσης.

---

[b] 3 ἐπιδόσεως ἀγαγεῖν B || 6 πρός τε Nolte : πρός γε b || 23–24 ἐν κωνσταντινουπόλει τελευτήσαντες χριστιανοὶ βασιλεῖς C

ein Mann, der in besonderem Maße ein Anhänger der christlichen Religion war, so daß er als erster Kaiser mit der Förderung der Kirche begann und sie zum Höhepunkt ihres Wachstums brachte[206], 4. zudem in seinen Unternehmungen erfolgreich wie kaum ein anderer. Denn ohne Gott, möchte ich meinen, ging nicht zu Werke, wer die in seiner Zeit ausgebrochenen Kriege gegen Goten und Sarmaten bewältigte und die Staatsverfassung nach seinen Vorstellungen so mühelos umgestaltete, daß er einen zweiten Senat und eine zweite, nach ihm benannte Hauptstadt schuf, ferner die hellenische Religion, kaum angetastet, in kurzer Zeit auch besiegte, die doch von Herrschern und Beherrschten seit so langer Zeit favorisiert war. 5. Als er verstorben war, wurde sein Leichnam in einem goldenen Sarkophag nach Konstantinopel überführt und auf einem hohen Podest im Palast aufgebahrt. Dabei wurden ihm von den Leuten im Palast die gleichen Ehren erwiesen und das gleiche Zeremoniell beibehalten wie zu seinen Lebzeiten. Als der im Orient weilende Constantius von dem ihm eilends gemeldeten Tod seines Vaters erfuhr, begab er sich auf schnellstem Wege nach Konstantinopel und ließ ihn nach kaiserlichem Leichenbegängnis in der nach den Aposteln benannten Kirche bestatten[207], wo Konstantin selbst zu Lebzeiten für sich eine Grablege hatte bauen lassen. 6. Seitdem hat sich aus diesem Ursprung die Sitte herausgebildet, daß auch die danach in Konstantinopel gestorbenen christlichen Kaiser dort liegen, aber auch Bischöfe, meines Erachtens aus der Auffassung heraus, daß auch das Priesteramt gleiche Ehre wie das Kaisertum verdient, vielmehr an heiligen Stätten sogar den Vorrang besitzt.

---

206 *H. e.* 2,34,1–3 nach SOCRATES, *h. e.* 1,39 (GCS 90 f); 1,40,3 (GCS 91), durch Einzelheiten aus dessen Quellen ergänzt.

207 Nach SOCRATES, *h. e.* 1,40,1 f (GCS 91), und EUSEBIUS VON CAESAREA, *v. C.* 4,66–71 (GCS 147–150); vgl. CAMERON/HALL, *Eusebius* 343–348.